I libri di Viella

253

1945
La transizione del dopoguerra

a cura di
Guido Formigoni e Daniela Saresella

viella

Prima edizione: luglio 2017
ISBN 978-88-6728-871-7

Questo volume fa parte delle iniziative dell'Istituto Nazionale Ferruccio Parri. Rete degli Istituti storici della Resistenza e dell'età contemporanea (già Istituto Nazionale per la Storia del Movimento di Liberazione in Italia) per il settantesimo anniversario della Resistenza.

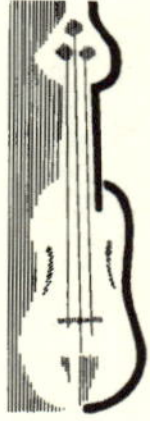

viella
libreria editrice
via delle Alpi, 32
I-00198 ROMA
tel. 06 84 17 758
fax 06 85 35 39 60
www.viella.it

Indice

Guido Formigoni e Daniela Saresella

Introduzione

Il settantesimo anniversario della Liberazione è stato colto dall'Istituto Nazionale Ferruccio Parri (già Istituto Nazionale per la Storia del Movimento di Liberazione in Italia) come occasione per riprendere a riflettere sulla storia e sulla memoria di quel passaggio cruciale nella storia d'Italia. Non occorre insistere sul significato periodizzante di quella svolta che, oltre alla fine della guerra mondiale, segnò il passaggio in Italia dal regime fascista alla democrazia. Fin dalle origini, la democrazia repubblicana ha considerato la Liberazione la propria matrice genetica, anche se differenti sono sempre state le interpretazioni su quegli anni. Alcuni, infatti, intesero quella lotta come l'occasione storica per superare i tanti problemi sociali e le "contraddizioni di classe" che connotavano il nostro paese, altri invece come l'occasione di sconfiggere i fascisti e gli occupanti tedeschi per approdare a una democrazia costituzionale europea. Quello che comunque è evidente – al di là delle differenze – fu il diffondersi di un nuovo "sentire" degli italiani, e il maturare della convinzione che la nuova Repubblica trovasse le sue basi e origini nell'esperienza della Resistenza.

Non si può trascurare però il fatto che, fin dai primi anni dopo la svolta politica e istituzionale, il nuovo contesto internazionale della guerra fredda e la connessa spaccatura della coalizione politica antifascista in Italia cambiarono profondamente il clima. Ciò nonostante, le forze antifasciste riuscirono a mantenere un piano comune di discussione e di intenti, elaborando quel prodigioso progetto di convivenza civile e di dignità dell'uomo che è la nostra Costituzione.

Per un trentennio circa, il senso dell'innovazione fu moderato e controllato dalla percezione di un orizzonte politico e umano in cui faticosamente reggeva il contesto costituzionale comune, frutto della svolta antifascista, ma convivendo con una dura contrapposizione politica sul nuovo crinale comunismo-anticomunismo. Il che riduceva a sinistra gli spazi dell'identificazione con l'innovazione storica dell'Italia democratica (coltivando la tematica della Resistenza "incompiuta" o addirittura "tradita"), mentre nell'area liberale, cattolica e democristiana si ridimensionava la memoria della rottura del 1945, inserendola in un discorso sul "secondo Risorgimento" che assumeva connotati nazionali più che politici. La nascita stessa dell'Istituto nazionale per la storia del movimento di Liberazione in Italia, con il suo prezioso progetto di conservazione di materiali e di promozione di ricerche, fu un segnale per certi versi in necessaria controtendenza, corroborando di nuovo l'importanza della riflessione e della ricostruzione di quel passaggio storico.

Gli anni Settanta sono stati cruciali in questo percorso. Da una parte la nuova vitalità sociale e i movimenti di protesta hanno condotto significativi gruppi e intellettuali a tornare sulle origini delle Repubblica, criticandone le ristrettezze e le ambiguità. La riflessione – di origine soprattutto azionista – sulle forme di "continuità" dello Stato prefascista e fascista in quello democratico prendeva il centro della scena, sulla scia di alcune intuizioni di Claudio Pavone e di Guido Quazza. Lo stesso Insmli promosse in questi anni importanti filoni di approfondimento e convegni nazionali in cui questo era l'orizzonte euristico e concettuale fondamentale. Contemporaneamente, e specularmente, gli studi di ispirazione defeliciana sul fascismo, presentando la categoria del "consenso" degli italiani nei confronti del regime, ponevano le basi di un ridimensionamento del senso innovativo della Resistenza e della svolta antifascista, di altro e contrapposto segno, ma con un evidente parallelismo.

Lo stesso decennio, però, proprio sotto lo stimolo intellettualmente molto forte di questo nuovo orizzonte storiografico, portò a una stagione di studi sulle origini dei partiti del sistema politico repubblicano e sulla elaborazione della Costituzione, che realizzarono un primo approfondimento organico degli aspetti innovativi della storia democratica della Repubblica. Ponendo in modo quindi senz'altro più articolato il nesso novità-continuità, si poteva ricostruire l'innovazione sociale e politica, oltre che istituzionale, pure in presenza di corposi elementi di freno e di continuità nelle mentalità, nella burocrazia, nelle logiche organizzative.

In parallelo, riprendeva forza anche un paradigma antifascista che costruiva un percorso retorico di qualche impatto pubblico: si pensi alla proposta di un «nuovo grande compromesso storico» di Berlinguer, che richiamava – non a caso sollecitata da un "resistente" come Franco Rodano – la grande alleanza antifascista del 1943-1945, e alla breve stagione della "solidarietà nazionale". Gli anni Ottanta – analizzati nel saggio qui proposto da Filippo Focardi – hanno visto però una progressiva consunzione della solidità di questo sfondo intellettuale e morale, tanto che nella crisi del sistema politico della prima stagione repubblicana, nei primi anni Novanta, riemersero polemiche molto forti contro i limiti della stagione costituente, lo scarso radicamento sociale della Resistenza (De Felice enfatizzò la cosiddetta "zona grigia" tra le due parti contrapposte), il peso delle lotte interne all'antifascismo, le memorie occultate delle violenze antifasciste, o perfino l'incapacità della Resistenza a superare la sensazione della "morte della patria".

Tali elementi – non sempre tradotti in vera e propria innovazione storiografica – diedero però spunto anche a nuove ricerche. Non a caso la rete degli Istituti collegati all'Insmli ha dato contributi importanti su molti di questi problemi, misurandosi con le fonti, ricostruendo contesti locali di grande rilevanza, e in linea di massima quindi riuscendo a sottrarre alcuni temi alla semplice discussione polemica (pur in un orizzonte mediatico che ha faticato a valorizzare questo lavoro capillare e spesso poco visibile).

Nel dibattito di quegli anni intervenne anche Pietro Scoppola con il suo libro *25 aprile. Liberazione* (1995), in cui stigmatizzava la tentazione del «processo al passato» che avvelenava la vita culturale e politica nazionale, riproponeva la centralità della lotta di Liberazione e soprattutto l'importanza della nostra carta costituzionale, fondamento della convivenza comune della nuova nazione.

Oggi, a distanza ancora più marcata da quegli eventi fondativi, la storiografia oscilla tra influenze e tendenze diverse. Si è ridimensionata la polemica ideologica, meno nutrita da grandi raggruppamenti collettivi, e ha perso smalto la storia dei partiti, anche se concepita gramscianamente come studio della storia del paese «da un punto di vista monografico». Si è ripreso però un filo di storia politica più collegato all'orizzonte internazionale. Si è avvertita l'eco di una stagione segnata dalla svolta culturalista, nella ricerca di studio su esperienze e soggetti, visti nella loro capacità di elaborare discorsi, più che progetti politici.

In questo orizzonte, l'Insmli (ora Istituto Nazionale Ferruccio Parri) ha inteso affrontare il nuovo anniversario della Liberazione con un'iniziativa che si è svolta non a caso a Milano, e ha visto la collaborazione di varie istituzioni universitarie milanesi (il Dipartimento di Studi storici dell'Università degli studi di Milano; il Dipartimento di Storia, Archeologia e Storia dell'arte dell'Università cattolica del Sacro Cuore; il Dipartimento di Sociologia e Ricerca sociale dell'Università degli studi di Milano Bicocca, il Dipartimento di Studi classici, umanistici e geografici della Università Iulm di Milano).

L'idea fondamentale del convegno è stata quella di riprendere simbolicamente tutto questo percorso, riflettendo sul nesso continuità/cambiamento in un modo nuovo, forse più articolato. Per questo si è inteso proporre la categoria-chiave della «transizione», che ha una lunga storia, ma che proprio recentemente è stata rilanciata in chiave storiografica. Si tratta di una categoria che permette di affrontare le fasi di svolta della storia (soprattutto quelle cruciali, di maggior significato periodizzante), con un approccio più ricco rispetto all'immagine della "svolta" rivoluzionaria o alla contrapposta critica a tale immagine: l'intento è di soppesare i processi dinamici facendo attenzione ai diversi livelli di rilevanza e alle diverse lunghezze cronologiche, nonché all'intreccio spesso inestricabile tra percorsi e scelte di cambiamento e persistenze del passato. I diversi autori dei contributi che qui presentiamo hanno appunto fatto uso di questa categoria – in modi magari non sempre univoci, come capita nelle operazioni collettive – ma ci sembra ne abbiano tratto, ciascuno a suo modo, esiti stimolanti.

Paolo Pombeni ritiene che gli anni tra il 1943 e il 1945 siano stati un tornante storico, e che rappresentarono comunque il culmine dei grandi cambiamenti che già avevano caratterizzato il periodo precedente. In particolare si sofferma sul dibattito a proposito del ruolo dello Stato nell'economia, al centro delle riflessioni dopo la crisi del 1929, ma già presente nel pensiero della Chiesa tardo ottocentesca e in particolare dalla *Rerum Novarum*.

In questo orizzonte, Valerio Onida, riflettendo sugli elementi costituzionali della transizione del 1945, mostra con grande efficacia come l'innovazione più forte di quegli anni (appunto la Costituente e la sua capacità di dotare l'Italia di una nuova Costituzione) sia stata possibile in un articolato quadro di accordi e compromessi, che riuscirono a legittimare l'innovazione all'interno della continuità dello Stato, garantita dalle scelte monarchiche successive al 25 luglio. In tutto ciò, spicca il fatto che una serie di scelte rilevanti (dal referendum istituzionale in giù) furono gestite tramite l'ordinamento transitorio e provvisorio, frutto proprio di tali compromessi.

Anche Alberto De Bernardi insiste sulla crisi del Ventinove e, seguendo l'interpretazione di Polanyi, sottolinea come la "grande trasformazione" degli anni Trenta abbia segnato i decenni successivi. Gli anni Trenta si caratterizzarono per protezionismo, deflazione, riduzione dei salari, mentre l'insicurezza economica era «devastante e ingovernabile». L'uscita dalla crisi avvenne attraverso le politiche di intervento statale volute da Mussolini, Hitler, Salazar e dagli altri dittatori. Ma – sottolinea De Bernardi – in questi anni emerse anche un'altra ipotesi di intervento dello Stato in economia, volta non a soddisfare ambizioni espansive e di affermazione in ambito internazionale, ma a migliorare le condizioni di vita della popolazione e a creare i presupposti di un welfare state: era la proposta della componente socialdemocratica, che auspicava radicali riforme sociali, e che ebbe particolare forza in Danimarca e nei paesi scandinavi (e, per certi aspetti, anche gli Stati Uniti di Roosevelt): la seconda guerra mondiale rappresentò dunque lo scontro tra una concezione che concepiva un dialogo tra capitalismo e democrazia, e un'idea di dirigismo di Stato coniugato con il corporativismo autarchico e autoritario.

La relazione di Guido Formigoni si ispira proprio al tentativo di connettere questa svolta internazionale con il processo di transizione alla democrazia in Italia. Tentando di mostrare i nessi tra la forza del nuovo sistema (evidente fin dalla Liberazione/occupazione angloamericana del paese) e le forme di adattamento e di utilizzazione del nuovo orizzonte che si stava delineando da parte dei soggetti e delle forze sociali e politiche più significative che si muovevano nell'orizzonte nazionale. Del resto, anche Marcello Flores mostra nella sua relazione introduttiva quanto fosse articolato lo scenario internazionale, per cui il 1945 ebbe significati diversi a seconda delle diverse regioni di un pianeta sempre più interconnesso.

Dal canto suo, Irene Piazzoni si sofferma sull'urgenza – nell'Italia dopo la fine del fascismo – di delineare una prospettiva politica e civile, e sottolinea come il mondo della cultura non potesse prescindere dalle riflessioni degli intellettuali degli anni Trenta. Pone dunque il problema della continuità tra fascismo e postfascismo che in ambito culturale si presentò senz'altro "sfaccettato". Alcuni filoni di ricerca rimasero vivi anche negli anni della dittatura, seppur in una dimensione periferica e marginali: emersero poi come fiumi carsici, e si unirono alle suggestioni degli esuli e degli ambienti antifascisti.

Diverse ma analoghe le linee di continuità e rottura che Agostino Giovagnoli mette in luce riflettendo sul ruolo della Chiesa e dei cattolici nella transizione. Il consenso ecclesiastico al fascismo si era costituito con elementi e limiti caratteristici, si era modificato e attenuato nel tempo, e poi aveva lasciato spazio a un progressivo distacco. Qui si innestò il ruolo capillare del mondo cattolico nelle dure vicende della guerra e della guerra civile, alla fine delle quali la posizione ecclesiale riemerge più significativa. Ma senza aver risolto tutti i problemi, in quanto la scelta degli strumenti e degli interlocutori nel nuovo contesto istituzionale e politico – visto con qualche preoccupazione diffusa – non fu semplice, ma alla fine secondo Giovagnoli permise alla Chiesa di dare un proprio originale contributo alla costituzione della democrazia.

Se è vero che molti furono gli elementi di novità alla fine degli anni Quaranta, è vero che non mancarono anche significativi elementi che sottolineavano i legami con il passato. Gabriella Gribaudi rileva come la Resistenza abbia riproposto lo stereotipo degli "uomini in armi", gli eroi della nuova identità nazionale uscita dalla guerra di Liberazione. La figura maschile e virile venne dunque riproposta nella sua dimensione più tradizionale, mentre le donne erano per lo più confinate in ruoli marginali, se non tra le mura domestiche. Eppure, sottolinea Gribaudi, le donne apportarono una specificità alla lotta di quegli anni, e racconta del caso di Maria Occhipinti, militante comunista di Ragusa, che espresse con forza il suo rifiuto della guerra e della violenza, anche al fianco degli Alleati; Gribaudi allarga poi il suo orizzonte ad altre donne, protagoniste di romanzi (di Morante e di Malaparte) e di film (*La ciociara*).

Anche Renato Moro affronta la questione dell'elaborazione dell'idea di pace negli anni tra il 1943 e il 1945 nelle culture politiche della transizione. Il tema, che fino ad oggi è stato oggetto di ricerca solo per gli anni del dopoguerra, in realtà offre importanti spunti e riflessioni anche per il periodo della Resistenza. Del resto, la centralità della questione della volenza in quegli anni è dimostrata anche dal saggio di Barbara Bracco che, soffermandosi soprattutto sul capoluogo lombardo, delinea una scia di sangue e di vendette che caratterizzarono quel periodo. C'era evidentemente nel mondo della comunicazione e dei media anche un problema di esorcizzazione o di catarsi rispetto alle violenze della transizione postbellica.

Una certa centralità del tema della violenza compare anche nel saggio di Marco Cuzzi che affronta il problema del collaborazionismo in ambito europeo, dalla Francia di Vichy ai paesi baltici, facendo riferimento alla storiografia internazionale sull'argomento. Si sofferma sulle "punizioni" che nei vari contesti nazionali furono inflitte ai collaborazionisti, punizioni che a volte erano veri e propri linciaggi, come quelli perpetrati dalle truppe di Tito. In Francia si procedette con una normativa sulle epurazioni già nel marzo del 1944, anche se non mancarono atti di giustizi sommaria.

Sul periodo immediatamente successivo alla fine della guerra si sofferma anche Giorgio Vecchio, che nel suo saggio affronta il problema del ritorno degli ebrei in Italia, dopo la Liberazione, e della loro voglia di raccontare e di scrivere ciò che avevano vissuto. Ciò che colpisce è il disinteresse della società italiana nei confronti di coloro che tornavano dopo anni nei Lager nazisti. La stampa riconosceva la violenza subita dagli oppositori ai regimi, ma non si soffermò mai in modo specifico sulle sofferenze del popolo semita. Analogamente Pio XII non fece menzione della tragedia degli ebrei nemmeno a guerra conclusa, a dimostrazione della sua "distanza" dalla tragedia del popolo ebraico.

Pur, dunque, da diverse angolazioni e prospettive, i saggi qui proposti delineano la specificità e le contraddizioni di quegli anni cruciali della storia italiana, e offrono un'occasione di riflessione sulle origini dell'Italia contemporanea. Il tempo passato e l'affievolirsi delle passioni eccessive e degli intenti polemici permettono ora una riflessione più pacata e senz'altro più ricca e articolata sugli «anni di transizione», alla ricerca delle radici programmatiche e popolari (e non populiste) di settant'anni di libertà e di democrazia.

Marcello Flores

Il 1945 nell'orizzonte internazionale

Alla fine della prima guerra mondiale si era dovuto attendere diversi mesi perché venisse costituita la Società delle Nazioni, creata per mantenere la pace dopo i tragici anni del conflitto e per difendere l'integrità territoriale e l'indipendenza politica di ogni Stato membro. Ed era passato più di un anno nel momento in cui la Società si riunì a Londra nel gennaio 1920.

Con la seconda guerra mondiale, al contrario, la conferenza che avrebbe costituito le Nazioni Unite prendeva l'avvio il 25 aprile 1945, il giorno della Liberazione italiana dal nazifascismo, due settimane prima che la Germania si arrendesse senza condizioni agli eserciti angloamericano e sovietico. La Carta delle Nazioni Unite venne approvata due mesi dopo, quando ancora il Giappone non si era arreso, ed entrò in funzione con la ratifica della maggioranza dei membri il 24 ottobre.

In realtà fin dal 1941, con la dichiarazione interalleata prima e con la Carta Atlantica poi, si era messo in moto il meccanismo che nel 1943, con le Conferenze di Mosca e di Teheran, aveva deciso di creare una nuova organizzazione internazionale per il mantenimento della pace e della sicurezza. Se nel 1914 la guerra aveva sorpreso le cancellerie, ognuna convinta di poter rinviare il conflitto o di trarre vantaggio da una sua rapida conclusione, nel 1919 e 1920 lo shock provocato era ancora così profondo da impedire una rapida e coerente costruzione di un nuovo ordine internazionale. Il risultato sarebbe stato, come ormai da tempo ci si è abituati a chiamarla, la guerra civile europea dei trent'anni.

Era stato soprattutto il presidente Roosevelt a impegnarsi nella fondazione delle Nazioni Unite. Ben prima che gli Stati Uniti entrassero in guerra, nel gennaio 1941, Roosevelt aveva indicato le «quattro libertà» attorno a cui pensare un mondo futuro pacificato e sicuro, riassumendo con grande efficacia quelli che quasi otto anni dopo sarebbero diventati i trenta articoli della Dichiarazione universale dei diritti umani: la libertà di parola, la libertà religiosa, la libertà dal bisogno e la libertà dalla paura.

La transizione più profonda e duratura che emerge con forza nel 1945, per quanto venga presto messa in discussione e appaia viziata da limiti storici e politici insuperabili, è proprio quella delle Nazioni Unite. La scelta di indebolire e controllare, almeno in via di principio, il criterio della sovranità nazionale come guida e faro nelle relazioni internazionali, attribuendo a un nuovo organismo – sia pure limitato dal diritto di veto all'interno del Consiglio di Sicurezza – la possibilità di compiere scelte in nome dell'interesse comune, e cioè della pace e del rispetto dei valori incardinati nella Carta delle Nazioni Unite, ha modificato permanentemente e in profondità i rapporti tra Stati e popoli, tra governi e nazioni. Lungi dal diventare quella sorta di governo mondiale auspicato da molti, le Nazioni Unite hanno costituito il terreno istituzionale e giuridico entro cui trovare soluzioni di equilibrio e di superamento per ogni nuova crisi internazionale. Il fallimento ripetuto di cui in molte occasioni il Palazzo di vetro di New York ha dato prova nel corso dei decenni, non può far dimenticare la garanzia che esso ha potuto dare perché nessuna di quelle crisi sfuggisse completamente al controllo e creasse una situazione analoga a quella che aveva dominato i rapporti internazionali tra le due guerre.

La transizione verso il sistema delle Nazioni Unite, che trova nel 1945 la sua realizzazione, è una transizione che si sviluppa con crescente profondità negli anni successivi e le cui accelerazioni e fermate s'intrecciano con le dinamiche che segnano le numerose transizioni che prendono l'avvio in quel periodo.

È sempre nel 1945 – come risposta alla fine della guerra ma anche come risposta all'andamento della guerra e alle sue caratteristiche nelle diverse aree di conflitto – che prende l'avvio una transizione multipla a carattere geopolitico, che non appare immediatamente chiara nei suoi sviluppi ma che nel giro di tre-quattro anni si manifesterà in modo ormai definitivo e compiuto. La convinzione espressa da Stalin che le grandi potenze avrebbero dovuto e potuto imporre il proprio sistema politico e sociale fin dove sarebbero arrivati i propri eserciti – e che venne brutalmente riassunta nell'«accordo sulle percentuali» stilato da Churchill e Stalin nell'ottobre 1944 – si concretizzò in forme e tempi che nessuno prevedeva così rapido e pieno al momento delle Conferenze di Jalta e di Potsdam.

La divisione dell'Europa, infatti, si sviluppò sull'arco dell'avanzata degli eserciti alleati da est e da ovest, e si caratterizzò non soltanto per la natura sociopolitica dei regimi che vennero favoriti o imposti in ogni paese, ma per l'eredità stessa lasciata dalla guerra. La transizione alla democrazia, e cioè la possibilità di libere elezioni, era stata sottoscritta a Jalta dai Tre Grandi, ma ancor prima della fine del conflitto Stalin aveva imposto in Polonia una brutale repressione dei membri dell'Esercito nazionale e un reclutamento massiccio nelle file del Partito polacco dei lavoratori. Il processo che ebbe luogo nel giugno 1945 a Mosca contro sedici dirigenti del governo polacco di Londra e dell'Armia Krajowa venne rubricato a Washington e Londra come un evento minore da dimenticare, e di fatto segnò l'acquiescenza occidentale alla progressiva conquista sovietica dell'Europa orientale.

Il campo socialista costruito dall'Urss sull'area di influenza che le è stata attribuita a Jalta non ha le caratteristiche di democrazia e di controllo previste in quella conferenza. È, invece, rigidamente ordinata sul modello sovietico, integrato in modo subordinato all'economia russa, sottoposto politicamente e militarmente a una gerarchia stabilita a Mosca. La scelta di riprodurre integralmente in Europa orientale una struttura statale e sociale totalitaria sembra a Stalin l'unica garanzia di sicurezza possibile, che non debba contare su altro che la propria forza. Il mantenimento e rafforzamento degli apparati repressivi e coercitivi si presenta come garanzia interna della sicurezza cercata sul piano internazionale. Il clima da fortezza assediata, accentuato dalla paura atomica, è quello che serve a Stalin per mobilitare la popolazione attorno a una politica che è sostanzialmente difensiva nei confronti del blocco occidentale, ma drasticamente autoritaria nel procedere alla normalizzazione del proprio campo.

Se la politica di deportazione e migrazione forzata che aveva colpito soprattutto i tedeschi (ma anche i polacchi, gli slovacchi e altri gruppi) aveva drasticamente ridotto la percentuale delle minoranze che vivevano all'interno di ogni paese, la serie di grandi epurazioni e purghe contro fascisti, criminali di guerra, collaborazionisti s'intrecciò con quella contro i parassiti sociali del vecchio ordine o i sabotatori dell'ordine socialista, diventando strumento potente e fondamentale di una trasformazione sociale ed economica che puntava all'eliminazione progressiva dei partiti politici e all'inglobamento all'interno dei partiti comunisti delle forze popolari. I governi di coalizione guidati dai comunisti si trasformano rapidamente in governi monopartito. Con un andamento analogo in tutti i paesi che si sono liberati dal nazismo grazie all'intervento decisivo dell'Armata rossa, i partiti non comunisti (contadini, socialdemocratici, cattolici), vengono neutralizzati, costretti a fondersi con i comunisti o posti fuori legge. I fronti democratici restano per qualche tempi una facciata dietro la quale, tra il 1947 e 1948, si completa la sovietizzazione dei regimi di democrazia popolare. La Cecoslovacchia è l'ultimo paese a essere normalizzato, con una manovra istituzionale che, tra febbraio e marzo del 1948, pur formalmente rispettosa della legalità, si presenta in realtà come un vero colpo di Stato. La morte sospetta del ministro degli Esteri Jan Masaryk – volato dalla finestra del suo ministero e ufficialmente suicidatosi – e le dimissioni del presidente della Repubblica Edvard Beneš dopo le elezioni su lista unica che danno la maggioranza ai comunisti segnano la fine della Cecoslovacchia democratica.

I timori che accompagnarono il colpo di Stato di Praga furono presto accantonati di fronte allo scontro che contrappose direttamente, a Berlino, il blocco occidentale e quello sovietico. La divisione della Germania e l'isolamento cui venne sottoposto Berlino per quasi un anno costituirono l'esempio dei grandi passi che in circa due anni aveva compiuto la guerra fredda. La politica americana di pace e prosperità presupponeva di estendere l'influenza americana su scala globale e di combattere l'instabilità economica non solo con l'aiuto finanziario e l'invasione massiccia di merci americane ma con un controllo politico indiretto e tuttavia fermo. Espandere i mercati faceva tutt'uno con la necessità di bloccare l'espansionismo comunista, identificato ben presto come il nuovo totalitarismo da combattere dopo quello nazista.

Questioni geopolitiche ed economiche erano ben presenti agli strateghi americani e sovietici, ma furono i temi ideologici che acquistarono un peso sempre più rilevante. L'inossidabile anticapitalismo dei sovietici così come il rinascente anticomunismo degli americani avevano radici antiche e profonde. La ricerca di una legittimazione mondiale spingeva ad accentuare la propria identità ideologica e a rivestire con essa ogni atto motivato da più concreti interessi economici o di natura politica.

La richiesta di «garanzie di sicurezza» avanzata dall'Urss e riconosciuta già durante la guerra dalla divisione in sfere d'influenza era destinata a concludersi con una completa sovietizzazione di quelli che, nell'intenzione occidentale, dovevano rimanere Stati-cuscinetto o paesi alleati o neutrali. Ma esisteva, allora, un pericolo reale di espansionismo come aveva suggerito il *lungo telegramma* di Kennan e come era stato poi accettato da Truman e dal Dipartimento di Stato? Pensare che il legame di sudditanza con Mosca dei partiti comunisti potesse costituire un complotto internazionale preparato dall'Urss per dominare il mondo era travisare la realtà di una ferma presa di Stalin sui paesi vicini, fino a renderli veri e propri satelliti e della sua capacità di approfittare di qualsiasi occasione per allargare la propria influenza; ma non si trattava certo di una minaccia espansionista, e certamente non in Europa. Lo stesso Kennan, nel 1956, avrebbe del resto confessato: «L'immagine di una Russia stalinista pronta e bramosa di attaccare l'Occidente, e scoraggiata solo dal nostro possesso di armi atomiche, fu largamente una creazione dell'immaginazione occidentale».

Una transizione inattesa e carica di conseguenze di lungo periodo fu quella che accompagnò la sconfitta dell'impero giapponese in Asia. In Cina, il paese che aveva maggiormente sofferto, fin dal 1937, la violenza nipponica, al momento della resa giapponese le forze nazionaliste di Chiang Kai-shek ammontano a quattro milioni di uomini, contro il milione di uomini appartenenti all'esercito comunista. Tanto gli Usa che l'Urss suggeriscono di mantenere in vita la coalizione che, sotto la guida del Guomindang, aveva combattuto contro i giapponesi. Nell'estate del 1946, mentre le due superpotenze iniziano a imboccare la strada della guerra fredda, esplode la guerra civile, con le armate di Chiang che controllano il sud del paese e quelle di Mao che dominano le campagne del nord. Il progressivo aiuto dell'Urss, che è intervenuta in Manciuria nelle ultime settimane di guerra, ma soprattutto il radicamento popolare e la capacità tattica sul piano militare, spostano a favore dei comunisti l'andamento del conflitto. La diffusa corruzione e incompetenza economica del governo nazionalista, che viene travolto da un'inflazione galoppante, si accompagna a una presenza violenta e arrogante dell'esercito, che aliena progressivamente le simpatie della popolazione. Dal gennaio a settembre del 1949 le forze comuniste conquistarono regione dopo regione l'intera Cina e il 1° ottobre veniva proclamata la nascita della Repubblica popolare di Cina.

Non è solamente la vittoria della rivoluzione comunista nel più popoloso paese del mondo (la Cina ha, all'epoca cinquecento milioni di abitanti, il triplo degli Stati Uniti) a segnare in modo incontrovertibile una transizione del tutto inattesa. Stalin aveva spinto Mao a mantenere intatta l'alleanza con Chiang, mentre gli Usa si erano progressivamente raffreddati con quest'ultimo, pur non immaginando la profondità e rapidità della sconfitta che lo avrebbe isolato a Taiwan. Adesso, a partire da Stalin, le due superpotenze sono costrette a ridefinire la loro politica asiatica, la cui importanza crescerà sempre più, prendendo spesso il centro della scena appartenuto fino all'anno prima all'Europa.

Non saranno solo le vicende che porteranno assai presto allo scoppio della guerra di Corea – la lunga parentesi di un conflitto assai caldo all'interno della guerra fredda – o al radicarsi della divisione territoriale in Indocina grazie alla presenza coloniale francese, a costituire l'aspetto prevalente della transizione che prende l'avvio in Asia nel 1945. A esse, infatti, vanno aggiunte quelle prime e tumultuose sconfitte del dominio coloniale che avrebbero cambiato per sempre la storia del continente.

In Indonesia era stata proprio l'occupazione giapponese a rafforzare i sentimenti anticoloniali, permettendo l'uso della lingua e il rafforzarsi dei due principali partiti politici. La dichiarazione d'indipendenza fatta da Sukarno all'indomani della resa giapponese, e la successiva lotta di resistenza contro il tentato ritorno del colonialismo olandese appoggiato da truppe britanniche, avevano reso evidente come non vi fosse ovunque una diffusa simbiosi tra l'ideologia comunista e la lotta per l'indipendenza nazionale, come era invece avvenuto in Indocina. Che l'unico passaggio pacifico all'indipendenza fosse quello registrato nelle Filippine segnalava con forza come anche all'interno del campo occidentale vi fosse una visione tutt'altro che omogenea, in cui gli Stati Uniti costituivano un punto di riferimento che trovava una saldatura con gli atteggiamenti britannico, francese o olandese soltanto in funzione della battaglia anticomunista, che per Washington costituiva il criterio di fondo della propria battaglia.

La sconfitta più clamorosa del colonialismo britannico, pur se avvenuta consapevolmente e in parte intenzionalmente, fu naturalmente l'indipendenza che India e Pakistan raggiunsero il 15 e 16 agosto 1947, in un modo inaspettato per tutti i maggiori protagonisti della storia in quella regione. Il dominio britannico in India non era mai stato fine a se stesso, ma si era caratterizzato come mezzo per assicurare interessi commerciali e militari, anche se con il 1945 il rapporto costi-benefici, fino ad allora favorevole per Londra, era mutato drammaticamente. La vittoria laburista nelle elezioni del dopoguerra permise così che posizioni ideali e interessi nazionali si saldassero nello spingere a un rapido trasferimento dei poteri prima che una ribellione nazionalistica diventasse incontrollabile. La partizione dell'India, con la costruzione in poco più di due mesi e mezzo di due Stati indipendenti, uno dei quali diviso in due territori distanti migliaia di chilometri, segnò l'inizio di una nuova epoca per l'Asia, in cui i conflitti regionali (tra India e Pakistan, Cina e India) solo in minima parte si adattarono alle dinamiche della guerra fredda ma, piuttosto, contribuirono a modificarle.

In un'area regionale assai più circoscritta, in Medio Oriente, gli inglesi cercarono di replicare una soluzione che, a loro avviso, poteva risolvere al tempo stesso il problema dell'eredità imperiale, di un conflitto regionale in atto e delle esigenze della guerra fredda. L'annuncio britannico del ritiro dalla Palestina, l'approvazione da parte della maggioranza delle Nazioni Unite della divisione in due Stati, la dichiarazione d'indipendenza di Israele e la guerra di cinque Stati arabi per impedirlo videro stranamente in funzione una momentanea alleanza tra le due superpotenze, Usa e Urss. Anche in Medio Oriente, tuttavia, in modo più accentuato che in Asia, furono le nuove caratteristiche della transizione che prese piede tra il 1945 e il 1947 a prevalere e a influenzare i comportamenti delle superpotenze in quella regione, divenendo così un elemento nuovo e aggiuntivo all'interno della logica della guerra fredda. L'intera area mediorientale, del resto, conobbe nel decennio successivo alla fine della guerra mondiale una dinamica in cui lotte dinastiche e conflitti etnici, interessi economici e petroliferi, ideologie nazionaliste e declinazioni contrapposte della religione islamica s'intrecciavano con gli obiettivi geopolitici delle grandi potenze. A dieci anni esatti dalla fine della guerra, la Conferenza di Bandung dell'aprile 1955 segna la determinazione a portare avanti con intensità e rapidità il processo di decolonizzazione in Asia e Africa e la costruzione e rafforzamento di un campo autonomo, capace di rendere meno pericoloso il conflitto tra i blocchi e di rappresentare un'alternativa politica internazionale, soprattutto per i paesi di nuova indipendenza, al ricatto di dover scegliere una o l'altra delle grandi potenze. La guerra fredda, per questi paesi, non è solo una minaccia, ma l'opportunità per un'azione politica autonoma e più ampi spazi di manovra. È proprio a partire dalla Conferenza di Bandung che l'attenzione di Stati Uniti e Unione Sovietica nei confronti dei paesi decolonizzati diventa più assidua, che il Terzo Mondo (come viene indicato nel 1952 dal giornalista Alfred Sauvy) diventa il terreno privilegiato di confronto e competizione tra i blocchi e che si dà meno per scontato che la scelta di campo debba coinvolgere l'accettazione del modello economico e politico dell'Occidente o del socialismo.

Vista in una prospettiva comparata e complessiva la transizione di maggior rilievo che prende avvio con il 1945 – ma che inizia addirittura nel corso della guerra – è certamente quella della decolonizzazione, anche se si tratterà di un processo particolarmente lungo, che si svilupperà a ondate e che si trasformerà a lungo in un processo senza soluzioni di continuità. Se tra il 1945 e il 1960 oltre quaranta paesi, con una popolazione di oltre 800 milioni, più di un quarto degli abitanti del globo, si ribellarono al colonialismo e conquistarono l'indipendenza, come ebbe a scrivere nel 1973 Geoffrey Barraclough,

> il mutamento della posizione dei popoli di Asia e Africa e delle loro relazioni con l'Europa fu il segno più chiaro dell'avvento di una nuova era e quando la storia della prima metà del XX secolo sarà scritta in una più lunga prospettiva (una storia che per la maggior parte degli storici è ancora dominata dalle guerre europee e da problemi europei, dal fascismo e dal nazismo, da Mussolini, Hitler e Stalin) non vi è alcun dubbio che nessun tema risulterà di più grande importanza della rivolta contro l'occidente.[1]

Le sconfitte subite da Gran Bretagna, Francia e Olanda in Asia a opera del Giappone, già tra il 1941 e 1945 avevano rafforzato la battaglia anticoloniale che, in forme diverse, si era poi sviluppata dalla fine della guerra permettendo ai movimenti nazionali di Asia e Africa di svilupparsi gradualmente in un più generale movimento di rivolta contro l'Occidente, in quel rifiuto del dominio occidentale che proprio alla Conferenza "afroasiatica" di Bandung aveva trovato espressione. In quell'occasione uno degli organizzatori, Jawaharlal Nehru, aveva ricordato il nuovo dinamismo che si era sviluppato nell'ultimo mezzo secolo nei due continenti. E malgrado il pessimismo che ancora dominava in Europa sulle possibilità che l'Africa seguisse rapidamente la strada aperta dall'Asia, fu subito chiaro dopo la guerra per Suez del 1956 che l'età coloniale era terminata e che le potenze europee si dovevano affrettare, sotto le pressioni tanto esterne che interne a liberarsi dal peso delle colonie che erano ormai divenute uno svantaggio e un inconveniente più che una risorsa.

Nel secondo dopoguerra, accanto alla leadership emersa dalle borghesie nazionali che avrebbe preso la testa dei movimenti anticoloniali, si sviluppa un'organizzazione di massa che trova seguaci soprattutto nelle campagne e nelle fabbriche e che costituirà l'elemento nuovo e vincente di questa terza fase (come è stata chiamata) della battaglia anticoloniale. Se all'epoca quello che venne sottolineato maggiormente fu l'educazione occidentale delle nuove élite anticoloniali, con il tempo apparve chiaro che

1. G. Barraclough, *The Revolt against the West*, in *Decolonization. Perspectives from Now and Then*, a cura di P. Duara, Routledge, London 2004, p. 118.

le radici del nazionalismo africano e asiatico erano largamente indigene e che la rivoluzione nella posizione relativa di Asia e Africa nel mondo aveva costituito uno strappo fondamentale e nuovo nello sviluppo della storia globale.

La fine della guerra fredda e dell'esperienza comunista in Europa orientale e in Unione Sovietica aveva favorito negli anni Novanta una rivisitazione dell'immediato dopoguerra non più focalizzata solamente sulle responsabilità reciproche che le due superpotenze avevano avuto nello scatenare la guerra fredda, e aveva permesso soprattutto di assumere la storia dell'Europa orientale come parte integrante, ancorché drammaticamente divisa, della storia europea. Da una visione della storia del dopoguerra prevalentemente nazionale e divisa per paesi o inserita all'interno della storia della guerra fredda e dei due singoli blocchi, si poteva passare a una storia dal carattere più universale e globale, in cui le stesse vicende europee perdevano la loro centralità rispetto alle dinamiche di transizione che avevano riguardato le altre parti del mondo.

Il nuovo approccio che s'impone dagli anni Novanta e che con ulteriori specificazioni prosegue e si affina nel XXI secolo vede nella transizione che parte nel 1945 il prevalere di quegli elementi universalistici che erano sorti dalla consapevolezza della barbarie in cui il nazismo e il fascismo avevano gettato il mondo intero. Erano valori che andavano ben oltre il ripristino della legalità precedente, ma che fondavano una nuova cultura dei diritti che si poneva per la prima volta nella storia obiettivi e valori realmente universali. All'interno di questa transizione (che era insieme una transizione di valori ma anche di strumenti politici nuovi, primo fra tutti le Nazioni Unite) l'elemento più profondamente contraddittorio era rappresentato dalla sopravvivenza del colonialismo, in contrasto esplicito con i valori espressi in modo originale e coerente dalla Carta delle Nazioni Unite e dalla Dichiarazione universale dei diritti umani. È solo grazie alla transizione geopolitica che prevale nel breve periodo – quella della guerra fredda e delle due sfere d'influenza – che la questione coloniale venne in parte congelata per almeno un decennio, anche se fin da subito ebbe inizio quello smantellamento incisivo e profondo dei suoi presupposti, delle sue dinamiche e della sua ragion d'essere. La transizione universale dei diritti perde quasi subito con la guerra fredda la sua portata dirompente e innovativa, adeguandosi ai nuovi criteri di Realpolitik imposti da Washington e Mosca; mentre la transizione verso la decolonizzazione conosce un percorso accidentato e poco lineare, che altererà nel giro di pochi anni l'andamento della guerra fredda, pur lasciandone apparentemente immutata la struttura fondamentale. Sarà solo con l'affacciarsi della globalizzazione – che s'impone nell'ultimo decennio del Novecento sull'onda di trasformazioni di lungo periodo (tecnologiche, finanziarie, sociali) che possono concretizzarsi con facilità solo nel nuovo contesto geopolitico della fine della guerra fredda – che l'universalismo della cultura dei diritti e l'affermarsi autonomo e indipendente degli Stati ex coloniali sembreranno ritrovare una nuova spinta e un nuovo slancio. Anche se questo aprirà inevitabilmente verso una nuova fase storica di cui stiamo cercando con difficoltà di scorgere le caratteristiche e gli aspetti costitutivi.

La transizione del dopoguerra che è stato così a lungo al centro dell'attenzione degli storici – la transizione della guerra fredda – ci sembra oggi quasi una parentesi, per quanto lunga e incisiva, che non è più capace di trovare al suo interno il criterio esplicativo e interpretativo per comprendere il Novecento. La cesura rappresentata dal 1945 aveva segnato la vittoria dell'universalismo illuminista che si poteva vedere incarnata, in modo contraddittorio e ideologico, tanto nel blocco occidentale che in quello comunista, tanto nella costruzione europea dello Stato sociale quanto nella ambigua realtà degli Stati emersi dalla decolonizzazione.

Come ha scritto Charles Maier in una citazione utilizzata da Mariuccia Salvati nella sua interpretazione del Novecento: «La globalizzazione conferisce una nuova urgenza alla seconda lettura del XX secolo [...]. Possiamo continuare a leggere *Se questo è un uomo* di Primo Levi ma dobbiamo anche rileggere *Cuore di tenebra* di Joseph Conrad».[2]

2. Ch.S. Maier, *Il Ventesimo secolo è stato peggiore degli altri? Un bilancio storico alla fine del Novecento*, in «il Mulino», 6 (1999), p. 1008.

Alberto De Bernardi

Oltre la crisi degli anni Trenta. Politica ed economia nel contesto globale

Il paradigma di Polanyi: il crollo dell'ortodossia economica

> Agli inizi degli anni Trenta dei cambiamenti intervennero improvvisamente. I momenti principali furono l'abbandono della base aurea da parte dell'Inghilterra, i piani quinquennali in Russia, il lancio del New Deal, la rivoluzione nazional-socialista in Germania, il crollo della Lega [delle Nazioni] a vantaggio degli imperi autarchici. Mentre alla fine della Grande guerra e per tutto il decennio successivo gli ideali del diciannovesimo secolo erano ancora dominanti, con il 1940 ogni traccia del sistema internazionale era scomparsa e a parte le poche *enclaves* le nazioni vivevano in una situazione internazionale completamente nuova.[1]

In questa sintesi paradigmatica e illuminante Polanyi mette in evidenza la centralità della frattura maturata negli anni Trenta, nella quale giunge al termine la crisi delle istituzioni liberali, cominciata mezzo secolo prima, e si dischiudono le dinamiche di una «grande trasformazione», che avrebbe segnato il cinquantennio successivo.

Ovviamente il fattore scatenante di questa rottura è la crisi economica del 1929, che non solo introduce nel sistema economico mondiale turbolenze inedite, come ogni crisi generale del capitalismo, ma soprattutto fa esplodere le incongruenze e gli errori nefasti maturati negli anni Venti, derivanti dall'incapacità dei vincitori della Grande guerra di "fare la pace". La crisi infatti vanifica definitivamente ogni certezza residua sulla capacità del mercato di autoregolarsi e sgretola la base aurea che era stata resu-

1. K. Polanyi, *La grande trasformazione. Le origini economiche e politiche della nostra epoca*, Einaudi, Torino 1977 (ed. or. New York 1944), p. 30.

scitata dopo la prima guerra mondiale per rifondare il sistema monetario internazionale, attraverso cui domare l'inflazione postbellica, rivitalizzare il commercio mondiale e accelerare la ricostruzione economica.

La guerra aveva spazzato via praticamente tutte le monete dell'Europa orientale, dal rublo russo al marco tedesco, polacco e finlandese, dalla corona ungherese a quella austriaca, mentre altre, come la lira, avevano subito instabilità valutarie notevoli e intensi fenomeni di svalutazione. Rifondare il Gold Standard divenne il dogma a cui si affidarono le classi dirigenti occidentali, di qualunque orientamento politico fossero, per uscire dall'economia di guerra, che si era basata proprio sull'abbandono della convertibilità delle monete in oro, per favorire la crescita della massa monetaria circolante e finanziare così le spese militari.

Basti pensare a Quota 90, fortemente voluta da Mussolini, agli sforzi del gruppo dirigente bolscevico per ripristinare la base aurea del nuovo rublo, o alla "fede" nella base aurea della corona di Otto Bauer, capo della socialdemocrazia austriaca e ministro degli Esteri del governo di coalizione con il Partito cristiano-sociale fino all'avvento di Dollfuss, per cogliere pienamente quanto fosse diventato convincimento comune di tutte le élites politiche postbelliche, vecchie e nuove, conservatrici e rivoluzionarie, uno dei punti di forza teorici e ideologici del liberalismo ottocentesco.

Al mito della parità aurea nel primo dopoguerra si era accompagnato il tentativo di cancellare tutte le forme di dirigismo e di interventismo statale che avevano caratterizzato l'economia di guerra per ripristinare i meccanismi del mercato. Ovviamente non si trattava di fare un balzo indietro di mezzo secolo e tornare al liberismo economico, ma di rimettere in moto quella forma di libertà di mercato regolata, garantita dal progetto «neomercantilista» con cui le nazioni industrializzate avevano risposto alla grande depressione di fine Ottocento. Infatti, per uscire dalla crisi esplosa nel 1873 e durata quasi un ventennio, le élites politiche ed economiche dei paesi europei avevano abbandonato l'ortodossia liberista classica, che aveva sorretto la prima fase dell'industrializzazione europea in nome di un nuovo interventismo dello Stato volto a regolamentare i mercati.

Com'è noto, gli strumenti di questo ritorno al mercantilismo furono il protezionismo, il colonialismo e l'intervento pubblico a sostegno delle imprese ritenute strategiche per le singole nazioni. A loro volta le imprese avevano imparato a muoversi all'interno di questo nuovo mercato regolato attraverso un vasto sforzo di riorganizzazione industriale, sia sul versante dell'organizzazione del lavoro, combinando innovazione tecnologica e standardizzazione della produzione, sia su quello degli assetti proprietari dando vita a cartelli e a conglomerati di imprese. Il risultato fu un'intensificazione della concentrazione dei capitali e la formazione di mercati settoriali dominati da pochi soggetti oligopolistici.

Si venne così creando un nuovo capitalismo basato su economie statali protette, nel quale Stato e mercato si integravano in forme nuove e originali, in grado di operare su una scala globale e di garantire consumi di massa in una dimensione mai conosciuta in precedenza. Un sistema nuovo che però era tenuto insieme e governato dalla Gran Bretagna, potenza egemone, che dall'alto della sua "religione" economica liberista e del più grande impero coloniale, sovraintendeva, attraverso il Gold Standard imposto a tutti gli Stati, alla stabilità monetaria e ai flussi del commercio mondiale.

La "seconda rivoluzione industriale" che da queste scelte prese forma e sostenne il lungo ciclo di sviluppo della Belle Époque, era dunque il risultato di quel ritorno al mercantilismo e di quella profonda razionalizzazione del capitalismo, che consentì un'onda di sviluppo su una scala mai conosciuta in precedenza.

Ed è questo nuovo capitalismo, che potremmo chiamare "di mercato organizzato" che viene messo alla prova dalla Grande guerra e il cui gigantesco apparato produttivo si rivela capace di progettare e di reggere la «guerra totale»; lo stesso che presiede alla ricostruzione postbellica, fondandola sulla riproduzione delle sue basi strutturali e sugli strumenti di *policy*. Come sappiamo, questo tentativo di far sopravvivere l'Ottocento nel Novecento, per seguire lo schema polanyiano, non riuscì, anche, e forse soprattutto, perché il suo principale promotore, la Gran Bretagna, era profondamente indebolito e ogni sforzo di perpetuare gli architravi economici della sua egemonia scontava il fatto che la guerra ne aveva corroso la solidità: la guerra civile irlandese, il nuovo nazionalismo indiano e la vittoria laburista nel 1924 erano i segnali più evidenti.

Ma in un mondo frammentato da barriere doganali sempre più rigide, che rafforzavano le tendenze a trasformare il mercato in uno spazio sempre più oligopolistico e sempre meno concorrenziale,[2] e da asimmetrie crescenti tra le economie dei vinti e quelle dei vincitori, l'integrazione dei mercati, come volano della crescita, restava un'utopia irraggiungibile, come dimostrò il fallimento della Conferenza economica internazionale sul commercio internazionale promossa dalla Società delle Nazioni nel 1927.

2. Ivi, p. 277.

Ma finché una breve congiuntura favorevole trascinata dagli Stati Uniti – i famosi "anni ruggenti" – riesce a sostenere la crescita economica dell'Occidente, la strategia elaborata dalle classi dirigenti dei paesi vincitori sembra godere di un certo successo, anche perché il governo americano, nonostante il suo prevalente isolazionismo, assume su di sé, attraverso il Piano Dawes e altri interventi, il carico delle riparazioni tedesche e del debito dei paesi dell'Europa orientale.

L'incremento dei Pil dei principali paesi occidentali, dunque, e quel Piano Marshall in sedicesimo elaborato dal futuro vicepresidente degli Stati Uniti, coprono le contraddizioni insite nelle politiche economiche adottate e consentono la sopravvivenza di un'illusione: che la guerra mondiale fosse stata solamente un classico conflitto interstatale, seppur di immense dimensioni, e che le cicatrici profonde che aveva lasciato nel corpo stesso dell'Europa potessero essere rimarginate affidandosi proprio a quelle politiche economiche che ne erano state invece una delle cause principali.

Noi non potremo mai sapere se questa prospettiva avrebbe avuto la possibilità di consolidarsi, dando ragione ai suoi sostenitori. Quello che è certo è che la crisi del 1929 fugò nella maniera più tragica e radicale ogni ragionevole dubbio, trasformando quella illusione, o forse quella utopia, in un incubo, da cui il mondo si sarebbe risvegliato quindici anni dopo.

L'incubo si materializzò nel settembre 1931, quando il governo di MacDonald decise di svalutare la sterlina e di sganciarla dall'oro, decretando la fine del Gold Standard e della City di Londra quale perno del sistema finanziario e commerciale mondiale. Infatti, dopo la decisione britannica, la svalutazione della moneta – considerata fino ad allora una tragedia nazionale e un tabù per quasi tutte le classi dirigenti occidentali – venne derubricata a mero strumento di politica economica utilizzato da diversi Stati nel tentativo di salvare le economie nazionali.

Alcuni paesi, *in primis* gli Stati Uniti, se ne avvalsero; altri, tra cui l'Italia, scelsero la via opposta, ma ormai la base aurea non era più il comun denominatore tecnico e politico che faceva funzionare il mercato mondiale. Il fallimento della Conferenza di Londra convocata nel 1933 per stabilizzare i cambi mise in evidenza che le economie occidentali non erano nelle condizioni di ripristinare politiche monetarie condivise in grado di tenere aperto il mercato agli scambi internazionali.

Ma questo tragico scacco, determinato dal veto degli Stati Uniti a entrare in un sistema monetario a cambi fissi, insieme al collasso del commercio mondiale che in quell'anno si era ridotto del 60% rispetto al 1929, costituì la manifestazione plastica della definitiva abdicazione della Gran Bretagna come potenza egemone planetaria. La scelta contestuale del governo inglese di adottare politiche protezionistiche, attraverso cui creare un'area chiusa di paesi strettamente ancorati alla sterlina, rafforzando i suoi rapporti commerciali con l'Impero a scapito di quelli con l'Europa, rappresentava un'ulteriore dichiarazione di resa definitiva.

Senza baricentro geopolitico e senza uno strumento di integrazione come il Gold Standard, l'ortodossia economica che presiedeva alle politiche statali per domare la crisi si rivelò fallimentare. In mancanza di un ordine economico e monetario internazionale, la deflazione, che costituiva l'unica arma che i governi liberali erano in grado di praticare, si rivelò una via senza uscita. Infatti, le politiche economiche che discendevano da questa formula – taglio della spesa pubblica, innalzamento dei tassi a difesa della moneta, riduzione dei salari, rafforzamento del protezionismo doganale – declinata in varie e diverse combinazioni da tutti i governi europei, si rivelarono molto negative, perché, come notava Polanyi, si fondavano su quell'«utopia del mercato», che la crisi si era incaricata di smentire alla radice: di fronte a un'insicurezza economica devastante e ingovernabile i mercati oligopolistici, ancor più di quelli concorrenziali, manifestavano un'incapacità strutturale di autoregolazione che le politiche deflazionistiche accentuarono.

In effetti, non riuscirono né a fronteggiare la disoccupazione, né a superare la paralisi degli investimenti – che Maurice Dobb chiamò «la paura delle capacità produttive»,[3] vale a dire la scelta degli imprenditori e degli uomini d'affari di contrarre gli investimenti come antidoto alla sovrapproduzione –, né a stabilizzare i mercati. In sintesi già alla fine del 1931, quando la crisi si era ormai diffusa a livello mondiale, risultava evidente che la strategia deflazionistica, lungi dall'essere anticiclica, era al contrario prociclica, destinata, cioè, ad aggravare e a proiettare nel futuro la crisi.[4]

Di fronte al collasso dell'«economia mondo», che Mussolini fotografò con la famosa definizione di una «crisi di sistema e non nel sistema», emerse con tutta evidenza quanto le teorie economiche, di cui i governi e le forze del mercato si servivano per definire le loro scelte, fossero ferri vecchi inservibili, perché non in grado di fornire soluzioni capaci di aggredire le

3. M. Dobb, *Problemi di storia del capitalismo*, Editori Riuniti, Roma 1958.

4. Si veda C.H. Feinstein, P. Temin, G. Toniolo, *L'economia europea tra le due guerre*, Laterza, Roma-Bari 1998.

dinamiche della crisi: allo stesso tempo il "giovedì nero" apre le porte a una terra incognita non tracciata sulle mappe di cui si servivano gli operatori economici e i decisori politici per navigare nel mare dell'economia mondiale; ma anche rivela che l'Occidente era sprovvisto di cartografi in grado di disegnare le nuove mappe indispensabili per questa nuova navigazione.[5]

Revisionismi: la soluzione fascista

Ma nel 1933, quando la crisi raggiunse il suo acme si verificano alcuni eventi che cambiano radicalmente il quadro e consentono di capire in quali direzioni si mossero, per proseguire la metafora, i primi nuovi cartografi.

Il più noto e dirompente per i futuri assetti dell'Europa e del mondo fu quello che si verificò in Germania: il 30 gennaio di quell'anno Hitler vince di nuovo le elezioni e il presidente della Repubblica gli affida l'incarico di cancelliere. Quel che qui preme anticipare nell'ottica analitica che sto seguendo, sono i primi passi della politica economica del Terzo Reich. Hitler infatti, dopo aver nominato ministri dell'Economia due figure di secondo piano, rapidamente messe da parte, affida il dicastero a Hjalmar Schacht, che era stato presidente della Reichsbank dal 1924 e aveva svolto un ruolo di primo piano nelle politiche economiche della Repubblica di Weimar. Fondatore di un piccolo partito conservatore scioltosi poi nel partito nazista, Schacht rimase sostanzialmente un tecnocrate indipendente, anche se convinto sostenitore del regime totalitario, che non rinnegò mai di aver fatto parte di quei circoli intellettuali e politici che avevano tentato di rifondare l'economia tedesca dopo il crollo della Grande guerra su un sistema economico che andasse oltre il capitalismo di mercato e il socialismo ormai bolscevizzato, in un'ottica di capitalismo organizzato e corporatista, capace di coniugare sviluppo e benessere collettivo, profitto ed equità sociale.[6]

L'organizzazione dell'economia di guerra costituiva il punto di riferimento di questo progetto, nella misura in cui la Germania, ma anche gli altri paesi belligeranti, sotto l'impulso della guerra totale avevano non solo sperimentato forme nuove di regolazione degli interessi organizzati, ma anche modalità nuove di controllo dello Stato sull'economia, nello sforzo di minimizzare gli effetti negativi della concorrenza e del conflitto sociale

5. Sul tema fondamentale resta P. Gourevitch, *La politica in tempi difficili. Il governo delle crisi economiche 1870-1980*, Marsilio, Venezia 1991, soprattutto pp. 157-211.

6. Ch.S. Maier, *La rifondazione dell'Europa borghese. Francia, Germania e Italia nel decennio successivo alla Prima guerra mondiale*, il Mulino, Bologna 1999.

sul potenziamento della produzione industriale. Si delinea così un modello di organizzazione sociale che al pluralismo della rappresentanza degli interessi, che trovavano la loro sintesi negli strumenti della democrazia parlamentare, cerca di sostituire un sistema gerarchizzato di strutture sindacali corporative statalizzate.

In questo nuovo sistema, secondo la definizione che ne ha dato Schmitter, uno dei massimi studiosi del corporativismo moderno,

> le unità costitutive sono organizzate in un numero limitato di categorie singole, obbligatorie, non in competizione, ordinate gerarchicamente e differenziate nelle funzioni, riconosciute o autorizzate (se non create) dallo Stato, alle quali è assicurato un deliberato monopolio della rappresentanza [...] in cambio dell'osservanza di alcuni controlli sulla propria selezione dei leaders e sulla formulazione delle richieste e degli aiuti.[7]

Se l'industriale Walter Rathenau era stato il più visionario e radicale esponente di questa nuova visione della società,[8] Schacht aveva colto la necessità che lo Stato si assumesse il compito di integrare in forme nuove capitale e lavoro, come unico antidoto alla disgregazione della Germania a cui la stava portando l'ortodossia deflazionistica abbracciata rigidamente soprattutto dai governi presieduti da Bruning.

La sua uscita di scena come presidente della Banca centrale e il suo avvicinamento al nazismo vanno letti, a parere mio, come l'espressione di un percorso di ricollocazione politica comune a tanti tecnocrati europei – anche in Italia si verifica un fenomeno analogo, basti pensare a Serpieri o a Beneduce – che di fronte alla crisi della democrazia e al crollo del capitalismo ritennero che i loro progetti di regolazione statale delle dinamiche socioeconomiche potessero realizzarsi all'interno di una soluzione politica autoritaria.[9]

Sempre nel 1933 Mussolini dà vita all'Iri, l'Istituto per la Ricostruzione economica, per impedire il fallimento delle grandi banche italiane (Commerciale, Credito Italiano e Banco di Roma), travolte dalla crisi industriale, e tentare di salvare l'economia italiana, affidando il compito di rea-

7. P.C. Schmitter, *Ancora il secolo del corporativismo?*, in *La società neo-corporativa*, a cura di M. Maraffi, il Mulino, Bologna 1981, pp. 45-85.

8. Su questa figura di industriale e uomo politico si veda *Walter Rathenau e il suo ambiente*, a cura di M. Cacciari, De Donato, Bari 1979.

9. Si vedano le considerazioni di J.M. Gaillard, A. Rowley, *Histoire du continent européen, 1850-2000*, Seuil, Paris 2001, pp. 390-395.

lizzare questo vasto progetto di nazionalizzazione del sistema bancario e di interi comparti dell'industria italiana a un gruppo di tecnocrati, nati all'ombra di Francesco Saverio Nitti, capeggiati da Alberto Beneduce e Donato Menichella. Nel giro di pochi anni lo Stato, attraverso un ente pubblico formalmente indipendente, divenne il maggior banchiere e imprenditore italiano, mettendo sotto il suo controllo oltre alle banche, le telecomunicazioni, la produzione energetica, l'intera industria navale, la cantieristica e soprattutto, l'industria degli armamenti.

Nonostante la tradizione dei salvataggi industriali operati a più riprese dallo Stato fin dalla fine dell'Ottocento, la creazione dell'Iri si colloca in un contesto e su un piano del tutto nuovi. Costituiva, infatti, un intervento pubblico nell'economia del tutto estraneo alla cultura economica dominante su scala continentale, e che andava oltre persino al progetto corporativo del regime, inaugurato nel 1927 con la Carta del Lavoro e rafforzato nel 1930 con la costituzionalizzazione del Consiglio nazionale delle Corporazioni, ma che fino a questa data aveva riguardato quasi esclusivamente le relazioni industriali e la trasformazione dei sindacati da libere associazioni a enti di Stato fascistizzati.

La creazione dell'Iri, dunque, opera un salto di qualità che è parte integrante del tentativo di Mussolini di accreditare il fascismo come portatore di una "terza via" tra capitalismo e comunismo: come disse nel famoso *Discorso per lo Stato corporativo* del 14 novembre 1933 al Consiglio nazionale delle Corporazioni «il corporativismo è l'economia disciplinata, e quindi anche controllata, perché non si può pensare a una disciplina che non abbia un controllo. Il corporativismo supera il socialismo e supera il liberismo; crea una nuova sintesi».

Nell'aprile dello stesso anno questa «nuova sintesi» divenne la base della nuova Costituzione portoghese che portò alla luce lo *Estado novo* guidato da Salazar:[10] un esperimento di corporativismo integrale di stampo totalitario, che puntava a creare una «nazione organizzata», nella quale capitale e lavoro erano opposti al controllo dello Stato che assumeva ruolo di regolatore supremo della vita economica e sociale. Anche in questo caso, questo «nuovo Stato» interventista, che abbandonava ogni legame con la tradizione liberale e si proponeva contemporaneamente di promuovere sviluppo e sicurezza sociale nacque dall'interazione tra la volontà politica del

10. Su tema si veda L.R. Torgal, *Estados novos, estado novo*, 2 voll., Imprenza de Universitade de Coimbra, Coimbra 2009, in particolare vol. I, pp. 190 sgg.

dittatore e un nucleo di intellettuali e tecnocrati usciti soprattutto dall'Università di Coimbra, dove aveva insegnato Salazar.[11]

Punti di forza di questa nuova economia erano il protezionismo e l'imperialismo, che si intrecciavano nel mito ideologico del Portogallo come «terza potenza coloniale» mondiale, planetaria e non europea. La politica economica dell'*Estado novo* si collocava in questo contesto, irreggimentando il lavoro e la produzione, forzando l'industrializzazione e la modernizzazione agricola per sostituire le importazioni e liberare il Portogallo dai vincoli di dipendenza economica di una Stato periferico, ma proiettandoli in una dimensione statuale che integrava in un'unica compagine nazionale e nel nuovo orizzonte corporativo il Portogallo europeo e le colonie «ultramarine».

Il revisionismo socialista e democratico

L'elenco dei fatti nuovi avvenuti in questo fatidico 1933 non si ferma qui e non riguarda solo il campo delle destre autoritarie e fasciste. Infatti, nello stesso mese in cui sale al potere Hitler, il presidente del Partito socialdemocratico danese Thorvald Stauning firma l'Accordo di Kanslergade con il Partito liberale progressista nel quale si ancora la formazione del nuovo governo di coalizione alla definizione di un vasto programma di riforme sociali. La svalutazione della corona prevista dal programma di governo era la chiave di volta per abbandonare ogni mito deflazionista e aggredire la crisi economica e la disoccupazione con ampi sussidi ai disoccupati, un piano di lavori pubblici, un incremento sostanziale dei diritti dei lavoratori e un forte ribasso dei costi dei servizi sociali: era un programma di lunga lena che fondava il superamento della crisi su un rafforzamento dell'inclusione sociale attraverso una forte redistribuzione della ricchezza collettiva.

Non va però dimenticato che questo quadro d'interventi faceva perno su un rafforzamento del protezionismo attraverso la creazione del Fondo valutario, attraverso il quale il governo mise interamente sotto controllo il commercio estero per mantenere l'equilibrio della bilancia di pagamenti.[12]

11. F. Rosas, *Salazarismo e fomento económico*, Notícias Editorial, Lisboa 2000, pp. 38-59.

12. B. Amoroso, *Origini e limiti del modello di economia diretta delle socialdemocrazie nordiche*, in *Crisi e piano. Le alternative degli anni Trenta*, a cura di M. Telò, De Donato, Bari 1979, pp. 263 sgg.

Ma la formula "Stato sociale contro crisi" diviene anche il programma politico del governo svedese – formatosi nel 1932 tra il Partito socialdemocratico (Sap) e il Partito agrario –, guidato da Per Albin Hansson, che fu a capo del paese fino al 1946. Utilizzando la leva fiscale Hansson lanciò un vasto programma di lavori pubblici e di sussidi di Stato per alleviare la disoccupazione sia industriale che agricola e impedire che la depressione economica sbriciolasse la coesione sociale, in cambio di una difesa dei prezzi agricoli e della pace sociale: in sintesi "pieno impiego" in cambio di tariffe per tenere alti i prezzi agricoli e rinuncia al conflitto di classe.

Anche in questo caso siamo di fronte a soluzioni di politica economica eterodosse, nelle quali il sostegno alla povertà diventa indirettamente un sostegno alla domanda interna, secondo un modello che nel 1935 venne fatto proprio anche dalla Norvegia.

I paesi scandinavi diventano così un laboratorio politico di un modello sociale alternativo a quello liberale, ma anche a quello fascista, perché l'intervento pubblico va a sostegno del lavoro, non solo in nome di un'equità sociale che costituiva il bagaglio ideale della socialdemocrazia, ma anche per rivitalizzare la domanda interna di beni e servizi, unificando forze sociali e interessi che fino ad allora erano rimasti contrapposti, attestati su una frattura insanabile tra libertà di mercato e socializzazione dei mezzi di produzione.

Come ha sottolineato Gourevitch, la necessità di uscire dalla crisi spinge forze politiche diverse a coalizzarsi in un governo "di stimolo", frutto della comune convinzione di imprenditori e lavoratori che i problemi del mercato non potevano essere risolti nel mercato, operando, in un'ottica deflazionistica, solo attraverso bassi salari e difesa della moneta per contenere i prezzi e la stabilità del bilancio nazionale. Se si voleva sconfiggere la crisi senza cedere alla deriva bolscevica e ai suoi miti nazionalizzatori, ma anche al dirigismo fascista, era indispensabile affidare allo Stato una nuova regolazione economica che favorisse contemporaneamente profitto e lavoro, fuori da ortodosse soluzioni di mercato.

Il rifiuto dall'ortodossia deflazionistica non fu soltanto una scelta politica, ma si avvalse anche dell'elaborazione di un gruppo di economisti, raccolti nella Scuola di Stoccolma e guidati da Gunnar Myrdal e Bertil Ohlin, che dettero profondità teorica al nuovo corso socialdemocratico e suggerirono molte delle soluzioni e degli strumenti tecnici per realizzarlo: una combinazione virtuosa di marinai e cartografi unita nella consapevolezza che le sorti del capitalismo non erano più nelle mani del mercato, ma dello Stato democratico che doveva e poteva garantirle solo ripensandole all'interno di una nuova economia del benessere collettivo.

L'ultimo degli eventi che segnano la svolta nelle politiche anticrisi accade negli Stati Uniti. Quando Hitler sale al potere e il primo ministro danese sigla l'Accordo di Kanslergade che cambiò la storia di quella nazione e della Scandinavia nel suo complesso, gli Stati Uniti sono sospesi in quell'interregno che separa le elezioni presidenziali dall'effettivo insediamento del nuovo inquilino della Casa Bianca. Nel novembre 1932 era stato eletto presidente il democratico Franklin Delano Roosevelt, governatore di New York, interrompendo il decennio repubblicano. In questo interregno la crisi toccò l'acme: crollo della produzione agricola e industriale, disoccupazione in costante crescita, chiusure delle banche in molti Stati per evitarne i fallimenti.

Ma Roosevelt aveva anticipato le sue intenzioni e l'indirizzo strategico che avrebbe caratterizzato la sua amministrazione nel discorso alla Convenzione repubblicana di Chicago quando aveva ottenuto la *nomination* alla Presidenza: «rompere le tradizioni sciocche» in tutti i campi e rifiutare «la paura, la reazione e la pavidità» di fronte alla crisi.

In quello stesso discorso lanciò il New Deal, il «Nuovo corso», che sarebbe stato il progetto e il programma che perseguì nei primi suoi due mandati: un massiccio intervento statale per sostenere l'occupazione e rilanciare i consumi, abbandonando ogni rigore deflazionista e sganciando il dollaro dalla sua base aurea.

L'intervento dello Stato nell'economia era una novità assoluta per una nazione che aveva fatto della libertà del mercato e dell'intrapresa una dei principi costitutivi della repubblica e perfino dell'identità collettiva degli americani. Infatti, attraverso una serie di *acts* lo Stato si assumeva un compito di regolazione della vita economica, sia sottoponendo banche e imprese a più rigidi controlli per evitare gli eccessi speculativi che avevano portato al "giovedì nero", sia tentando di rilanciare la domanda, che era il motore del capitalismo americano, attraverso politiche per l'occupazione e interventi per allargare le maglie del welfare. Dall'Emergency Banking Act alla creazione della Tennessee Valley Authority, fino al Security Act del 1935 emerge il profilo di un'iniziativa politica centrata, ancor più chiaramente che nel caso scandinavo, sul rilancio della domanda come chiave di volta per uscire dalla crisi. Dietro questa strategia, com'è noto, vi era il *Brain trust*, un gruppo di economisti che collaborò con Roosevelt per tutti gli anni Trenta, il cui orientamento comune partiva dalla constatazione di un paradosso: la convivenza di altissima disoccupazione e di estrema sottoutilizzazione delle capacità produttive. Per superarlo bisognava aggredirne la causa, che essi individuarono nella debolezza della domanda. Nell'inversione di questa tendenza strutturale dunque stavano i fattori che avrebbero consentito la ripresa: rilancio dell'occupazione e Stato sociale per risollevare il potere d'acquisto delle classi medie e dei ceti popolari.[13]

L'economista inglese Keynes riconobbe che al di là dell'Oceano il governo progressista di Roosevelt stava applicando le sue teorie economiche che avrebbero avuto la loro definitiva sistematizzazione nel famoso saggio *The general theory of employment, interest and money* del 1936. Quando venne pubblicato si impose come la più radicale operazione di revisione dell'ortodossia economica a partire da un'analisi della «grande depressione mai elaborata fino ad allora»: al centro vi era il nuovo concetto di domanda aggregata e una ridefinizione del reddito nazionale basata sui consumi e gli investimenti, che nel suo impianto teorico diventavano i grandi strumenti attraverso cui gli Stati potevano regolare la vita economica utilizzando il volano della spesa pubblica.

Anche la scansione cronologica mette in luce che il New Deal non nasceva nell'orbita teorica del keynesismo, che era ancora in via di gestazione – era semmai vero il contrario, nel senso che lo stesso economista inglese sperava che il successo della politica rooseveltiana avrebbe potuto rafforzare, inverandola, la sua opera teorica –, ma l'idea di usare il debito pubblico per pompare domanda si collocava pienamente nello stesso solco ideale. Era una sorta di anticipazione teoricamente più grezza, che però metteva in evidenza come anche nel campo liberaldemocratico stavano emergendo nuovi laboratori di eterodossie e di revisionismi, estranei alle finalità che il fascismo da un lato e la socialdemocrazia dall'altro volevano raggiungere.

Quel che può essere sorprendente è che il revisionismo keynesiano, che puntava alla creazione di un sistema economico statalmente regolato e sull'uso espansivo della spesa pubblica, non trovò proseliti nel suo paese, né nella Francia del Fronte popolare. Lo sforzo di uscire dalla crisi ancorando la difesa della democrazia al welfare e alla cooperazione tra capitale e lavoro non venne accolta in Gran Bretagna non solo dai Tories, ma nemmeno dai laburisti, che non furono in grado di elaborare quel compromesso progressista che era invece il fulcro politico dell'esperienza non solo statunitense, ma anche scandinava.

13. Per brevità cfr. F. Villari, *Il New Deal*, Editori Riuniti, Roma 1977, pp. 9-10 sgg.

Il caso inglese è per molti aspetti emblematico del fallimento delle classi dirigenti europee, ma anche del socialismo continentale, di fronte alla crisi, abbarbicati entrambi all'ortodossia «sciocca» e incapaci di esplorare la nuova mappa che proprio l'inglese Keynes stava tracciando.

Di fronte al tentativo del Partito liberale guidato da Lloyd George di tradurre in progetto politico la lezione keynesiana e costruire su questo un ponte politico nei confronti del laburismo per realizzare un governo "di stimolo" e di progresso, la risposta laburista è di totale chiusura. Infatti, la piattaforma sulla quale si forma il governo di «unità nazionale» tra una parte del Partito laburista guidata dal MacDonald e quello conservatore si basava sulla condivisione dell'ortodossia economica tradizionale deflazionista, seppur privata del tradizionale ancoraggio alla base aurea e ripensata all'interno di un protezionismo imperiale: un blocco conservatore a difesa del passato del quale una parte del laburismo, quello che si definì «nazionale», scelse di fare parte, ma sul quale perse progressivamente ogni influenza, come dimostra la parabola politica di MacDonald, rimasto fino al 1935 alla presidenza del Consiglio, ma con sempre meno voce in capitolo.

Questo stesso itinerario – dalla direzione politica all'ininfluenza – lo percorse anche quella parte del laburismo che non si riconobbe nella svolta «nazionale» di MacDonald, restando abbarbicata all'idea che il capitalismo fosse uno e uno solo, e che non avesse al suo interno nessuna capacità di cambiamento. Ma nel laburismo non si produsse solo la frattura "a sinistra", ma anche quella "a destra", con l'uscita di Oswald Mosley che fondò il partito fascista britannico, in nome di un revisionismo economico di stampo totalitario sul modello italiano e tedesco.

Anche l'esperimento del Fronte popolare francese rimane impigliato nelle vecchie ideologie economiche, nonostante l'ampio spettro di riforme sociali che attua, sulla cui base non si riesce a elaborare quella alleanza tra classi imprenditoriali modernizzatrici, masse lavoratrici sindacalizzate, forze agricole e classi medie urbane interessate a rifondare la cittadinanza democratica su una legittimazione reciproca tra classi in un quadro di interventismo statale di segno progressista, come avvenne negli Stati Uniti e in Scandinavia.

Warfare contro welfare: la tragedia dell'Occidente

A metà degli anni Trenta, dunque, erano pienamente in azione tre progetti "revisionisti" certamente differenti tra loro, come vedremo più avanti, ma per molti aspetti assimilabili nella misura in cui affidavano all'intervento pubblico la creazione degli stimoli anticiclici, che il mercato da solo non era in grado di generare, perché paralizzato dall'incapacità di utilizzare i fattori della produzione che aveva a disposizione. Questi stimoli ruotavano attorno a forme di controllo della produzione, caratterizzate da modalità più o meno spinte di pianificazione e di regolazione dei conflitti sociali, attraverso le grandi opere pubbliche – i grandi lavori per la metropolitana di Londra non sono dissimili dalle autostrade tedesche, italiane o dai grandi piani di salvaguardia territoriale statunitensi – e il trasferimento in capo allo Stato della salute pubblica, dell'istruzione e della vecchiaia.

Il motore di questo processo ideato per rilanciare lo sviluppo non era più il mercato ma lo Stato, che cessava di intervenire solo a sostegno della produzione come era accaduto dalla fine dell'Ottocento fino ad allora, e si assumeva il compito di estendere la sfera della sua azione all'intera regolazione sociale, dai consumi alla sicurezza, dalla domanda all'assistenza sociale.

Questi punti di contatto furono evidenziati nei diversi paesi attraversati da questi esperimenti: gli Stati Uniti erano interessati al progetto corporativo di Mussolini, mentre i corporativisti italiani seguivano le evoluzioni del progetto rooseveltiano, mettendone in luce soprattutto i debiti che il modello americano aveva nei confronti dell'esperienza fascista.[14]

È noto l'interesse di Schacht per il New Deal. Infatti, quando l'ex presidente della Banca centrale assunse il dicastero dell'Economia, tentò di utilizzare in parte quel modello orientato al sostegno della domanda attraverso un programma massiccio di lavori pubblici e di interventi di nazionalizzazioni e di regolazione dei mercati, che suscitò perfino l'interesse di Keynes. Questo interesse non deve sorprendere se analizziamo la sua biografia di tecnocrate sensibile, come abbiamo detto, alle suggestioni critiche al capitalismo liberale per la sua indifferenza sociale e per la sua estraneità alle dinamiche della società di massa emerse in Germania agli esordi della Repubblica di Weimar; né rimase estraneo all'elaborazione della Scuola di Friburgo di Eucken e soprattutto di Röpke sull'economia sociale di mercato e sul compromesso tra liberalismo e socialismo.

Ma queste interconnessioni, questi scambi e queste interferenze non devono diventare il grimaldello metodologico per sostenere un parallelismo

14. Si veda su questo la ricostruzione approfondita di M. Pasetti, *L'Europa corporativa. Una storia transnazionale tra le due guerre mondiali*, Bononia University Press, Bologna 2016, pp. 204 sgg.

assoluto tra Mussolini, Hitler e Roosevelt, come se fossero varianti dello stesso fenomeno di statalismo corporativista:[15] come si sono rivelati scientificamente poco produttivi tutti gli studi di tanta sociologia storica statunitense sui fascismi basati sul modello interpretativo del «fascismo generico», così rischiano lo stesso risultato le indagini sulle strategie anticrisi degli anni Trenta condotte in nome di un presunto «corporativismo generico».

In effetti, le similitudini tra totalitarismo fascista, socialdemocrazia e liberalismo progressista finiscono qui perche ciò che distingue queste esperienze non riguarda tanto gli elementi comuni presenti nelle *policies* adottate, quanto piuttosto il nesso tra statalismo e democrazia, tra proposta corporatista e difesa dello Stato di diritto, tra welfare e warfare.

Infatti, la ricezione del progetto rooseveltiano nei fascismi europei resta limitata al piano tecnico, perché sul piano politico la ricerca delle "terza via" tra capitalismo e bolscevismo veniva assorbita in un orizzonte ideologico nel quale borghesia e proletariato diventavano strumenti dello Stato organico fascista, totalitario e bellicista, il cui fine era la guerra.

L'indissolubile legame tra corporativismo autarchico e guerra venne messo in luce dal generale Erich Ludendorff, il mentore di Hitler fin dall'immediato dopoguerra, nel suo libro *Guerra totale*, pubblicato nel 1935, laddove indicava come modello per la rinascita economica tedesca l'esperienza totalitaria dell'economia di guerra. La *Wehrwirtschaft* diventa il centro propulsivo dell'economia tedesca, dal quale derivarono i sui straordinari successi in termini di lotta alla disoccupazione e di diffusione dello Stato sociale dei cittadini "ariani".[16] La costruzione dello «spazio vitale», il grande impero totalitario del nazismo, connetteva strettamente le politiche economiche espansive del governo hitleriano e la guerra, combinando due revisionismi: quello dei trattati di pace e quello delle politiche economiche.

Con il lancio del piano quinquennale varato da Hitler nel 1935 emerge con chiarezza la differenza sostanziale tra il revisionismo tedesco e quello scandinavo/americano perché in Germania gli stimoli alla domanda sono chiamati a operare all'interno di un'economia centralizzata che affidava al riarmo, più che al rilancio dei consumi, la ripresa economica e il superamento della crisi, e che legava l'espansione dell'occupazione ai bassi salari

15. Cfr. W. Schivelbusch, *New Deal. Parallelismi tra gli Stati Uniti di Roosevelt, l'Italia di Mussolini e la Germania di Hitler. 1933-1939*, Tropea, Milano 2008.
16. W.L. Shirer, *Storia del Terzo Reich*, Einaudi, Torino 1962, pp. 283-290.

e a un controllo totale sulla forza lavoro. Un progetto analogo, seppur di dimensioni ridotte e più ambigue persegue anche il fascismo, che utilizzò le guerre coloniali per la creazione dell'Impero, come volano per rimettere in moto la produzione industriale, mentre i redditi delle classi lavoratrici italiane erano troppo bassi per innescare un'economia dei consumi.

In sintesi, il progetto democratico progressista prova a uscire dalla crisi attraverso un capitalismo statalmente organizzato, che punta a controllare i meccanismi della riproduzione sociale a vantaggio dei consumi e della sicurezza sociale, mentre il progetto totalitario fascista in Germania e in Italia è quello di fondare un'economia dirigista pianificata per la guerra nella quale lo Stato si assume il compito di coordinare la distribuzione degli impieghi della ricchezza disponibile.

La seconda guerra mondiale – se la intendiamo come lotta per l'egemonia mondiale che il fascismo ingaggia con la democrazia – ha come sfondo questa polarizzazione di prospettive nella riorganizzazione degli Stati imposta dalla crisi: capitalismo organizzato dentro la democrazia progressista o dirigismo di Stato dentro il corporativismo autarchico totalitario. Ma per tutti gli anni Trenta sono progetti in costruzione; sono alternative ancora in formazione, non solo perché soltanto alla fine di quel decennio la Germania decide di riaprire lo scontro per l'egemonia mondiale, ma anche perché sono costrette a operare in un contesto economico globale che rimane asfittico e critico, nel quale i segni di ripresa restano deboli fino allo scoppio della seconda guerra mondiale. Infatti la «paura delle capacità produttive» non è superata nella concreta azione degli operatori economici, mentre il predominio di politiche protezionistiche molto rigide impedisce la ripresa del commercio mondiale.

Gli Stati operavano in spazi chiusi, che Eric Hobsbawm definì «igloo nazionali», volendo segnalare come le economie dei singoli paesi fossero diventate mondi impermeabili alle dinamiche dello scambio, anche perché l'inesistenza di un sistema monetario condiviso impediva che queste case di ghiaccio fossero toccate dal disgelo.

Si trattava però di alternative reali, presenti nello spazio pubblico dell'Occidente; reali e asimmetriche perché non tutte dotate della stessa forza propulsiva e della stessa capacità di aggregare consenso. Infatti, in Europa a metà del decennio è il progetto fascista a dominare la scena, mentre la democrazia liberale, ma anche il comunismo bolscevico, sono antagonisti indeboliti e dotati di minore forza espansiva. La soluzione scandinava riguarda paesi ai margini degli equilibri continentali e il progetto rooseveltiano non è abbracciato dalle democrazie britannica e francese, che restano prive di una risposta competitiva con il totalitarismo fascista.

Inoltre, di fronte alla crisi economica anche il totalitarismo bolscevico, pur privo di una effettiva capacità espansiva sul piano ideologico e politico, riemerge dopo il declino degli anni Venti come portatore di un'altra soluzione alternativa al mercato e alla democrazia per sconfiggere la crisi e rilanciare lo sviluppo: i successi del piano quinquennale staliniano e l'accelerazione dell'industrializzazione rafforzano tra le classi lavoratrici il "mito dell'Urss", uscito travolto dal fallimento delle rivoluzioni comuniste nell'immediato dopoguerra. Ma si tratta di una riemersione che non si traduce in una effettiva alternativa su scala europea al corporativismo, come dimostrano i programmi dei governi dei Fronti popolari in Francia e in Spagna che potevano contare sulla collaborazione dei Partiti comunisti locali.

Non è casuale se proprio nel 1934 il libro di Mihail Manoilescu – un intellettuale romeno noto in tutti i circoli fascisti e nazionalisti d'Europa – *Il secolo del corporativismo* ebbe un grandissimo successo; lo stesso successo che arrise anche al suo secondo libro uscito nel 1936, *Il partito unico*. Per Manoilescu corporazione e partito unico erano le due nuove istituzioni economiche e politiche che avrebbero segnato il secolo, cancellando sia la democrazia liberale che il libero mercato.[17]

Nel campo della destra fascista la soluzione corporativa e autarchica alla crisi trascina con sé non solo la condanna del liberismo economico e dell'economia di mercato, ma anche quella della democrazia pluralista: il corporativismo assume così i tratti di un'ideologia universalistica che racchiude in sé un'idea complessiva di società basata sull'organicismo gerarchico e sullo Stato etico di matrice gentiliana.

La crisi della democrazia austriaca che matura proprio tra il 1933 e il 1934 con la sostituzione del parlamentarismo con un nuovo sistema di rappresentanza politica a base corporativa e non elettiva, che segnava una netta rottura dello Stato liberale in nome dell'organicismo cattolico, sostenuto dal nuovo dittatore Engelbert Dollfuss, esemplifica la forza propulsiva su scala continentale della "terza via" fascista e la sua capacità di adattarsi a situazioni molto diverse tra loro. Ma soprattutto rende evidente come nella società europea cresca a dismisura la disponibilità a rinunciare alla democrazia e allo Stato di diritto in nome della sicurezza sociale, laddove il combinato disposto tra controllo sociale, concentrazione del potere

17. Pasetti, *L'Europa corporativa*, pp. 191 sgg.

nel capo del partito unico, corporativismo economico e statalismo assoluto sembrava la carta vincente in grado di garantirla.

I dilemmi della "terza via"

Il dibattito sulle alternative attraversa prepotentemente il campo antifascista, che coglie pienamente la novità rappresentata dal nazismo in quanto tale, ma sopratutto per quel che riguarda il rafforzamento complessivo dell'alternativa fascista in Europa.

L'avvento del nazismo e il dilagare della crisi economica smantellarono tra i fuoriusciti italiani quel clima di irrealistica attesa del crollo del fascismo e tra le forze democratiche e socialdemocratiche europee di colpevole sottovalutazione del fenomeno. All'interno di questo quadro drammatico, l'antifascismo nacque su scala europea come un campo di forze costretto a prendere atto che la lotta al totalitarismo fascista chiamava in causa la capacità di affrontare in termini teorici e politici la doppia crisi della democrazia e dell'economia di mercato.[18]

Collasso del capitalismo e crollo della democrazia costituirono i problemi epocali che investirono una vasta area di movimenti e partiti liberalsocialisti, democratici, socialdemocratici e anche comunisti, costretta dalla ineluttabilità dei fatti a prendere atto drammaticamente della pericolosità del totalitarismo nazionalista e di quanto elevato fosse il livello della sfida a cui doveva accingersi. Combattere il fascismo chiamò in causa la necessità di un complesso processo di revisione politica che obbligò l'antifascismo a rimettere in discussione valori e disegni programmatici ormai stratificati nel tempo per costruire un'alternativa complessiva al totalitarismo fascista.

La prima riflessione riguardò il comunismo che apparve alle forze antifasciste di estrazione socialista e liberaldemocratica un'alternativa impraticabile, perche l'Urss era diventata con lo stalinismo un'altra componente di quel campo di forze totalitarie che stavano trasformando le società europee in un indistinto e anodino agglomerato di masse atomizzate, prive di identità e vitalità alla mercé di Stati etici e di capi carismatici. Fascismo e bolscevismo stavano puntando alla creazione di una società «senza classi» – come scrisse nel 1940 il sociologo Emil Lederer – nella quale erano completamen-

18. J. Droz, *Histoire de l'antifascisme en Europe 1923-1939*, La Découverte, Paris 2001.

te annichilite le libere forme di organizzazione e di associazione attraverso le quali si articolavano gli interessi, gli orientamenti politici, le aspirazioni materiali e spirituali degli individui e dei diversi gruppi sociali.[19]

La ricostruzione dell'Europa dopo il fascismo dunque non poteva prescindere da una riflessione sulla democrazia, in cui bisognava ripensare, in termini del tutto nuovi, i rapporti tra libertà e eguaglianza, tra Stato e mercato, tra classe e nazione, tra individuo e società, che erano state le grandi questioni dibattute nel movimento operaio e nei partiti democratici fin dalla fine dell'Ottocento. Come disse Hilferding dopo l'avvento del nazismo, la democrazia era diventata «un affare del proletariato» e solo per i comunisti l'alternativa al fascismo era il modello sovietico.

Ma ridefinire i rapporti tra antifascismo e democrazia fuori dagli stereotipi del passato racchiusi nella formula della «democrazia borghese» comportava anche rifondare complessivamente il bagaglio di teorie e strumenti con cui avevano, nei decenni precedenti, interpretato i fatti economici e orientato la propria azione in quella sfera. Il collasso del capitalismo e il successo che aveva arriso ai progetti di pianificazione corporativa del fascismo, salutati da vastissimi settori della società europea come gli unici in grado di combattere la disoccupazione e di rimettere in moto lo sviluppo, avevano messo in luce la necessità per il campo antifascista di muoversi nel nuovo spazio del revisionismo economico, nel quale coniugare in termini inediti giustizia sociale, intervento pubblico e rilancio dello sviluppo.

Per tutti gli anni Trenta questa discussione sulla democrazia economica e sul nesso tra "mano visibile" dello Stato e pluralismo sociale e politico si svolse all'interno di un serrato confronto sul «planismo», il progetto di riforme economiche elaborato dal Partito socialista belga guidato da Henri de Man, cui si deve l'invenzione del termine.[20] Il progetto ruotava intorno alla centralità della pianificazione dell'economia diretta da organismi tecnici di nuovo conio affidati alle rappresentanze degli interessi organizzati, sotto l'egida dello Stato. Era un tentativo di andare oltre l'economia di mercato senza cedere alla statalizzazione delle forze produttive realizzata dal comunismo, né a una visione totalitaria del corporativismo, perché nel

19. E. Lederer, *Lo stato delle masse. La minaccia della società senza classi*, Bruno Mondadori, Milano 2004 (ed. or. New York 1940). Si vedano inoltre le considerazioni della curatrice dell'edizione italiana Mariuccia Salvati, pp. IX-CV.

20. M. Brélaz, *Henri de Man. Une autre idée du socialisme*, Éditions des Antipodes, Genève 1985. Vedi anche Z. Sternhell, *Né destra, né sinistra. L'ideologia fascista in Francia*, Baldini & Castoldi, Milano 1983.

progetto era prevista la presenza del parlamento e del pluralismo politico; si potrebbe definirla una «via tecnocratica» alla Burnham o alla Pellizzi, che proprio in quegli anni sostenevano il governo dei tecnici, come variante della "terza via" per superare il capitalismo e le soluzioni totalitarie. Scriveva de Man:

> Alla teoria classica che fonda la democrazia borghese, non più rispondente alle realtà attuale, si deve sostituire una teoria nuova che presuppone una diversa concezione della separazione dei poteri: l'esecutivo governa, le istituzioni rappresentative controllano. Analogamente, all'interno del nuovo Stato economico in via di costituzione, le istituzioni rappresentative, cioè fondate sull'esercizio del diritto al suffragio individuale, eserciteranno un semplice diritto di ispezione e controllo. L'esercizio del diritto di gestione invece si fonderà sulla delega di poteri da parte dell'esecutivo e su un controllo esercitato dalla rappresentanza degli interessi corporativi.[21]

Ma come emerge da questa breve citazione, il planismo rappresentava un territorio teoricamente e ideologicamente molto accidentato nel quale programmazione economica ed economia mista – che costituivano i punti di forza della proposta di Henri de Man – potevano rappresentare sì un'alternativa "democratica" al totalitarismo, ma non erano esenti da spinte e possibili derive autoritarie legate a una concezione della politica economica come elemento tecnico e non politico.

Queste contraddizioni emersero con forza alla Conferenza di Pontigny, un'abbazia in Borgogna dove nel 1934 de Man riunisce alcuni esponenti dei partiti socialisti europei per presentare il suo progetto e discutere di «programmi socialisti per l'economia diretta». Ed è proprio in questo incontro che Angelo Tasca, presente in rappresentanza del socialismo italiano, mette in luce le contraddizioni del progetto, perché dietro le istanze tecnocratiche non emergerebbero le finalità politiche del progetto planista in rapporto alle dinamiche dell'emancipazione del lavoro e alla ridefinizione in termini sociali della democrazia.

Per Tasca il «piano» doveva essere finalizzato non solo al superamento della crisi, ma anche a una estensione dell'inclusione sociale attraverso la partecipazione attiva del mondo del lavoro al rilancio economico. Senza questa «direttiva», volta a coniugare intervento pubblico ed estensione della cittadinanza, la differenza tra planismo socialista e totalitarismo avrebbe

21. H. de Man, *Le socialisme devant la crise*, in «Vie socialiste», 22 dicembre 1934.

rischiato di essere poco percettibile e sostanzialmente mancato sarebbe stato l'obiettivo di «nazionalizzare senza statalizzare», che costituiva l'essenza, sempre secondo Tasca, di una pianificazione democratica.[22]

Il discrimine fondamentale, dunque, era la democrazia. In sua assenza la «programmazione economica», attraverso cui rilanciare in Occidente sviluppo economico e pieno impiego, avrebbe smarrito i suoi caratteri distintivi rispetto al corporativismo fascista e alla pianificazione sovietica. Il «revisionismo socialista» si arrovellò proprio attorno a questi problemi.

I dubbi di Tasca rimasero inevasi perché il dibattito sulla pianificazione economica su questo punto restò sostanzialmente ambiguo, incapace di approfondire il nesso tra controllo del mercato e rilancio dei consumi, che stava alla base della «democrazia economica», e senza sciogliere nessuno dei nodi teorici che avrebbero resa chiara sia la distinzione tra Stato programmatore e Stato «forte», sia la connessione tra piano ed emancipazione del lavoro.[23]

La revisione del marxismo e la critica al Gold Standard, che nelle culture politiche socialcomuniste di cui ci stiamo occupando costituivano il luogo genetico del planismo, rappresentavano anche lo spazio culturale dove era possibile immaginare altre combinazioni e contaminazioni – tra socialismo e fascismo, tra comunismo e fascismo, tra liberalismo e autoritarismo – se l'accento veniva posto esclusivamente sul controllo del mercato e delle forze produttive oppure sul potere dello Stato e sull'«economia diretta». E purtroppo la guerra e la conquista nazista dell'Europa sarebbero state il campo dove, sotto le insegne del collaborazionismo, si sarebbe moltiplicati esperimenti politici incestuosi.

La biografia dello stesso uomo politico belga – che finì la sua carriera politica esaltando la «democrazia autoritaria» e aderendo al governo filonazista sotto l'occupazione tedesca, con un percorso non dissimile da quello seguito dallo stesso Tasca –, costituisce la prova quasi incontrovertibile della contiguità tra le culture del fascismo e dell'antifascismo, laddove, dietro il

22. A. Tasca, *Sur le Plan de Man e sur l'économie dirigé. Intervention a la Conférence organisée par le Syndicat suisse de services publiques*, Pontigny, 16 settembre 1934, ora in A. Salsano, *Antologia del pensiero socialista*, vol. IV, *Socialismo e fascismo*, Laterza, Roma-Bari 1982, t. 1, pp. 350 sgg.

23. La più attenta ricostruzione di questa discussione resta a mio giudizio il saggio di M. Telò, *Teoria e politica del piano nel socialismo europeo tra Hilferding e Keynes*, in *Storia del marxismo*, vol. III, *Il marxismo nell'età della III Internazionale*, t. 2, *Dalla crisi del '29 al XX Congresso*, Einaudi, Torino 1981, pp. 389-440.

mito della rivoluzione e della spasmodica ricerca di "terze vie", si fosse perso di vista, come di fatto accadde, la centralità dell'opzione democratica.[24]

In ogni caso è all'interno di questa discussione che emersero alcuni presupposti ideali e programmatici per rifondare la democrazia oltre le eredità ottocentesche, su cui il «partito antifascista» definì alcuni fondamenti del suo profilo ideologico e programmatico, che andavano tutti in quella direzione, accennata prima, di coniugare socialismo e liberalismo. *Socialismo liberale*, il titolo dell'opera fondamentale di Carlo Rosselli, sintetizza questo sforzo teorico dell'antifascismo che ne delimitava il perimetro culturale e ne definiva l'originalità: in esso non c'era spazio per un socialismo illiberale vincolato al mito della dittatura del proletariato e della rivoluzione come presa del potere delle masse guidate dal partito unico, né per un liberalismo che non fosse kelsianamente l'ossatura procedurale di una democrazia compiuta,[25] i cui fondamenti stavano, però, nelle classi sociali espressione della società di massa e nella democrazia economica.

Nelle riflessioni dell'antifascismo su scala continentale, tra il 1934 e il 1938, si delineò dunque, seppur *in nuce*, una proposta di soluzione della crisi complessiva del mondo occidentale all'altezza effettiva dei problemi che essa poneva. Se il corporativismo totalitario la affrontava abolendo con la forza sia il mercato, sia il conflitto di classe, e schiacciando il pluralismo sociale in una rappresentanza coatta ed eterodiretta degli interessi, l'alternativa antifascista si basava su una nuova democrazia di massa che, attraverso il welfare e i partiti di massa, avrebbe rimodellato le forme della cittadinanza e della partecipazione politica.

La guerra interrompe bruscamente e drammaticamente questo confronto e tutte le forze in campo sono chiamate alla prova estrema contro il fascismo, che purtroppo solo l'antifascismo aveva temuto e denunciato come inevitabile. Nel 1939 l'impianto bellicista del corporativismo totalitario era giunto al suo esito storico e fino al 1942 era riuscito a imporre il suo tallone di ferro sull'Europa intera.

Ma la svolta antifascista della guerra nel 1943 e la vittoria degli Alleati tagliano definitivamente il nodo gordiano delle alternative in campo negli anni Trenta, che si erano esercitate a ripensare il rapporto tra economia, so-

24. Sulle contiguità tra planismo e fascismo si veda anche Sternhell, *Né destra, né sinistra*, pp. 201-231.

25. Cfr. H. Kelsen, *Lineamenti di dottrina pura del diritto* (1934), Einaudi, Torino 1967.

cietà e politica negli anni tumultuosi della crisi, e fanno riemergere quelle riflessioni e quei progetti elaborati nello spazio politico della democrazia antifascista, trasformandola nella risorsa teorica e ideale fondamentale su cui poteva poggiare la ricostruzione dell'Europa e dell'Occidente: capitalismo statalmente organizzato, welfare e regolamentazione sociale, razionalizzazione e istituzionalizzazione del mercato e della proprietà privata in un quadro democratico, che negli anni Trenta avevano perseguito solo e in parte il New Deal e il socialismo scandinavo, diventano i pilastri su cui tutte le coalizioni politiche che assurgono al governo degli Stati ridefiniscono le loro politiche economiche e sociali.

In questo sforzo comune, anche se spesso parziale e contraddittorio, perche la guerra fredda cambia gli scenari geopolitici di riferimento, si può leggere in controluce il tentativo di mettere in pratica la lezione di Rosselli, trasformando in programmi e in istituzioni l'incontro e il compromesso tra le due gradi correnti del pensiero politico del XIX secolo che erano rimaste divise fino agli anni Trenta.

Peraltro, già prima che la guerra fosse finita, ma quando già si stava delineando il vincitore, è chiara la direzione di marcia che questo avrebbe impresso all'Occidente postbellico. Nel 1941 venne lanciata la Carta atlantica, contemporaneamente la Gran Bretagna sceglie di seguire il piano Beveridge, un progetto di welfare molto più avanzato del modello rooseveltiano, imponendo alle forze liberali di accettare di riorganizzare la società britannica sul paradigma di una democrazia sociale inclusiva del mondo del lavoro. Nel 1944 la Conferenza di Bretton Woods segna la riorganizzazione del sistema monetario internazionale definendo i principi e le istituzioni su cui le nuove reti dello scambio mondiale si sarebbero potute ricostruire; nello stesso anno dal primo congresso dei partiti socialisti viene lanciata la parola d'ordine «Il lavoro non è una merce».

Questi eventi mettono in evidenza la direzione di marcia dei vincitori della guerra totale contro il fascismo per la rifondazione dell'Occidente dopo l'avventura totalitaria: per vincere davvero la guerra bisognava che la democrazia fosse in grado di prospettare ai popoli distrutti dal conflitto un progetto per «vincere la pace».

Guido Formigoni

L'Italia nella transizione internazionale

A settant'anni dalla conclusione della seconda guerra mondiale, credo sia ormai possibile e opportuno leggere il 1945 come anno cruciale di una transizione di sistema vissuta in modo parallelo e intrecciato nell'orizzonte internazionale e nella vicenda storica italiana. Questo intervento mira a evidenziare un dibattito ormai ampio su tali questioni e a motivare la necessità di mettere a fuoco più strettamente i nessi decisivi tra storia politica interna e orizzonte internazionale, cosa non sempre presente nei lavori storiografici – numerosissimi e assai articolati – che hanno studiato la nascita della democrazia italiana.

Come spesso succede, anche la transizione storica internazionale del 1945 si addensa attorno a una serie di mutamenti convergenti ma non identici, che sono distinguibili considerando lunghezze temporali diverse. Nel breve periodo, la transizione si imperniò sulla vittoria in guerra della «strana alleanza» antifascista e antinazista, leggibile come conclusione di uno scontro tra due prospettive sistemiche: un mondo di imperi militarizzati economicamente chiusi lasciava il passo alla vittoriosa tendenza all'apertura economica globale su basi di cooperazione internazionale (per richiamare sinteticamente eventi molto noti) tra Stati che avevano recuperato il controllo del mercato interno proprio dopo la grande crisi degli anni Trenta. Si consolidava ancor prima della conclusione delle ostilità la nuova organizzazione delle Nazioni Unite (come evoluzione dell'alleanza di guerra) e nascevano le istituzioni economiche regolatrici di Bretton Woods (cui anche l'Urss, come è noto, inizialmente promise di aderire).[1]

1. Tra i moltissimi studi, mi limito a rinviare a I. Clark, *Globalizzazione e frammentazione. Le relazioni internazionali nel XX secolo*, il Mulino, Bologna 2001, pp. 177-181; G.J. Ikenberry, *Dopo la vittoria. Istituzioni, strategie della moderazione e ricostruzione dell'ordine internazionale dopo le grandi guerre*, Vita e Pensiero, Milano 2003, pp. 231 sgg.

Occorre subito aggiungere che, leggendo queste vicende sullo sfondo di un'evoluzione di medio periodo (sulla lunghezza dei decenni), era in gioco qualcosa di più articolato: la transizione tra un sistema internazionale pluralistico e centrifugo sostanzialmente ancora eurocentrico e un modello bipolare globale dominato dalle due superpotenze extraeuropee e progressivamente strutturato dal conflitto totale *short of war*, ai limiti dello scontro globale, tipico di quella che comincerà a essere chiamata «guerra fredda» nel corso del 1947.[2] In questo senso, occorre considerare quindi il 1945 come perno di una transizione tra un'epoca di guerre sempre più totalizzanti e violente sorte al centro del continente europeo (che si accetti o meno la categoria, pure diffusa tra i protagonisti, di «guerra civile europea» dei trent'anni), e una stagione di stabilizzazione delle relazioni intra-europee sotto il cielo del bipolarismo militarizzato globale. Una stagione che qualcuno provocatoriamente ha addirittura definito di «lunga pace»,[3] sia pure in un contesto mondiale inquieto e in movimento, pieno di nuove soggettività e anche di conflittualità, mantenute peraltro a livello locale proprio dall'ordine internazionale fondato sul terrore della distruzione atomica.

La transizione internazionale su cui ci concentriamo fu quindi una transizione articolata, che si può e si deve leggere come intreccio complesso di persistenze e continuità, con alcune novità e rotture su ciascuno di questi piani non sempre coincidenti, evitando di assolutizzare uno solo dei frutti del cambiamento, come se fosse esclusivamente caratteristico dell'epoca. Il percorso storico dell'Italia dopo la guerra può essere compresa solo dentro questo orizzonte.

I diversi livelli della transizione

Che l'Italia vivesse anch'essa una transizione con un "perno" cruciale attorno al 1945 è del tutto evidente. In un primo ovvio senso, si trattava della transizione dal fascismo alla democrazia (consumata appunto tra il crollo del regime nel 1943 e la stagione costituente del 1946-1948). Ma anche in questo caso, dobbiamo considerare l'esistenza di livelli di transizione più complessi, collocabili ulteriormente su piani temporali medi e

2. D. Reynolds, *One World Divisible: A Global History since 1945*, W.W. Norton, London 2001, pp. 21-36; F. Romero, *Storia della guerra fredda. L'ultimo conflitto per l'Europa*, Einaudi, Torino 2009, pp. 37-49.

3. J.L. Gaddis, *The Long Peace. Inquiries into the History of the Cold War*, Oxford University Press, Oxford 1987.

lunghi. Su quelli medi, potremmo parlare di una transizione socio-politico-istituzionale fuori da forme politiche verticistiche, oligarchiche e personalistiche, che era iniziata con la crisi del primo dopoguerra, a fronte dell'affermazione dispiegata di una società di massa. Una transizione complicata dalle estese difficoltà di costruire un senso comune tra élites e movimenti popolari spesso radicalizzati e velleitari.[4] Fallita allora nel suo possibile esito democratico e congelata ovviamente dal fascismo, essa fu sostanzialmente ripresa nel dopoguerra, fino all'allargamento dei compiti dello Stato fissato con la Costituzione e all'affermazione stabile della centralità politica dei partiti di massa antifascisti, quali regolatori principali dei nessi Stato-società.[5] Naturalmente la successiva rottura della solidarietà antifascista, che conduceva la democrazia italiana verso il "bipolarismo imperfetto" (per citare soltanto in modo evocativo una nota formula politologica), avrebbe condizionato e orientato gli esiti di questa transizione, senza del tutto stravolgerli o negarli.[6]

Ma era in gioco in queste vicende anche un'altra transizione su piani ancora più lunghi: quella socio-economica da un equilibrio agricolo-commerciale di sottoconsumo verso il consolidamento di una ancor limitata struttura industriale, con una relativamente rapida e concentrata trasformazione sociale e l'approdo a un modello affluente di sostanziale piena occupazione, che sarebbe albeggiato con gli esiti del cosiddetto "miracolo economico".[7]

La rilettura di queste vicende italiane è stata spesso condotta secondo due cliché contrapposti (ovviamente qui forzo un poco le tinte per evidenziare un problema): quasi a vedere in certi casi nelle vicende interne solo l'effetto di un calco forzato del peso delle grandi strutture di potere

4. F. Cammarano, *Storia politica dell'Italia liberale 1861-1901*, Laterza, Roma-Bari 1999, pp. 520-524; R. Vivarelli, *Storia delle origini del fascismo*, vol. III, *L'Italia dalla grande guerra alla marcia su Roma*, il Mulino, Bologna 2012, pp. 483-492.

5. S. Neri Serneri, *Classe, partito, nazione. Alle origini della democrazia italiana 1918-1948*, Lacaita, Manduria-Bari-Roma 1995, pp. 35-38; F. Traniello, *Stato e partiti (per un dibattito storiografico)*, in *Democrazia cristiana e costituente nella società del dopoguerra*, a cura di G. Rossini, Cinque Lune, Roma 1980, vol. II, pp. 542-554; A. Ventrone, *La cittadinanza repubblicana. Come cattolici e comunisti hanno costruito la democrazia italiana (1943-1948)*, il Mulino, Bologna 2008[2], pp. 103 sgg.

6. G. Galli, *Il bipartitismo imperfetto. Comunisti e democristiani in Italia*, il Mulino, Bologna 1966.

7. V. Zamagni, *Dalla periferia al centro. La seconda rinascita economica dell'Italia (1861-1990)*, il Mulino, Bologna 1993[2], pp. 409 sgg.

internazionale;[8] oppure, dall'altra parte, a sottolineare una ricorrente originalità ed eccezionalità (in negativo o in positivo che la si rappresenti... naturalmente è più diffusa la prima opzione), fino a rischiare di isolare la storia nazionale, interpretando quindi tutti gli eventi soltanto sullo sfondo di una successione di scontri e conflitti interni.[9]

Il tentativo di queste poche note è fornire alcuni spunti di riflessione sulla necessità di intrecciare in modo euristicamente molto più forte i due livelli di analisi, internazionale e interno, per mostrarne le interrelazioni e per considerare come si dipanasse nella vicenda concreta di quegli anni una serie di sfide e risposte, che costruivano relazioni complesse e cangianti tra i due orizzonti. L'influsso del sistema internazionale fu certamente diretto, con il peso della nuova pervasività assunta dagli assetti di potere guidati dai grandi poli di influenza globale. In qualche modo l'isolamento degli Stati nazionali, nella loro illusoria autosufficienza, non era più possibile, e le forme dell'interdipendenza e dell'influenza diretta dei poli "imperiali" delle superpotenze erano al centro della scena.[10] Ma va anche sottolineato – e forse ancor più marcatamente – un influsso indiretto delle dinamiche internazionali, in quanto le pressioni e le direttive che arrivavano dallo scioglimento di certi conflitti a livello globale vennero mediate e reinterpretate dalle scelte di chi all'interno si serviva di agganci, interlocuzioni, o anche solo di enfatizzazioni delle tendenze internazionali, per i propri fini politici o culturali. Non amo l'espressione «vincolo esterno», soprattutto perché mi pare che in questi anni sia stata usata per costruire una rappresentazione fortemente schematica degli eventi.[11] Ma

8. Per esempio citiamo E. Collotti, *Collocazione internazionale dell'Italia dall'armistizio alle premesse dell'alleanza atlantica (1943-1947)*, in Istituto nazionale per la storia del movimento di Liberazione in Italia, *L'Italia dalla Liberazione alla Repubblica*, Feltrinelli, Milano 1976, pp. 27 sgg.; oppure S. Galante, *La genesi dell'impotenza: la politica estera della Democrazia cristiana tra grande alleanza e Guerra fredda (1943-1949)*, in «Storia delle relazioni internazionali», II, 2 (1986), pp. 245-303.

9. Tendenza che mi pare presente in studi pur fondamentali come S. Lanaro, *Storia dell'Italia repubblicana*, Marsilio, Venezia 1991; oppure P. Ginsborg, *Storia d'Italia dal dopoguerra a oggi*, Einaudi, Torino 1996[2]; parallelamente, anche se su un altro fronte interpretativo, P. Scoppola, *La Repubblica dei partiti. Evoluzione e crisi di un sistema politico (1945-1996)*, il Mulino, Bologna 1997.

10. Così molti contributi in *Nazione, interdipendenza, integrazione. Le relazioni internazionali dell'Italia (1917-1989)*, a cura di F. Romero e A. Varsori, Carocci, Roma 2005.

11. G. Carli, *Cinquant'anni di politica italiana*, a cura di P. Peluffo, Laterza, Roma-Bari 1993, p. 267; E. Diodato, *Il vincolo esterno. Le ragioni della debolezza italiana*, Mimesis, Roma 2015.

quando la si evoca, si dice qualcosa che va in questa direzione, che pure a mio parere è ancora da ricostruire in modo compiutamente articolato.[12]

Proverei qui solo a tracciare alcune linee di questo intreccio dinamico, ricordando elementi noti e ricollegandoli a prospettive che non credo siano ancora ritenute del tutto ovvie, nemmeno nella letteratura storiografica più aggiornata.

Crollo del regime e sfere d'influenza

Può essere utile partire dal peso della dimensione internazionale nel crollo del regime, che notoriamente fu innescato quasi soltanto dagli effetti dell'incipiente sconfitta militare, che fece saltare il viluppo di convergenze e compromessi ormai consolidati in quella condizione di acquiescenza diffusa (se non di «consenso») di cui il fascismo si era ampiamente avvalso. Anzi, il peso delle vicende internazionali incombeva con la sua forza senza limiti. Apparentemente, con il crollo del regime, le difficoltà della monarchia e di Badoglio, la disorganizzazione dei ceti dirigenti e dell'alta burocrazia statale, la dispersione e la distruzione dell'esercito e la deportazione di molti militari, tutti elementi confluiti nella condizione di paese sconfitto imposta dall'armistizio, la sovranità del paese era addirittura scomparsa. L'Italia appariva come un semplice oggetto di politica internazionale, con la duplice occupazione militare angloamericana e tedesca che la divideva in due, con un controllo rigido legato alla determinazione degli obiettivi militari e anche (ma solo implicitamente) politici dei due fronti in lotta. Il cosiddetto «armistizio lungo» da una parte, l'incontro tra Hitler e Mussolini a Monaco dall'altra erano i due perni paralleli di questo quadro di dipendenza strutturale del paese spezzato e controllato da centri di potere internazionali.[13] Da allora, per venti mesi, il fronte drammaticamente e lentamente risalì la penisola, con il suo corollario di terrore e distruzioni. Certamente, le sorti del paese dovevano essere decise soprattutto dall'andamento delle operazioni belliche, che stavano al di fuori della responsabilità specifica di qualsiasi soggetto e forza italiana.

12. Sto preparando su queste linee un articolato studio sulla *Storia della guerra fredda in Italia (1943-1978)*, che è in uscita presso il Mulino.

13. E. Aga Rossi, *Una nazione allo sbando. L'armistizio italiano del settembre 1943 e le sue conseguenze*, il Mulino, Bologna 2006[3], pp. 184-186; R. De Felice, *Mussolini l'alleato*, vol. II, *La guerra civile 1943-1945*, Einaudi, Torino 1997, pp. 56-71.

In realtà, però, sotto questa cornice così appariscente, le cose furono fin da subito più complesse, perché mentre al Nord la dipendenza della Rsi dalla Germania era oggettivamente molto forte,[14] i margini di manovra degli attori italiani al Sud furono subito più ampi. Il duplice fatto che gli Alleati non riuscissero o non volessero spazzar via rapidamente i tedeschi, e che ben presto rientrassero le illusioni (soprattutto americane, più che inglesi) di poter avviare una palingenesi radicale del fascismo e delle vecchie classi dirigenti, condusse i vincitori a considerare la necessità di un interlocutore locale, fortemente voluta dagli inglesi abituati imperialmente a usare forme di *indirect rule*. Il riconoscimento alleato del Regno del Sud – la nota metafora churchilliana del «manico» necessario per prendere in mano una caffettiera bollente – fu cruciale per il momentaneo salvataggio della monarchia e dei suoi referenti politici, che riuscirono a giocare il proprio peso nella transizione, nonostante i caratteri totalmente maldestri del loro precedente tentativo di sganciarsi dall'Asse.[15] Il re e Badoglio con l'ingloriosa fuga al Sud scambiarono anzi la propria sopravvivenza personale e politica con l'abbandono di ogni comando reale dell'esercito e del paese. Si giunse rapidamente al riconoscimento alleato della dichiarazione di guerra alla Germania, effettuata da Badoglio il 13 ottobre 1943, con l'ambiguo *status* di «cobelligerante» attribuito all'Italia sconfitta, ben prima di un qualsiasi accordo o trattato di pace.

Tale assetto lasciò quindi il posto a un coinvolgimento indiretto di protagonisti locali, che contribuì molto a salvare una serie di corpose continuità dello Stato italiano. Proprio però il fatto che non esistessero tra gli Alleati linee politiche chiare e convergenti (se non quella di tenere tranquillo il retroterra del fronte e di impedire crisi rivoluzionarie), andò certamente nel breve periodo a favorire la semplice continuità degli assetti sociali e burocratici, ma condusse via via sempre più spesso gli occupanti a non opporsi, per mera esigenza di stabilità, alle forze che stavano emergendo, per loro virtù o per logica interna, nel magma della politica italiana: quindi non

14. L. Ganapini, *La repubblica delle camicie nere*, Garzanti, Milano 1999, pp. 8-11; A. Osti Guerrazzi, *Storia della Repubblica sociale italiana*, Carocci, Roma 2012, pp. 116-124.

15. E. Di Nolfo, M. Serra, *La gabbia infranta. Gli alleati e l'Italia dal 1943 al 1945*, Laterza, Roma-Bari 2010, pp. 12-24; Aga Rossi, *Una nazione allo sbando*, pp. 64-65; E. Galli della Loggia, *«Anche l'Italia ha vinto la guerra»*, in G. Belardelli, L. Cafagna, E. Galli della Loggia, G. Sabbatucci, *Miti e storia dell'Italia unita*, il Mulino, Bologna 1999, pp. 149-151.

solo la monarchia, ma in modo crescente i nuovi partiti e le organizzazioni dell'antifascismo.[16]

La guerra civile tra italiani esplosa dopo l'8 settembre con la rinascita del fascismo sotto Salò inseriva ancor più chiaramente il paese in una «guerra civile» dalla dimensione europea e forse anche globale.[17] Gli antifascismi che uscivano da vent'anni di emarginazione politica, esilio o silenzio e avevano avviato nel 1942 una fragile trama di collaborazione formale tra loro giocarono la propria partita anche grazie all'erompere della Resistenza (nella sua complessità genetica). Tale esperienza politica armata non fu certamente un fattore militare prioritario nella guerra europea. Ma la rinascita politica democratica dell'Italia sarebbe stata molto più ardua e difficile – come si sarebbe per esempio constatato nel caso tedesco – se non fosse transitata anche attraverso il ruolo politico centrale assunto da una minoranza consistente di attiva opposizione al nazismo e al risorto fascismo.[18] Questo protagonismo divenne oggettivamente un altro mezzo, parallelo e ulteriore rispetto alle incerte manovre monarchiche, perché una parte della classe dirigente italiana potesse ambire a interloquire con gli imminenti vincitori dell'immane conflitto.

Ed era un'interlocuzione cruciale: il carattere "assoluto" assunto dalla guerra lasciava infatti dietro di sé un elemento fortemente "costituente". Chiunque avesse vinto avrebbe reimpostato le regole di fondo di una nuova convivenza. Ecco il senso della nascente nuova organizzazione internazionale di cooperazione economica e politica segnata dalla pregiudiziale antifascista propria della coalizione vittoriosa. Appunto, la rinascita di un'organizzazione internazionale di Stati, la nascita di un tessuto di regolazione del nuovo mercato globale, cui i vincitori guardavano con decisione. La faticosa iscrizione dell'antifascismo interno italiano nella

16. Si veda per esempio D. Ellwood, *L'alleato nemico. La politica dell'occupazione angloamericana in Italia 1943-1946*, Feltrinelli, Milano 1977, in particolare pp. 240 sgg.; nuovi spunti quindi in *1945-1946. Le origini della Repubblica*, a cura di G. Monina, vol. I, *Contesto internazionale e aspetti della transizione*, Rubbettino, Soveria Mannelli 2007 (i saggi di E. Aga Rossi, P. Pombeni, S. Pons, U. Gentiloni Silveri, E.R. Papa).

17. C. Pavone, *Una guerra civile. Saggio storico sulla moralità nella Resistenza*, Bollati Boringhieri, Torino 1991; E. Traverso, *A ferro e fuoco. La guerra civile europea*, il Mulino, Bologna 2007; *La guerra civile europea dei trent'anni: una rivisitazione*, a cura di G. Formigoni e P. Pombeni, n. monografico di «Ricerche di storia politica», n.s., 18, 2 (2015).

18. G.E. Rusconi, *Resistenza e postfascismo*, il Mulino, Bologna 1995, p. 12.

tendenziale vittoria dell'antifascismo internazionale contribuiva quindi a inserire l'Italia nella fase costituente di un nuovo sistema internazionale che era fondamentale per il futuro. Era insomma un aggancio di civiltà decisivo, come alcune élites culturali e politiche italiane compresero rapidamente.[19]

Naturalmente questo risultato rischiava di enfatizzare anche l'illusione di aver già scontata con il cambio di fronte del 1943 la reintegrazione complessiva nel sistema, pur venendo da una guerra persa.[20] Tale illusione doveva giocare fortemente, nel breve periodo. Certo, non si può sottovalutare che il peso del passato contava anche in questo campo: gli antifascisti (non aiutati particolarmente dai tecnici e soprattutto dalla diplomazia, ingessata in un quadro nazionalistico tradizionale) non ebbero vita facile nel comprendere quello che stava succedendo. Furono anche responsabili di qualche sopravvalutazione del ruolo del proprio paese, di matrice spiccatamente retorico-letteraria. Con le conseguenti delusioni, che andarono dalla mancata ammissione all'Onu nel 1945 fino all'apertura di un negoziato di pace che dalla fine del 1944 parificava metodologicamente l'Italia agli alleati minori dell'Asse, nonostante l'armistizio precoce e la pur riconosciuta cobelligeranza. E quindi configurava un percorso dai confini incerti e minacciosi per la stessa unità nazionale, soprattutto nei delicati territori della frontiera nord-orientale. In prospettiva, però, il ritorno del paese al centro della comunità internazionale sarebbe stato ancor più rapido del previsto. La delusione del trattato di pace «punitivo» doveva essere piuttosto rapidamente riassorbita (con qualche eccezione, soprattutto per il pasticciato compromesso su Trieste).[21]

19. E. Costa Bona, L. Tosi, *L'Italia e la sicurezza collettiva. Dalla Società delle Nazioni alle Nazioni Unite*, Morlacchi, Perugia 2007, pp. 133-153.

20. A. Gambino, *Storia del dopoguerra. Dalla Liberazione al potere Dc*, Laterza Bari-Roma 1978², p. 270; poi Pavone, *Una guerra civile*, pp. 560-569. Esempi per gli ambienti liberaldemocratici in E. Decleva, *Un difficile adattamento: la pubblicistica liberaldemocratica italiana e la realtà internazionale (1945-1949)*, in *L'Italia e la politica di potenza (1945-1950)*, a cura di E. Di Nolfo, R. Rainero e B. Vigezzi, Marzorati, Milano 1988, pp. 379-380.

21. S. Lorenzini, *L'Italia e il trattato di pace del 1947*, il Mulino, Bologna 2007; e prima anche I. Poggiolini, *Diplomazia della transizione. Gli alleati e il problema del trattato di pace italiano (1945-1947)*, Ponte alle Grazie, Firenze 1990; A. Varsori, *Il trattato di pace italiano. Le iniziative politiche e diplomatiche dell'Italia*, in «Italia contemporanea» 43, 182 (1991), pp. 27-50 (disponibile on line al seguente indirizzo: http://www.italia-resistenza.it/wp-content/uploads/ic/RAV0053532_1991_182-185_02.pdf).

Naturalmente, va ricordato l'informale orizzonte "occidentale" di questa occupazione-liberazione da parte delle sole truppe angloamericane, con la vicenda della rapida marginalizzazione politica e istituzionale del rappresentante sovietico, pur formalmente presente sulla scena italiana in omaggio al principio di unità della coalizione vittoriosa. Vicenda che ha fatto parlare con una certa ragione di un «precedente italiano» della politica di costruzione di sfere d'influenza che si annunciava (anche se non ancora segnata dalla dimensione conflittuale che avrebbe poi assunto).[22] Da una parte, questo quadro politico forzatamente "occidentale" della transizione giocò progressivamente a favore degli antifascisti nella dialettica con la monarchia, dato che l'allargamento pluralistico della democrazia era una promessa iniziale e un obiettivo esplicito fissato dagli angloamericani e dagli Alleati tutti, espressa già nella dichiarazione comune del novembre 1943, dopo la Conferenza di Mosca.[23]

Completò questo successo l'abilità di Togliatti – in coerenza alla strategia staliniana, che intendeva giocare sulla divisione ancora informale in sfere d'influenza dell'Europa liberata – che pose le premesse, con la «svolta di Salerno», del compromesso tra monarchia e antifascisti. Riconoscendo un minimo di continuità dello Stato, il Pci otteneva una legittimazione indiretta a partecipare su un piano di parità alla ricostruzione, cui fece da corrispettivo l'impostazione della strategia del «partito nuovo» e della «democrazia progressiva». Cioè l'ipotesi per cui un partito di classe, ispirato al modello sovietico, diventasse comunque capace di ricoprire un ruolo permanente all'interno di un orizzonte nazionale e di una democrazia pluralistica, pur mantenendo aperto per un futuro indeterminato tutto il bagaglio dell'ipotesi rivoluzionaria.[24]

Gli alleati appoggiarono quindi l'allargamento del governo e in seguito non si opposero – auspice soprattutto Washington, come è noto – alla progressiva e piuttosto rapida presa in mano della situazione da parte del Cln. Anzi, proprio il timore di una crescita dell'influenza sovietica in Italia

22. B. Arcidiacono, *Le «précédent italien» et les origines de la guerre froide. Les allies et l'occupation de l'Italie 1943-1944*, Bruylant, Bruxelles 1984.

23. Ellwood, *L'alleato nemico*, p. 62.

24. S. Pons, *L'impossibile egemonia. L'Urss, il Pci e le origini della guerra fredda (1943-1948)*, Carocci, Roma 1999, pp. 143-174; E. Aga Rossi, V. Zaslavsky, *Togliatti e Stalin. Il Pci e la politica estera staliniana negli archivi di Mosca*, il Mulino, Bologna 2007^2, pp. 62-87; E. Di Nolfo, *La svolta di Salerno come problema internazionale*, ora in Id., *La guerra fredda e l'Italia (1941-1989)*, Polistampa, Firenze 2010, pp. 151-174.

indusse gli angloamericani ad affrettare le pressioni sul re, per indurlo a riconoscere un equilibrio politico interno più avanzato nel senso democratico e quindi sostanzialmente più difendibile. In alcuni passaggi cruciali, come la sostituzione di Bonomi a Badoglio alla presidenza del Consiglio nel giugno 1944, l'iniziativa interna italiana si affermò senza ostacoli, ancorché potesse apparire piuttosto sgradita a Churchill, perché configurava la crescita del potere dell'infido Cln.[25]

L'innovazione politica e il Cln

La progressiva affermazione dei partiti antifascisti al centro della scena della ricostruzione politica del paese rappresentò in questo senso la via dell'innovazione politica rispetto alla dittatura, ma anche rispetto all'elemento elitario insito nella struttura politica prefascista e a quel tanto di continuità sostanziale dello Stato che la monarchia era comunque riuscita a garantire (si pensi alla burocrazia e alla dirigenza pubblica). Del resto, anche l'assetto istituzionale provvisorio del giugno 1944, negoziato tra monarchia e Cln, rappresentava un'evidente scelta di parziale continuità con lo Stato nazionale prefascista, rinviando ancora una volta a dopo la fine della guerra la decisione sulla mera questione istituzionale. Inseriva però ufficialmente negli accordi di compromesso la previsione dell'elezione di un'assemblea costituente, il che era segno di una altrettanto parziale ma decisiva discontinuità radicale – la prima di tale portata nella storia d'Italia – nelle forme e nelle modalità di espressione di tale statualità.[26]

La crescita dell'antifascismo vide il faticoso tentativo di allargare e gestire i modesti spazi di autonomia consentiti dal regime di controllo alleato: ci fu un tentativo di mettere in atto quello che era possibile di una "politica nazionale", sganciata da considerazioni di tipo ideologico e attenta a evitare scontri con ciascuno dei Grandi. Inviando nelle principali capitali dei paesi vincitori una serie di ambasciatori politici antifascisti, il governo Bonomi iniziò a tentare un lavoro di riscatto nazionale, impostato sulle linee del mantenimento della grande coalizione internazionale vittoriosa. Cercava buoni rapporti con tutti i vincitori, nell'orizzonte di un recupero delle posizioni italiane nel mondo che insisteva sulla neutralità e

25. Ellwood, *L'alleato nemico*, pp. 89-90.

26. P. Pombeni, *La questione costituzionale in Italia*, il Mulino, Bologna 2016, pp. 81 sgg.

l'indipendenza.[27] Soprattutto, il contesto dell'alleanza vincitrice funzionò da spinta verso la cooperazione interna, almeno nella transizione. Aiutava a identificare un terreno comune attorno a un concetto di nazione democratica, che dava un pur precario punto di congiunzione tra unità e pluralismo, storicamente difficile da realizzare in Italia.[28]

Continuare la collaborazione governativa antifascista era necessario proprio per il quadro internazionale (soprattutto per gestire assieme le trattative di pace e le loro ricadute interne, come sarebbe stato evidente soprattutto tra la fine del 1946 e l'inizio del 1947). Quindi, tale condizione aiutò anche la posizione delle regole costituenti comuni interne. Non dimentichiamo, infatti, che l'accordo antifascista era di per sé fragile e soprattutto "negativo" (sviluppato contro i tedeschi e i fascisti), mancando invece di una solidarietà ideologica "progettuale" comune. Le visioni ideologiche profondamente diverse della transizione avrebbero anche potuto far esplodere il processo di faticosa convergenza, facendo scivolare il paese sul piano della guerra civile. Anche nella Resistenza nell'Italia settentrionale, il bilanciamento tra esigenze nazionali, localismi delle bande, iniziative personali e dirigenze partitiche non fu facile, e non andò esente da scontri interni e tensioni.[29] La composizione finale di una struttura formale unitaria, con la trattativa con Roma e con il governo militare alleato, però, fu alla fine efficace nel costruire un punto di riferimento comune.[30] L'alleanza resistenziale resse le inevitabili tensioni, al contrario che in Grecia oppure in Jugoslavia, dove emersero precocemente i sintomi di una vera nuova guerra civile che avrebbe diviso il fronte antifascista e antitedesco.

27. S. Romano, *Guida alla politica estera italiana. Dal crollo del fascismo al crollo del comunismo*, Rizzoli, Milano 1993, pp. 50-54; R. Gaja, *L'Italia nel mondo bipolare. Per una storia della politica estera italiana (1943-1991)*, il Mulino, Bologna 1995, p. 60; G. Borzoni, *Renato Prunas diplomatico (1892-1951)*, Rubbettino, Soveria Mannelli 2004, pp. 212-234.

28. Neri Serneri, *Classe, partito, nazione*, pp. 35-38.

29. *Atlante storico della Resistenza italiana*, a cura di L. Baldissara, Bruno Mondadori, Milano 2000; S. Peli, *Storia della Resistenza in Italia*, Einaudi, Torino 2006, pp. 75 sgg.

30. E. Aga Rossi, *La politica angloamericana verso la Resistenza italiana*, in *L'Italia nella Seconda guerra mondiale e nella Resistenza*, a cura di F. Ferratini Tosi, G. Grassi e M. Legnani, Franco Angeli, Milano 1988, pp. 141-154; C. Musso, *Diplomazia partigiana. Gli Alleati, i rifugiati italiani e la Delegazione del Clnai in Svizzera (1943-1945)*, Franco Angeli, Milano 1983; M. De Leonardis, *La Gran Bretagna e la Resistenza partigiana in Italia (1913-1945)*, Edizioni Scientifiche Italiane, Napoli 1988, pp. 289 sgg.; T. Piffer, *Gli Alleati e la Resistenza italiana*, il Mulino, Bologna 2010, pp. 141 sgg.; M. Berrettini, *La Resistenza italiana e lo Special Operations Executive britannico (1943-1945)*, Le Lettere, Firenze 2014.

Aggiungendo un altro passo, in questa dialettica ci fu la scoperta del ruolo determinante degli Stati Uniti sul piano dell'emergenza economica (Unrra) e dei relativi margini di flessibilità sul piano della pace. Non parlerei di una precoce scelta americana della Dc o di De Gasperi ministro degli Esteri dalla fine del 1944.[31] Piuttosto, verrebbe fatto di considerare come il governo di coalizione italiana decidesse un inserimento più o meno convinto nel *Great design* di marca statunitense, che prometteva la costruzione di una sfera economica internazionale multilaterale, pur istituzionalmente sorvegliata (cioè non affidata solo al mercato). Qui trovò una sponda la liberalizzazione dell'economia interna di marca einaudiana, ma in questo quadro potevano muoversi posizioni diverse, non solo tradizionalmente liberiste. Era possibile immaginare anche una serie di progetti, a opera della tecnostruttura Iri, per guidare una ricostruzione molto più coordinata e governata per via statuale, appoggiandosi agli ancora attivi *newdealers* americani.[32] Peraltro, l'elemento di ritardo in questa dimensione era costituito dalla visione statica di molti dei protagonisti, da De Gasperi a Costa, non contrastata sostanzialmente da nessuno e nemmeno dalla prudenza che sul piano economico manifestarono le sinistre. Una visione che riteneva molto difficile, se non impossibile, per il paese uscire dall'equilibrio tradizionale di un capitalismo asfittico, collegato al contenimento dei consumi e quindi, parallelamente, dell'emigrazione intesa come valvola di sfogo necessaria.[33]

La fase insurrezionale, con il "vento del Nord" e il parallelo contraccolpo moderato al Sud, che vanno letti insieme,[34] fu la manifestazione congiunta dei cresciuti margini di autonomia della dinamica politica interna

31. S. Galante, *La scelta americana della Dc*, in *La Democrazia cristiana dal fascismo al 18 aprile. Movimento cattolico e Democrazia cristiana nel Veneto 1945-1948*, a cura di M. Isnenghi e S. Lanaro, Marsilio, Padova 1978, pp. 112-163.

32. Si veda il documento dell'agosto 1944 ampiamente analizzato in R. Petri, *Dalla ricostruzione al miracolo economico*, in *Storia d'Italia*, a cura di G. Sabbatucci e V. Vidotto, vol. V, *La Repubblica*, Laterza, Roma-Bari 1997, pp. 335-349. Che le posizioni statunitensi fossero composite l'ha chiarito J.L. Harper, *L'America e la ricostruzione dell'Italia (1945-1948)*, il Mulino, Bologna 1987, pp. 68 sgg.

33. F. Barca, *Compromesso senza riforme nel capitalismo italiano*, in *Storia del capitalismo italiano dal dopoguerra a oggi*, a cura di Id., Donzelli, Roma 1997, pp. 18-19; G. Berta, *L'Italia delle fabbriche. Genealogie ed esperienze nel Novecento italiano*, il Mulino, Bologna 2001, pp. 99-110; *Angelo Costa. Un ritratto a più dimensioni*, a cura di F. Fauri e V. Zamagni, il Mulino, Bologna 2007; F. Romero, *Emigrazione e integrazione europea 1945-1973*, Edizioni Lavoro, Roma 1991.

34. A.M. Imbriani, *Vento del Sud. Moderati, reazionari, qualunquisti 1943-1948*, il Mulino, Bologna 1996.

rispetto al controllo alleato e dei confini delle possibilità di innovazione radicale nella transizione. I militari alleati avevano chiesto di patrocinare un accordo con le forze della Resistenza, che potesse far gestire i passaggi della prossima conclusione della guerra in chiave ordinata e senza rischi sovversivi.[35] Gli accordi di Roma tra Clnai e Alleati, più che una «sconfitta politica della Resistenza»[36] sembrarono rappresentare piuttosto l'accettazione di un vincolo che derivava dalla storia precedente, a seguito delle specifiche difficoltà della svolta democratica in Italia. Anche la crisi del primo governo Bonomi e il suo riassestamento moderato alla fine del 1944 rappresentarono il *pendant* di una politica sovietica che in quella fase sembrava sposare decisamente la tesi della delimitazione consensuale delle sfere d'influenza con gli occidentali.[37] Ulteriormente, la meteora del governo Parri con il suo progetto elitario, nonché privo di precisi referenti politici internazionali, si legge meglio sullo sfondo della saldatura progressiva (peraltro molto lenta, complessa e faticosa) del nesso De Gasperi-Stati Uniti.[38] Nello scontro di fine 1945, infatti, inglesi e americani non appoggiarono le mosse liberali per tornare indietro rispetto al Cln, riconoscendo fiducia all'evoluzione in corso, una volta cautelatisi sul blocco di derive rivoluzionarie (mi pare difficile quindi leggere le vicende di questi mesi esclusivamente con il registro della «restaurazione politica»).[39]

35. Di Nolfo, Serra, *La gabbia infranta*, pp. 189-200; De Leonardis, *La Gran Bretagna*, p. 289.

36. G. Quazza, *Resistenza e storia d'Italia. Problemi e ipotesi di ricerca*, Feltrinelli, Milano 1976, p. 296.

37. V.O. Pechatnov, *The Soviet Union and the World 1944-1953*, in *The Cambridge History of the Cold War*, a cura di M. Leffler e O.A. Westad, Cambridge University Press, Cambridge 2010, vol. I, pp. 94-95. Questo spiega la prudenza di Togliatti; cfr. A. Agosti, *Togliatti. Un uomo di frontiera*, Utet, Torino 2003^2, pp. 296-298; Pons, *L'impossibile egemonia*, pp. 166-169.

38. L. Polese Remaggi, *La nazione perduta. Ferruccio Parri nel Novecento italiano*, il Mulino, Bologna 2004, pp. 277 sgg.; G. Formigoni, *Alcide De Gasperi 1943-1948. Il politico vincente alla guida della transizione*, in A. De Gasperi, *Scritti e discorsi politici*, vol. III, *Alcide De Gasperi e la fondazione della Repubblica italiana 1943-1948*, a cura di V. Capperucci e S. Lorenzini, Provincia autonoma di Trento, Fondazione Bruno Kessler-il Mulino, Trento-Roma 2008, pp. 54-68.

39. Il tema della restaurazione era stato posto da L. Valiani, *L'avvento di De Gasperi. Tre anni di politica italiana* (1949), ora in Id., *L'Italia di De Gasperi (1945-1954)*, Le Monnier, Firenze 1982. Cfr. Gambino, *Storia del dopoguerra*, pp. 127 sgg.; poi G. Orsina, *Translatio imperii. La crisi del governo Parri e i liberali*, in *1945-1946. Le origini della Repubblica*, a cura di G. Monina, vol. II, *Questione istituzionale e costruzione del sistema*

Con la fine del 1945, De Gasperi divenuto presidente del Consiglio guidò quindi la diplomazia italiana a costruire via via un legame preferenziale con gli Stati Uniti, considerando con naturalezza questa sorta di informale "sfera d'influenza", ritenuta altrettanto decisiva quanto contingente e ancora aperta. Egli non faceva che cogliere l'apparente maggior apertura dell'Amministrazione americana verso la nuova Italia. Il peso dell'emergenza economica induceva a cercare sostegni là dove essi potevano essere trovati, e cioè appunto negli Stati Uniti. Tale linea andò peraltro soggetta a una serie di delusioni e battute d'arresto, come la mancata ammissione alla nascita dell'Onu,[40] fino a un vero "grande trauma" rispetto alle modalità di uscita dell'Italia dalle condizioni della sconfitta.[41] Lo scambio di lettere con Byrnes sull'elencazione dei «sacrifici che ci sentiamo in dovere di fare» e non di un programma massimo su cui eventualmente negoziare, ebbe una risposta scoraggiante, mentre la linea sovietica addirittura si irrigidiva (nonostante le pressioni di Togliatti). Le sinistre si attestarono sull'accettazione di ogni imposizione dei vincitori, in quanto salvasse la coalizione internazionale vincente (linea resa più complicata dalle marcate ambiguità comuniste sul confine orientale, sospese tra accenti nazionali e subordinazioni alle posizioni jugoslave), mentre la Dc vivrà il trauma del negoziato di pace molto più direttamente, soprattutto nella seconda metà del 1946.[42]

La Costituente e il nuovo bipolarismo: collaborazione e rottura

Il referendum del 2 giugno 1946 sanzionò la vittoria della forma repubblicana dello Stato. La contemporanea elezione dell'Assemblea costituente evidenziò in parallelo la centralità del consenso raccolto dai tre partiti "di massa", democristiano, socialista e comunista. La Dc diventava spontaneamente un punto di riferimento importante per i settori di opinio-

politico democratico, Rubbettino, Soveria Mannelli 2007, pp. 210-216. F. Malgeri, *Alcide De Gasperi*, vol. II, *Dal fascismo alla democrazia (1943-1947)*, Rubbettino, Soveria Mannelli 2009, p. 117 cita De Gasperi che parlava di una «sofferta quadratura del circolo».

40. E. Di Nolfo, *La mancata ammissione dell'Italia all'Onu nel 1945-47*, in *L'Italia e le organizzazioni internazionali. Diplomazia multilaterale nel Novecento*, a cura di L. Tosi, Cedam, Padova 1999, pp. 181-188.

41. G. Formigoni, *La Democrazia cristiana e l'alleanza ocidentale (1943-1953)*, Il Mulino, Bologna 1996 pp. 80-85.

42. R. Gualtieri, *Togliatti e la politica estera italiana. Dalla Resistenza al trattato di pace*, Editori Riuniti, Roma 1995, pp. 140-145; M. Galeazzi, *Togliatti e Tito. Tra identità nazionale e internazionalismo*, Carocci, Roma 2005, pp. 70-81.

ne moderati e conservatori – tradizionale base del potere italiano – fortemente suggestionati dai temi patriottici e nazionali. Cosa che costituì non ultimo motivo (assieme alla libertà di manovra assunta rispetto alla questione monarchia-repubblica) della sua capacità non scontata di allargare il proprio consenso oltre gli insediamenti «bianchi» della propria tradizione storica. La Costituente assunse quindi il senso di frutto ultimo del riconoscimento reciproco tra le componenti dell'antifascismo, inserita in un orizzonte europeo di nuovo Stato democratico-sociale, come l'avvio dei lavori per realizzare il nuovo testo costituzionale confermò ampiamente.[43] Al contempo, la cooperazione restava difficile ed emergevano logiche sempre più competitive e conflittuali, incentivate dall'uscita definitiva dalla gabbia paritetica del Cln, proprio in virtù dei risultati elettorali. La cooperazione si logorò fortemente sul piano interno, ancor prima che lo scontro tra i Grandi sul piano internazionale si aggravasse irrimediabilmente.[44]

Gli anni 1947-1949 assunsero quindi un significato costituente in una duplice direzione: nella delineazione definitiva degli assetti istituzionali e politici dell'Italia democratica capaci di regolare un conflitto latente, e nella progressiva manifestazione del sistema politico internazionale bipolare e diviso della guerra fredda. Le due dinamiche ebbero indubbi punti di contatto e interrelazione, ma non si può pensare che la vicenda internazionale inglobasse e determinasse senza residui quella interna. La rottura dell'alleanza antifascista insomma maturò per una convergenza di ragioni interne e internazionali. Inoltre, non bisogna pensare a una sostituzione totale dei risultati della fase politica precedente (fine della guerra, vittoria dell'antifascismo, nascita dell'Onu). Piuttosto si sovrapposero nuove dinamiche a quelle vecchie. La guerra fredda non cambiava totalmente il mondo, ne strutturava diversamente alcuni aspetti e momenti, ne correggeva altri, ne enfatizzava alcuni, tipici della più lunga continuità storica. Si inaugurò una convivenza intrecciata e sfumata di due livelli di legittimazione diversi, che non si annullavano, anche se erano in contrasto molto netto tra loro: quello antifascista e quello anticomunista.[45]

43. Pombeni, *La questione costituzionale*, pp. 195-210 (che sintetizza un amplissimo dibattito).

44. Sarei quindi convinto del contrario rispetto ai ricordi di P.E. Taviani, *Politica a memoria d'uomo*, il Mulino, Bologna 2002, pp. 119-120.

45. C. Spagnolo, *Tra antifascismo e anticomunismo. Aspetti della stabilizzazione dell'Europa occidentale nella formulazione della politica estera americana (1944-47)*, in *Antifascismi e Resistenze*, a cura di F. De Felice, La Nuova Italia Scientifica, Roma 1997, pp. 506-507.

Il bipolarismo sostanziale già sperimentato con la campagna elettorale del 2 giugno – tra la Dc e l'alleanza delle sinistre nel «patto d'unità d'azione» Pci-Psi – divenne spaccatura formale di lì a meno di un anno, con la rottura dell'alleanza di governo del maggio 1947. Senza voler tornare sulle considerevoli polemiche accumulate nel corso del tempo, oggi siamo più consapevoli che la coerenza con l'orizzonte internazionale di quella vicenda non implicava necessariamente una pressione o un'imposizione esterna. Anzi, l'anticipazione da parte di De Gasperi della problematicità della coalizione è ormai del tutto evidente dalle fonti e dagli studi.[46] Il suo percorso fu aiutato dalla scissione socialista, maturata proprio all'inizio dell'anno in un coacervo di motivi diversi, tra cui però spiccava un evidente giudizio divergente sull'andamento delle relazioni internazionali.[47] L'operazione politica alla fine condotta dal leader trentino in maggio-giugno non fu semplice (in quanto nemmeno nel suo partito fu sostenuta unitariamente, e inoltre ebbe pochi e riluttanti alleati esterni). Nella precarietà del quarto governo De Gasperi, fu proprio la manifestazione definitiva della guerra fredda, che vide in serrata successione la dottrina di Truman, l'annuncio del Piano Marshall e la nascita del Cominform, a cambiare il quadro. Washington intendeva salvaguardare quanto possibile del *Great Design* rooseveltiano, forgiando una struttura economica internazionale integrata e aperta fuori dalla «cortina di ferro» e prendendo adeguate contromisure rispetto al crescente isolazionismo aggressivo dell'impero sovietico.[48]

In questa nuova luce, la scelta compiuta dalla Dc assumeva una nuova sostanza di svolta politica. Con l'esclusione delle sinistre dal governo, De Gasperi disinnescava la polemica montante alla sua destra, assorbendo nel suo partito gli umori e le ansie del corposo e ambiguo moderatismo italiano, con un'operazione delicatissima e rischiosa, ma sostanzialmente possibile grazie all'abilità tattica del leader e alla flessibilità dell'impianto

46. Rinvio a G. Formigoni, *De Gasperi e la crisi italiana del maggio 1947. Documenti e reinterpretazioni*, in «Ricerche di storia politica», n.s., 6, 3 (2003), pp. 361-388.

47. F. Fornaro, *Giuseppe Saragat*, Marsilio, Venezia 2003, pp. 151-153; G. Gabrielli, *Gli amici americani. I socialisti italiani dalla guerra fredda alle amministrative del 1952*, Lacaita, Manduria-Bari-Roma 2004, pp. 43-49; F. Taddei, *Il socialismo italiano nel dopoguerra: correnti ideologiche e scelte politiche (1943-1947)*, Franco Angeli, Milano 1984, pp. 338 sgg.; P. Caridi, *La scissione di palazzo Barberini. La crisi del socialismo italiano 1946-1947*, Edizioni Scientifiche Italiane, Napoli 1990, pp. 87 sgg.

48. Sul *reassessment* della politica americana e sul 1947 come anno cruciale rinvio alla sintesi di Romero, *Storia della guerra fredda*, pp. 45-59.

sociale e ideale del partito.[49] Sfruttava intanto un accordo con gli eredi del liberalismo, che doveva essere fondamentale per la sua piena legittimazione nazionale.[50] L'evoluzione verso il centrismo (con il recupero di repubblicani e socialdemocratici), compiuta nell'autunno dello stesso 1947, fu fortemente sponsorizzata da Oltreatlantico, diventando quasi operazione simbolica di come la superpotenza ormai egemone volesse condizionare la vicenda politica italiana (o almeno si illudesse di poterlo fare). Il centrismo nascente venne certo ben visto più a Washington che in Vaticano o a piazza Affari.[51] Si metteva in atto così l'alveo per una nuova forma di inserzione degli interessi italiani nella sistemazione di un nuovo mondo "occidentale" segnato da elementi di unificazione economica ma anche di irrigidimento politico-militare.

La sconfitta politica del Partito comunista nella "fase costituente" del sistema politico interno-internazionale era indubbia, ma anche in fondo parziale: messo all'opposizione, reagì in modo verbalmente acceso ma sostanzialmente modesto. Colpito dalle reprimende jugoslave alla riunione fondativa del Cominform, nel settembre del 1947, rischiò di dividersi di nuovo (anche se la linea più decisa impersonata da Secchia fu bloccata da Stalin, almeno "per il momento", come da sua caratteristica abitudine). La scommessa togliattiana però era andata parzialmente a buon fine: il Pci aveva comunque contribuito a forgiare un quadro istituzionale e politico democratico, in cui stava radicandosi socialmente, elettoralmente e politicamente in modo del tutto inedito, preparandosi un ruolo non marginale per il futuro.[52]

49. Tra gli altri, cfr. F. Biscione, *Il sommerso della Repubblica. La democrazia italiana e la crisi dell'antifascismo*, Bollati Boringhieri, Torino 2003, pp. 55-58.

50. P. Craveri, *De Gasperi*, il Mulino, Bologna 2006, p. 313.

51. P. Soddu, *Ugo La Malfa. Il riformista moderno*, Carocci, Roma 2008, pp. 151-152; M. Donno, *Socialisti democratici. Giuseppe Saragat e il Psli (1945-1952)*, Rubbettino, Soveria Mannelli 2009, pp. 181-195; Gabrielli, *Gli amici americani*, pp. 110-114. Sulle perplessità vaticane cfr. ora G. Sale, *De Gasperi, gli Usa e il Vaticano agli inizi della guerra fredda*, Jaca Book, Milano 2005, pp. 273-274.

52. R. Martinelli, *Storia del Partito comunista italiano*, vol. VI, *Il «partito nuovo» dalla Liberazione al 18 aprile*, Einaudi, Torino 1995, pp. 206-234; A. Agosti, *Il Pci nella svolta del 1947*, in «Studi storici», 31, 1 (1990), pp. 83-88; *Archivio Pietro Secchia 1945-1973*, a cura di E. Collotti, Feltrinelli, Milano 1978 («Annali» della Fondazione Feltrinelli, XIX), pp. 609-627; Pons, *L'impossibile egemonia*, pp. 211-220; S. Sechi, *Compagno cittadino. Il Pci tra via parlamentare e lotta armata*, Rubbettino, Soveria Mannelli 2007, pp. 149-152.

Non venne infatti meno la cooperazione costituente, a indicare già uno sviluppo foriero di novità nella transizione. Il nuovo scontro totale simbolico tra l'alleanza centrista intorno alla Dc e la coalizione socialcomunista tendeva a non rompere tutti i margini di riconoscimento reciproco sul terreno della democrazia e delle regole costituzionali.[53] La campagna elettorale del 1948 mise radicalmente alla prova questa tendenza. Si svolse in un clima di durissima contrapposizione, che rischiava continuamente di sfociare sul piano della violenza diretta. Ambedue gli schieramenti, infatti, coltivarono una dimensione militare clandestina, anche se concepita come ultima risorsa in caso l'avversario uscisse dai limiti del confronto politico nelle piazze. La radicalità fu sostenuta e incentivata dall'estero: come mai prima, l'evento italiano fu contemporaneamente una battaglia simbolica della guerra fredda internazionale, con un'accelerazione fortissima dei nessi tra interventismi dei Grandi e protagonismi degli attori interni. L'approccio americano di *political warfare* non disdegnò di prendere in considerazione ipotesi estreme (come il suggerimento di Kennan di sospendere le elezioni e mettere fuori legge il Pci), ma alla fine l'Amministrazione si convinse (sbagliando parzialmente valutazione) di aver avuto successo soprattutto grazie alla propria massiccia operazione propagandistica e al finanziamento del settore amico della politica italiana.[54] Era un'illusione di onnipotenza che avrà una certa conseguenza nel futuro, portando a delusioni successive, corrispettive e ripetute, sulla capacità della superpotenza di controllare la situazione periferica. La grande vittoria democristiana e il ridimensionamento del Fronte popolare ebbero come punto di caduta finale la vicenda di luglio dell'attentato a Togliatti, che costituì il momento di maggior rischio di una degenerazione violenta dello scontro, data la prevedibile attivazione di un piano d'emergenza comunista coperto dallo sciopero generale. Ma dopo alcune ore convulse, nel Pci prese piede una posizione contraria alla radicalizzazione insurrezionale.[55] Il com-

53. Pombeni, *La questione costituzionale*, pp. 186-193; F. Barbagallo, *La formazione dell'Italia democratica*, in *Storia dell'Italia repubblicana*, a cura di Id., Einaudi, Torino 1995, vol. I, pp. 110 sgg.

54. K. Mistry, *The United States, Italy, and the Origins of Cold War. Waging Political Warfare, 1945-1950*, Cambridge University Press, Cambridge-New York 2014.

55. V. Zaslavsky, *Lo stalinismo e la sinistra italiana. Dal mito dell'Urss alla fine del comunismo 1945-1991*, Mondadori, Milano 1994, p. 111. Nessun sostegno all'idea di insurrezione ci fu secondo i ricordi posteriori di P. Secchia (*Archivio Pietro Secchia*, p. 215) o di P. Ingrao, *Volevo la luna*, Einaudi, Torino 2006, p. 192; G. Gozzini, *Hanno sparato a Togliatti*, Il Saggiatore, Milano 1998.

pletamento finale della separazione dei due mondi sociali, con la spaccatura della Cgil unitaria, fece però da *pendant* a una certa forzata stabilizzazione dello scontro.[56]

Due «mondi»: una guerra civile evitata e una precaria convivenza

Mentre il quadro internazionale si avvitava parallelamente in una serie di crisi dalle incerte prospettive (colpo di Stato di Praga, blocco sovietico di Berlino), procedeva la rapida strutturazione organizzativa dei due «mondi» della guerra fredda, tra organizzazione del Piano Marshall (l'Oece), prime premesse europeistiche e Patto atlantico, tra 1948 e 1949. Pochi mesi dopo l'umiliazione del trattato di pace, l'Italia si trovò a partecipare in posizioni di relativa soggettività e autonomia internazionale a questo processo. Fino all'ammissione non scontata alla nascita di un'alleanza politico-militare «atlantica» nella primavera del 1949.[57] Il che dava un ancoraggio visibile e consolidava per ragioni internazionali la legittimazione a governare della maggioranza e la condanna dell'opposizione attorno al Pci a rimanere tale se non avesse mutato giudizio e atteggiamento sulla dinamica internazionale. Il bipolarismo assumeva quindi anche un senso "costituzionale".

La stabilizzazione del confronto tra i due mondi comportò peraltro la ripresa di una marcata dialettica interna ai due schieramenti. Si aprì una fase di accesa ridiscussione interna all'alleanza di governo, e alla Dc stessa, su come gestire opposizione comunista e sindacale e su come completare la ricostruzione sostanziale del nesso Stato-economia (al di là delle grandi linee tracciate in Costituzione).[58] Il peso del quadro interna-

56. *Le scissioni sindacali. Italia ed Europa*, a cura di M. Antonioli, M. Bergamaschi e F. Romero, BFS, Pisa 1999; G. Formigoni, *La scelta occidentale della Cisl. Giulio Pastore e l'azione sindacale tra guerra fredda e ricostruzione (1947-1951)*, Franco Angeli, Milano 1991, pp. 57 sgg.

57. A. Varsori, *La scelta occidentale dell'Italia (1948-1949)*, in «Storia delle relazioni internazionali», I, 1 (1985), pp. 95-159; ivi, 2, pp. 303-368; O. Barié, *Gli Stati Uniti, l'Unione occidentale e l'inserimento dell'Italia nell'Alleanza atlantica*, in *L'alleanza occidentale. Nascita e sviluppi di un sistema di sicurezza collettivo*, a cura di Id., il Mulino, Bologna 1988, pp. 115-207.

58. M. Salvati, *Stato e industria nella ricostruzione. Alle origini del potere democristiano 1944-1949*, Feltrinelli, Milano 1982; C. Spagnolo, *La stabilizzazione incompiuta. Il piano Marshall in Italia (1947-1952)*, Carocci, Roma 2001; S. Selva, *Integrazione internazionale e sviluppo interno. Stati Uniti e Italia nei programmi di riarmo del blocco atlantico*, Carocci, Roma 2009.

zionale era ancora rilevante ma non univoco: è sempre più chiaro infatti che fin dagli ultimi anni dell'amministrazione Truman, alla pressione di una posizione «newdealista» che leggeva il comunismo come frutto dell'arretratezza italiana da superare con le riforme sociali e la piena occupazione, si sovrappose in modo contorto una linea che invece propendeva per una lettura tutta politica di congiura settaria internazionale, premendo per l'uso della forza, fino alla prova della messa fuori legge delle forze comuniste.[59]

Ecco che ricombinando la pressione internazionale con le mobili fratture tra gruppi e componenti interne che stavano nell'ombrello dell'alleanza centrista, De Gasperi e la Dc guidarono una soluzione ibrida di ambedue questi delicatissimi problemi. Da una parte si congelò la linea dello scontro politico totale, utilizzando fino in fondo la retorica della guerra fredda (e quindi anche la polizia e la magistratura), ma fermandosi prima dell'emarginazione dal quadro democratico degli avversari (bollati come «quinta colonna» dell'Urss, emarginati dalle istituzioni, ma non perseguitati in modo diretto).[60] Il governo in questo si giovò del sostanziale adattamento togliattiano alla «seconda glaciazione» staliniana, che riuscì a controllare le spinte della componente più sensibile alla «dura lotta sociale», scegliendo una prospettiva di radicamento nel paese e di «guerra di posizione» dai confini temporalmente lunghi.[61] Dall'altra parte, si combinò la scelta rigorista sulla finanza pubblica e il liberismo con la salvaguardia e anzi il rafforzamento dello Stato imprenditore, puntando allo sviluppo senza più tentare un riformismo decisamente keynesiano, ma inserendo una serie di leggi di riforma non banali sulla proprietà agricola, il Mezzogiorno, le par-

59. M. Del Pero, *L'alleato scomodo. Gli Usa e la Dc negli anni del centrismo (1948-1955)*, Carocci, Roma 2001, pp. 99 sgg.

60. F. Mazzei, *De Gasperi e lo «Stato forte». Legislazione antitotalitaria e difesa della democrazia negli anni del centrismo (1950-1952)*, Le Monnier, Firenze 2013.

61. Il concetto di «seconda glaciazione» in E. Morin, *Autocritica. Una domanda sul comunismo*, il Mulino, Bologna 1962, p. 94. Per il dibattito sul ruolo del Pci cfr. R. Gualtieri, *Il Pci, la Dc e il «vincolo esterno»: una proposta di periodizzazione*, in *Il Pci nell'Italia repubblicana 19343-1991*, a cura di Id., Carocci, Roma 2001, pp. 60-63; G. Gozzini, R. Martinelli, *Storia del Partito comunista italiano*, vol. VII, *Dall'attentato a Togliatti all'VIII congresso*, Einaudi, Torino 1998, pp. 184 sgg.; S. Pons, *Togliatti e Stalin*, in *Togliatti nel suo tempo*, a cura di R. Gualtieri, C. Spagnolo e E. Taviani, Carocci, Roma 2007 («Fondazione Istituto Gramsci. Annali», XV), p. 213; pagine interessanti anche in S. Gundle, *I comunisti italiani tra Hollywood e Mosca. La sfida della cultura di massa 1943-1991*, Giunti, Firenze 1995, pp. 96-104.

tecipazioni statali. E guardando con prudenza alle prospettive di crescita indotte dal nuovo orizzonte internazionale.[62]

Allargando un poco ancora l'orizzonte temporale, la dialettica interno/internazionale sembrerà via via accompagnare una stabilità inquieta. Gli anni più duri della guerra fredda vedranno una ricostruzione capace di mettere le condizioni essenziali, internazionali e interne, del boom economico (apertura dei mercati, compressione dei salari, investimenti pubblici) in un orizzonte occidentale ed europeo riequilibrato progressivamente da istanze di autonomia e originalità nazionale italiana. Ma in un quadro ancora fortemente ingessato sul piano ideologico e simbolico. Tanto che l'allargamento dei margini di azione che il cosiddetto successivo "disgelo" permetterà, darà fiato a una nuova stagione di scontri interni allo schieramento "occidentale" italiano, concentrati proprio sul modo di gestire il cambiamento sociale e politico. La vicenda dell'"apertura a sinistra" verrà infatti contrastata da accesi *cold warriors* proprio quando la guerra fredda aveva ormai definitivamente mutato pelle. Ancora una volta, si intrecciavano innovazioni e persistenze: tendenze rispettivamente favorite od ostacolate – a seconda dei casi – dalla convergenza o dalla divergenza degli andamenti tra sistema internazionale e vicenda politica interna.

62. R. Gualtieri, *Piano Marshall, commercio estero e sviluppo in Italia: alle origini dell'europeismo centrista*, in «Studi storici», 39, 3 (1998), pp. 853 sgg.

Paolo Pombeni

Le culture politiche nella transizione italiana: dalla guerra alla democrazia

Una premessa è necessaria: che cosa intendiamo con il termine "culture politiche"? Non è possibile assumere il termine/concetto semplicemente per come viene istintivamente percepito nel linguaggio corrente, cioè come il complesso di interpretazioni, valori condivisi, persino credenze che formano il substrato destinato a conferire una, più o meno elaborata, identità comune a coloro che militano sotto le bandiere di un partito. In realtà il panorama con cui dobbiamo confrontarci è ben più vasto. Innanzitutto, in una società con una produzione massificata della cultura, anche di quella politica, ci sono centrali di elaborazione che sfuggono alle esigenze di produzione di parte. Non magari in senso assoluto, ma certamente in senso relativo. Le culture per così dire tecniche, pur essendo spesso orientate da quelli che Croce avrebbe definito dei pre-giudizi, tendono a produrre risultati che vorrebbero presentarsi come universali e che, di fatto, spesso lo sono.

Le culture politiche nella prima metà del Novecento

È necessario partire da questa constatazione se vogliamo capire quale fu il patrimonio a disposizione di quelle generazioni che dopo la prova, indubbiamente a suo modo catartica, della guerra mondiale dovettero avviarsi sul terreno di una trasformazione del sistema politico che si misurasse con l'approdo della democrazia, divenuto necessario per la vittoria della coalizione alleata contro i fascismi. La democrazia, infatti, era all'epoca l'orizzonte comune, poiché anche l'Urss si proclamava una democrazia, sia pure di tipo particolare («democrazia socialista»), e poiché i fascismi erano stati condannati in quanto regimi antidemocratici.

La riflessione degli intellettuali italiani era stata da tempo interessata da ciò che si sarebbe definito come "la crisi dello Stato moderno". Il testo forse più rappresentativo di questa riflessione era la famosa prolusione pisana di Santi Romano nel 1909,[1] ma il dibattito era assai vasto, sviluppato, e muoveva dalla riflessione sulla crisi di fine secolo che sembrava avere messo definitivamente in discussione il modello del costituzionalismo post-illuministico, vuoi nella sua versione inglese (come sembrava confermare la vicenda costituzionale britannica del 1909-1911),[2] vuoi più in generale nelle controverse vicende costituzionali di Francia e di Germania.[3] Che poi queste vicende avessero avuto il loro acme nelle tensioni seguite alla conclusione della prima guerra mondiale è questione nota e ampiamente affrontata dalla storiografia, ma già all'epoca percepita dai contemporanei.

Il fascismo non aveva per nulla messo un freno al dibattito sulla crisi dello Stato moderno, perché esso tendeva a presentarsi non solo come il frutto, ma come la possibile soluzione di quelle tensioni. Il tema specifico della forma di governo – o del sistema politico realizzato dal fascismo – è stato anch'esso ampiamente affrontato ed è materia di varie controversie, ma c'è una sostanziale concordia nel riconoscere che con quanto si era sperimentato in quel ventennio si era avviato un percorso di ridefinizione del quadro del costituzionalismo occidentale lungo linee che, naturalmente modificate poi dal nuovo orizzonte democratico, si sarebbero consolidate nel quadro dei sistemi politici postbellici.

Un tema importante riguardava il ruolo dello Stato nella gestione delle crisi sociali ed economiche, il che significava poi, inevitabilmente, il ruolo dei governi. È ben vero che la metafora dello Stato "guardiano notturno", cioè interessato solo a garantire alcuni quadri generali di sicurezza nella legalità, era già stata messa in discussione agli inizi del Novecento, quando era diventato evidente che lo spazio per l'intervento del potere pubblico si dilatava in continuazione e non era possibile contenerlo. Ovviamente le forze conservatrici avevano avuto un atteggiamento ambiguo di fronte a queste nuove prospettive. Da un lato, vi era stato chi temeva che ciò

1. S. Romano, *Lo Stato moderno e la sua crisi*, ora in Id., *Scritti minori*, Giuffrè, Milano 1990, vol. I, pp. 379-396.

2. Su questa e sui suoi riflessi in Italia, G. Guazzaloca, *Fine secolo. Gli intellettuali italiani e inglesi e la crisi fra Otto e Novecento*, il Mulino, Bologna 2004.

3. Su cui P. Pombeni, *La ragione e la passione*, il Mulino, Bologna 2010.

significasse solo un aumento smodato della spesa pubblica, spinto dalla democratizzazione della rappresentanza che adesso vedeva sedere nei parlamenti, come decisori almeno teorici delle autorizzazioni di spesa, classi sociali che beneficiavano dei vantaggi di quella sociale. Poiché questa trovava la sua sorgente nella tassazione, si proclamava che vi fosse un'inevitabile propensione ad andare in quella direzione da parte di chi, come i nuovi parlamentari espressi dal suffragio allargato o già quasi generale, rappresentava i ceti che meno contribuivano e che non avevano remore a mettere il costo degli interventi sulle spalle dei detentori della ricchezza. Insomma, secondo una famosa battuta dei conservatori britannici, rendere il parlamento arbitro degli incrementi di spesa pubblica sarebbe stato come nominare il gatto guardiano della ciotola del latte.

Dal lato opposto, sempre sul fronte conservatore, non mancavano coloro che vedevano nell'incremento di aiuti statali al reddito delle classi meno fortunate un ottimo strumento per costruire consenso al loro potere, secondo una logica che aveva in Germania aiutato i primi passi di quello che si sarebbe poi definito come lo «Stato sociale».[4] Dopo la prova della prima guerra mondiale di cui si erano colti gli aspetti "totalizzanti", cioè il fatto che lo sforzo bellico aveva ovunque coinvolto il sistema-paese nel suo complesso, era praticamente esclusa la possibilità di tornare a dimensioni in cui la sfera pubblica fosse limitata entro confini ridotti.

Tanto il dibattito che si era svolto nel contesto del regime, quanto quello che si era sviluppato fuori d'Italia avevano fatto perno su questo aspetto, soprattutto dopo che la grande crisi che aveva avuto il suo emblema nei fatti del 1929 contribuì a riportare la "questione sociale" al centro delle preoccupazioni sia dell'opinione pubblica che delle classi politiche e intellettuali. Un aspetto importante di questo passaggio, che credo sia opportuno sottolineare, fu il successo di prospettive che vennero talora chiamate "volontaristiche", cioè di progetti che puntavano ad affrontare le crisi in corso facendo appello alle capacità di reazione delle forze sociali.

In fondo la domanda di avere dei sistemi di identificazione "nazionale" che andassero al di là delle dialettiche politiche ereditate dagli anni a cavallo fra Otto e Novecento non fu propria soltanto dei totalitarismi di destra: basti pensare al successo dell'idea del «one nation party» che si ebbe in Gran Bretagna come portato della crisi del 1929. Non si trattava, è bene

4. Sulle origini del quale, G. Ritter, *Storia dello Stato sociale*, Laterza, Roma-Bari 1996.

precisarlo, di solidarismi con matrice "di classe", mentre una certa idea di socialismo più o meno necessario era abbastanza diffusa.[5]

Un aspetto importante che riguarda le culture politiche diffuse era quello relativo alla sensazione di trovarsi di fronte a un tornante storico particolarmente impegnativo e significativo. L'eco della Rivoluzione d'Ottobre e poi tutta la retorica spesa sulle rivoluzioni fasciste si prestavano bene a sostenere questo tipo di percezioni, ma naturalmente anche altri episodi come, per esempio, le vicende dei Fronti popolari in Francia e in Spagna contribuivano a mantenere vivo il clima di attesa per grandi cambiamenti epocali. La memorialistica dei giovani che si erano formati nel ventennio testimonia bene degli effetti di questo contesto su chi avrebbe dovuto poi misurarsi con la prova della guerra mondiale e con la domanda di ricostruzione che veniva posta dalla sua conclusione.

Si trattava di un aspetto che univa la formazione che veniva diffusa dal regime ai vari livelli di elaborazione culturale (dalla scuola all'università, alla stampa) con quella che si riceveva nei diversi ambiti che non rispondevano a quel tipo di controllo. Era il caso tanto delle organizzazioni che facevano capo alla Chiesa cattolica, quanto dei vari ambienti di antifascismo più o meno organizzato.

La formazione della classe politica nella crisi degli anni Trenta-Quaranta

È importante focalizzare questo contesto perché senza di esso non si comprende quel certo "consenso" che si sviluppò tra la caduta del regime e la conclusione della guerra, consenso che starà poi alla base della stagione costituente. La percezione della svolta storica, resa infine evidente dal ruolo dominante assunto da Usa e Urss, cioè da due potenze che stavano, o che almeno si riteneva stessero "fuori" dal modello delle forme politiche elaborate in Europa, facilitava l'accettazione del fatto che fosse inevitabile oltre che necessario misurarsi con una ridefinizione del costituzionalismo classico per addentrarsi nell'universo di quella "democrazia" che si riteneva un fenomeno nuovo rispetto al precedente percorso del continente europeo.

Da questo punto di vista si può richiamare la notissima diatriba che fu innescata da Ferruccio Parri quando alla Consulta affermò che l'Italia non

5. D. Marquand, *Britain since 1918. The Strange Career of British Democracy*, Weidenfeld & Nicolson, London 2008.

aveva conosciuto "in senso tecnico" un regime veramente democratico, suscitando così la vivace reazione di Croce. Parri tecnicamente si sbagliava, ma esprimeva un sentire comune a gran parte della cultura progressista che riteneva la democrazia una forma politica diversa rispetto al costituzionalismo liberale.

Peraltro questa distinzione che, lo ripeto, è tecnicamente inesatta, consentì la confluenza non traumatica del cattolicesimo politico verso questo nuovo orizzonte. Come è ormai ampiamente noto, Pio XII in forma molto involuta con il radiomessaggio del 1942, ma poi di seguito con un'altra serie di interventi più espliciti aveva riconosciuto nella democrazia, ovviamente dal suo punto di vista in quella aderente ai valori cristiani, il regime verso cui inclinava la preferenza della Chiesa e della Santa Sede.[6] Questo avrebbe favorito non solo la partecipazione alla Resistenza di varie componenti provenienti dalle organizzazioni cattoliche, ma soprattutto sarebbe stata alla base dell'attivo coinvolgimento di intellettuali cattolici di primo piano nei lavori della Costituente. A riprova di quanto citavo prima va ricordato che più volte durante i lavori della Costituente i cosiddetti "professorini" – ma specialmente La Pira – ebbero modo di sottolineare che il nuovo sistema democratico si distingueva da quello originato dal costituzionalismo nato con la Rivoluzione francese. Non si trattava semplicemente di rimarcare le evoluzioni che indubbiamente c'erano state e le nuove prospettive che si rendevano possibili grazie a quanto era maturato fra le due guerre, ma anche di segnare l'adesione a una cesura che era stata costitutiva di una componente almeno del cattolicesimo politico, cioè l'antiliberalismo.[7]

In verità questo atteggiamento polemico verso il liberalismo avrebbe costituito un elemento peculiare nelle culture politiche che avrebbero gestito la transizione. La debolezza del liberalismo italiano è stata in genere sottovalutata,[8] non considerando per esempio che esso non aveva saputo

6. P. Pombeni, *Christian Democracy*, in *The Oxford Handbook of Political Ideologies*, a cura di M. Freeden, L.T. Sargent e M. Stears, Oxford University Press, Oxford 2013, pp. 312-328.

7. Rinvio per una sintesi al mio *I cattolici e la costituente*, in *Cristiani d'Italia*, a cura di A. Melloni, Istituto dell'Enciclopedia italiana, Roma 2011, pp. 267-280; più in dettaglio il mio *Il contributo dei cattolici alla Costituente*, in *Valori e principi del regime repubblicano*, vol. I, *Sovranità e democrazia*, a cura di S. Labriola, Laterza, Roma-Bari 2006, pp. 37-80.

8. Mi permetto di rinviare al mio *Un sistema politico liberale senza ideologia liberale? Italia 1860-1970*, in «Storica», 18 (2013), pp. 63-92.

misurarsi né col il *new liberalism* britannico di inizio secolo, né con i filoni del progressismo americano che pure avevano le proprie radici in un contesto simile. In generale in Italia il liberalismo appariva come un'ideologia vecchia, per di più sostenuta da esponenti un poco spocchiosi, che per quanto autorevoli sul piano personale (si pensi anche solo a Croce e a Einaudi), non erano interessati a considerare gli apporti che potevano provenire da altre ideologie. La stessa debolezza di molti esponenti politici liberali nel contrastare il fascismo aveva contribuito a isolarli come soggetti capaci di proporre una valida progettazione per il futuro, così come sarà poi per le loro inclinazioni verso il mantenimento del regime monarchico e in genere per la difesa di un contesto che pareva ormai superato dai tempi: basterà citare a questo proposito la battaglia degli esponenti liberali contro i partiti di massa e il loro tentativo di mantenere in vita un sistema elettorale basato sui collegi uninominali maggioritari, preferiti al proporzionalismo con voto di lista, che nel loro immaginario impediva l'utilizzo in politica delle "personalità" in luogo delle ideologie.[9]

Ovviamente in una considerazione attuale buona parte dell'antiliberalismo cattolico risulta piuttosto superficiale. Anche prescindendo dalle espressioni semplicemente legate alle vecchie retoriche, si è potuto notare per esempio che la famosa battaglia ingaggiata alla Costituente dai "professorini" per distinguere fra il concetto di "persona", che prenderebbe in considerazione l'uomo come inquadrato nelle sue relazioni, e il concetto di "individuo", che invece ne farebbe una monade senza legami, era un'operazione ideologica nel senso volgare della parola, perché i due concetti non solo sono intercambiabili (anche in molti filoni liberali l'individuo è un individuo "sociale"),[10] ma nella stessa formulazione della nostra Carta costituzionale sono usati di fatto entrambi senza attribuire loro particolari differenze.[11]

Certamente la tesi di un necessario superamento del costituzionalismo liberale era largamente diffusa in Italia e per un duplice motivo. Da un lato per quella critica delle contraddizioni del nostro sistema politico

9. P. Pombeni, *La questione costituzionale in Italia*, il Mulino, Bologna 2016.

10. M. Freeden, *Liberalism. A Very Short Introduction*, Oxford University Press, Oxford 2015.

11. Come ho esaminato in dettaglio nei miei *Individuo/persona nella Costituzione italiana. Il contributo del dossettismo*, in «Parolechiave», 10-11 (1996), pp. 197-218; *Anti-Liberalism and the Liberal Legacy in Postwar European Constitutionalism: Considerations on Some Case Studies*, in «European Journal of Political Theory», 7 (2008), pp. 31-44.

prefascista, ma più in generale di quello vigente in Europa, cui si imputava la preminenza di un approccio "formale" alla democrazia politica: ne ho già fatto cenno. Si trattava di critiche ampiamente circolate anche nelle riflessioni della cultura pubblica vigente al tempo del fascismo (che non tutta era però "fascista" in senso stretto e proprio) e che erano anche diventate giudizi comuni: per esempio l'incapacità dei sistemi elettorali di garantire spazi di partecipazione reale alla decisione politica per tutti i cittadini, mentre questa sarebbe stata meglio garantita dalla presenza di strutture di partecipazione specifiche e in attività costante, come poteva essere solo un partito che al tempo stesso era parte strutturante dello Stato.[12] Si sarebbe poi agevolmente passati dalla considerazione del partito unico come struttura portante a quella di un sistema di partiti, canali di partecipazione stabile per i cittadini, ma operanti in un regime di confronto ideologico e culturale. Da questo punto di vista è significativo che questo passaggio sia stato per così dire canonizzato da Costantino Mortati, il grande costituzionalista che prima nel suo libro sulla «costituzione in senso materiale» (1940)[13] lo aveva enunciato nel quadro del sistema a partito unico e che poi in Costituente sarebbe stato il promotore di una costituzionalizzazione del ruolo dei partiti (plurali), sia pure senza ottenere da questo punto di vista pieno successo quanto a contenuti della Carta, mentre quel punto di vista si sarebbe affermato nei fatti come cardine del sistema politico repubblicano.[14]

Dal lato opposto la critica generalizzata al liberalismo si era imposta a seguito della grande crisi sia politica che economica registrata fra le due guerre. Questo riguardava il ruolo che ci si aspettava esercitasse il nuovo Stato democratico, che veniva caricato soprattutto dell'aspettativa di realizzare la "giustizia sociale". Sarebbe arduo determinare cosa esattamente si intendesse con questa formula, perché essa trovava diverse declinazioni

12. P. Pombeni, *Demagogia e tirannide. Uno studio sulla forma partito del fascismo*, il Mulino, Bologna 1984; L. Di Nucci, *Lo stato-partito del fascismo*, il Mulino, Bologna 2009.

13. Se ne veda ora la ristampa: C. Mortati, *La costituzione in senso materiale*, premessa di G. Zagrebelsky, Giuffrè, Milano 1998.

14. Su questo si può vedere la riflessione di uno dei maggiori discepoli di Mortati, Leopoldo Elia: si veda il mio *Leopoldo Elia: un costituzionalista e la questione della "forma partito"*, in *Autonomia, forme di governo e democrazia nell'età moderna e contemporanea. Scritti in onore di Ettore Rotelli*, a cura di P. Aimo, E. Colombo e F. Rugge, Pavia University Press, Pavia 2014, pp. 275-290.

che andavano dall'estremo dell'instaurazione di una repubblica socialista (anche questa peraltro con contenuti vaghi) all'estremo opposto dell'instaurazione di una società basata sulla spontanea armonia fra i diversi ruoli sociali promossa dalla condivisione di una stessa fede religiosa (un residuato fuori tempo di alcune prime formulazioni della dottrina sociale cattolica).

Non tutti condividevano in pieno gli atteggiamenti di critica alla sistemazione della sfera pubblica secondo i modelli del costituzionalismo liberale, né la scelta per un ruolo fortemente interventista dello Stato nell'ambito della sfera economica. Tanto per citare due esempi, De Gasperi aveva avuto e manteneva un approccio positivo verso le conquiste del liberalismo, sino a sostenere che anche componenti cattoliche vi avevano concorso in passato;[15] Einaudi rimaneva contrario sul piano teorico agli interventi economici della mano pubblica, sino a essere stato un critico di Keynes e della diffusione delle sue teorie in Italia.[16]

Nel primo caso si trattò piuttosto di un'azione pratica che continuava a ispirarsi al quadro del sistema politico prefascista, solo opportunamente rivisitato, senza che promuovesse un dibattito significativo sul piano culturale. Anzi De Gasperi aveva poca simpatia per questo genere di operazioni, almeno nel momento in cui poteva essere direttamente operativo al governo, mentre le sedi cattoliche che si avventuravano su quei terreni rimanevano convinte del superamento dei parametri del liberalismo vuoi da sinistra (i dossettiani e i gruppi che a essi facevano riferimento), vuoi da un'ottica di fatto tradizionalista (i padri della «Civiltà cattolica»).

Nel secondo caso invece si può rilevare che il liberalismo sul terreno economico mantenne a lungo una egemonia nella cultura italiana. Non solo Einaudi, ma Bresciani Turroni e altri economisti attivi sulla stampa erano contrari alle tesi di pianificazione economica e avevano successo perché il grande spauracchio dei primi anni del dopoguerra era l'inflazione galoppante che in Germania nel 1919-24 aveva portato sull'orlo del collasso e della rivoluzione sociale, e la cui memoria veniva annoverata fra le cause che avevano spinto la borghesia tedesca nelle braccia del nazismo.

15. Sul ruolo di De Gasperi nella vicenda costituzionale mi permetto di rinviare al mio *La questione costituzionale in Italia*, pp. 121-193.

16. Sul problema del keynesismo in Italia, E. Biagiani, *Keynesian Ideas and the Recasting of Italian Democracy, 1945-53*, in *The Strange Survival of Liberal England*, a cura di E. Green e D. Tanner, Cambridge University Press, Cambridge 2007.

Una scuola economica socialista di prestigio in Italia non esisteva, qui non si era avuto alcun Hilferding, sicché le operazioni che furono tentate da qualche politico comunista presente nei ministeri economici ai tempi dei governi di coalizione non ebbero successo e furono facilmente bloccate.

Culture e forze politiche di fronte alla sfida della ricostruzione

In complesso tutte le forze politiche che si trovarono coinvolte con vari ruoli nella transizione italiana fra la guerra e la formalizzazione del nuovo sistema democratico dovettero misurarsi con tre sfide che toccavano le rispettive culture politiche.

La prima fu quella che ho già ampiamente esaminato e riguarda quella particolare declinazione del liberalismo italiano che aveva esaltato ciò che fu poi definito come lo «Stato amministrativo». Si trattava della prospettiva che riteneva di poter neutralizzare il conflitto politico attribuendo allo Stato il monopolio di una attività amministrativa che secondo questa ideologia poteva muoversi in base a parametri neutrali (la "scienza dell'amministrazione") essendo di conseguenza in grado di garantire un trattamento equo e imparziale a tutti i cittadini.

In fondo fu in base a questa illusione che la monarchia, dopo avere disarcionato con un colpo di mano Mussolini e di conseguenza essersi sbarazzata del sistema del regime, ritenne di poter evitare ogni alleanza coi partiti antifascisti, che già avevano ripreso la loro attività nel paese, affidandosi a un governo di burocrati. Ovviamente fu una scelta pessima che non portò alcun vantaggio a Casa Savoia e alle élites che in essa ancora si identificavano, ma è significativa di una impostazione che per vari aspetti resse anche dopo che i partiti si erano insediati alla guida dello Stato. De Gasperi stesso non rifuggiva del tutto da una impostazione che privilegiava la valorizzazione del versante amministrativo rispetto a quello politico e il potere delle burocrazie rimase a lungo forte, soprattutto per la decisione di escludere dai criteri della loro scelta la designazione politica, optando invece per il mantenimento del sistema di accesso per concorso pubblico, ma soprattutto di gestione delle carriere all'interno stesso delle dinamiche in mano alla burocrazia. Basterebbe ricordare i problemi che tutti i riformatori ebbero nel primo decennio con la Ragioneria dello Stato, il rapporto complicato con i vertici delle forze dell'ordine e con la stessa magistratura per capire le problematiche che comportò la sostanziale adesione al mito dello "Stato amministrativo".

Il secondo problema, peraltro in parte connesso a quello appena enunciato, è dato dal non semplice tema del raccordo fra le culture specialistiche e gli universi ideologici di cui erano portatrici le subculture cui si rifacevano i partiti. Per quanto possa sembrare strano, esistevano una serie di acquisizioni che erano ormai entrate nella cultura comune attraverso la scolarizzazione di massa, ma anche attraverso le pratiche della vita quotidiana e che i partiti dovevano in qualche misura fare proprie ridefinendole all'interno dei propri parametri ideologici. Così questioni come la partecipazione politica generalizzata, una certa revisione della condizione femminile, il diritto all'istruzione, quello al lavoro, e via elencando erano presenti nei discorsi, oggi diremmo nelle "narrazioni" più o meno di tutti i partiti. Ciascuno cercava non solo di iscriverli nella propria cornice ideologica, ma di affermare che solo in quel contesto essi potevano trovare piena soddisfazione e soprattutto essere realizzati in una dimensione "vera" e non puramente a livello verbale.

Va valutato il duplice aspetto che ciò comportava. Da un lato una competizione fra le diverse ideologie che spingeva a raffinare i concetti e al tempo stesso ad accentuare la diversità delle identità di parte, ma dal lato opposto la creazione di un consenso diffuso circa l'importanza e la centralità di certi valori. Un esempio tipico può essere considerato il discorso sulla partecipazione politica da realizzare attraverso il combinarsi di partiti di massa e di sistemi elettorali altamente competitivi. In astratto avrebbero dovuto esservi differenti impostazioni, per esempio nel giudizio che il comunismo poteva dare sulla "democrazia borghese", in una certa tradizione cattolica che diffidava dell'ampliamento delle libertà individuali, nelle remore del liberalismo verso sistemi di partecipazione che privilegiavano la competizione ideologica. Tutti elementi che entrarono in gioco, ma che non poterono impedire che alla fine si convergesse verso un sistema che portava tutti a sistemarsi all'interno di un modello di costituzionalismo fondato sull'ampia presenza dei partiti di identità subculturale come canali del disciplinamento sociale e di presenza generalizzata del fondamento della rappresentanza nelle competizioni elettorali su base egualitaria e diretta.

Naturalmente stiamo parlando di un percorso e non di un'affermazione secca di un certo modello. Nella prima fase, quella inserita nello choc della guerra perduta dal fascismo e nella Resistenza, prevalsero le spinte alla confluenza verso impostazioni comuni, mettendo a margine le tensioni ideologiche che ciò comportava. In una fase successiva, chiaritosi l'orizzonte di riferimento e attivato il sistema della democrazia competitiva con l'avvio dei confronti elettorali, le differenze tornarono a esercitare un loro ruolo fino a divenire, in una certa fase successiva, un ostacolo alla omogeneizzazione della politicizzazione della società (la stagione degli "steccati" ideologici).

Tutto questo finì governato da un terzo fattore, che era la necessità di costruire un consenso popolare all'accettazione della svolta che la guerra con i suoi esiti aveva imposto al paese. Era un terreno tutt'altro che facile, perché soggetto alla tentazione di considerare il cambiamento, con i costi che comportava, un peso imposto da interessi di gruppi ristretti, mentre tutto sommato sarebbe stato meglio non fare nulla o quasi. Il famoso slogan qualunquista "si stava meglio quando si stava peggio" è emblematico di questa mentalità che rappresentò un ostacolo non piccolo all'affermarsi di una cultura politica della transizione.

Al di là di questo, se è vero che c'era un largo consenso sul fatto che si fosse in presenza di una svolta storica che non consentiva di stare fermi e men che meno di tornare al passato, è altrettanto vero che su quale fosse il significato di questa svolta le interpretazioni divergevano non poco. Certamente le due polarità più significative erano date dal sentimento che quanto era accaduto fosse la conferma che una grande rivoluzione politica e sociale era ormai alle porte (per alcuni era addirittura già cominciata), oppure che fosse la testimonianza di dove portava l'abbandono dei valori "cristiani" per cui si trattava di restaurare una civiltà che si ricollocasse in quel solco.[17] Nello spazio che si collocava tra queste due polarità si situano molte mediazioni e contaminazioni fra questi modi estremi di vedere. Alla fine, a mio giudizio, si creò anche in questo caso un vago terreno di consenso comune che univa un'accettazione generalizzata del fatto che il "mondo di ieri" fosse definitivamente alle spalle con una aspettativa che nonostante questo si potessero reinserire in questo cambiamento almeno parte dei valori e dei modi di vita che erano diventati comuni nei decenni passati. L'interprete di questa strana e per certi versi bizzarra *koiné* può essere considerato Giovanni Guareschi con le famose figure di Peppone sindaco comunista e del parroco don Camil-

17. Non fu naturalmente un fenomeno solo italiano, né ristretto alla Chiesa cattolica. Per un parallelo con la situazione tedesca si veda Th. Großbölting, *Der verlorene Himmel. Glauben in Deutschland seit 1945*, Vandenhoeck u. Ruprecht, Göttingen 2013, che prende in considerazioni tutte le confessioni cristiane.

lo, divisi ideologicamente, ma in fondo sempre pronti a confluire su certi parametri di un'antropologia comune.

Con questo schizzo non presumo certo di avere fornito una trattazione adeguata di un fenomeno complesso come è quello del rapporto fra culture politiche e transizioni. Su questo terreno c'è ancora molto lavoro da fare,[18] ma credo sia un terreno molto interessante per approfondire lo studio delle dinamiche storico-politiche.

18. Su questo mi permetto di rinviare a P. Pombeni, *Transition and Its Phases: On Some Issues Raised*, in *The Historiography of Transition. Critical Phases in the Development of Modernity 1494-1973*, a cura di Id., Routledge, New York 2016.

Valerio Onida

Questioni costituzionali della transizione italiana (1943-1947)

Storia e diritto costituzionale

Non sono uno storico, né dei fatti né delle idee, ma solo un costituzionalista. Tuttavia la comprensione di testi legislativi e costituzionali e la corretta impostazione delle questioni giuridiche e costituzionali che essi pongono non possono mai prescindere da una visione e da una cultura storica.

Il diritto, anche costituzionale, non è mai, infatti, una geometria astratta, frutto di sola logica formale: è uno strumento attraverso il quale si cerca di dare forma a rapporti umani e sociali, a partire dalla realtà storica.

In Assemblea costituente Vittorio Emanuele Orlando, eminente rappresentante della classe politica prefascista, si esprimeva così, nel corso della discussione generale sul progetto di Costituzione:

> le Costituzioni le fanno assai più il costume, assai più la maniera della loro attuazione, anziché la fredda redazione degli articoli. Ciò conforta, perché vuol dire che la soma si può accomodare per via. Dissi pure che ciò sconforta, ma sconforta soprattutto coloro i quali sono animati [...] dall'orgoglio d'illudersi che basti la volontà dell'uomo per compiere l'atto creativo della maniera di essere, dell'ordinamento dello Stato di un popolo. Orgogliosa illusione!

E ancora:

> i modi e le forze con cui le Costituzioni si attuano e si fanno valere, sono determinate dal costume e dalle situazioni storiche piuttosto che da elaborazioni teoretiche. Tanto ciò è vero, che di una Costituzione scritta si può fare anche a meno.[1]

1. Atti dell'Assemblea costituente, seduta del 10 marzo 1947, p. 1932.

E nella seduta in cui la Costituzione venne definitivamente approvata, come «rappresentante estremo delle tre generazioni, che hanno fatto l'Italia», dichiarando di parlare «meno come un collega che come un antenato», Vittorio Emanuele Orlando non smentiva la sua «diversità di pensare e di sentire a proposito di una legge costituzionale». Inoltre affermava:

> La verità è che qui sono venute di fronte due diverse maniere di concepire l'intervento del legislatore nel fissare l'ordinamento giuridico di un popolo. [...]. Da un lato, si ha l'imposizione di una regola attraverso una volontà consapevole. [...]. Dall'altro lato, invece, il diritto viene concepito non come una imposizione dall'esterno, ma come una qualche cosa di organico, che si sviluppa da sé. [...] Io ho sempre seguito la seconda di queste concezioni, donde il dissenso abbastanza profondo con l'altra parte. Ma, badate, in questo momento, io ben posso di tutto cuore accompagnare quest'atto, che deve reggere la vita collettiva del popolo italiano, con un augurio fiducioso, con un augurio pieno: e ciò, appunto perché quella scuola giuridica, cui appartengo, riconosce che alle leggi si applica larghissimamente il motto che dice che la soma si accomoda per via.[2]

Non si tratta di aderire a questa visione per così dire iperrealistica, e in qualche misura scettica, del lavoro del legislatore costituente: visione propria di chi in quel momento era rimasto largamente esterno, se non estraneo, ai processi politici fondamentali che caratterizzarono il momento storico; e forse influenzata anche dall'idea che le Costituzioni siano essenzialmente documenti politici, più che normativi, come venivano largamente viste in Europa prima che si affermassero gli istituti della giustizia costituzionale.

Ma ciò non toglie che il giurista deve conoscere e riconoscere, nella sua opera, il "peso" della storia o della realtà: ricordando anche come la vitalità di una Costituzione dipende dall'operare delle forze storiche che la sorreggono, quelle che Costantino Mortati chiamava la «costituzione materiale».

L'avvento della Repubblica e della Costituzione ha rappresentato nella storia d'Italia uno dei massimi, forse il massimo, momento e fattore reale di discontinuità; frutto, avrebbe detto Orlando, di una «imposizione della regola attraverso una volontà consapevole», e tuttavia immersa nella storia, in cui, come sempre nelle fasi di passaggio, che sono spesso le più complesse, il vecchio e il nuovo, la continuità e la discontinuità si intrecciano e si sovrappongono in tanti modi.

2. Atti dell'Assemblea costituente, seduta del 22 dicembre 1947, p. 3600.

A proposito della transizione italiana del dopoguerra, che ha segnato la fase costituente, tratterò brevemente tre temi: a) la continuità legale dello Stato nel passaggio dal fascismo alla Repubblica; b) la disciplina giuridica del processo costituente; c) l'ordinamento costituzionale operante nel periodo transitorio. Temi che a loro volta si intersecano tra loro e talora si sovrappongono.

La continuità legale dello Stato

Nel diritto internazionale vige l'antico principio per cui si presuppone la continuità legale dello Stato al di là dei mutamenti costituzionali e di regime, che di per sé non fanno venir meno diritti e obblighi del soggetto statuale verso gli altri Stati.

Più in generale, è pur vero che i cambiamenti di fondo (di regime, come si usa dire) esigono e comportano una rottura della continuità (come si verifica con le rivoluzioni, che spesso tendono a marcare la novità rifiutando anche qualsiasi "eredità" del regime precedente); ma è anche vero che spesso i cambiamenti si affermano più facilmente se si inseriscono in qualche modo nella trama delle norme e dei poteri preesistenti, conseguendo così una sorta di legittimazione "storica" nella continuità, oltre a quella che deriva dal prevalere di nuove forze e di nuove volontà.

I due atteggiamenti (rottura e novità nella continuità) possono anche coesistere o entrare in conflitto fra loro. Nella transizione italiana del 1943-1947, che come si è detto rappresenta essenzialmente un momento di reale discontinuità, troviamo tuttavia i segni di entrambi questi atteggiamenti.

La transizione dal regime fascista al nuovo regime avvenne per lo più in base a procedure che sul piano legale si rifacevano ad atti e norme in vigore nel contesto precedente.

Così il voto di sfiducia del 25 luglio nei confronti del capo del governo fu espresso a maggioranza dal Gran Consiglio del fascismo nella sua veste di «organo supremo che coordina e integra tutte le attività del Regime sorto dalla Rivoluzione dell'ottobre 1922» (art. 1, primo periodo, legge 9 dicembre 1928, n. 2693) e legittimò la revoca di Mussolini. Il primo governo Badoglio fu ispirato apertamente a una logica di continuità del sistema costituzionale, alla luce del tentativo di restaurazione statutaria che pretendeva di presentare i provvedimenti adottati e quelli promessi quali strumenti di ripristino del funzionamento del sistema dopo la semplice "ripulitura" dalle maggiori "incrostazioni" del fascismo. Si inscrivono in questa logica la nomina del nuovo governo e il gruppo di provvedimenti adottati dal medesimo all'indomani del "colpo di Stato", nella forma di decreti legge ai sensi dell'art. 18 della legge n. 129 del 1939 (e più tardi "convertiti" in blocco dalla legge 5 maggio 1949, n. 178),[3] per la soppressione di alcune istituzioni caratteristiche del fascismo, dal Tribunale speciale per la difesa dello Stato (d.l. 29 luglio 1943, n. 668) al Partito nazionale fascista (d.l. 2 agosto 1943, n. 703), al Gran Consiglio del fascismo (d.l. 2 agosto 1943, n. 706), agli organi corporativi centrali (d.l. 9 agosto 1943, n. 721).

Il tentativo di restaurazione statutaria

Il principale e più significativo di tali atti volti al tentativo di restaurazione statutaria fu il decreto legge 2 agosto 1943, n. 705,[4] intitolato allo «scioglimento della Camera dei Fasci e delle Corporazioni», che sanciva la chiusura della legislatura in corso, lo scioglimento della Camera, e disponeva che «sarà provveduto, nel termine di quattro mesi dalla cessazione dell'attuale stato di guerra, alla elezione di una nuova Camera dei deputati e alla conseguente convocazione e inizio della nuova legislatura». Si esprimeva chiaramente in tale atto l'intento di sancire la piena continuità fra l'ordinamento prefascista e quello uscito dal colpo di Stato del 25 luglio.

Ma anche i passaggi immediatamente successivi furono tendenzialmente disciplinati in termini di continuità. Così il «patto di tregua istituzionale» fra re e Comitato di liberazione nazionale sanciva bensì il venir meno del tentativo di restaurazione statutaria e l'avvio di una nuova fase, ma non interrompeva formalmente la continuità, rinviando al futuro il passaggio decisivo a un nuovo ordinamento costituzionale. Si può in proposito parlare di un "patto" politico fra le forze che si richiamavano al passato e le forze che ambivano ad un futuro diverso. Intanto rimanevano in vita gli organi fondamentali dello Stato, ma in una dichiarata situazione di provvisorietà: la istituzione della luogotenenza (dopo il proclama di Vittorio Emanuele III letto a Radio Bari il 12 aprile 1944, che preannunciava il suo ritiro dalla vita pubblica e la nomina del luogotenente al momento della liberazione di

3. La quale – forse in un eccesso di preoccupazione di continuità – «convertì» in legge, in blocco, «in quanto non modificati o abrogati da successive leggi costituzionali o ordinarie e salvi gli effetti spiegati dai decreti-legge medesimi», decine di decreti legge emanati sia dal governo fascista, sia dai governi provvisori ad esso succeduti, dal 1942 al 1944.

4. Anch'esso, curiosamente, convertito in legge, con la formula citata nella nota precedente, dalla legge 5 maggio 1949, n. 178.

Roma), realizzata con il Regio decreto 5 giugno 1944, n. 140, segna visibilmente questo ordinamento transitorio.[5] I governi continuano a ripetere la loro legittimazione formale dalla nomina regia; e la legalità formale dei governi provvisori si estende via via ai territori della penisola che vengono liberati dall'occupazione nazista e occupati dagli Alleati:[6] ancorché si passi dal governo militare del primo Badoglio a un governo presieduto dallo stesso Badoglio ma con la presenza di esponenti dei partiti del Cln, e, dopo la liberazione di Roma, ai governi del Cln (il primo governo Bonomi dal 18 giugno 1944; il secondo governo Bonomi dal 12 dicembre 1944; il governo Parri, dopo la Liberazione, dal 21 giugno 1945; il primo governo De Gasperi dal 10 dicembre 1945, cui toccò accompagnare il passaggio decisivo alla Repubblica e alla Costituente).

Sono i governi del Cln che segnano, pur nella continuità legale, il cambiamento degli attori politico-istituzionali (si potrebbe dire il cambiamento della «Costituzione materiale»).

La decisione costituente e la prima Costituzione provvisoria

La prima cesura netta col passato costituzionale si ha con la «decisione costituente» e con la prima «Costituzione provvisoria» contenute nel decreto legge luogotenenziale 25 giugno 1944, n. 151, recante «Assemblea per la nuova costituzione dello Stato, giuramento dei membri del Governo e facoltà del Governo di emanare norme giuridiche». Il tornante fondamentale è la decisione di dare vita ad una Assemblea costituente: «Dopo la liberazione del territorio nazionale, le forme istituzionali saranno scelte dal popolo italiano che a tal fine eleggerà, a suffragio universale diretto e segreto, una Assemblea Costituente per deliberare la nuova costituzione dello Stato». Si rinviava per i «modi e le procedure a un successivo provvedimento» (art. 1).

Si abrogava poi espressamente (art. 2) la disposizione del R.d.l. n. 705 del 1943 che aveva previsto l'elezione di una nuova Camera dei de-

5. La tardiva abdicazione di Vittorio Emanuele III e l'assunzione al trono del figlio Umberto, il 9 maggio 1946, rappresentarono l'estremo e inutile tentativo di ripristinare formalmente l'assetto istituzionale precedente a quello transitorio.

6. Si veda il R.d.l. 1° febbraio 1944, n. 30, recante «Provvedimenti circa il ritorno all'amministrazione italiana di alcuni territori finora sottoposti al Governo Militare Alleato»; e il d.lgs.lgt. 12 ottobre 1944, n. 243, sulla «riassunzione da parte del governo italiano dell'esercizio di tutti i poteri dello Stato nei territori delle provincie di Chieti, Pescara, L'Aquila, Teramo, Rieti e Viterbo» già sottoposti all'amministrazione alleata.

putati entro quattro mesi dalla fine della guerra. Si disponeva (art. 3) che i ministri e i sottosegretari di Stato «giurano sul loro onore di esercitare le loro funzioni nell'interesse supremo della Nazione e di non compiere, fino alla convocazione dell'Assemblea Costituente, atti che comunque pregiudichino la soluzione della questione istituzionale»: così rendendo palese che la prima delle decisioni (allora) rimesse all'Assemblea costituente era proprio quella sulla scelta fra continuità della Monarchia e instaurazione della Repubblica. Si regolava, ancora, l'esercizio della funzione legislativa, demandato, «finché non sarà entrato in funzione il nuovo Parlamento», al Consiglio dei ministri, con la sanzione e la promulgazione da parte del luogotenente generale del Regno (art. 4: da allora quindi i nuovi decreti legislativi luogotenenziali non fecero più menzione dell'art. 18 della legge n. 129 del 1939 sulla decretazione d'urgenza). Si prevedeva infine la presentazione del decreto «alle Assemblee legislative [s'intende, quelle introdotte dalla nuova Costituzione] per la conversione in legge»[7] (art. 6).

A quel punto lo Statuto albertino appare definitivamente accantonato, anche se nella legislazione si continua a far riferimento a quella del periodo statutario, e la Monarchia – sia pure nella forma straordinaria della luogotenenza – continua a rappresentare il più corposo elemento di continuità.

L'impostazione continuista arrivò peraltro fino alla decisione di nominare (ad opera del presidente del Consiglio) nuovi presidenti delle Camere statutarie: il 5 luglio 1944 Vittorio Emanuele Orlando e il marchese Pietro Tomasi della Torretta vennero nominati rispettivamente presidente della Camera e presidente del Senato.

La "frammentazione" della legalità nel periodo bellico

L'avvio del processo costituente segnò comunque il passo decisivo, pur se nel non breve periodo di tempo che dovrà trascorrere prima dell'elezione dell'Assemblea non mancarono momenti di confronto e di tensione fra i protagonisti anche sul terreno istituzionale: basti ricordare i contrasti nel Cln al momento del reincarico a Bonomi e la lettera aperta del Partito d'Azione del 20 novembre 1944[8] ove si insisteva perché si creassero subito nuove istituzioni popolari, mentre c'era chi, come la Dc, voleva rinviare al processo costituente già deciso.

7. Conversione intervenuta poi con la legge 5 maggio 1949, n. 178.

8. Pubblicata in «L'Italia libera», 30 novembre 1944 e ripubblicata in «Critica marxista», 2 (1965) e negli «Annali dell'Istituto Feltrinelli», XIII (1971), Milano 1973, pp. 768-775.

Nel Nord occupato dai tedeschi frattanto si costituiva un altro potere che si pretendeva a sua volta "legale", come "erede" del Regno d'Italia, e si esercitava sotto il controllo degli occupanti: la Repubblica sociale italiana.

Anche questa "altra" legalità, paradossalmente, pur apparendo come espressione di un ordinamento del tutto nuovo, e ripudiando la forma monarchica, ebbe cura di presentarsi in formale continuità rispetto alle istituzioni del regime fascista. Formalmente, dunque, si ebbero contemporaneamente due governi dell'unico Stato italiano (una situazione che non manca di presentarsi in aree del mondo percorse da guerre civili).

Così il nuovo regime fascista di Salò adombrò a sua volta una "Costituente", e adottò provvedimenti per lo «scioglimento delle forze armate regie e costituzione delle forze armate repubblicane»;[9] per la «ricostituzione del Tribunale speciale per la difesa dello Stato» (con le attribuzioni e sulla base delle «norme vigenti al 28 luglio 1943», salve le varianti di seguito apportate);[10] per la conferma e la «ricostituzione» della commissione per l'accertamento e la devoluzione allo Stato dei patrimoni di non giustificata provenienza»);[11] per la «sospensione della funzione consultiva del Consiglio di Stato», «fino alle decisioni della Costituente»;[12] per lo «scioglimento e abolizione del Senato di nomina regia», «in attesa delle decisioni della Costituente».[13]

Per altro verso, nella pur effimera produzione legislativa della Repubblica sociale affioravano non solo la pretesa di rappresentare la legalità nella continuità dello Stato, non solo provvedimenti di guerra (nuove leggi penali, amnistia e condono per renitenza alla leva e mancanza alla chiamata alle armi), ma anche provvedimenti ambiziosi tendenti dare corpo alla qualifica di "sociale" della Repubblica, come l'istituzione di consulte comunali elettive,[14] la socializzazione delle imprese,[15] un nuovo ordinamento sindacale.[16]

9. D. del duce, 27 ottobre 1943.

10. D.lgs. del duce, 3 dicembre 1943 (che nelle premesse citava la «legge 29 luglio 1943, n. 668», cioè il decreto legge del governo Badoglio che aveva soppresso i tribunali).

11. Si trattava della commissione istituita dal governo Badoglio con il d.l. 9 agosto 1943, n. 720: cfr. d. del duce, 11 novembre 1943; d.lgs. del duce, 8 dicembre 1943, n. 795.

12. D.lgs. del duce, 15 dicembre 1943, n. 835.

13. D.lgs. del duce, 29 settembre 1943, n. 867.

14. D.lgs. del duce, 3 giugno 1944, n. 405.

15. D.lgs. del duce, 12 febbraio 1944, n. 375, che prevedeva consigli di gestione paritetici e l'elezione del capo dell'impresa da parte di una assemblea paritetica.

16. D. del duce, 18 gennaio 1945, n. 3, il cui articolo 1 affermava: «il lavoro, in ogni sua manifestazione, costituisce la base della repubblica sociale italiana».

Tra le due legalità nei territori occupati, l'organizzazione partigiana nel Centro-Nord si proponeva come una sorta di nuova (terza) legalità *in fieri*, anche se costantemente in rapporto con il governo del Sud e con gli Alleati. Significativo, in questo contesto, l'accordo fra Cln e Comitato di liberazione nazionale dell'Alta Italia, all'inizio del 1944, per delegare quest'ultimo come «governo straordinario nel Nord» del paese non ancora liberato. Come pure si proposero "esperimenti" transitori di una nuova legalità nelle Repubbliche partigiane affermatesi in alcune aree del paese.

Si potrebbe parlare, con riguardo a questo periodo, di una sorta di "frammentazione della legalità" sul territorio, tipica delle fasi di conflitto armato, in contrasto con la pretesa di esclusività di per sé propria di ogni sistema legale.

Dopo la Liberazione, la legalità del Regno del Sud – con la tregua istituzionale, la luogotenenza, l'ordinamento costituzionale provvisorio e i governi dei partiti del Cln (quello di Parri, e poi quello di De Gasperi) – si estende a tutto il territorio liberato (resterà fuori per molti anni, al confine orientale, il territorio di Trieste affidato all'amministrazione alleata).

La preparazione della Costituente e la questione istituzionale

In questo quadro si verificarono nuovi interventi incidenti sul processo costituente e sui caratteri dell'ordinamento provvisorio durante la fase costituente.

Il decreto legge n. 151 del 1944, cioè la prima Costituzione provvisoria, demandava tutte le decisioni all'Assemblea da eleggere. In vista e in preparazione di questa, già varata l'estensione del voto alle donne,[17] e più tardi approvata la legge per l'elezione dell'Assemblea costituente[18] (che poi verrà largamente ripresa nel 1948, con poche varianti, per disciplinare l'elezione della Camera dei deputati),[19] furono apprestate due strutture "preparatorie": la Consulta nazionale, istituita alla vigilia della Liberazione, come organo para-parlamentare, chiamato a esprimere pareri, anche obbligatori, «sui problemi generali e sui provvedimenti legislativi che le vengono sottoposti dal Governo», e composto da rappresentanti dei partiti del Cln (in parte scelti su proposta dei loro organi locali, sentiti i Comitati provinciali di liberazione), da rappresentanti di altri partiti, delle maggiori

17. D.lgs. 1 febbraio 1945, n. 23.
18. D.lgs.lgt. 10 marzo 1946, n. 74.
19. L. 20 gennaio 1948, n. 6 recante «Norme per l'elezione della Camera dei deputati».

organizzazioni sindacali, di organizzazioni di reduci, da rappresentanti della cultura, delle libere professioni e dei tecnici dirigenti di aziende, da ex parlamentari antifascisti.[20] Tale istituzione venne accompagnata da quella del nuovo «ministero per la Consulta Nazionale».[21] L'altra struttura rilevante fu il nuovo «ministero per la Costituente»[22] (soppresso dopo l'elezione dell'Assemblea),[23] presso il quale operò la «commissione per studi attinenti alla riorganizzazione dello Stato», che fornì relazioni e materiali all'Assemblea.

Il grande tema che si propose in questo periodo, com'è noto, fu però quello del modo di affrontare la "questione istituzionale", cioè la scelta fra Monarchia e Repubblica: affidarne la soluzione all'Assemblea, come prevedeva la prima Costituzione provvisoria, o a un apposito referendum popolare?

Prevalse questa seconda tesi, indubbiamente sulla spinta delle forze filo-monarchiche che contavano su un favore popolare per la propria tesi più ampio di quello che si sarebbe espresso nell'Assemblea, che si pensava dominata dai partiti filo-repubblicani. Non mancarono peraltro altre motivazioni; e a posteriori si deve dire che quella adottata fu una scelta felice, sia perché consentì al maggior partito, la Democrazia cristiana, pur al suo interno in larga maggioranza per la Repubblica,[24] di chiedere e ottenere il consenso di un elettorato, specie del Sud, largamente favorevole alla Monarchia; sia perché consentì all'Assemblea, dopo la scelta repubblicana degli elettori, di predisporre la Costituzione senza dover affrontare, dividendosi, tale questione preliminare, che in caso diverso avrebbe dovuto essere assunta in un ambiente ancora caratterizzato dalla sopravvivenza della istituzione monarchica, operando così in condizioni che avrebbero potuto considerarsi di sovranità "condizionata"; e soprattutto perché consentì di

20. D.lgs.lgt. 5 aprile 1945, n. 145; d.lgs.lgt. 30 aprile 1945, n. 168; d.lgs.lgt. 12 luglio 1945, n. 422. Da notare che nelle premesse di tali provvedimenti si recava anche la dizione «Visto lo Statuto fondamentale del Regno», presupponendone dunque il vigore, oltre che quella «Visto l'art. 4 del decreto legge luogotenenziale 25 giugno 1944, n. 151», cioè la prima «Costituzione provvisoria», che regolava la deliberazione dei provvedimenti aventi forza di legge nel periodo transitorio (mentre lo Statuto non era citato in quest'ultimo provvedimento).

21. D.lgt. 31 luglio 1945, n. 443.

22. D.lgt. 31 luglio 1945, n. 435.

23. Con d.C.P.S. 2 agosto 1946, n. 54.

24. Un referendum interno, cui parteciparono 836.812 votanti, diede il 60% di scelte alla Repubblica, il 17% alla Monarchia e il 22 % di scelte «agnostiche».

dare alla scelta repubblicana una legittimazione definitiva e indiscutibile, evitando all'Assemblea di dover sottoporre la nuova Costituzione ad una "conferma" popolare che altrimenti avrebbe potuto essere chiesta, e sancendo, rispetto a un paese diviso, una soluzione capace di essere e di apparire come unitaria. Una scelta, dunque, che ha consolidato la Repubblica.

La seconda Costituzione provvisoria

Si giunse così alla seconda «Costituzione provvisoria», cioè il d.lgs lgt. 18 marzo 1946, n. 98, formalmente intitolato «Integrazioni e modifiche al decreto-legge luogotenenziale 25 giugno 1944, n. 151», ma assai più dettagliato di quest'ultimo quanto alla disciplina del periodo transitorio fino all'approvazione della nuova Costituzione. Esso disciplinava la consultazione referendaria, da svolgere contemporaneamente alle elezioni per l'Assemblea (art. 1); prevedeva, per il caso di esito favorevole alla Repubblica, l'elezione del capo provvisorio dello Stato da parte dell'Assemblea (a maggioranza di tre quinti e, dal quarto scrutinio, a maggioranza assoluta), e, dal giorno della proclamazione del risultato, l'assunzione da parte del presidente del Consiglio delle funzioni di capo dello Stato, e in caso di esito favorevole alla Monarchia la prosecuzione del regime luogotenenziale (art. 2); confermava la «delega» al governo del potere legislativo fino alla convocazione del nuovo Parlamento, salvo che per la materia costituzionale, per le leggi elettorali e per l'approvazione dei trattati internazionali, riservate all'Assemblea, ferma la possibilità per il governo di sottoporre all'Assemblea ogni altro argomento; e configurava un regime parlamentare provvisorio, "razionalizzato", con il governo nominato dal capo dello Stato ma «responsabile verso l'Assemblea», obbligato a dimettersi però solo a seguito dell'approvazione a maggioranza assoluta di una mozione di sfiducia (art. 3);[25] disciplinava la durata dell'Assemblea stabilita nel massimo di otto mesi, prorogabile per non più di altri quattro (art. 4); prevedeva che i dipendenti dello Stato si impegnassero sul loro onore a rispettare e far rispettare il risultato del referendum e le decisioni dell'Assemblea costituente (art. 7).

25. Si delineava così in sostanza, in via provvisoria, quel sistema parlamentare che poi sarà disciplinato dall'Assemblea nella Costituzione, a parte solo l'assenza di un voto iniziale di fiducia obbligatorio (ma l'Assemblea si espresse sempre col voto sulle dichiarazioni dei governi dopo la loro costituzione) e la previsione della maggioranza assoluta per il voto di sfiducia.

L'avvento della Repubblica

La vittoria, sia pure di misura, della Repubblica tolse ogni effetto anche alla mossa di rottura della tregua operata dal re con la sua tardiva abdicazione, e chiuse questa fase. I dubbi giuridici avanzati sul modo di calcolare la maggioranza, se cioè su tutti i votanti o solo sui voti validi (la prima proclamazione dei risultati da parte della Corte di Cassazione, il 10 giugno, dava conto di un divario di circa due milioni di voti a favore della Repubblica,[26] ma non indicava il numero delle schede bianche o nulle), furono dissolti definitivamente solo il 18 giugno, quando la Corte di Cassazione (pronunciandosi comunque nel senso che la maggioranza prescritta fosse quella dei voti validi) diede atto di tale numero, pari a circa 1 milione e mezzo,[27] che rendeva irrilevante la controversia interpretativa: la vittoria della Repubblica non poteva più essere messa in discussione. In questo breve intervallo intervenne, dopo una trattativa poi interrotta col governo, la repentina partenza del re seguita da un proclama polemico in cui si richiamava la «questione sollevata e non risoluta nel modo di calcolare la maggioranza», e si accusava il governo di un «gesto rivoluzionario», di «uno sfregio alle leggi e al potere indipendente e sovrano della magistratura», per avere assunto «con atto unilaterale e arbitrario poteri che non gli spettano».[28] La risposta di De Gasperi non tardò, con un comunicato del 14 giugno 1946 della Presidenza del Consiglio, in cui il proclama del re era qualificato come «un documento penoso impostato su basi false e su argomentazioni artificiose», e si affermava infine che «un periodo che non fu senza dignità si conclude con una pagina indegna».

Il primo provvedimento ufficiale successivo adottato dal presidente del Consiglio nella veste di capo provvisorio dello Stato, cioè il d.lgs. presidenziale n. 1, che regolava le forme degli atti del capo dello Stato, nonché, fra l'altro, l'intestazione delle decisioni giudiziarie «in nome del popolo italiano» e la bandiera nazionale, fu emanato solo il 19 giugno.[29]

26. Cfr. il verbale della Corte di Cassazione «relativo alla proclamazione dei risultati del "Referendum" sulla forma istituzionale dello Stato», pubblicato nella «Gazzetta Ufficiale» del 20 giugno 1946.

27. Cfr. il verbale della Corte di Cassazione «relativo al giudizio definitivo sulle contestazioni, le proteste e i reclami di cui all'art. 19 decreto legge 23 aprile 1946, n. 219», nella stessa «Gazzetta Ufficiale» del 20 giugno 1946.

28. Cfr. il messaggio di Umberto II agli italiani in data 13 giugno 1946.

29. Pubblicato anch'esso sulla «Gazzetta Ufficiale» del 20 giugno 1946.

Si può peraltro notare come la tesi secondo cui la maggioranza avrebbe dovuto calcolarsi sul totale dei votanti, compresi gli elettori che avessero deposto schede bianche o nulle, anziché sul totale dei voti validi, ancorché apparentemente aderente alla lettera della legge («qualora la maggioranza degli elettori votanti si pronunci in favore della Repubblica» o «della Monarchia»),[30] fosse incongrua, perché presupponeva che la scelta referendaria non fosse una scelta fra due ipotesi, Monarchia o Repubblica, collocate a parità di condizioni, una delle quali dovesse necessariamente prevalere, ma fosse la scelta fra una innovazione (la Repubblica) e il mantenimento dello *status quo* (la Monarchia), che dunque avrebbe potuto sopravvivere anche se la Repubblica fosse stata scelta da una maggioranza dei voti validi, ma inferiore, in ipotesi, alla maggioranza dei votanti, per la presenza di molte schede bianche o nulle.[31]

L'ordinamento provvisorio e la sua evoluzione

Nel periodo transitorio – prima e dopo l'elezione dell'Assemblea – numerosi furono i provvedimenti legislativi adottati nell'ambito dell'ordinamento provvisorio in materie di diretto o indiretto rilievo costituzionale: prima dell'elezione, ad opera dei governi provvisori, dopo con deliberazioni dell'Assemblea, cui la materia costituzionale ed elettorale era riservata.

In materia elettorale si ebbero la regolamentazione della compilazione delle liste elettorali (peraltro con richiamo alla legge elettorale del 1919, anteriore all'avvento del fascismo)[32] e l'estensione del voto alle donne,[33] e più tardi la legge del 1947 sull'elettorato attivo e le liste elettorali;[34] in materia di elezioni amministrative il provvedimento sulla ricostituzione delle amministrazioni comunali su base elettiva,[35] sulla cui base si svolsero

30. Art. 2, primo e ultimo comma, d.lgs.lgt. 16 marzo 1946, n. 98.

31. Non a caso comunque la Costituzione, all'art. 75, là dove disciplina il referendum abrogativo, e all'art. 138, dove disciplina il referendum costituzionale, ha stabilito espressamente che la proposta soggetta a referendum e rispettivamente la legge sottoposta a referendum deve essere approvata dalla «maggioranza dei voti validamente espressi» e rispettivamente dalla «maggioranza dei voti validi».

32. D.lgs.lgt. 28 settembre 1944, n. 247.

33. D.lgs.lgt. 1 febbraio 1945, n. 23.

34. L. 7 ottobre 1947, n. 1058. Si veda anche la l. 23 dicembre 1947, n. 1453, sulla limitazione per cinque anni dell'elettorato per i titolari di cariche nel regime fascista e nella Repubblica sociale italiana.

35. D.lgs.lgt. 7 gennaio 1946, n. 1.

nel marzo-aprile 1946 le prime elezioni comunali, che videro una partecipazione al voto, complessivamente, del 79,37%; in materia di magistratura il decreto legislativo sulle guarentigie e la disciplina dei magistrati ordinari.[36] Numerosi furono i provvedimenti sulle sanzioni contro il fascismo e l'epurazione.[37]

Ma, soprattutto, nell'ambito dell'ordinamento provvisorio furono poste le basi – in seguito rivelatesi permanenti – di un settore rilevante del nuovo ordine costituzionale, vale a dire il regionalismo, e precisamente l'individuazione anticipata di quattro fra quelle che la Costituzione avrebbe configurato come Regioni a statuto speciale (art. 116, primo comma, Cost.).

In Sardegna e in Sicilia si istituirono assai presto degli Alti Commissariati a carattere temporaneo, come organi di decentramento dell'amministrazione statale nominati con decreto del capo dello Stato, posti alle dipendenze del primo ministro, chiamati a partecipare, senza voto deliberativo, al Consiglio dei ministri per gli affari riguardanti le rispettive isole, e assistiti prima da giunte consultive pure esse di nomina governativa e poi da consulte formate da rappresentanti di organizzazioni politiche, economiche, sindacali e culturali e da esperti.[38]

Per la Sicilia, si giunse alla vigilia del referendum all'approvazione dello statuto della neo-costituita «Regione autonoma»,[39] statuto poi fatto proprio dall'Assemblea costituente e rimasto in larga parte formalmente immutato ancor oggi, sulla cui base il 20 aprile 1947 fu eletta l'Assemblea

36. D.lgs.lgt. 31 maggio 1946, n. 511.

37. Ai provvedimenti adottati dal primo governo Badoglio (R.d.l. 18 dicembre 1943, n. 29-B; R.d.l. 12 aprile 1944, n. 101; R.d.l. 13 aprile 1944, n. 110) e dal secondo governo Badoglio (R.d.l. 26 maggio 1944, n. 134) fecero seguito numerosi provvedimenti adottati dai governi del Cln (R.d.l. 26 maggio 1944, n. 134; d.lgs.lgt. 27 luglio 1944, n. 159; d.lgs. lgt. 11 ottobre 1944, n. 257; d.lgs.lgt. 23 ottobre 1944, n. 285; d.lgs.lgt. 4 gennaio 1945, n. 2; d.lgs.lgt. 23 febbraio 1945, n. 44; d.lgs.lgt. 22 aprile 1945, n. 142; d.lgs.lgt. 26 aprile 1945, n. 149; d.lgs.lgt. 26 aprile 1945, n. 195; d.lgs.lgt. 3 maggio 1945, n. 196; d.lgs.lgt. 4 agosto 1945, n. 437; d.lgs.lgt. 12 luglio 1945, n. 410; d.lgs.lgt. 9 novembre 1945, n. 702; d.lgs.lgt. 8 febbraio 1946, n. 22; d.lgs.lgt. 5 aprile 1946, n. 217). Sul terreno penale intervenne, subito dopo l'avvento della Repubblica, il provvedimento di «amnistia e indulto per reati comuni, politici e militari» di cui al d.Pres. 22 giugno 1946, n. 4 (la cosiddetta "amnistia Togliatti").

38. Per la Sardegna cfr. il R.d.l. 27 gennaio 1944, n. 21, il R.d.l. 16 marzo 1944, n. 90, il d.lgs.lgt. 28 dicembre 1944, n. 417, e il d.lgs.C.P.S. 5 agosto 1947, n. 343; per la Sicilia cfr. il R.d.l. 18 marzo 1944, n. 91, il d.lgs.lgt. 28 dicembre 1944, n. 416, e il d.lgs.C.P.S. 30 giugno 1947, n. 567.

39. R.d.lgs. 15 maggio 1946, n. 455.

regionale[40] e fu nominata l'Alta Corte ivi prevista[41] e rimasta in attività fino all'entrata in funzione, nel 1955, della Corte costituzionale.

La Valle d'Aosta venne costituita in «circoscrizione autonoma» con un apposito «ordinamento amministrativo», caratterizzato da un Consiglio della Valle elettivo (e provvisoriamente designato dai partiti del Comitato di Liberazione) e da un presidente da questo eletto, che assumevano, oltre alle attribuzioni della soppressa provincia, una serie di competenze amministrative statali, compreso il mantenimento dell'ordine pubblico; e si introdusse la lingua francese nelle scuole.[42]

In Alto Adige si sancì l'uso del tedesco e l'insegnamento in lingua materna nelle scuole elementari;[43] e soprattutto si giunse all'accordo fra De Gasperi e il ministro degli Esteri austriaco Gruber, intervenuto il 5 settembre 1946, e annesso al Trattato di pace, con cui l'Italia assumeva l'impegno di garantire alle popolazioni della zona «l'esercizio di un potere legislativo ed esecutivo autonomo».[44]

L'Assemblea costituente e i suoi poteri nella fase transitoria

Entrata in funzione l'Assemblea, si pose il problema della permanenza dell'ordinamento transitorio delineato nella seconda «Costituzione provvisoria», che riservava all'Assemblea medesima, oltre al compito di approvare la Costituzione, il potere legislativo solo per la materia costituzionale ed elettorale, nonché dei trattati internazionali.

Vi fu chi (le sinistre, ma anche il fronte dell'Uomo qualunque, nonché costituenti prestigiosi come Calamandrei e Orlando) rivendicava all'Assemblea in linea di principio la piena sovranità, non riconoscendo i limiti previsti dalla «Costituzione provvisoria»; di contro si manifestavano i timori di un'eccessiva concentrazione di poteri nell'Assemblea. Ma l'accordo fra i tre grandi partiti resse alla prova, e a seguito del dibattito svoltosi fra l'11 e il 17 settembre 1946 venne approvata una modifica del regolamento che prevedeva la costituzione di quattro commissioni legislative dell'Assemblea, alle quali il governo avrebbe trasmesso gli schemi dei provvedi-

40. D.C.P.S. 6 dicembre 1946, n. 456.

41. Cfr. d.lgs.C.P.S. 15 settembre 1947, n. 942.

42. Cfr. d.lgs.lgt. 7 settembre 1945, n. 545.

43. Cfr. d.lgs.lgt. 2 dicembre 1945, n. 325; d.lgs.C.P.S. 16 maggio 1947, n. 555.

44. Cfr. l'accordo di Parigi del 5 settembre 1946, annesso al Trattato di pace, la cui ratifica fu autorizzata dall'Assemblea costituente con la legge 2 agosto 1947, n. 311.

menti legislativi, e che avrebbero indicato quali progetti dovessero essere devoluti all'Assemblea per la loro importanza politica e tecnica, mentre gli altri sarebbero stati emanati in forma di decreti legislativi ai sensi del decreto n. 98 del 1946; non si ammise l'iniziativa legislativa dei membri dell'Assemblea.[45]

Di fatto, su 1.019 schemi di provvedimenti presentati, solo 16 furono rimessi all'Assemblea (e inoltre 5 sospesi, 5 ritirati, 14 respinti), mentre gli altri seguirono la strada delineata nella Costituzione provvisoria, come provvedimenti «delegati» del governo da sottoporre a ratifica del futuro nuovo Parlamento.

Altro problema che si pose fu quello della durata dell'Assemblea. Il decreto n. 98 del 1946 aveva previsto una durata di otto mesi prorogabili solo una volta, al massimo di quattro mesi. Ma dopo che la legge costituzionale 21 febbraio 1947, n. 1, dispose la proroga per i quattro mesi previsti, fino al 24 giugno 1947, una nuova legge costituzionale (l. cost. 16 giugno 1947, n. 2) dispose una nuova proroga fino al 31 dicembre 1947; infine la XVII disposizione transitoria e finale della Costituzione prorogò i poteri dell'Assemblea fino al 31 gennaio 1948 al fine di deliberare sulla legge per l'elezione del Senato,[46] sugli statuti regionali speciali[47] e sulla legge per la stampa,[48] e oltre, fino al giorno dell'elezione delle nuove Camere, prevedendo la convocazione dell'Assemblea «quando vi sia necessità di deliberare nelle materie attribuite alla sua competenza» dal decreto n. 98 del 1946, e prevedendo altresì che in tale periodo restassero in funzione le commissioni permanenti, e quelle legislative rinviassero al governo i disegni di legge ad esse trasmessi, con eventuali osservazioni e proposte

45. Cfr. l'articolo aggiuntivo al regolamento approvato dall'Assemblea, in Atti dell'Assemblea costituente, seduta del 17 settembre 1946, pagg. 555-562.

46. Cfr. l. 6 febbraio 1948, n. 29.

47. Cfr. l.cost. 26 febbraio 1948, n. 2, che "convertì" in legge costituzionale lo Statuto siciliano (aprendo così i problemi poi risolti dalla Corte costituzionale con le sentenze n. 38 del 1957, n. 6 del 1970 e n. 545 del 1989 che ritennero superate dalla Costituzione sopravvenuta le norme sull'Alta Corte per la Regione Siciliana); l.cost. 26 febbraio 1948, n. 3 (Statuto speciale della Sardegna); l.cost. 26 febbraio 1948, n. 4 (Statuto speciale della Valle d'Aosta); l.cost. 26 febbraio 1948, n. 5 (Statuto speciale del Trentino-Alto Adige).

48. L. 8 febbraio 1948, n. 47. Nello stesso mese di gennaio peraltro la Corte approvò anche la legge elettorale per la Camera (l. 20 gennaio 1948, n. 6), e la l.cost. 9 febbraio 1948, n. 1, contenente le norme sui giudizi di legittimità costituzionale e sulla garanzie di indipendenza della Corte costituzionale, prevista dall'art. 137 della Costituzione.

di emendamenti; che i deputati potessero presentare al governo interrogazioni con richiesta di risposta scritta; e che l'Assemblea fosse convocata su richiesta motivata del governo o di almeno duecento deputati (non si verificarono peraltro ulteriori convocazioni dell'Assemblea).

Con il compimento del processo costituente, si apre la nuova lunga fase di "transizione" per l'attuazione della Costituzione repubblicana.

Ma questa è un'altra storia.

Paolo Pezzino

Note sulla categoria di resistenza civile

La resistenza civile

Il riferimento alla resistenza civile (o resistenza senz'armi, o resistenza nonviolenta) è entrato ormai stabilmente nel discorso pubblico sulla Resistenza: sempre più spesso, infatti, nella celebrazione del 25 aprile, si sente declinare al plurale il termine "Resistenza" con riferimenti, oltre che ai partigiani combattenti, ai militari italiani internati in Germania che rifiutarono la libertà loro promessa se si fossero arruolati nell'esercito di Salò o in quello tedesco, alle donne che aiutarono i soldati italiani sbandati dopo l'8 settembre a nascondersi e a raggiungere le loro abitazioni, ai contadini che nascosero prigionieri alleati fuggiti e nutrirono tante persone sfollate nelle campagne, ai sacerdoti che rimasero a fianco dei propri fedeli, affrontando insieme a loro spesso violenze e morte. Un allargamento del termine è indubbiamente positivo, ma si coglie, nei discorsi pubblici, una a volte velata, a volte esplicita contrapposizione alla resistenza armata, in quanto la prima, alimentando la guerra civile, sarebbe stata foriera di violenza e sostanzialmente controllata dai comunisti, la seconda sarebbe invece espressione di virtù civiche della società italiana (compassione, solidarietà, mitezza), innervate dalla tradizione caritatevole della Chiesa cattolica.

Anche fra gli storici la categoria è ormai entrata da tempo nel dibattito corrente, non senza punte polemiche nei confronti di una tradizione che avrebbe sottolineato eccessivamente la resistenza armata. In un recente lungo saggio Mario Mirri, ex partigiano, ex ordinario di Storia moderna presso l'Università di Pisa, prendendo spunto da una manifestazione di venticinque studenti del Liceo «Machiavelli» di Lucca del 17 dicembre 1943, sostiene che

> bisogna dare una maggiore attenzione alla resistenza civile: occorrerebbe collocare quell'episodio del dicembre 1943 in un contesto cittadino, del modo in

> cui, si erano espresse, e si erano sempre più affermate, anche a Lucca, diverse forme di risposta e di reazione al disastro dell'8 settembre [...]. Esso appare, allora, come una delle forme di quella "resistenza civile", che oggi viene riconosciuta come una tendenza affermatasi anche in Italia, dopo l'occupazione nazista, che è certamente riscontrabile anche a Lucca.[1]

Questa osservazione, di per sé condivisibile, è collocata da Mirri nel quadro di una critica a quello che definisce «nuovo revisionismo di sinistra»:[2] sintetizzando al massimo, Mirri contesta quegli studiosi che secondo lui, a partire dai primi anni Ottanta, avrebbero reagito all'identificazione della Resistenza con la resistenza armata sviluppando una riflessione sulla «zona grigia» o area dell'«attendismo» (Claudio Pavone, Gian Enrico Rusconi); Mirri è altresì critico della storiografia della «guerra ai civili» (per la quale chi scrive è chiamato direttamente in causa), con la connessa individuazione delle «memorie divise» fra le popolazioni vittime di atti di violenza, per rappresaglia o terrorismo, da parte delle truppe tedesche o dei fascisti repubblicani. Ai primi Mirri contesta di aver sottolineato la ristrettezza di consenso verso la Resistenza, e di aver imputato a questo fattore la debolezza, e in ultima analisi, la crisi della prima Repubblica: ciò

> vuol dire imputare alla "Resistenza", una "crisi" prodottasi cinquant'anni dopo; e dunque presupporre che la debolezza di un movimento iniziale, verificabile nel 1943-1945, abbia trasmesso, lungo un filo continuo e diretto, una permanente debolezza della Repubblica allora instaurata; trasformandosi, finalmente, in una crisi più radicale fra il 1989 e il 1994 [...]. Dal precedente "paradigma antifascista", si finiva coll'approdare ad un altro "paradigma", che si potrebbe chiamare di "antifascismo minoritario".[3]

Sulla zona grigia,[4] Mirri scrive che non vi è nessuna ricerca empirica per sostenere che rappresentasse la maggioranza degli italiani. Per quanto

1. M. Mirri, *Postfazione. L'ultimo servizio del nostro vecchio Liceo classico*, in *L'impegno di una generazione. Il gruppo di Lucca dal Liceo «Machiavelli» alla Normale nel clima del Dopoguerra*, a cura di M. Mirri, R. Sabbatini e L. Imbasciati, Franco Angeli, Milano 2014, p. 181.

2. Ivi, p. 184.

3. Ivi, p. 188.

4. Sarebbe preferibile non usare questo temine, che Levi utilizza per descrivere una zona «dai contorni mal definiti, che insieme separa e congiunge i due campi dei padroni e dei servi» (P. Levi, *I sommersi e i salvati*, Einaudi, Torino 1994 [I ed. 1986], p. 29), un'area di mediazione cioè fra potere e soggetti al potere, alla quale anche le vittime, non tutte ovviamente, avevano accesso, ottenendone in cambio vantaggi certamente miseri, ma comun-

riguarda le memorie antipartigiane, esse possono indicare «un modo diverso di concepire il tipo di comportamento da scegliere all'interno di una comune valutazione di opposizione alla pesante occupazione tedesca, di rifiuto alla scelta della lotta armata», cioè una «Resistenza passiva».[5]

A questo «revisionismo di sinistra», Mirri contrappone la valutazione più attenta alla resistenza civile che riscontra in studiosi come Jacques Semelin, Anna Bravo, Santo Peli, ma anche in chi scrive, tardivamente "convertitosi" nell'*Introduzione*[6] scritta insieme a Francesca Pelini (prematuramente scomparsa) a una raccolta di atti di un convegno su donne e guerra tenutosi a Carrara nel luglio del 2004.[7]

In altra sede ho commentato le affermazioni di Mirri in merito a quella che a me pare una troppo schematica considerazione delle tesi di Pavone e della storiografia della «guerra ai civili»;[8] in questa sede vorrei invece esporre le mie considerazioni sulla categoria di resistenza civile, e sull'uso che ne viene fatto, per proporne una più stringente utilizzazione.

La resistenza civile.

Analizziamo innanzitutto la posizione dello studioso che negli ultimi decenni ha avuto la maggior influenza nel diffonderne la categoria, Jacques Semelin:[9]

> si tratta soprattutto di scioperi, manifestazioni, proteste provenienti dalle chiese, dalle corti di giustizia, da organismi educativi, sanitari o culturali, ma

que spesso essenziali per la sopravvivenza nei campi. Il termine invece viene oggi usato per indicare una zona amorfa e indistinta, che nella situazione della guerra civile italiana rifiuta il riconoscimento di legittimità a qualsiasi potere costituito: ritengo più opportuno definire questa zona l'area della "non scelta", di coloro che aspettavano che la situazione si risolvesse senza prendere posizione.

5. Mirri, *Postfazione*, pp. 196 e 194.

6. F. Pelini, P. Pezzino, *Introduzione. I contenuti della ricerca: la Resistenza declinata al plurale*, in *Le radici della Resistenza. Donne e guerra, donne in guerra*, a cura di F. Pelini, Pisa University Press, Pisa 2005. Sono gli atti di un convegno che ricostruisce un momento di resistenza civile a Carrara, la manifestazione delle donne dell'11 luglio 1944, che riuscì a far ritirare l'ordine di evacuazione emesso il 7 luglio dal comando militare tedesco della città.

7. Mirri, *Postfazione*, pp. 200-203.

8. In un prossimo numero della rivista «Società e Storia» saranno pubblicati gli interventi di commento al saggio di Mario Mirri, e una sua replica.

9. J. Semelin, *Senz'armi di fronte a Hitler*, Edizioni Sonda, Casale Monferrato 1993 (ed. or. 1989). Le citazioni nel testo sono prese dalla II edizione del 2013.

> anche di movimenti di disubbidienza al [...] servizio del lavoro obbligatorio; né possono certo mancare le principali azioni volte ad assistere e a salvare gli Ebrei [...]. Di rado questa resistenza fu diretta apertamente contro le forze d'occupazione, poiché non possedeva i mezzi per scacciarle dal territorio. La finalità di questa lotta spontanea fu piuttosto quella di preservare l'identità collettiva delle società aggredite, cioè i loro valori fondamentali. La resistenza civile inaugurò molto spesso la lotta per l'affermazione di una legittimità ribelle all'ordine dell'occupante e dei suoi collaboratori, una legittimità che sarà progressivamente incarnata dall'insieme delle forze costitutive, armate o meno, della Resistenza.[10]

Si tratta quindi di «fenomeni di opposizione collettiva», espressione della «volontà di non cedere alla dominazione dell'aggressore» e manifestazione di un «atteggiamento radicale di non cooperazione e di confronto con l'avversario», che evidenziano la «capacità della società civile di resistere da sé, attraverso la lotta delle sue principali istituzioni, o attraverso la mobilitazione delle sue popolazioni, o ancora con una combinazione di entrambe».[11] Questo tipo di resistenza ha due componenti, la prima istituzionale, «delle istituzioni che strutturano la società [...] e che rappresentano il potere politico legittimo», rimanda «ai partiti, alle Chiese, ai sindacati, alle associazioni quali rappresentanti costituiti dei diversi gruppi di interesse e correnti d'opinione»; la seconda è «la mobilitazione spontanea delle popolazioni [...] ad esempio attraverso scioperi, manifestazioni azioni di disubbidienza civile [...] Teoricamente si può dire che la figura completa della Resistenza equivale ad una mobilitazione dialettica, dall'alto e dal basso della società, secondo una strategia di non cooperazione».[12]

La resistenza civile può essere complementare e integrata con obiettivi bellici e con la lotta armata: Semelin tuttavia nel suo saggio prende in considerazione solo quella autonoma, quando assume dimensioni di massa, sia sotto forma di mobilitazioni di popolazioni – «azioni collettive di gruppi dalla base generalmente poco organizzata» – sia sotto forma di mobilitazioni istituzionali.[13] Nel suo volume fa riferimento a forme generali di resistenza come il lavoro al rallentatore, la stampa clandestina, l'infiltrazione delle amministrazioni; a mobilitazioni di popolazioni avvenute in Cecoslovacchia, Paesi Bassi, Francia, Belgio, Norvegia, Germania, Danimarca,

10. Ivi, pp. 13, 15-16.
11. Ivi, pp. 41-42.
12. Ivi, p. 43.
13. Ivi, p. 223.

Lussemburgo e nella stessa Germania in vari periodi, dall'ottobre del 1939 all'agosto del 1943; al rifiuto di massa del Servizio di lavoro obbligatorio in Francia; alla lotta dei medici olandesi, degli insegnanti norvegesi e all'insegnamento clandestino in Polonia; ai movimenti di assistenza agli ebrei in Francia, Belgio e Danimarca; alle proteste dei responsabili delle Chiese in Germania, Paesi Bassi, Norvegia, Bulgaria, Francia e Belgio; a momenti di non cooperazione «limitata», da parte degli Stati danese, finlandese, rumeno, ungherese, alla deportazione degli ebrei; infine, come esempio di non cooperazione totale, alla posizione dello Stato norvegese, alle dimissioni della Chiesa norvegese, della Corte Suprema di Norvegia e del governo danese.[14]

Leggendo il libro, ci si rende conto che gli esempi fatti da Semelin hanno una preminente connotazione nazional-patriottica, e non sono soltanto la manifestazione di una testimonianza di tipo etico, ma risultano spesso efficaci rispetto alle condizioni storiche dell'occupazione; egli la definisce una

> resistenza della sopravvivenza. Suo scopo non è tanto quello di vincere l'occupante – non ne avrebbe avuto i mezzi – quanto piuttosto di esistere accanto a lui, nonostante lui, aspettando l'ora della liberazione [...]. Si trattava cioè di sopravvivere affermando la propria dignità, la propria identità, fosse anche attraverso manifestazioni simboliche a carattere nazionalista che esprimessero la legittimità di certi valori che non si possono rinnegare.[15]

Va sottolineato che la sopravvivenza di cui qui si parla non è dei singoli individui, ma delle strutture elementari della società occupata, della sua identità di base. Infine altro elemento decisivo è che questo tipo di resistenza viene progressivamente scemando negli ultimi anni dell'occupazione tedesca, quando l'inasprirsi dell'oppressione e del terrore nazista lascia sempre più spazio alla resistenza armata come principale forma di opposizione.

Santo Peli giustamente ha notato che, accettando la «rigorosa impostazione di Semelin», l'Italia ne verrebbe quasi completamente tagliata fuori: fino al settembre 1943 non vi è, ovviamente, una resistenza civile, né tanto meno una istituzionale in quello che è il principale alleato della Germania nazista. Anche in seguito, non vi sono autorità politiche legittimate

14. Ivi, pp. 241-243.
15. Ivi, p. 192.

agli occhi della popolazione che possano promuovere e dare prestigio e risonanza ad atti di resistenza civile (tale non appariva lo screditato governo del re e di Badoglio); la Chiesa cattolica, nelle sue gerarchie, adottava una vocazione di pacificazione, e non certo di incitamento alla resistenza; mancava la forte coesione sociale e le tradizioni di autonomia della società civile alle quali Semelin fa riferimento. Anche a proposito della renitenza alla leva e/o diserzione Peli parla di «disobbedienza di massa», ma precisa correttamente che «il rifiuto di combattere per Hitler e per Mussolini, non coincide necessariamente con una scelta consapevole antifascista, anche se a volte sfocia nell'adesione a una banda armata»; se è vero che nella renitenza e diserzione la resistenza armata trova «la sua base di massa, [...] la maggioranza dei renitenti non diviene partigiana». E al Sud il richiamo alle armi dell'autunno 1944 da parte del governo Bonomi provoca rivolte represse nel sangue.[16] La conclusione condivisibile di Peli è che «un uso allargato e acritico della categoria della resistenza civile, come qualsiasi eccessiva enfatizzazione della Resistenza, implica anche il rischio di favorire ricorrenti propensioni auto-assolutorie».[17]

Anna Bravo, pur ampliando, rispetto allo schema di Semelin, i comportamenti di resistenza civile, soprattutto quelli delle donne, richiamando una casistica molto varia, ricorda che comunque resta necessario lo «spartiacque dell'intenzione e della funzione antinazista», e sottolinea che, dopo il ventennio fascista, «la resistenza civile italiana appare particolarmente discontinua, meno strutturata, meno "politica" di quanto non sia in Francia, Danimarca, Olanda», mentre sono più importanti «iniziative informali e di piccolo raggio che spesso sono state ricomprese nella categoria seducente quanto vaga di spontaneità, quei [...] comportamenti fondati su parentele, quartiere, caseggiato, parrocchia, comunità – precisamente gli ambiti in cui le donne sono storicamente più presenti e autorevoli».[18]

Ritornando sull'argomento nel 2004, rilevava il pericolo che la resistenza civile fosse presentata come «un fenomeno indistinto buono a legittimare qualsiasi condotta», o diventasse «il blasone dello schieramento cattolico», e articolava il concetto, accostandovi quello di «manutenzione

16. S. Peli, *La resistenza in Italia. Storia e critica*, Einaudi, Torino 2004, pp. 225 e 227.
17. Ivi, pp. 218 e 222.
18. A. Bravo, *Resistenza civile*, in *Dizionario della Resistenza*, a cura di E. Collotti, R. Sandri e F. Sessi, vol. I, *Storia e geografia della Liberazione*, Einaudi, Torino 2000, pp. 277, 281 e 278.

della vita». Pur essendovi fra i due comportamenti alcuni punti in comune – in particolare entrambi si pongono nell'«ottica della riduzione del danno» – la resistenza civile parte da una precisa «scelta di campo».

Bravo individua due linee nel dibattito fra le storiche: quella della resistenza civile con «un taglio più selettivo, che sottolinea l'intenzione e la funzione antinaziste» (lo spartiacque di cui sopra), o una posizione più comprensiva, che usa «termini come resistenza quotidiana, privata, interna, psichica, per indicare quella lotta e quel lavoro, per sottolineare lo sforzo di tenuta psicofisica, l'impegno per sopravvivere e far sopravvivere». Vorrei rilevare che la lotta per la sopravvivenza coinvolge anche ceti sociali e persone vicine o convintamente fasciste, spingendole ad atti di infrazione delle regole, come nel caso dell'accesso al mercato nero. E, a tal proposito, mi sembra quanto mai calzante l'osservazione di Tzvetan Todorov: «C'è una differenza, e tutti i soccorritori la conoscono, tra il rischiare la propria vita per una famiglia ebrea sconosciuta e il far da mangiare per i figli».[19]

Dal canto suo, Bravo evidenzia il pericolo che «l'ampiezza del concetto rischia di calare le donne in una massa ancora indistinta»;[20] come esempi di resistenza civile ricorda i comportamenti di deportate e deportati politici, quegli degli Imi, degli impiegati pubblici che fabbricavano documenti d'identità falsi, o degli sterratori del Verano che disseppellivano i corpi dei fucilati per cercare di scoprirne l'identità e tramandarla a futura memoria.[21]

Ercole Ongaro, in un tentativo di sintesi generale dei comportamenti di resistenza nonviolenta in Italia, elenca i seguenti casi: l'aiuto ai soldati in fuga dopo l'8 settembre, l'aiuto ai prigionieri di guerra fuggiti dai campi, l'aiuto agli ebrei, le lotte nelle fabbriche, nelle campagne e nelle scuole, la resistenza degli Internati militari italiani, dei deportati razziali e politici, i renitenti di leva, la resistenza delle donne, la stampa clandestina, i Comitati di liberazione nazionale.[22] Tuttavia nel libro sono trattati indistintamente casi di reti di soccorso (come quella per i prigionieri di guerra, o gli ebrei), e altri di disobbedienza che a mio avviso non possono essere messi sullo stesso piano, indipendentemente dal loro valore etico. È necessario, infatti,

19. T. Todorov, *Di fronte all'estremo*, Garzanti, Milano 1992 (ed. or. 1991), p. 236.

20. A. Bravo, *La resistenza civile delle donne*, in *Le radici della Resistenza*, pp. 30, 38 e 31-32.

21. Ead., *Resistenza civile*, pp. 277-278.

22. E. Ongaro, *Resistenza nonviolenta 1943-1945*, I libri di Emil, Bologna 2013.

decostruire il concetto di resistenza civile, o nonviolenta, restituendo pienezza di significato, di scelta consapevole, al primo termine, "resistenza". Bravo giustamente sottolinea che «così come solo una minoranza prende le armi, solo una minoranza si impegna [...] nella lotta senza armi, e sarebbe ingiusto servirsene per accreditare il mito di un'unanime mobilitazione antifascista e antinazista».[23] E anche Enzo Collotti ritiene che rivalutare il concetto di resistenza civile «non significa ovviamente annullare l'area dei comportamenti attendisti o di quella "zona grigia" della quale si tenta di decifrare stati d'animo e comportamenti, al di fuori di semplicistiche banalizzazioni».[24]

Discussione di casi

a) *I religiosi*

I frati della Certosa di Farneta, vicino a Lucca, in ottemperanza alla propria missione di carità, aprirono il convento a tutti coloro che avevano un qualche motivo per nascondersi durante gli ultimi mesi dell'occupazione tedesca: ebrei, partigiani, antifascisti, ex fascisti repubblicani che avevano abbandonato i propri incarichi e venivano considerati traditori da chi aveva deciso di condividere fino in fondo le sorti dell'alleato tedesco. sfollati trovarono presso di loro ospitalità generosa e disinteressata. Que rifugio, ormai da troppi conosciuto per il continuo movimento di persone che ne entravano, e spesso ne uscivano temporaneamente per visitare parenti rimasti nelle loro abitazioni, fu individuato dagli uomini della XV Divisione corazzata SS, che vi fecero irruzione, arrestarono i religiosi e i loro ospiti, e li uccisero dopo una passione durata giorni.[25] Anche i certosini furono soggetti alle stesse critiche – di imprudenza e di avventatezza – che colpivano i partigiani, a dimostrazione che di autentica resistenza si trattava: a volte infatti si ha l'impressione che chiunque propugnasse una qualche forma di opposizione all'occupazione, con o senza armi che fosse, rappresentasse un potenziale "problema" per i propri vicini, sfiancati da anni di guerra. Tuttavia, proprio l'autore dello studio più completo sulla

23. Bravo, *Resistenza civile*, p. 270.

24. E. Collotti, *La Resistenza in Europa*, in *Dizionario*, vol. 1, p. 109.

25. La vicenda è ricostruita accuratamente da G. Fulvetti, *Una comunità in guerra. La Certosa di Farneta tra resistenza civile e violenza nazista*, l'ancora del mediterraneo, Napoli 2006.

vicenda nota che «esiste una contraddizione quasi insanabile tra la volontà di mantenersi equidistanti dai contendenti, in ambito militare e politico, e la percezione crescente che sia invece necessario schierarsi, quanto meno dalla parte delle proprie comunità colpite dalla violenza».[26]

Ancora un esempio lucchese: la rete per il salvataggio degli ebrei, diretta dal pisano Giorgio Nissim, responsabile dell'organizzazione clandestina della Delasem,[27] che si appoggiava a Lucca alla congregazione degli Oblati del Volto Santo, col pieno appoggio dell'arcivescovo monsignor Torrini. Era una rete allargata a diverse province, che riuscì a salvare circa 800 ebrei. Sono esempi di resistenza civile, in quanto si oppongono a una delle condizioni di fondo dell'occupazione (e della Repubblica sociale italiana), l'antisemitismo e il razzismo ufficiale, mettendo in atto comportamenti di disobbedienza, efficaci in quanto organizzati.

In altri casi una coerente scelta antifascista ha portato sacerdoti nei Lager di Dachau, Mauthausen e Flossenbürg, come deportati politici: Ercole Ongaro, riprendendo dati di Giuseppe Mayda, cita casi di sacerdoti arrestati e deportati per avere portato i conforti religiosi a partigiani gravemente feriti, per avere organizzato in Svizzera l'espatrio di ebrei e prigionieri di guerra, per avere offerto ospitalità a ebrei e perseguitati politici in istituti religiosi, per avere operato su mandato del Cln: 69 sarebbero stati i religiosi deportati, 50 cattolici, 16 ebrei, 2 testimoni di Geova, un evangelico, e molti di loro non fecero ritorno.[28]

Eppure dobbiamo articolare ulteriormente il discorso sull'atteggiamento dei religiosi: discutendo il caso degli Oblati del Volto Santo di Lucca, Bruna Bocchini Camaiani ha evidenziato la complessità di motivazioni che stavano alla base di comportamenti di presa di distanza della Chiesa dal regime: alla sacralizzazione della politica si risponde con una politicizzazione della religione, in quello che Ganapini ha definito «un grande disegno di riconquista del mondo moderno».[29] Nell'atteggiamento della

26. Ivi, p. 216.

27. G. Nissim, *Memorie di un ebreo toscano (1938-48)*, a cura di L. Picciotto Fargion, Carocci, Roma 2005.

28. Ongaro, *Resistenza nonviolenta*, pp. 174-175. I dati sono ripresi da G. Mayda, *Storia della deportazione dall'Italia 1943-1945. Militari, ebrei e politici nei lager del Terzo Reich*, Bollati Boringhieri, Torino 2002.

29. L. Ganapini, *Introduzione*, in *La Repubblica partigiana della Carnia e dell'Alto Friuli*, a cura di A. Buvoli, G. Corni, L. Ganapini e A. Zannini, il Mulino, Bologna 2013, p. 26.

Chiesa, sottolinea Bocchini Camaiani, c'è spesso il richiamo alla carità insieme all'ammonimento della pericolosità di atteggiamenti di eccessiva vicinanza ai perseguitati, e l'invito a rispettare le leggi vigenti e le autorità di fatto. In Toscana l'esortazione della Conferenza episcopale regionale ai parroci a non abbandonare i fedeli fece sì che molti di essi condividessero le sorti delle loro comunità: tuttavia non ogni sacerdote può essere considerato resistente senza armi per questo solo fatto. La carità non è di per sé resistenza civile all'occupazione, anche se spinge in determinate circostanze a entrare in contrasto con le autorità:

> Per capire il comportamento dei vescovi e di gran parte del clero, non si può sottovalutare il fatto che proprio in nome della loro responsabilità pastorale si sentono chiamati ad assumere atteggiamenti e a dare indicazioni politiche e sociali ai fedeli, per cui la categoria di "resistenza civile", pur molto utile per comprendere situazioni complesse, non è sufficiente a esprimere quelle prospettive nelle loro ampiezze.[30]

Se alcune figure, come don Arturo Paoli a Lucca, o don Roberto Angeli a Livorno, evidenziano una partecipazione «numericamente minoritaria ma significativa» del clero alla Resistenza,[31] è indubbio che in altri l'impegno di difesa delle comunità rimane all'interno di una tradizionale attività caritatevole. Insomma, è indubbio che molti sacerdoti rimasero con le loro comunità, e le protessero davanti alle violenze dell'occupazione, ma spesso la difesa della comunità si accompagna a una "neutralità" non solo proclamata, ma convinta, davanti alle parti in lotta.

Se analizziamo un caso ben documentato, quello dei parroci della diocesi di Belluno e Feltre e le loro relazioni sul periodo 1943-1945, scritte subito dopo la Liberazione su richiesta dell'ordinario diocesano, e oggi pubblicate, è evidente che spesso essi esercitassero un ruolo di mediazione che consideravano insito nella loro missione. Concorde è la deprecazione per l'atteggiamento tedesco totalmente ostile verso le popolazioni, con atti di violenza continua, rappresaglie, uccisioni indiscriminate, distruzioni, incendi di case, depredazione del territorio. Il ruolo di mediazione dei parroci viene esercitato non solo verso i tedeschi, ma anche cercando di intercedere per persone accusate di collaborazionismo, e invitando in continuazione

30. B. Bocchini Camaiani, *Chiesa, guerra e Resistenza*, in *Di fronte all'estremo. Don Aldo Mei, cattolici, chiese, resistenze*, a cura di G. Fulvetti, Pacini Fazzi, Lucca 2014, p. 104.

31. Ivi, p. 112.

i partigiani a una maggior prudenza nei confronti di azioni che potevano coinvolgere i paesi in rappresaglie: il parroco sente l'incolumità dei propri paesi come la sua missione principale in quei mesi.

A volte da queste relazioni emerge chiaramente l'auto percezione del sacerdote del proprio ruolo: in una lotta tra i partigiani da un lato, i tedeschi e i fascisti dall'altro, con la popolazione inerme nel mezzo a pagarne le conseguenze, il parroco si sente difensore naturale della popolazione, e cerca di barcamenarsi fra quelle che considera due fazioni opposte. Quando questo ruolo di mediazione prevale sull'analisi delle cause della situazione contingente, il parroco adotta un punto di osservazione "al di sopra delle parti", spesso nutrito di umana pietà.

In alcune di queste relazioni questo atteggiamento è evidente, in altre vi è una più decisa presa di posizione a favore di una delle parti in lotta (i partigiani, mai i tedeschi o i fascisti). Tocchiamo qui un punto chiave: l'immagine e la valutazione da parte dei religiosi dei partigiani, e della lotta di Liberazione. È una visione molto varia, e questa varietà andrebbe attentamente contestualizzata nelle storie delle singole comunità locali: l'atteggiamento dei parroci dipende da un insieme di variabili, e in particolare dalla configurazione politico-ideologica delle bande partigiane nei vari paesi. Laddove i partigiani erano espressione della realtà locale, o appartenevano a formazioni composte soprattutto da ex ufficiali e soldati, o facevano riferimento al mondo cattolico, e si collegavano ai Cln, con iniziative in qualche misura approvate dai parroci, da parte di questi ultimi viene espressa una piena condivisione ed apprezzamento della lotta di Liberazione.

Molte sono le relazioni nelle quali invece compare un valutazione critica della presenza dei partigiani, con varie motivazioni: i partigiani compiono azioni inutili e dannose, perché le conseguenze ricadono sulle popolazioni; le requisizioni di viveri sono considerate particolarmente pesanti, e spesso le parole che i parroci usano per stigmatizzarle sono dure, arrivando a definire i partigiani ladri e rapinatori; i partigiani si lasciano andare a uccisioni di persone considerate collaboratrici dei tedeschi o fasciste, accuse che spesso i parroci reputano immotivate o non sufficientemente provate; spesso non consentono di portare i conforti religiosi ai condannati a morte (la stessa argomentazione viene usata anche nei confronti dei tedeschi); sono forestieri e comunisti (le due cose spesso coincidono, visto la presenza di bolognesi nella resistenza di queste zone), e fonte di corruzione anche sul piano morale (feste da ballo, rapporti fra i due sessi ecc.).

In nessuna di queste relazioni c'è un discorso teorico a favore o contro la Resistenza; vi è la descrizione di fatti e situazioni specifiche, di contesti differenti, che motivano i diversi atteggiamenti dei parroci. A volte è presente una duplice valutazione della Resistenza: una prima fase viene considerata positivamente, perché vi partecipano soprattutto i locali, ed è quindi sotto il controllo della comunità (e del parroco che la rappresenta), poi arrivano i forestieri, che sono comunisti e atei, e in qualche misura riescono a fuorviare i bravi giovani del posto che, attratti dalle sirene di una futura radicale giustizia sociale, si uniscono alle loro formazioni.

b) *Gli scioperi del marzo 1944*

Ercole Ongaro, a proposito delle lotte operaie a partire dal novembre 1943, sostiene che «centinaia di migliaia di persone si sentirono [...] partecipi di quel movimento di rivolta morale contro l'occupante tedesco e il fascismo collaborazionista che le riscattava da anni di passiva accettazione del regime, di opportunistico disinteresse alla politica».[32]

È indubbio che, anche se non mancavano rivendicazioni e motivazioni di carattere economico, gli scioperi del marzo 1944 ebbero una caratterizzazione politica e antifascista evidente. Lutz Klinkhammer li ha così definiti:

> Come dimostrazione politica, lo sciopero generale ebbe una grandissima importanza. Fu la più grande protesta di massa con la quale dovette confrontarsi la potenza occupante: attuata dimostrativamente senza aiuti dall'esterno, senza armi ma con grande energia e sacrifici. E non fu soltanto (assieme a quello dell'anno precedente) il più importante sciopero in Italia dopo vent'anni di dominio fascista, fu anche il più grande sciopero generale compiuto nell'Europa occupata dai nazionalsocialisti.[33]

Si tratta quindi di un classico esempio di resistenza civile, analogamente a quanto avvenuto in altre nazioni occupate dai tedeschi, in particolare la Danimarca.[34]

Su questi scioperi vorrei fare una considerazione: Semelin sottolinea che le forme di resistenza civile, quando assumono un carattere di massa

32. Ongaro, *Resistenza nonviolenta*, pp. 90-91.

33. L. Klinkhammer, *L'occupazione tedesca in Italia 1943-1945*, Bollati Boringhieri, Torino 1993, p. 225.

34. E. Peyretti, *Gli scioperi operai in Italia 1943-1944 come resistenza nonarmata al potere nazista*, 23 dicembre 2011, in http://www.peacelink.it/storia/a/35292.html (consultato il 28 marzo 2016).

hanno spesso la capacità di bloccare risposte drastiche da parte degli occupanti, e anzi innescano nel fronte opposto il manifestarsi di pareri discordi, o veri e propri conflitti, in merito all'ampiezza delle misure repressive da adottare. Ebbene, esaminando la reazione tedesca, Klinkhammer ha sottolineato come «rispetto alla capacità dei tedeschi di attuare deportazioni e rappresaglie [...] queste misure [prese dopo gli scioperi] devono essere senz'altro definite moderate anche in rapporto alla politica nazionalsocialista di occupazione di altri Paesi»[35] (furono circa 1.200 i deportati). Inoltre s'innestò una contraddizione interna all'occupante, fra gli ordini draconiani di Hitler (deportare il 20% degli scioperanti) e la resistenza di Rahn, motivata con il pericolo di un'insurrezione aperta degli italiani se si fosse attuata quelle misura (che avrebbe portato a circa 70.000 i deportati), e col conseguente crollo della produzione di armamenti a Torino.

Anche nel caso italiano, tuttavia, si ha la riprova della tesi di Semelin che la resistenza civile ha spazio soprattutto nei primi anni dell'occupazione, quando le posizioni dell'occupante non si sono ancora radicalizzate: anche Klinkhammer conclude che, dopo quella prova di forza e l'indubbio successo dello sciopero come dimostrazione politica, «il tempo degli scioperi era passato. La scena dello scontro si trasferì sui monti, nella lotta partigiana».[36]

c) *Gli Internati militari italiani*

La vicenda degli Internati militari italiani (Imi), trascurata nei primi decenni della Repubblica, è ormai da tempo indicata come tipico esempio di resistenza senza armi, tesi questa alimentata da una mole di pubblicazioni a carattere autobiografico, che hanno accreditato il rifiuto di militare fra le fila della Repubblica sociale italiana, o direttamente delle truppe tedesche, come manifestazione di una coerente scelta antifascista. Eppure anche in questo caso conviene una più attenta valutazione di fatti e comportamenti, prima di considerare in blocco tutti gli internati militari resistenti antifascisti.

Converrà partire dalle cifre, ancora non del tutto chiare. La Commissione storica italo-tedesca, che alla vicenda degli Imi ha dedicato una parte dei suoi lavori, ha scritto:

35. Klinkhammer, *L'occupazione tedesca*, p. 221.
36. Ivi, p. 225.

Dopo l'8 settembre 1943 deposero le armi in totale 1.007.000 membri delle forze armate italiane. Il numero di soldati italiani che, in certi casi anche per breve tempo, furono prigionieri dei tedeschi si aggira intorno ai 725.000 secondo lo Stato maggiore dell'esercito tedesco e intorno agli 810.000 secondo le stime, più affidabili, dello storico Gerhard Schreiber [...]. Coloro che si rifiutarono di cambiare schieramento o che non erano riusciti a fuggire – si parla di circa 600/650.000 uomini – furono deportati dalla Wehrmacht nei campi di prigionia del "Terzo Reich", dei Balcani, della Grecia, della Francia, del cosiddetto Governatorato Generale e dei territori sovietici occupati.[37] Poiché nei campi proseguiva il reclutamento di volontari per la Wehrmacht e le SS, così come per un nuovo esercito sotto la guida di Mussolini, anche il numero degli internati militari presenti nei campi dell'esercito, della Luftwaffe e della marina subì consistenti oscillazioni. Furono così 186.000 secondo Gerhard Schreiber o 197.000 secondo Claudio Sommaruga gli ufficiali e i soldati che, fino al marzo 1944, decisero di continuare la guerra al fianco di Hitler e Mussolini. Il 1° febbraio 1944, quando il numero dei prigionieri nei campi raggiunse il culmine, vi si contavano secondo le stime dell'Alto Comando della Wehrmacht 24.400 ufficiali, 23.002 sottufficiali e 546.600 soldati. A questi sono da aggiungere i circa 8.500 internati militari impiegati come forza lavoro sul fronte orientale. Incerto è anche il numero dei soldati, dei sottufficiali e degli ufficiali italiani che persero la vita dopo l'8 settembre 1943, sia durante il disarmo, sia durante la prigionia tedesca. Il numero dei morti ammonta a circa 50.000, quello dei dispersi a più di 10.000. In conseguenza del brutale modo di procedere della Wehrmacht, durante le operazioni di disarmo morirono tra i 25.000 e i 26.000 soldati italiani, per lo più nell'ex Jugoslavia e in Grecia: 6.500 persero la vita in battaglia, 6.000/6.500 furono uccisi perché cercarono di opporre resistenza e più di 13.000 annegarono su navi colate a picco a causa dei bombardamenti o del sovraffollamento; a circa 5.200 ammontano i dispersi. Fino a 25.000 Internati militari persero la vita nei campi di prigionia a causa delle privazioni, della malnutrizione e delle dure condizioni di lavoro;[38] il maggior numero di morti si ebbe nei grandi centri del Reich e dei Balcani addetti alla produzione

37. La mappa dei campi di internamento è disponibile al sito http://www.alboimicaduti.it/index.php/maps/show (consultato il 28 marzo 2016). Questa nota e la seguente non sono nel testo citato, ma mie aggiunte.

38. L'Anrp – Associazione nazionale reduci dalla prigionia, dall'internamento, dalla guerra di Liberazione e loro familiari – ha realizzato, con il finanziamento del Fondo italo-tedesco per il futuro della Repubblica Federale di Germania, l'albo degli Imi caduti in Germania. Purtroppo la banca dati on line prevede solo ricerche *ad personam*, e, almeno allo stato attuale, non sono possibili interrogazioni di carattere generale. Si veda http://www.alboimicaduti.it/index.php/ (consultato il 28 marzo 2016).

di armamenti. Sconosciuto è il destino di altri 5.000 Internati militari, le cui tracce si perdono nei lager.[39]

Se ci si basa sui dati raccolti da Claudio Sommaruga,

> dopo i 94.000 *optanti* iniziali, alla cattura (fascisti, idealisti, paurosi, opportunisti...), nei primi 17 mesi di sofferenza degli IMI nei Lager e di pressing dei nazisti, si verificò uno stillicidio di 103.000 *optanti* (il 14%) arruolatisi, soprattutto per fame, nelle Waffen-SS (23.000 alla fine di novembre del '43), nelle forze armate della RSI (19.000 dal novembre 1943 al giugno del '44), nelle quattro *"divisioni Graziani"*, nella Gnr o nella Riserva (oltre 5.500 ufficiali di complemento, in esubero e restituiti al loro precedente lavoro civile in Italia!) e negli *ausiliari-lavoratori* della Wehrmacht e particolarmente della Luftwaffe (61.000 al gennaio 1945).[40]

La Commissione storica ha calcolato che mentre circa il 23% dei soldati e dei sottufficiali optò per la collaborazione militare nelle formazioni tedesche o italiane, tra gli ufficiali la percentuale saliva al 46%.[41] Se consideriamo solo coloro che erano stati internati, coloro che accettarono di schierarsi dalla parte fascista furono poco più del 14% (anche in questo caso le adesioni maggiori furono raccolte tra gli ufficiali).

È presumibile che coloro che optarono subito dopo il disarmo rappresentassero lo zoccolo duro di filo fascisti o filo tedeschi; quanto a coloro che optarono durante la detenzione nei Lager, vanno tenute presenti le difficili condizioni di vita e le pressioni psicologiche alle quali gli internati erano sottoposti. Chi optava «non doveva necessariamente essere un fascista o un sostenitore del duce; considerazioni opportunistiche, la malnutrizione, la drammatica situazione degli alloggi, le condizioni climatiche, i maltrattamenti e il lavoro forzato potevano essere altrettanto determinanti.

39. *Rapporto della Commissione storica italo-tedesca insediata dai ministri degli Affari Esteri della Repubblica italiana e della Repubblica federale di Germania il 28 marzo 2009*, pubblicato nel luglio 2012, pp. 123-124, http://www.villavigoni.it/contents/files/Relazione_finale_in_italiano.pdf (consultato il 28 marzo 2016). Ai lavori della Commissione hanno partecipato, per la parte tedesca, gli storici Wolfgang Schieder, presidente, Gabriele Hammermann, Lutz Klinkhammer, Thomas Schlemmer, Hans Woller, e, per la parte italiana, Mariano Gabriele, presidente, Carlo Gentile, Paolo Pezzino, Valeria Silvestri e Aldo Venturelli.

40. C. Sommaruga, *Una storia "affossata"*, Quaderno-Dossier n. 3, Archivio "Imi", 2007, p. 7, disponibile sul sito dell'Anrp (consultato il 28 marzo 2016).

41. *Rapporto della Commissione storica italo-tedesca*, p. 135.

Molti volevano semplicemente ritornare in Italia dalle loro famiglie»,[42] e non abbiamo dati su quanti, arrivati in Italia, disertarono.

Analogamente, anche per gli ufficiali, sottufficiali e soldati che rifiutarono ogni tipo di collaborazione il ventaglio di motivazioni è ampio: in questo caso il rifiuto si poteva basare su un'autentica convinzione politica, sull'ostilità nei confronti dei tedeschi, per gli ufficiali sull'onore militare legato al giuramento fatto al re (anche se, va sottolineato, proprio fra questi ultimi le percentuali di optanti furono particolarmente elevate). Ma il rifiuto poteva anche risultare da una

> generica stanchezza generata dalla guerra. Tutte le speranze dei prigionieri italiani erano volte alla fine del conflitto e la loro disposizione nei confronti dei rappresentanti nazisti e fascisti era un misto di profonda avversione ed enorme diffidenza. Inoltre essi temevano che, una volta tornati in patria, sarebbero stati trascinati in una guerra fratricida. Sul posto di lavoro, sia da parte degli italiani che, in generale da parte di tutti i lavoratori stranieri, solo raramente vennero organizzati tentativi di resistenza aperta: le pesanti sanzioni, la pessima situazione dei rifornimenti, la sorveglianza continua e l'indebolimento dei legami di gruppo erano tutti elementi che non favorirono certo l'azione collettiva [...]. Centrale era quindi la lotta per la propria sopravvivenza.[43]

Questa impostazione della Commissione storica italo-tedesca (della quale faceva parte, è bene ricordarlo, Gabriele Hammermann, autrice di uno dei più importanti studi sugli Imi), è stata da Nicola Labanca attribuita a una

> ridotta enfasi concessa dal *Rapporto* al dato centrale della mancata adesione degli Imi alla Repubblica sociale [...] consentanea a una nuova interpretazione storiografica andata affacciandosi nella nuova atmosfera politica e culturale italiana degli ultimi anni, dopo che in quelli ottanta e novanta invece il "No" degli Imi era stato fortemente ri-valorizzato e soprattutto integrato in una nuova e più comprensiva definizione di Resistenze [...] è difficile pensare che gli accenni interpretativi sugli Imi emergenti nel Rapporto siano senza collegamento con antiche e nuove competizioni della memoria, anche italiana, fra partigiani e prigionieri, fra comunità "stragizzate" e internati, fra studiosi.[44]

42. *Ibidem.*
43. Ivi, p. 136.
44. N. Labanca, *La Commissione dal* Rapporto, in W. Schieder, M. Gabriele, N. Labanca, *Riflessioni sui lavori della Commissione storica italo-tedesca (2008-2013)*, in «Italia contemporanea», 272 (2013), p. 473.

Tralasciando quest'ultima affermazione – le competizioni per la memoria dipendono da ben altre forze che quelle degli studiosi, che d'altra parte erano sufficientemente esperti, nel caso in questione, per avere presenti le "trappole" del richiamo all'obbligo di memoria e magari conoscevano anche qualche utile riflessione in proposito[45] – è l'atteggiamento di fondo di approccio alla questione che è diverso: rispetto alla tesi della resistenza collettiva, sostenuta dalla memorialistica e sul piano storiografico, fra gli altri,[46] da Nicola Labanca, è sembrato opportuno indagare con più attenta considerazione i vari motivi che spinsero a non aderire alle richieste di schierarsi, riottenendo la libertà, proprio per valorizzare quel tema della «"scelta" di fare la Resistenza», che sempre Labanca imputa alla Commissione di avere trascurato.[47] Nel *Rapporto* si afferma che «le opzioni a disposizione degli internati militari erano [...] limitate, nondimeno il margine d'azione che essi avevano all'interno di questi limiti era considerevole e spaziava dalla resistenza attiva alla potenza detentrice tedesca e dal sabotaggio delle fabbriche di armamenti alla resistenza parziale, fino all'acquiescenza e alla collaborazione»:[48] un esercizio, questo, di articolazione dell'analisi, indispensabile per lo storico che voglia andare ad approfondire il significato del termine "resistenza", e a valutare le varie gradazioni di distacco dal regime fascista (dalla resistenza attiva alla disobbedienza, al rifiuto di consenso).

Non voglio qui sostenere che questa varietà di atteggiamenti dei non optanti (ma sottolineo comunque che la ricerca ben poco ha saputo dire, finora, su coloro che fecero la scelta opposta) non sia avvenuta in condizioni spesso estreme, e negare che il rifiuto di aderire alla Rsi abbia rappresentato, «per Berlino non meno che per Salò, un affronto e un disconoscimento

45. T. Todorov, *Gli abusi della memoria*, Ipermedium libri, Napoli 2001 (ed. or. 1995).

46. Basterà qui citare Ercole Ongaro: «Il loro è stato un consapevole No alla guerra e al fascismo che la guerra l'aveva voluta e voleva ancora continuarla [...] hanno scritto una pagina alta della Resistenza per la dignità e la forza con cui hanno vissuto l'esperienza del *lager*» (*Resistenza nonviolenta*, p. 130). Ongaro utilizza un'accezione di resistenza che implica anche la lotta per la sopravvivenza (si veda ad esempio ivi, p. 154), e giudica elitaria la posizione di chi, come Gabriele Hammermann, tende, a mio avviso correttamente, a restituire al termine il significato di consapevole rifiuto del sistema nazionalsocialista (ivi, pp. 141-142).

47. Labanca, *La Commissione dal* Rapporto, p. 475.

48. *Rapporto della Commissione storica italo-tedesca*, p. 134.

di massa di altissimo valore politico».[49] Ma la lotta per la sopravvivenza di per sé non configura una resistenza civile, anche se spesso genera comportamenti che incorporano un certo grado di disobbedienza alle autorità. E se la lotta individuale per sopravvivere nei Lager vale come testimonianza etica di grande valore, perché dimostra la capacità dell'essere umano di resistere ai processi di disumanizzazione scientificamente organizzati, è la resistenza organizzata (che pure non mancava, anche se doveva operare in condizioni estreme) che inceppa, o ritarda, la macchina di distruzione.

Conclusioni

Mi pare in conclusione necessaria una definizione più stringente di resistenza civile, per collocarla pienamente all'interno della famiglia dei comportamenti resistenti. Trovo a tal proposito illuminanti alcune considerazioni che Christopher Browning svolge nel suo libro *Lo storico e il testimone*. La vicenda che Browning ricostruisce è quella della liquidazione del ghetto ebraico di Wierzbnik il 27 ottobre 1942, nel corso della quale 60-80 ebrei furono uccisi durante l'azione, 4.000 mandati a Treblinka, e 1.600 inviati in tre campi di lavoro nella vicina Starachowice: si tratta di una percentuale più alta della norma per quella regione (circa il 25% invece del 5-10%), motivata dall'impellente bisogno tedesco di mano d'opera. Alla fine della guerra, i sopravvissuti furono circa 6-700.

A conclusione della sua analisi Browning ritorna sui dibattiti relativi alla reazione degli ebrei davanti alle pratiche di sterminio, caratterizzati in passato da una «falsa dicotomia della resistenza e della passività», e più recentemente da una estensione del termine "resistenza", che ha perso progressivamente il suo carattere di esclusiva resistenza armata ed è stato «ampliato a comprendere molte forme di iniziativa, autoaffermazione e opposizione ebraiche, caratterizzate dal termine *amidah*, o "prendere posizione contro"»: per esempio, contrabbando di cibo nel ghetto, attività culturali, educative, religiose o politiche, opera di medici, infermieri e educatori. Gran parte di queste attività si ritrovano nel ghetto di Wierzbink e nei campi di lavoro di Starachowice, ma la conclusioni di Browing è drastica: «fondamentalmente i prigionieri ebrei sopravvissero mettendo denaro nelle tasche dei tedeschi e proiettili nei loro fucili. Per sopravvivere, gli ebrei

49. N. Labanca, *Internamento militare italiano*, in *Dizionario della Resistenza*, vol. I, p. 114.

di Starachowice pagarono per essere ridotti in schiavitù, produssero per lo sforzo bellico tedesco e arricchirono i loro oppressori». Certo, così alcuni sopravvissero, «frustra[ndo] le intenzioni del regime nazista [...]. Questo certamente non è indice di passività, ma neppure può essere definita resistenza o *amidah*. C'è bisogno di una terminologia diversa per descrivere la lotta per la sopravvivenza, e io credo che termini come *ingegno*, *ingegnosità*, *adattabilità*, *perseveranza* e *sopportazione* siano i più appropriati e corretti».[50]

Se applichiamo questi fondati criteri, allora i casi di resistenza civile in Italia, cioè di cosciente opposizione al regime di occupazione tedesco e al fascismo repubblicano, si riducono di molto: né il doveroso riferimento alle "resistenze", compresa quella senza armi, può far dimenticare l'ampia maggioranza di italiani che non prese parte al conflitto militare, politico e ideologico, o, se lo fece, vi fu trascinata suo malgrado, costretta a compiere gesti di disobbedienza (per esempio, con il ricorso al mercato nero) se voleva sopravvivere nella disgregazione delle strutture politiche e amministrative della Rsi, e davanti alla violenza dell'occupante tedesco, spesso indiscriminata. Molti italiani, probabilmente la grande maggioranza, potevano anche essere contrari alla Repubblica sociale italiana, perché propugnava la continuazione della guerra accanto alla Germania, ma aspettavano che la situazione si risolvesse senza prendere posizione e assumere rischi, al di là di quelli inevitabili dovuti allo stato di guerra.

50. Ch. Browning, *Lo storico e il testimone. Il campo di lavoro nazista di Starachovice*, Laterza, Roma-Bari 2011 (ed. or. 2010), p. 357 (corsivi nel testo).

Gabriella Gribaudi

Resistere alla guerra. Le memorie e le esperienze delle donne nel secondo conflitto mondiale

Come ha sottolineato Jean Elshtain, rappresentazioni stereotipate e radicate nel tempo descrivono il mondo della guerra diviso tra combattenti e vittime, uomini armati e predatori contro donne donatrici di vita.[1] La dicotomia consegna agli uomini il ruolo di protagonisti nella guerra: soldati che combattono per la patria, rappresentanti in questa visione di una «virtù civica armata» da cui sono simbolicamente escluse le donne.[2] Sono gli «uomini in armi» cui si lega la cittadinanza negli Stati-nazione dell'Ottocento, su cui si forgiano in Italia le immagini del Risorgimento, che si ripropongono con ancora maggiore forza dopo la Grande guerra.

Dopo la seconda guerra mondiale i nostri soldati, sconfitti, prigionieri, sbandati, potevano difficilmente essere rappresentati come guerrieri vittoriosi difensori della patria. Erano gli stessi uomini usciti da quell'esperienza a negare tale identità.[3] Fu la resistenza armata a incarnare il nuovo mito della Repubblica: ancora una volta erano gli «uomini in armi» a costituire la nuova identità della nazione. Il riconoscimento dei partigiani avvenne sulla base di una partecipazione ad azioni armate, sottolineando in questo modo l'aspetto militare e maschile della lotta di liberazione e sottovalutando le forme spesso altrettanto rischiose di «resistenza civile» attuate dal resto della popolazione.[4] La scelta dell'*Inno di Mameli* non fece che

1. J.B. Elshtain, *Donne e guerra*, il Mulino, Bologna 1991 (ed. or. 1987), p. 32.
2. Ivi, p. 31.
3. Mi permetto di rimandare al mio volume *Combattenti, sbandati, prigionieri. Esperienze e memorie di reduci della seconda guerra mondiale*, Donzelli, Roma 2016.
4. Sulla categoria di resistenza civile si veda il noto volume di J. Semelin, *Sans armes face à Hitler. La résistance civile en Europe (1939-1945)*, Payot, Paris 1998 (trad. it. *Senz'armi di fronte a Hitler*, Edizioni Sonda, Casale Monferrato 1993).

confermare simile rappresentazione: i «fratelli d'Italia» pronti a morire per la patria incarnavano la nazione risorta dalla guerra, riproponendone una visione squisitamente ottocentesca.[5]

I processi di ricostruzione postbellica mirarono a restaurare la figura maschile, respingendo di nuovo nell'ombra delle mura domestiche la rappresentazione femminile.[6] In questa rappresentazione mancavano le donne che avevano lottato con le bande partigiane, il cui contributo veniva considerato irrilevante, ma mancavano anche le donne che avevano combattuto nella quotidianità per garantire la sopravvivenza della vita civile durante la guerra, le cui azioni vennero relegate ad atti ordinari senza valore politico.

La resistenza taciuta, *Les oubliées de la guerre*, *La presenza invisibile*[7] sono i titoli di una storiografia di genere che ha sottolineato il silenzio e l'oblio su donne e guerra.

La Resistenza armata

Molte donne avevano partecipato alla lotta partigiana in varie forme. Alcune combatterono, e non tutte furono ammesse a sfilare il 25 aprile nelle strade delle città liberate in omaggio a una cultura che mal tollerava la donna emancipata a fianco degli uomini in armi. Molte altre avevano svolto il ruolo di portatrici di messaggi, di armi, di cibo per le bande. Lo avevano fatto in montagna come in città e avevano rischiato la vita al pari degli uomini, molte erano state catturate, torturate, uccise per questo. Tutte queste loro attività furono rappresentate come attività subalterne alla lotta armata: un "contributo" inserito nella categoria di assistenza e cura che ha caratterizzato e caratterizza tuttora la rappresentazione del genere femminile. Anna Maria Bruzzone e Rachele Farina citano a questo proposito casi significativi: Tersilla Fenoglio non fu ammessa a partecipare alla sfilata delle forze di Resistenza a Torino; Maria Rovano quando chiese spiegazione dei gradi riconosciuti soltanto ad altri si vide rispondere: «Ma tu sei

5. L'*Inno di Mameli* fu scelto il 12 ottobre 1946 e confermato nel 2012.

6. D. Gagliani, *La guerra totale e civile: il contesto, la violenza e il nodo della politica*, in *Donne guerra politica. Esperienze e memorie della Resistenza*, a cura di Ead., E. Guerra, L. Mariani e F. Tarozzi, Clueb, Bologna 2000, p. 42.

7. A.M. Bruzzone, R. Farina, *La Resistenza taciuta. Dodici vite di partigiane piemontesi*, Bollati Boringhieri, Torino 2003 (I ed. La pietra, Milano 1976); *1939-1945: combats de femmes. Françaises et Allemandes, les oubliées de la guerre*, a cura di E. Morin-Rotureau, Autrement, Paris 2001; *La presenza invisibile. Donne guerra montagna 1938-1947*, a cura di P. Momigliano Levi e E. Alessandrone Perona, End, Aosta 2008.

solo una donna!»; Nelia Benissone che «aveva organizzato assalti ai docks, addestrato gappisti e sappisti, lanciato bombe molotov contro convogli in partenza per la Germania, disarmato militari fascisti anche da sola, e dopo essere stata nel 1945 responsabile militare del suo settore», venne riconosciuta dalla commissione regionale come «soldato semplice».[8]

Si disse anche che le donne combattenti avevano seguito la sorte di padri, fratelli, compagni. Ma sappiamo che anche gli uomini scelsero sulla base di tradizioni familiari, in relazione alle reti di amicizia... In realtà si potrebbe dire che la decisione di aderire alla lotta armata da parte delle donne fu più libera e determinata rispetto a quella di tanti giovani uomini sbandati che, richiamati alle armi dal bando di Graziani, furono in un certo senso obbligati a scegliere. Le donne furono spinte innanzitutto dal desiderio di emancipazione, dall'aspirazione a raggiungere la parità con i maschi, trasgredendo una cultura di genere che le relegava a ruoli subordinati e politicamente irrilevanti. «Finiva per noi ragazze la trasgressione»; la nostra vita «non sarebbe stata più straordinaria».[9] Così ha scritto la partigiana Marisa Ombra ricordando il momento della liberazione e il ritorno alla normalità.[10]

A partire dagli anni Settanta insieme al rifiorire degli studi sulla Resistenza in generale, sotto la spinta del movimento femminista che in quegli anni si sviluppava con un notevole protagonismo politico, la vicenda delle donne combattenti riemerse per opera di storiche ma anche di ex partigiane (come Bianca Guidetti Serra). Si trattava di far emergere la «Resistenza passata sotto silenzio»[11] e la storia stessa delle donne partigiane.[12]

Il metodo utilizzato fu la storia orale, un progetto di restituzione: dare la parola, fare emergere dal silenzio. Si trattò di una storia delle donne nella Resistenza. Come disse Ersilia Alessandrone Perona, le donne partigiane

8. Bruzzone, Farina, *La Resistenza taciuta*, p. 8.

9. M. Ombra, *La bella politica. La Resistenza, «Noi donne», il femminismo*, Edizioni Seb27, Torino 2009, cit. in M. Ponzani, *Guerra alle donne. Partigiane, vittime di stupro, «amanti del nemico» 1940-45*, Einaudi, Torino 2012, p. 15.

10. Come ha sottolineato Michela Ponzani, da un certo punto di vista la decisione di rischiare la vita e combattere insieme e alla pari dei maschi può accomunare la partecipazione alla Resistenza delle donne «alla scelta di chi entra a far parte dei reparti armati femminili della RSI. [...] Dietro al desiderio di andare a combattere certo si nasconde la voglia di rivendicare una parità con gli uomini» (Ponzani, *Guerra alle donne*, p. 56).

11. Bruzzone, Farina, *La Resistenza taciuta*, p. 8.

12. B. Guidetti Serra, *Compagne*, Einaudi, Torino 1977.

applicarono a se stesse i criteri di legittimazione della resistenza maschile, quella che era stata applicata ai loro compagni.[13] Ma, come Anna Bravo ha spiegato nella nuova edizione di *La Resistenza taciuta*, c'era già nei racconti delle donne partigiane uno sguardo differente sulla lotta: un'ideologia più debole, una capacità di distinguere «caso per caso», di affrontare il problema della responsabilità in relazione alle azioni armate.[14] Si trovavano inoltre temi importanti e dissonanti rispetto alle retoriche resistenziali: la gerarchia uomo/donna e i rapporti di genere nelle bande, la difficoltà del ritorno alla normalità, il disconoscimento dei partiti politici, il sospetto delle reti di vicinato. Tema quest'ultimo che sarebbe stato affrontato negli anni Ottanta con grande efficacia da Lidia Beccaria Rolfi, partigiana, deportata a Dachau, che trovò al suo ritorno l'assenza di solidarietà dei compagni, il sospetto dei vicini, la persecuzione da parte delle istituzioni pubbliche.[15] Era maestra di scuola, un settore che non aveva quasi del tutto subito epurazione e che era largamente controllato dal vecchio apparato burocratico fascista. Dunque, la sua partecipazione alla lotta partigiana con la deportazione politica in Germania divenne ragione di sospetto per i direttori e gli ispettori dell'insegnamento primario, che la perseguitarono con controlli e misure burocratiche arbitrarie. Una donna che aveva combattuto con i maschi non poteva che essere di facili costumi... Nello stesso tempo ella non trovò un ruolo né una riconoscenza nelle organizzazioni della sinistra dominate da una cultura e una massiccia presenza maschile.

Il rifiuto della guerra. La storia di Maria Occhipinti e la lotta contro la chiamata alle armi

La storia di Maria Occhipinti è un altro dei casi significativi di protagonismo femminile ancora oggi scarsamente riconosciuto. Imprigionata e condannata come uno dei capi della rivolta di Ragusa contro la chiamata alle armi (gennaio 1945), la sua vicenda potrebbe apparire come diametralmente opposta a quella delle partigiane eppure se la si analizza con più attenzione, al di là delle categorie ideologiche che l'hanno interpretata, si troveranno delle assonanze.

13. E. Alessandrone Perona, *Le donne nella Seconda guerra mondiale*, in «Italia contemporanea», 195 (1994), pp. 361-367 (l'articolo è disponibile on line al seguente indirizzo: http://www.italia-resistenza.it/wp-content/uploads/ic/RAV0053532_1994_194-197_13.pdf).

14. A. Bravo, *Prefazione* a *La Resistenza taciuta*.

15. L. Beccaria Rolfi, *L'esile filo della memoria*, Einaudi, Torino 1996.

È necessario ricordare il contesto storico in cui la rivolta avvenne. L'Italia aveva combattuto con gli alleati tedeschi in Africa, in Grecia, nei Balcani. Dopo la prima battaglia sulle Alpi occidentali si erano succedute continue sconfitte militari, rendendo le truppe italiane sempre più dipendenti dai tedeschi e i nostri soldati sempre più distaccati dal regime fascista, fino allo sbandamento dell'8 settembre, quando la classe dirigente civile e militare aveva mostrato tutta la sua incapacità lasciando l'armata alla mercé dei tedeschi senza ordini e senza direzione. Come ben sappiamo, una parte dei soldati fu catturata da diversi nemici e scontò la prigionia in territori differenti e lontani del pianeta. La Wehrmacht riusciva a occupare la quasi totalità del territorio italiano in uno o due giorni e a disarmare l'armata italiana. I comandanti sparivano e i soldati si diedero alla fuga cercando di raggiungere le proprie case.[16]

I soldati rimasti al Nord dovettero fare i conti con la neonata Repubblica di Salò e con l'appello alle armi emesso da Graziani. Come è noto, ci sarà una disobbedienza diffusa all'appello, anzi è stato mostrato come esso abbia avuto l'effetto di ingrossare le bande partigiane.[17] E, accanto ai gruppi di combattenti più risoluti e politicizzati, ci sarà una massa variabile di giovani esitanti e incerti. Molti di loro fuggiranno durante tutto il periodo della guerra, altri cercheranno soluzioni di compromesso: l'inserimento nelle industrie ausiliarie, o nella Todt. Come ha detto Santo Peli, tutte le scelte hanno avuto come caratteristica il rifiuto della guerra, una «disobbedienza di massa» alla leva che accomuna sbandati settentrionali che non aderiscono all'appello di Salò e sbandati meridionali che disobbediscono al richiamo del Regno del Sud.[18]

Nel Mezzogiorno liberato dagli Alleati un governo debolmente legittimato fra la popolazione, sottomesso al controllo anglo-americano, dopo la dichiarazione di cobelligeranza decide di formare un nuovo esercito che deve combattere a fianco degli Alleati. A capo ci sono gli stessi comandanti che avevano diretto l'armata fascista, con la stessa disciplina e gli stessi valori. Per tutti quelli che sono fuggiti l'8 settembre la guerra è finita. Essi giudicano di avere già sofferto abbastanza e inutilmente per la patria, e non riconoscono il nuovo esercito. Soprattutto non vogliono più fare la guerra.

16. Ho raccontato le differenti esperienze dei soldati italiani nella seconda guerra mondiale attraverso testimonianze orali nel volume prima citato *Combattenti, sbandati, prigionieri*.

17. S. Peli, *La Resistenza in Italia. Storia e critica*, Einaudi, Torino 2004.

18. Ivi, p. 231.

E le mogli, le madri, le sorelle sono decise a fare di tutto per non far partire i loro uomini.

Durante l'inverno 1944-45 si svolgono grandi moti contro il reclutamento in tutto il Mezzogiorno a partire dalla Sicilia. Il governo manda l'esercito contro i manifestanti provocando molte vittime.[19] Ed è il governo di unità nazionale che prende la decisione di sparare contro le folle. I comunisti accettano senza riserve la linea del governo cui partecipano. I corrispondenti dalla Sicilia per «l'Unità» parlano di «rigurgiti fascisti», di sabotaggio dei separatisti e dei grandi proprietari terrieri, interpretazione che è sottolineata nella risoluzione della direzione del Pci del 17 febbraio seguente.[20] Al contrario, alla testa dei moti si trovavano spesso donne e uomini socialisti, anarchici, comunisti, come mostra la storia delle lotte a Ragusa e in particolare la vicenda di Maria Occhipinti, che fu considerata uno dei capi della rivolta e che ha raccontato la sua storia in un libro apparso nel 1957.[21]

Maria Occhipinti, di origine popolare, autodidatta, era comunista. Incarcerata, ha continuato a dichiararsi comunista e a subire persecuzioni più dure per questo motivo, mentre il Partito comunista non l'ha mai riconosciuta né aiutata. Dopo la sua liberazione per l'amnistia nel 1946 ha dovuto abbandonare la Sicilia e ha vissuto una vita assai difficile. Nell'introduzione al libro del 1957 Carlo Levi inquadrava il caso di Maria Occhipinti nella categoria di resistenza o alterità del mondo meridionale alla «grande storia» e allo Stato, riprendendo le categorie che aveva già sviluppato nel *Cristo si è fermato a Eboli*. Ma io penso che si debba invece interpretare come una delle prime critiche alla guerra e alla classe dirigente del tempo da un punto di vista di genere. Nella sua autobiografia ella criticava da un canto i conservatori (il re, i prefetti, gli amministratori, i direttori delle prigioni…) in quanto rappresentanti degli stessi interessi e delle stesse culture del periodo fascista e, d'altro canto, i partiti di sinistra incapaci di

19. E. Forcella, *Lo stato nascente e la società esistente. Introduzione* a *L'altro dopoguerra. Roma e il Sud 1943-1945*, a cura di N. Gallerano, Franco Angeli, Milano 1985, p. 27. Sul movimento dei "non si parte" si veda R. Mangiameli, *La regione in guerra*, in *Storia d'Italia. Le regioni dall'Unità a oggi. La Sicilia*, Einaudi, Torino 1987, pp. 486-600; Id., *Memorie della seconda guerra mondiale in Sicilia*, Cuecm, Catania 2003; M. Patti, *La Sicilia e gli Alleati. Tra occupazione e liberazione*, Donzelli, Roma 2013.

20. E. Forcella, *Introduzione* a M. Occhipinti, *Una donna di Ragusa*, Feltrinelli, Milano 1976, pp. 15 e 16.

21. M. Occhipinti, *Una donna di Ragusa*, Landi, Firenze 1957 (*Introduzione* di Carlo Levi). Il libro fu ripubblicato da Feltrinelli, Milano 1976 e da Sellerio, Palermo 1993. Le citazioni che seguono sono tratte dall'edizione del 1993.

comprendere e difendere le classi popolari che pretendevano di rappresentare. Le sue parole sono chiare e assolutamente eterodosse per gli anni Cinquanta. Nella prefazione spiegava l'obiettivo della sua opera:

> Gli avvenimenti del dicembre 1944-gennaio 1945 ai quali avevo partecipato a Ragusa erano stati interpretati non come una ribellione popolare contro la guerra, ma un tentativo fascista. Volevo liberarmi dalla vergogna di cui ci avevano ricoperti, volevo che al sacrificio di centinaia di detenuti e confinati per quei fatti, e al sangue versato in quei giorni fosse resa giustizia.[22]

Il racconto riporta alla luce le ragioni della protesta al di là delle interpretazioni ufficiali.

> Mentre centinaia di famiglie di lavoratori soffrivano per i loro figli catturati o uccisi, i fascisti continuarono a passeggiare indisturbati per la città. Gli arrestati erano quasi tutti comunisti e socialisti. I partiti di sinistra condannarono spietatamente gli insorti, senza nessuna comprensione per le amarezze e le ragioni del popolo. La guerra aveva aperto gli occhi alla gente. I contadini avevano subito l'ingiustizia dell'ammasso obbligatorio, avevano visto entrare in paese i camion carichi di grano del signor Tizio o del signor Caio, le riverenze e gli inchini ai grandi proprietari e l'umiliazione delle loro donne alle quali era stato strappato il sacchettino di grano raccolto spiga per spiga dopo la mietitura. [...] Non si poteva richiedere, ancora, sacrifici ed entusiasmo a cittadini per i quali la Patria non aveva mai avuto nessuna considerazione e rispetto. Cos'è la patria per i contadini del Sud? Al di sopra di ogni speculazione di fascisti e separatisti la ribellione dei giovani contro la chiamata alle armi era stata spontanea e sincera. E l'azione dei partiti antifascisti fu deplorata da tutti. Se ci tenevano veramente che la Sicilia aiutasse i fratelli del Nord contro il fascismo e contro la guerra, perché non avevano cominciato a dare l'esempio i capi, come avveniva tra i partigiani dell'Alta Italia? E non era una terribile leggerezza quella di richiamare in massa fascisti e antifascisti, non era un gran rischio armarli e tenerli insieme? A tutto questo si poteva rimediare con un volontariato cosciente, ma al volontariato si pensò quando era già troppo tardi. In quell'occasione il popolo si sentì abbandonare dai suoi capi e la sua fu una disperata rivolta contro la guerra. Anch'io fui condannata. Ma io non avevo potuto agire diversamente. Dopo aver predicato per mesi alle donne che il comunismo vuol dire unione dei lavoratori di tutto il mondo, pace, lavoro e fraternità dei popoli, non potevo parlare di guerra a gente che, dopo un anno e mezzo di occupazione alleata, ormai non credeva più nella Patria.[23]

22. Ivi, p. 21.
23. Ivi, pp. 96 e 97.

Il libro di Maria Occhipinti è innanzitutto una critica totale alla guerra, ma ci mostra insieme l'insensibilità dei politici e le contraddizioni che complicarono il cammino della democrazia e impedirono una vera integrazione delle classi popolari del Mezzogiorno nella vita politica del paese. Ci sono nel testo molte osservazioni sui comportamenti dei direttori delle prigioni, delle guardie carcerarie maschi e femmine (suore in questo caso), dei magistrati, dei comandanti e dei soldati che avevano tirato sulla folla, li avevano arrestati e sottoposti a trattamenti brutali. Di tutto ciò Maria Occhipinti non indica solo i caratteri e la cultura ancora intensamente impregnati dell'ideologia fascista, ma ci mostra anche le loro attitudini profondamente ciniche e misogine, descrivendo, in contrapposizione, l'umanità delle donne compagne di prigionia.[24]

Il suo discorso si poneva al di là delle rigide barriere ideologiche che dividevano la società dell'epoca e cadeva in un *milieu* politico e culturale che non poteva e non voleva comprenderlo. Solo dopo molti anni il suo libro è stato ripreso dagli autori che hanno lavorato a decostruire la rappresentazione ufficiale della guerra e del dopoguerra nel Mezzogiorno.[25]

Una resistenza ordinaria

Il caso di Maria Occhipinti può introdurci in una dimensione più generale che rimanda ad azioni e pratiche che si estrinsecano in un diffuso rifiuto della guerra e si esprimono in modi diversi a seconda dei luoghi e dei contesti della guerra stessa: il fronte, i bombardamenti, le violenze naziste, le violenze dei liberatori. È il tentativo di preservare la struttura della vita civile, una pratica che potremmo anche definire con la categoria della *resilienza* utilizzata per studiare la risposta delle comunità alle catastrofi, che misura la capacità adattiva di un gruppo, di una comunità ad affrontare un'emergenza, salvando i legami sociali, riadattando alla nuova situazione l'organizzazione della vita quotidiana.[26] Anche in questo caso è stato notato come siano quasi sempre le donne a fornire la rete di sostegno per la ricostruzione materiale e psicologica della comunità colpita dalla catastrofe.

24. Osservazioni analoghe si trovano nelle memorie delle donne partigiane imprigionate nel dopoguerra. Cfr. Ponzani, *Guerra alle donne*, p. 16.

25. Si veda l'Introduzione di Enzo Forcella all'edizione del 1976. L'autore riprenderà i temi nell'Introduzione al volume *L'altro dopoguerra*, pp. 21-49.

26. Cfr. D. Paton, D. Johnston, *Disaster Resilience. An Integrated Approach*, Charles C. Thomas, Springfield (IL) 2006.

Sono le pratiche quotidiane che, con de Certeau, potremmo definire di resistenza ordinaria: le azioni che i deboli mettono in gioco contro i potenti, che contraddistinguono la lotta quotidiana di chi senza armi deve combattere un potere dittatoriale, che indicano la capacità della gente di opporsi a comandi iniqui, di mantenere margini di autonomia e di giudizio nonostante debba subire un regime ferreo di subordinazione e di oppressione.[27] Sono le «virtù quotidiane» che Todorov distingue dalle «virtù eroiche»: esse si caratterizzano per un altruismo rivolto a persone concrete, sono atti rivolti «a un essere umano individuale particolarmente vicino, e non alla patria o all'umanità. [...] Il destinatario più frequente dell'altruismo è un essere caro, un parente: madre o figlia, fratello o sorella, marito o moglie. Ma poiché gli intimi sono spesso scomparsi, si trovano altri "parenti" in un certo senso sostitutivi».[28] Gli eroi, scrive Todorov, non si curano degli individui, pensano alla storia, sacrificano la propria vita per un ideale. Coloro che praticano le virtù quotidiane scelgono di «interessarsi ai particolari e agli individui»,[29] l'umanità per loro non è un'astrazione ma si compone di individui in carne e ossa che sono vicini, che hanno bisogno di aiuto.

Queste pratiche ordinarie permettono alla società di sopravvivere durante il conflitto e rialzarsi nel dopoguerra, e caratterizzano soprattutto l'esperienza delle donne. I vissuti di crisi hanno una forte connotazione di genere: il razionamento, le code, la provvista di cibo, i vestiti cuciti, girati, recuperati, i paracadute che diventano abiti, le coperte militari cappotti... Le donne si collocano tra lo spazio domestico e lo spazio pubblico. Come ha scritto Mariuccia Salvati sono in una posizione di frontiera tra fronte interno e fronte esterno, tra vita quotidiana e straordinarietà della guerra, tra privato e pubblico. La loro esperienza varca «i confini, quelli materiali e quelli simbolici».[30]

Si crea dunque un legame stretto fra le pratiche quotidiane e la protesta che deriva immediatamente dalla mancanza di cibo, dalla fame, dalla lotta per la sopravvivenza della famiglia. Come è stato detto a proposito

27. M. de Certeau, *L'invention du quotidien. 1'arts de faire*, Gallimard, Paris 1990 (I ed. 1980); J.C. Scott, *Domination and the Arts of Resistance. Hidden Transcripts*, Yale University Press, New Haven-London 1990.

28. T. Todorov, *Di fronte all'estremo*, Garzanti, Milano 1992, p. 23 (ed. or. *Face à l'extrême*, Editions du Seuil, Paris 1991).

29. Ivi, p. 28.

30. M. Salvati, *Riflessioni e ricerche per una geografia della storia delle donne e della guerra*, in *Donne guerra politica*, p. 16.

delle donne di montagna, c'è una «continuità tra vissuto delle donne e loro azione», la lotta «prolunga le pratiche quotidiane, ordinarie».[31]

Così si spiegano le molteplici agitazioni che vedono le donne in prima fila contro l'ammasso e il razionamento che coinvolgono le campagne come le città.

Nel Mezzogiorno rurale esse ripercorrono i modelli tradizionali di lotta, come ad esempio in Puglia dove c'è un'evidente continuità con le lotte contadine del 1920-21. Il caso più drammatico si svolge il 23 agosto 1942 a Monteleone di Puglia: vengono sequestrate delle pignatte di granturco alle donne in fila per la macina, che si ribellano, incendiano la caserma dei carabinieri e il municipio. Sono arrestate 96 persone fra cui 65 donne accusate di devastazione e saccheggio, 19 sono ancora detenute nel 1946. Quello stesso anno la condanna viene confermata in appello. Verranno liberate solo per iniziativa degli inglesi e saranno amnistiate nel 1950.[32] È questo il caso più significativo, anche per la durissima repressione che lo ha caratterizzato, ma se ne potrebbero fare molti altri, che si sviluppano dal 1941 al 1943 e continuano dopo l'8 settembre, segnando la condizione di sofferenza che opprime la popolazione del Regno del Sud, dove ufficialmente la guerra è finita. In molte pianure è tornata la malaria, nelle città distrutte è arrivato il tifo, la carestia regna sovrana… Fra il settembre 1943 e il febbraio 1944 si verificano ancora centinaia di manifestazioni con una preminente presenza femminile: 15 in provincia di Napoli, 19 in provincia di Avellino, 10 in provincia di Benevento, 27 nel leccese, 8 in provincia di Bari, 9 in provincia di Taranto.[33]

Analoghe proteste si svolgono nelle città. I documenti di Prefettura raccolti nell'Archivio di Stato napoletano mostrano il crescere delle dimostrazioni contro il regime fin dagli inizi della guerra: oltre alle critiche alla difesa aerea, le relazioni delle autorità come quelle degli anonimi informatori registrano proteste e agitazioni contro l'inefficienza del sistema del razionamento, le scarse razioni alimentari, il ritardo con cui vengono consegnate, le file. La relazione del comandante dei carabinieri al prefetto del 29 novembre 1941 descrive una popolazione affamata, composta in larga misura da donne, che preme in massa di fronte all'ufficio alimenta-

31. J.M. Guillon, *Saggio sulle ménagères*, in *La presenza invisibile*, pp. 225-240.

32. V.A. Leuzzi, *Donne contro la guerra. La rivolta di Monteleone di Puglia (23 agosto 1942)*, Edizioni dal Sud, Bari 2004.

33. M. De Prospo, *Resa nella guerra totale. Il Regio esercito nel Mezzogiorno continentale di fronte all'armistizio. Marzo 1943-febbraio 1944*, Le Monnier, Firenze 2017.

zione del municipio e protesta contro la disorganizzazione e i ritardi con cui arrivano le provviste alimentari.[34] Ma si potrebbero citare altre decine di relazioni simili, del prefetto stesso, del questore... Si parla di file di ore, di beni razionati distribuiti con più di un mese di ritardo. Si citano numerose manifestazioni di protesta di donne. La carestia e il cattivo funzionamento del razionamento occupano anche pagine e pagine di lettere censurate.

La penuria di cibo e l'incapacità delle autorità di garantire almeno le riserve destinate al razionamento coinvolgono tutte le città, già travolte e distrutte dai bombardamenti.

A Torino fra il 1943 e il 1944 si verifica il fallimento completo dell'organizzazione dei consumi.

> Ne nasce un'avversione di massa che sbocca in episodi di conflittualità collettiva per vari aspetti simili alle rivolte di *ancien régime*. Ci sono assalti ai treni che trasportano viveri e combustibili, c'è un'elusione sistematica delle norme annonarie. [...] Ne nasce soprattutto uno sfruttamento esponenziale delle energie individuali e delle risorse familiari. Tornano lavori e abilità delle generazioni precedenti: filare, tenere i bachi da seta, allevare polli e conigli, riconoscere le erbe commestibili, cacciare rane e raccogliere lumache, cucinare con ingredienti di fortuna, curare con rimedi tradizionali. [...] Il grosso del lavoro domestico è raccogliere e riciclare. [...] Per non lasciar vuote le dispense, e per aver una casa dove metterle, si passa molto tempo fuori e in movimento. Uno dei tratti della guerra è la mobilità/visibilità delle donne, che in tutta Europa passano ore davanti ai negozi e alle rivendite clandestine, attraversano le città e percorrono le campagne in cerca di cibo e di ricoveri di fortuna, prendono treni per sfollare.[35]

Il cibo ritorna continuamente nei racconti, in alcuni casi esprime simbolicamente quel ruolo di cura e protezione che si incarna nelle figure delle madri. Valentino Nardone venne rastrellato e ucciso nella rappresaglia di Bellona (Caserta) il 7 ottobre 1943. Aveva solo 15 anni. Gli ostaggi furono portati in una cappella al centro del paese e poi 10 per volta condotti in una cava e fucilati. La sorella ci ha consegnato il ritratto vivido della madre che gli corre appresso con il cibo. Un estremo tentativo di protezione. Non sa che lo stanno per uccidere.

34. Archivio di Stato di Napoli, Prefettura, Gabinetto, b. 51, lettera anonima del 12 luglio 1941.

35. A. Bravo, A.M. Bruzzone, *In guerra senz'armi. Storie di donne 1940-1945*, Laterza, Roma-Bari 1995, p. 51.

Mia mamma curreve appriesse, mia mamma facette a marenna cia purtaje dint'a cappella i San Michele, o facette pure mangià, isse mangenne mangenne s'o piglierene e s'o purterene là. Accererene crestiane gruosse, crestiane piccule, fratreme quindici anni, accererene n'atu ninne trirece anne, n'atu ninne unnece anne, là se verette a fine ru munne. Sette o otto sacerdoti [...] miereche, tutte, accereren nu sacche e cristiane [...] 54 ita capì? (Carolina Nardone).[36]

Quello stesso giorno la famiglia venne evacuata con il resto della popolazione. Dell'esecuzione si seppe solo molti giorni dopo. Allora, racconta ancora la figlia Carolina, la mamma «quando era mattina, pigliava il

36. «Mia mamma correva appresso, mia mamma fece la merenda e ce la portò nella cappella di San Michele, lo fece pure mangiare, e lui mangiando mangiando se lo pigliarono e se lo portarono là. Uccisero cristiani grandi cristiani piccoli, mio fratello quindici anni, uccisero un altro bambino tredici anni, un altro bambino undici anni, là si vide la fine del mondo [...]. Setto o otto sacerdoti [...] medici, tutti, uccisero un sacco di cristiani [...] 54, avete capito?». Il caso con la testimonianza è narrato in G. Gribaudi, *Guerra totale. Tra bombe alleate e violenze naziste. Napoli e il fronte meridionale 1940-44*, Bollati Boringhieri, Torino 2005, pp. 589-591. Tenere testimonianze di mogli che corrono appresso ai mariti portando cibo e vestiti pesanti nel volume *Anche in questa piccola terra. L'eccidio nazista di Bellona*, Comune di Bellona, Bellona 1999. «Fu tra i primi dieci che uscì mio marito. Pioveva. Dissi a Lorenzo che sarei andata a prendergli un cappotto e lasciai la bambina a Puppenella e Putruzzella. Tornai a casa, presi il cappotto e scesi di nuovo in strada. Nel frattempo li avevano portati tutti e dieci verso fuori Bellona. Correndo arrivai fino alla casa di don Andrea Anziano. Non c'era anima viva nella strada. Un tedesco minacciò di spararmi. Tornai verso La chiesa, presi la bambina e rientrai in casa. E allora cominciai a piangere» (Gabriella Caputo). «I tedeschi entrarono in casa e portarono [papà] nella piazza principale del paese, dove già erano stati concentrati altri uomini catturati qua e là. Il cielo era nuvoloso. Cadeva una pioggia sottile ed insistente. Mia madre prese un cappotto e corse in piazza. Pensava che papà potesse averne bisogno perché probabilmente lo avrebbero portato a lavorare chissà dove. [...] Ma in piazza non trovò più nessuno. Gli uomini erano stati trasferiti in una piccola chiesetta lì vicino. Fuori c'erano molte donne tenute a bada da alcuni soldati. Lì ho raggiunto mia madre che aspettava di veder uscire papà. Quando i tedeschi lo hanno portato via, noi abbiamo tentato di seguirlo, ma siamo state bloccate energicamente» (Assunta Simeone). «Quando i soldati stavano per portar via Ciccio, io cercai di impedirlo. Mi aggrappai a lui assieme al mio bambino e non lo volevo lasciare. Ma, mentre uno dei militari strattonava mio marito, l'altro mi colpì le mani col calcio del fucile. [...] Poi Ciccio uscì dalla cappella insieme ad altri, in un gruppo di dieci. Allora io gli corsi dietro ma venni bloccata dai soldati. Dopo quasi un'ora tolsero il blocco e, col cuore in gola, mi avviai lungo la strada dove Ciccio era stato portato. I tedeschi mi bloccarono di nuovo vicino alla casa dei Pezzullo dove era sistemato il loro comando. Con me avevo portato del pane e un cambio di biancheria intima. Pensavo che ne avrebbe avuto bisogno perché quella mattina cadeva una pioggia leggera ma insistente. Dove avete portato mio marito? Ditemi dov'è! Gli ho portato da mangiare» (Maria Angela della Cioppa).

pane, pigliava qualche cosa [...] un fico secco [...] e andava a casa nostra. Andava a casa e chiamava: Valentì, Valentì! Che volete, Valentino, quello non c'era più!».

La mamma di Valentino è un'immagine concreta strappata alla retorica che in genere aleggia intorno al soggetto. Il suo affetto, la sua ansia sono concretamente rappresentati nella preoccupazione del cibo: la mamma gli corse appresso, gli portò la merenda fino nella cappella, lo fece mangiare, e quelli, mangiando mangiando, lo portarono a morire.

Anche nella testimonianza di uno dei sopravvissuti dell'eccidio, Giuseppe Cafaro, compare la mamma a portare il cibo e in questo caso il cibo è salvifico, porta anche la vita. La madre riesce a portarselo via.

Fastidiosa, ovviamente, quando si fa retorica ampollosa e avulsa da fatti e figure concrete, la raffigurazione materna rimanda però a un riferimento reale: le madri, le mogli e le donne in genere sono le protagoniste delle «virtù quotidiane» di cui parla Todorov.[37] Allo stesso tempo assurgono a immagine simbolica della guerra e della sofferenza.

Saranno Rossellini e De Sica a proporre, nei loro film, figure di donne che si radicheranno nella memoria della nazione. Nell'ultima scena di *Roma città aperta*, attraverso la fine della moglie e madre Pina-Anna Magnani, Rossellini ha voluto condensare tutto il dramma della guerra: il marito prigioniero che si allontana sulla camionetta, lei che urla, lo insegue e viene ferita a morte, il figlio riverso sul corpo della madre che piange disperato, il sacerdote che sorregge il corpo...

Una madre è la protagonista principale del film di De Sica *La ciociara* (1960), tratto dal romanzo di Moravia (1957), per cui Sofia Loren ebbe l'Oscar per la migliore interpretazione. La madre lacera e piangente china sulla figlia stuprata da un branco di soldati è un'altra delle icone possenti delle vittime della guerra.

Sarà, infine, Elsa Morante (*La Storia*, 1974) a proporre il ritratto memorabile di una madre che attraversa la guerra incarnandone sofferenze

37. In *Memoria del male, tentazione del bene* Todorov riprende questo concetto rimandando anch'egli a una figura di madre. «I giusti non cercano il bene ma praticano la bontà: aiutano un ferito anche se è nemico, nascondono gli ebrei perseguitati, recapitano la lettera dei detenuti. Una scena di *Vita e destino* ne illustra la comparsa: una donna russa tende un pezzo di pane al prigioniero tedesco, mentre egli aspetta di venire linciato. Questa bontà si incarna in modo emblematico nell'amore materno». T. Todorov, *Memoria del male, tentazione del bene. Inchiesta su un secolo tragico*, Garzanti, Milano 2001, p. 88 (ed. or. *Mémoire du mal, tentation du bien*, Robert Laffont, Paris 2000).

e contraddizioni. La maestra Iduzza Ramundo lotta con tutte le sue forze contro la violenza della Storia per salvare il suo fragile piccolo nato dall'aggressione di un soldato tedesco, passando attraverso il bombardamento, la perdita della casa, lo sfollamento in tuguri miserabili, la ricerca affannosa di cibo. La fine della guerra non porterà la pace a Iduzza ma la morte dei figli: il più grande, diventato contrabbandiere, in un incidente stradale inseguito dalla polizia e il piccolo per le convulsioni del «grande male». La sofferenza della guerra sembra esprimersi in queste sue estreme conseguenze e si incarna nel dolore immenso e inesprimibile della madre che impazzisce.

Anche nei racconti orali il dolore della guerra trova spesso espressione nella rappresentazione delle madri. È l'immagine della *mater dolorosa* che simboleggia e catalizza su di sé il dramma della morte. Appaiono sullo sfondo le figure della tradizione religiosa: la deposizione della croce, Maria che piange, Maria che segue coloro che portano il corpo del figlio: «Mammà era un'addolorata [...] mammà camminava dietro a papà come quando Gesù Cristo steve 'n coppa a croce [...] per me era 'a stessa cosa».[38]

La lotta delle madri e delle mogli per la difesa di figli e mariti è un elemento chiave nella narrazione della guerra. Donne che salvano gli uomini dai rastrellamenti, donne che accolgono soldati sbandati, madri e mogli che strappano letteralmente i figli o i mariti ai razziatori, come nel caso dell'insurrezione napoletana. Donne che si prendono cura dei corpi abbandonati: famoso il caso di «mamma Lucia» che nel dopoguerra raccolse i corpi di circa 700 soldati uccisi nella battaglia che seguì lo sbarco di Salerno e diede loro sepoltura riconsegnandoli, se possibile, alle famiglie.[39] Come madre, disse lei, diede sepoltura ai soldati – sono tutti figli di mamma – e come madre venne ricordata.

38. Gribaudi, *Guerra totale*, pp. 523-524. La retorica della madre viene utilizzata in molti casi per superare conflitti e violenze che hanno diviso e segnato drammaticamente le società. Sono le madri dei *desaparecidos* a costituire «una sorta di mito fondativo dell'America Latina attuale. La legittimazione della madre, come portatrice del diritto alla verità e alla giustizia, avrebbe permesso di rialzare la testa e non sottostare più alla violazione dei diritti fondamentali». G. Carotenuto, *Todo cambia. Figli di desaparecidos e fine dell'impunità in Argentina, Cile e Uruguay*, Le Monnier, Firenze 2015. In Ruanda le donne sostenute da politiche di genere straordinarie e raffigurate come simboli della pacificazione e della vita contro la morte, diventano un elemento fondamentale nella narrazione che segue il genocidio e fonda il nuovo Stato.

39. G. Chianese, *Prima e dopo la guerra. 1936-1946. Il lungo decennio del Mezzogiorno*, Ediesse, Roma 2014, p. 92.

Sono ancora le donne spesso ad accompagnare i corpi dei loro cari al cimitero.

> Lo misero in una cassa e mia sorella si mettette 'n capa la cassa e lo portarono al cimitero. Fino 'n copp'o cimitero o purtava 'n capa.
>
> Ci fu una donna [...] quella donna quando cacciarono il marito [...] quando lo cacciarono lei se lo mise in testa [...] la bara, no? Se la mise in testa e arrivò al cimitero, se lo portò lei al cimitero.[40]

Le immagini delle donne con la bara in testa è di enorme suggestione. È una sorta di icona che non ha bisogno di commenti. Rimanda a un ruolo e a una forza che difficilmente potrebbe essere tradotta in parole. È, ovviamente, anche l'immagine di un tempo molto molto lontano. Di una realtà che riemerge dal passato come se si trattasse di un altro mondo... Sono, queste, immagini che emergono dal ricordo, dall'esperienza soggettiva: visioni concrete radicate in un'esperienza reale.

Madri e figlie compaiono ancora come rappresentazioni di una sofferenza estrema nelle testimonianze degli stupri avvenuti nel basso Lazio, dopo lo sfondamento della Linea Gustav. Nei racconti vengono raffigurate madri che si offrono ai soldati pur di risparmiare le figlie, madri che piangono: «Mamma mia passava 'e gnurnate a piagnere, la notte n'durmeva pe' niente, alluccava pe' gnu terrore [...] ha sofferto tanto pe' me e la sora mia». Figlie disperate: «Che dolore! Nun sapevo mancu che cosa significasse quelle cose, però capivo che steveno a fa' del male a mia madre che, vrevo, cercava con tutte le poche forze di ribellarsi».[41]

Il racconto più struggente è quello di una donna di Lenola, che aveva allora 13 anni, la quale narra di essere stata violentata per tutta una notte da più soldati, di essere stata abbandonata in un campo dove fu ritrovata da padre e fratello, che la dovettero portare a spalla in un luogo protetto: lei non riusciva più a camminare.

La madre lacera e piangente china su una figlia attonita ci conduce a un altro tema. Al centro della scena non ci sono solo madre e figlia con il loro dolore, ma il loro corpo. Il corpo stuprato allude al corpo stuprato della nazione, alla perdita dell'onore: lo stupro delle donne colpisce l'onore degli uomini che non hanno saputo difenderle. Ma l'onore degli uomini

40. Gribaudi, *Guerra totale*, p. 592.

41. I casi e le testimonianze orali sugli stupri di massa nei paesi circostanti la Linea Gustav nel maggio 1944 si trovano ivi, pp. 510-574.

è colpito anche quando le donne scelgono di fraternizzare con i soldati stranieri. Sono noti i casi di rapature e di vere e proprie sevizie inflitte alle donne che avevano avuto rapporti con i soldati tedeschi, ma casi analoghi, se pure di minore violenza, si sono verificati anche verso donne che avevano relazioni con i soldati alleati.

I rapporti fra le donne e i soldati alleati erano stati intensi. Maria Porzio ha contato nei registri dello stato civile i matrimoni fra donne napoletane e soldati alleati a Napoli negli anni 1944-47 e ha trovato ben 2.062 unioni miste, di cui 1.446 con militari americani, 780 dei quali italo-americani.[42] L'autrice è riuscita a intervistare alcune di queste spose che hanno raccontato la loro storia e i motivi del loro innamoramento. «Non ti posso dire che cosa mi colpì. Non era un uomo come gli altri, come quelli che avevo sempre visto a Napoli, era diverso: era gentile, era pulito, odorava, con le divise sempre pulite e profumate, con un portamento [...] poi era bello, biondo, sembrava un attore americano. E poi era generoso, appena poteva portava cose che gli altri si sognavano».[43] Belli, vincitori, liberi, diversi, come gli attori americani... rappresentavano la contrapposizione con la dura realtà che si era vissuta fino ad allora: la guerra, la miseria, ma anche i fidanzamenti claustrofobi, sorvegliati da mamma e papà. In un mondo in cui la separazione fra i sessi e il controllo sulle donne era ancora molto forte, la guerra e la presenza degli Alleati allentò questo controllo e le donne e le ragazze se ne avvantaggiarono. Da qui la ritorsione degli uomini, sconfitti sul campo di guerra e sconfitti nella vita quotidiana dai vincitori. Emerge una fitta documentazione che riguarda scontri tra italiani e angloamericani per le donne, e aggressioni alle giovani che giravano con gli Alleati, scoprendo la presenza di un fenomeno che pensavamo riguardasse soltanto il Nord, cioè le tonsure. Molte donne sono state rapate (a volte denudate) perché accusate di frequentare i soldati alleati. Il motivo delle rapature è noto: si punivano le donne che avessero collaborato con i nemici. Colpisce il fatto che nel Centro-sud si volessero castigare donne che collaboravano con gli "amici", fatto questo che indica l'ambigua caratterizzazione del soldato alleato agli occhi dei giovani italiani. Ci sono poi elementi di fondo comuni con le tonsure settentrionali. Colpendo il corpo delle donne fedifraghe si colpisce in effige l'occupante inviolabile. Il corpo

42. M. Porzio, *Arrivano gli alleati. Amori e violenza nell'Italia liberata*, Laterza, Roma-Bari 2011.

43. Ivi, p. 193.

delle donne è, inoltre, simbolicamente il corpo della nazione che non può essere violata. Le donne hanno così il dovere di mantenersi integre per salvare l'onore della nazione.

Non a caso divenne un'eroina del difficile dopoguerra Lydia Cirillo, la donna che uccise il soldato britannico che l'aveva illusa, ingannata e abbandonata.

«I danni della seduzione. Una giovane di Torre Annunziata uccide a colpi di pistola un ufficiale inglese». È l'11 ottobre 1945 e questa è la notizia che compare sui giornali italiani. Lydia Cirillo uccide l'uomo con cui aveva avuto una intensa relazione amorosa fin dal 1944, quando scopre di essere stata ingannata e tradita. L'ufficiale le aveva solennemente promesso di sposarla, nascondendole la presenza di una moglie e due figli in patria. Nel momento in cui sta per lasciare l'Italia rifiuta di vederla ancora e respinge le sue accorate rivendicazioni. Lei prende una pistola e lo uccide. Lydia Cirillo diventò un'eroina. «Divenne l'emblema della rivincita delle donne italiane sullo straniero usurpatore», colei che aveva difeso l'onore suo e l'onore delle donne italiane. Il processo che si svolse a Roma fu seguito da un folto pubblico, ebbe grande risonanza mediatica. Nel 1952 comparve un film sulla sua storia. Il risultato fu una condanna mite e la grazia concessa dal presidente della Repubblica, Luigi Einaudi, nel 1949.[44]

Il caso venne poi dimenticato, anche la memoria orale non ne conserva traccia, poiché gli anni della ricostruzione, con l'enfasi sul ruolo degli Alleati e sugli aiuti americani, misero a tacere le immagini negative di quello che David Ellwood ha definito l'alleato-nemico. La storia di Lydia Cirillo fa emergere, dunque, alcuni aspetti dimenticati dei sentimenti che una parte della popolazione coltivò verso gli angloamericani. Nell'immediato essi erano stati accolti con enorme gioia, erano veramente i liberatori da una guerra che nessuno voleva più, ma poi era emersa anche la durezza di quella che era in effetti un'occupazione militare: requisizioni di case, continui incidenti stradali provocati dalle camionette militari a danni di pedoni che affollavano le strade delle città, ricerca continua di donne, in molti casi anche violenza verso le donne. Tutto ciò provocava un certo risentimento, il risentimento dello sconfitto che sente il suo "onore" calpestato. Era quella una generazione che era stata educata al mito della patria che si incarnava appunto nel discorso dell'onore. Lydia Cirillo, che uccideva l'inglese che l'aveva ingannata, difendeva, agli occhi di molti, l'onore degli italiani.

44. La vicenda è trattata nel volume di Maria Porzio sopra citato.

Attraverso il prisma del genere penetriamo in una dimensione inedita dell'Italia liberata, che mette in crisi le tradizionali dicotomie attraverso le quali guerra e dopoguerra vengono rappresentati (amici/nemici, vincitori/vinti, liberatori/occupanti). Scopriamo infine una conflittualità finora taciuta fra uomini e donne, che ha caratterizzato i dopoguerra di tutti i paesi europei.

La donna appare nella doppia tradizionale veste impersonata nella religione cristiana dalla coppia opposta di Eva e di Maria. Maria, la donna madre, incarna la virtù, ma anche il dolore, la sofferenza e la capacità di sopportazione. Eva è peccatrice e tentatrice, gli uomini ne sono le vittime. Dure figure di peccatrici emergono dalla letteratura.

È il caso della protagonista di *Napoli milionaria* donna Amalia Jovine (Eduardo De Filippo, 1945), dura e cinica contrabbandiera, contrapposta alla figura del marito, ex tranviere deportato in Germania, che al suo ritorno assiste attonito e impotente alle trame e ai traffici che governano la vita della città. In questo caso la vittima della guerra è l'uomo e la donna viene a incarnare tutte le terribili conseguenze che la guerra produce nell'etica e nella vita quotidiana.

Immagini ancora più estreme troviamo nella rappresentazione di Napoli di Curzio Malaparte (*La pelle*, 1949) dove le folle di donne che si prostituiscono, che ostentano il loro povero corpo sono l'emblema estremo della sconfitta, della fame e della miseria in cui la città è immersa.

Eva e Maria convivono in tutte le guerre e in tutti i dopoguerra: accanto alla *mater dolorosa* c'è quasi sempre la peccatrice. Convivono nella memoria diffusa, diventano i simboli ideologici degli aspetti contraddittori della guerra. Ai due estremi chi protegge e chi fa delazione, chi combatte e chi collabora, chi regala e chi accaparra. La narrazione della guerra accentua la dicotomia che d'altronde si propone subito dopo la fine del conflitto quando viene inflitto alle "peccatrici" il castigo delle folle. E a capo di queste folle c'erano anche le donne a smentire in parte il loro ruolo sempre salvifico e solidale.[45] Ma questa è ancora un'altra storia...

45. Si vedano le fotografie delle tonsure imposte alle presunte collaboratrici del nemico in Francia nel volume di F. Virgili, *La France «virile». Des femmes tondues à la libération*, Payot, Paris 2000, in particolare le sequenze del video girato nella banlieue parigina a p. 126.

Renato Moro

Dalla cultura di guerra alla cultura di pace

Il tema che si affronta in queste pagine è relativamente nuovo agli studi. Mentre la questione della violenza nella guerra partigiana è stata da tempo affrontata da molte ricerche, solamente pochi sondaggi pioneristici hanno cercato di delineare come il problema della pace sia affiorato nella cultura resistenziale.[1] Ancora meno è stato indagato quanto e come esso si sia posto nelle culture politiche della transizione.[2] La maggioranza degli

1. G. Luti, *L'utopia della pace nella Resistenza: lettere e testimonianze*, Cultura della pace, San Domenico di Fiesole 1987; L. Casali, *Patria, giustizia, libertà, pace. Aspirazioni e mentalità dei combattenti dalla Prima guerra mondiale alla Resistenza*, in *La cultura della pace dalla Resistenza al Patto Atlantico*, a cura di M. Pacetti, M. Papini e M. Saracinelli, Il lavoro editoriale, Bologna 1988, pp. 173-196; M. Addis Saba, *Donne e coscienza femminile*, ivi, pp. 197-210; G. Petronio, *Gli scrittori: memorialisti e narratori*, ivi, pp. 211-216; A. Battistini, *«La tanto agognata pace». Il linguaggio del riscatto e della catarsi nella stampa resistenziale*, ivi, pp. 217-256; A. Bravo, A.M. Bruzzone, *In guerra senza armi. Storie di donne, 1940-1945*, Laterza, Roma-Bari 1995; R. Giacomini, *La lotta contro la guerra nella Resistenza italiana*, in «Giano», 19 (1995), pp. 129-136; F. Traniello, *Guerra e religione*, in *Cattolici, Chiesa, Resistenza*, a cura di G. De Rosa, il Mulino, Bologna 1997, pp. 31-60; G. D'Agostino, *Le Quattro Giornate come scelta di pace*, in «Resistenza-Resistoria. Bollettino dell'Istituto campano per la Storia della Resistenza "Vera Lombardi"», 2 (2004), pp. 7-10; R. Bottoni, *I cattolici italiani e il tema della «pace»: dalla riflessione tra le due guerre alla stampa cattolica clandestina durante la Resistenza*, in *Chiesa e guerra. Dalla benedizione delle armi alla «Pacem in terris»*, a cura di M. Franzinelli e R. Bottoni, il Mulino, Bologna 2005, pp. 449-472; L. Martin, *Le Poche Feroci: donne in armi nella Resistenza italiana*, in *Militarismo e pacifismo nella sinistra italiana: dalla grande guerra alla Resistenza*, Unicopli, Milano 2006, pp. 135-155.

2. Deludenti, da questo punto di vista, i principali profili di storia del pacifismo in Italia: P. Pàstena, *Breve storia del pacifismo in Italia. Dal Settecento alle guerre del terzo millennio*, Bonanno, Acireale 2005, e A. Martellini, *Fiori nei cannoni. Nonviolenza e antimilitarismo nell'Italia del Novecento*, Donzelli, Roma 2006. Il migliore contributo sulle culture politiche

studi si sono concentrati piuttosto sugli anni della guerra fredda, sui partigiani per la pace, sugli obiettori di coscienza, su Aldo Capitini e in nonviolenti, sulla risposta dei cattolici, sulla questione atomica. Ci muoviamo pertanto su un terreno inesplorato che richiederebbe non i semplici primi sondaggi che chi scrive ha potuto fare ma una ricerca a tappeto. Comunque, quello che questi primi sondaggi suggeriscono è senz'altro significativo, e sottolinea l'urgenza di nuove ricerche.

Guerra e pace nella Resistenza

Il pittore austriaco Oskar Kokoschka, ripetutamente colpito dai nazisti come esponente dell'"arte degenerata", povero ed esule ormai a Londra, intitolò un suo dipinto del 1943 *Per che cosa combattiamo*: al centro giaceva una madre affamata con un bimbo smunto rannicchiato in grembo che giocava con un topo; sopra di lei un uomo denudato mostrava incise sul petto le iniziali P.J.: *Pereat Judaeus*; dietro, un vescovo benediceva le truppe con una mano e con l'altra gettava un soldino nel salvadanaio della Croce Rossa; in fondo un lunghissimo corteo di prigionieri sfilava con le mani in alto; in un *rickshaw* tirato da Gandhi sedevano il governatore del-

e il pacifismo in Italia nei primi anni del dopoguerra rimane quello fornito da Anna Scarantino nel primo capitolo del volume *Donne per la pace. Maria Bajocco Remiddi e l'Associazione internazionale madri unite per la pace nell'Italia della guerra fredda*, Franco Angeli, Milano 2005. Si vedano anche: C. Cressati, *La pace possibile. Luigi Einaudi e la federazione europea*, in *Gli orizzonti della pace. La pace e la costruzione dell'Europa, 1713-1995*, a cura di M.G. Bottaro Palumbo e R. Repetti, Ecig, Genova 1996, pp. 221-224; P. Gabrielli, *La pace e la mimosa. L'Unione donne italiane e la costruzione politica della memoria (1944-1955)*, Donzelli, Roma 2005; P. Graglia, *Europeismo: alternativa o antidoto alla guerra?*, in L. Goglia, R. Moro, L. Nuti, *Guerra e pace nell'Italia del Novecento. Politica estera, cultura politica e correnti dell'opinione pubblica*, il Mulino, Bologna 2006, pp. 293-317; R. Moro, *I cattolici italiani tra pace e guerra: dall'inizio del secolo al Concilio Vaticano II*, ivi, pp. 359-402; Davide Cadeddu, *Campagnolo, Bobbio e la "Société Européenne de Culture" (1946-1961)*, in *Le sfide della pace. Istituzioni, movimenti intellettuali e politici tra Otto e Novecento*, a cura di A. Canavero, G. Formigoni e G. Vecchio, Led, Milano 2008, pp. 302-324; M.L. Cicalese, *Guido De Ruggiero, la guerra, la pace e "Les Rencontres Internationales" di Ginevra (1914-1947)*, ivi, pp. 269-292. Qualche utile elemento si ricava dalle analisi del dibattito in sede costituente: Antonio Cassese, *Articolo 11*, in *Commentario della Costituzione. Principi fondamentali*, a cura di G. Branca, Zanichelli-Il Foro Italiano, Bologna 1975, p. 576; E. Vitale, *Cultura politica e indirizzi programmatici alla Costituente*, in *La cultura della pace*, pp. 271-91; L. Elia, *Intervento*, in *L'articolo 11 della Costituzione: pace, guerra, ordine internazionale. Atti di un seminario tenuto il 16 gennaio 2003*, a cura di A. Colombo, La Margherita Area Studi, Roma 2003, pp. 7-15.

la Banca d'Inghilterra, Montagu Norman, il presidente della Reichsbank, Hjalmar Schacht, e un maresciallo di Francia; in primo piano, a sinistra compariva la prosperosa industria bellica americana sotto forma di un globo, una fantasmagorica macchina automatica con due leve al posto delle braccia, delle quali una estraeva un coniglio azzurro simbolo della pace e di speranza per il futuro, e l'altra infilava ossa umane negli ingranaggi che le trasformavano in cartucce; davanti, in primo piano, un busto di Voltaire con la scritta «Candide» sembrava dire, con ironia sferzante, a chi guardava, che questo era il migliore dei mondi possibili.[3]

Quella di Kokoschka era una denuncia della catastrofe della guerra dai toni globali: toni, allo stesso tempo, antifascisti e demistificatori dei valori stessi delle democrazie. Era dunque una soluzione pacifista quella che sarebbe emersa come vincente dalla catastrofe bellica? Assolutamente no. Nonostante un approccio realistico e demitizzante, e nonostante il fatto che l'evidente fallimento dell'ideologia nazionalista e bellicista dell'Asse e la delusione profonda per la sconfitta avessero provocato una diffusa atmosfera di rifiuto della guerra e del militarismo, mai forse un conflitto apparve più "giusto", o, se si vuole, meno ingiusto, di quello intrapreso contro il nazismo hitleriano. Anche nell'Italia del 1943, pochissimi avrebbero osato riproporre affermazioni come quella di Kokoschka. Qualcuno dal fronte partigiano mise del resto esplicitamente sotto accusa «quella nuova specie di "obiettatori di coscienza"» che si manifestavano con lo «scoraggiamento» e l'«indifferenza» e ponevano una domanda «di per sé incredibile [...] dopo tutto quello che è successo», e cioè «perché si combatte».[4] La nuova tragedia era certo terribile, ma difficilmente qualcuno avrebbe potuto ora considerarla inutile.

Nessuna delle forze antifasciste aveva al suo interno una cultura pacifista e la drammatica situazione creatasi con l'8 settembre spinse quasi naturalmente le nuove forze politiche democratiche a sostenere la lotta armata contro il fascismo.[5] La Resistenza parlò naturalmente di pace. Era un sogno lontano, come è stato sottolineato, «una meta finale "agognata",

3. M. De Micheli, *L'arte di opposizione e d'impegno politico e sociale in Europa dall'inizio del Novecento alla fine della Seconda guerra mondiale*, in *L'arte moderna*, a cura di F. Russoli, vol. VIII, *La continuità dell'immagine: realtà naturale, realtà lirica e realtà sociale*, Fabbri, Milano 1973, p. 222.

4. A. Medici Tornaquinci, *Dobbiamo combattere*, in «La Nazione del Popolo», 14 febbraio 1945.

5. Cfr. le osservazioni di Bottoni, *I cattolici italiani e il tema della «pace»*, pp. 449-472.

"anelata", "auspicata", "desiderata"»,[6] alla quale si faceva però costantemente riferimento. In polemica con l'esaltazione fascista della guerra («la guerra sta all'uomo come la maternità alla donna», era arrivato a proclamare Mussolini in un discorso al parlamento del maggio 1934),[7] la Resistenza rivendicava una naturale aspirazione alla pace. Giuseppe Pelosi, studente cattolico e monarchico, offrì il suo «ultimo istante per la pace nel mondo».[8] Un contadino partigiano emiliano dichiarò: «Che io possa vivere sempre in pace, mai più guerre. Questo messaggio vorrei potesse giungere nelle mani di tutti i nipoti e pronipoti di questo mondo, perché capiscano che impegnandosi per costruire la pace si possono evitare tutte le guerre».[9] «Sorgerà [...]», leggiamo già nel novembre 1943 in un foglio della Resistenza marchigiana, «l'alba di una nuova era di lavoro e di pace, per tutti i popoli affratellati dal dolore e uniti nella speranza di un più fecondo avvenire».[10] «La libertà e la giustizia», scriveva un partigiano, «trionferanno un giorno quando sarà passata questa bufera, quando sulle campagne devastate e le città distrutte volerà la colomba recante l'ulivo della pace e della concordia».[11] «Che la guerra finisca presto!», auspicava nell'agosto 1944 un foglio femminile, «ecco il lamento che in ogni minuto della giornata voi sentite da qualunque donna, nella casa, per la strada, nelle fabbriche negli uffici».[12] «Finito questo macello», leggiamo ancora nella stampa resistenziale del settembre 1944, «si dovrà cominciare un'altra guerra: guerra alla guerra! Noi non avremo più guerre nel mondo».[13] «La vita senza pace fra i mortali», scrive un foglio marchigiano nell'aprile 1944, «è una iniquità e quegli uomini che non sentono l'amore della pace, meritano d'essere scacciati dal grembo del genere umano. [...] I popoli tutti indistintamente amano la pace».[14] In occasione della Pasqua 1945, Giorgio La Pira segnalava il fatto che «tutti siamo assetati di questa pace

6. Battistini, *«La tanto agognata pace»*, pp. 221-222.

7. B. Mussolini, *Opera omnia*, a cura di E. e D. Susmel, vol. 26, *Dal Patto a quattro all'inaugurazione della Provincia di Littoria: 8 giugno 1933-18 dicembre 1934*, La Fenice, Firenze 1968, p. 98.

8. Cit. in Casali, *Patria, giustizia, libertà, pace*, p. 186.

9. Cit. in F. Pugliese, *Abbasso la guerra: persone e movimenti per la pace dall'800 ad oggi*, Grafiche Futura-Helios, [Mattarello (Trento)] 2013, p. 61.

10. Cit. in Battistini, *«La tanto agognata pace»*, p. 224.

11. Cit. in Casali, *Patria, giustizia, libertà, pace*, p. 186.

12. Cit. in Addis Saba, *Donne e coscienza femminile*, p. 204.

13. Cit. *ibidem*.

14. Cit. in Battistini, *«La tanto agognata pace»*, p. 239.

[...]. Ne abbiamo bisogno, come dell'aria per respirare, perché quando questa pace ci manca, ci manca, in un certo modo, la vita».[15]

I fogli resistenziali sottolineano però anche, e innanzitutto, la necessità di combattere e di vincere:

> La guerra prosegue. Noi che vorremmo parlare di pace, dobbiamo parlare di guerra. Noi che vorremmo scrivere della ricostruzione nazionale ed europea, dobbiamo scrivere ancora di distruzione. [...]
> La guerra prosegue. Non si può riposare. Bisogna battersi.[16]

Netta era, naturalmente, la giustificazione dell'impegno armato. Su un foglio partigiano Il'ja Ėrenburg spiegava la necessità della guerra appena conclusa come risposta spontanea a un'aggressione insostenibile, con parole che, per quanto riferite alla realtà russa, avrebbero potuto essere sottoscritte da qualsiasi combattente italiano:

> Eravamo un popolo pacifico, un popolo di scienziati, di tecnici, di operai, di coltivatori. Ma c'è stata un'ora in cui abbiamo dimenticato tutto questo: bisognava scegliere: o la libertà o la morte. I maestri di scuola sono diventati dei carristi, gli insegnanti facevano saltare i ponti che avevano costruito, e i giovani, essi che erano fatti per vivere, per istruirsi e per amare, hanno marciato contro i carri armati con delle bottiglie incendiarie.[17]

La stampa resistenziale sottolineò anche l'esistenza di una nuova comunità di lotta.[18] Come scriveva «Italia nuova» il 22 giugno 1944, si fronteggiavano, niente altro, che «il bene contro il male».[19] Pertanto, come scriveva nel dicembre 1943 un foglio resistenziale marchigiano, non si doveva scendere «ad alcun compromesso», stabilire «alcuna tregua», facilitare «alcun contatto» con i fascisti.[20]

Dietro questi sentimenti abbastanza condivisi, le sensibilità del mondo resistenziale restano tuttavia profondamente diverse. Non solo la sinistra social-comunista ma anche gli azionisti giustificavano apertamente la violenza rivoluzionaria. Nelle *Direttive programmatiche* pubblicate dai «Quaderni dell'Italia Libera» nel giugno 1944 Tristano Codignola affermava:

15. G. La Pira, *Augurio di Pasqua*, in «La Nazione del Popolo», 31 marzo-1° aprile 1945.
16. *Parole dure*, ivi, 6-7 settembre 1944.
17. I. Ėrenburg, *Per i fascisti non c'è posto sulla terra*, ivi, 30 giugno 1945.
18. *Fronte nazionale*, ivi, 31 agosto 1944.
19. Cit. in Battistini, *«La tanto agognata pace»*, p. 234.
20. Cit. ivi, p. 233.

«Non soltanto siamo rivoluzionari, ma non indietreggiamo di fronte a nessuna delle conseguenze che, sul piano pratico, ogni rivoluzione comporta». Era vero – come spiegavano le direttive azioniste – «che la "rivoluzione", nella sua accezione di "violenza"», non poteva «essere che transitoria», non poteva «essere che mezzo all'instaurazione di una legalità che segni un superamento e un approfondimento dell'esperienza trascorsa, e non la legalizzazione di un ripristinato stato di barbarie»; tuttavia era chiaro che essa era inevitabile: «*Se necessario, anche con la violenza*, noi vogliamo instaurare la *non violenza*».[21] Le sinistre pensavano dunque al tempo di pace innanzitutto come al periodo dell'epurazione radicale, da portare a termine con «odio mortale», come titolava un volantino di Giuseppe Dozza.[22]

Al contrario, i cattolici affermavano che non si poteva «fondare la pace sopra un'idea d'odio», come scriveva «Il quaderno del Ribelle» nel settembre 1944.[23] Su «La Nazione del Popolo» La Pira ribadiva:

> Se siamo fratelli e se l'aspirazione essenziale dei nostri spiriti sta in questa pace serena che rende così preziosa la vita e così grande la speranza, perché esisteranno fra di noi cause ineliminabili di dissenso e di guerra? [...] Bisogna rifletterci a fondo sopra questa domanda.[24]

Un altro punto di divisione era l'antimilitarismo, largamente presente a sinistra e invece contestato dai cattolici, dai liberali, dalla resistenza dei militari. Secondo Stefano Jacini, si faceva «confusione, forse voluta, di due concetti non soltanto distinti, ma in larga misura antitetici fra loro», militarismo e spirito militare, e il secondo era «una sola cosa col legittimo orgoglio patriottico, con la disciplina nazionale liberamente accettata e praticata», così come avveniva nei «paesi più democratici, più alieni di intenti imperialistici ed aggressivi, più pacifici», come dimostrava la stessa Unione Sovietica.[25]

Internazionalismo ed europeismo contro pacifismo

La renitenza al servizio militare, la protesta contro la guerra, l'aspirazione alla pace così diffusi nell'Italia del 1943, e che certo furono una componente dell'8 settembre, non si tradussero così in una coscienza paci-

21. T. Codignola, *Scritti politici (1943-1981)*, a cura di N. Tranfaglia e T. Bordoni, vol. I, *1943-1957*, La Nuova Italia, Firenze 1987, p. 12.
22. Cit. in Battistini, *«La tanto agognata pace»*, p. 245.
23. Cit. *ibidem*.
24. La Pira, *Augurio di Pasqua*.
25. S. Jacini, *Spirito militare e militarismo*, in «La Nazione del Popolo», 21 ottobre 1945.

fista e furono travolti dal nuovo mito volontaristico della guerra partigiana. In un profilo autobiografico Aldo Capitini, uno dei pochissimi non violenti italiani, ammetteva:

> Certo io ero stato sconfitto. [...] Con persuasione c'erano stati, oltre me, amici fin dal momento pisano del 1931-1932 e poi Alberto Apponi ed altri, e perfino tra i partigiani ci furono alcuni, come Riccardo Tenerini e come Antonio Giuriolo, che non tolse mai la sicura al suo fucile. Ma eravamo sparsi, e nulla sapemmo organizzare che fosse visibilmente coerente, efficiente e conseguente ad idee di nonviolenza.[26]

Lo stesso Capitini, del resto, evitò di condannare la scelta della lotta partigiana.[27] E anche quei pochi cattolici che si rifiutarono di premere il grilletto decisero di collaborare alla Resistenza, spiegando la propria scelta individuale nonviolenta senza contestare i valori che inducevano gli altri a imbracciare le armi.[28]

I protagonisti di una cultura della pace furono altri, non i pacifisti. Diffuse erano, naturalmente, nei gruppi partigiani le tendenze internazionaliste, e in particolare le idee federaliste.[29] Nel giugno 1944 le "Direttive programmatiche" del Pd'A ribadivano: «Sul piano internazionale noi ci dichiariamo *federalisti*, fautori cioè di una *federazione popolare europea* da fondarsi entro il più breve termine dopo la conclusione della pace».[30] Altri fogli partigiani sottolineavano che, se si voleva evitare «di trovarci, fra venti o trent'anni, di fronte ad un'altra guerra distruttrice», non c'era «altra soluzione che una Federazione la quale disponga di un esercito comune, di organi legislativi e governativi, di una propria magistratura e polizia, di una propria rappresentanza diplomatica; che abbia entrate proprie e alla quale spetti il regolamento della moneta, lo scambio di uomini, beni e servizi, l'organizzazione dei trasporti». Il suggerimento de «La Nazione del Popolo», in linea con l'Appello di Ventotene, era di cominciare con una Federazione europea sulla strada di una Federazione mondiale.[31]

26. A. Capitini, *Attraverso due terzi del secolo*, in «Diritto e libertà», 18 (2010), p. 105.
27. Id., *Antifascismo tra i giovani*, Celebes, Trapani 1966, p. 104.
28. Emblematico il caso di Dossetti sul quale cfr. ora E. Galavotti, *Il professorino. Giuseppe Dossetti tra crisi del fascismo e costruzione della democrazia, 1940-1948*, il Mulino, Bologna 2013, pp. 171-252.
29. Battistini, *«La tanto agognata pace»*, p. 244.
30. Codignola, *Scritti politici*, vol. I, p. 16.
31. *Dallo spazio vitale alla federazione europea*, in «La Nazione del Popolo», 15-16 settembre 1944.

Il tema della federazione avrebbe finito tuttavia progressivamente per dividere, contrapporre e, di conseguenza, per essere, da un lato, progressivamente ridimensionato nella cultura resistenziale e, dall'altro, declinato in molte maniere diverse. Rifiutato dai comunisti (che difendevano a spada tratta la linea di Jalta, compresa la posizione sovietica sul diritto di veto),[32] e in parte anche dai socialisti, che preferivano la linea della collaborazione dei «tre grandi», esso presto avrebbe diviso anche la prospettiva mondialista (che considerava le realizzazioni parziali non come tappe ma come pericolose alternative) e quella europeista (che finì per considerare quella di un'organizzazione mondiale una riedizione di sogni diplomatici e societari tanto vani quanto destinati a fallire).[33] La situazione stessa si stava del resto modificando con una prevalenza sempre più netta degli Alleati. I repubblicani condividevano il richiamo europeistico ma in una chiave più moderata e gradualista, non come superamento ma come semplice limitazione, almeno per ora, della sovranità nazionale.[34] Dopo Jalta cominciò del resto a porsi anche il problema concreto di quella che il socialista Giovanni Pieraccini definiva come l'«infelice posizione d'inferiorità nel mondo» dell'Italia, «nella sua situazione incerta e confusa» di «cobelligerante e nemica; e questo poneva la questione di un qualche ripensamento, anche se sofferto, sulla perdurante necessità dei valori nazionali.[35]

Il tema federalista rimase così forte essenzialmente nel Partito d'Azione. Nello stesso Partito d'Azione, tuttavia, un partito nettamente diviso in un'ala socialista, guidata dalle figure di Lussu e Lombardi, e una più democratico-repubblicana, solo la seconda (e non interamente) lo coltivò con decisione, mentre la prima fu piuttosto orientata verso la soluzione dei problemi europei in un sistema di sicurezza collettiva.[36] Tutto ciò non fece svanire del tutto il tema, ma lo spostò in secondo piano e in subordine, rimandandolo a un tempo più lontano, moderandolo, nel caso di socialisti, cattolici e molti repubblicani, nella forma generica di una collaborazione profonda tra Stati,[37] come quando un giovanissimo Giovanni Sartori ricor-

32. Vitale, *Cultura politica e indirizzi programmatici*, pp. 283-284.

33. Ivi, p. 286.

34. V. Santoli, *Sulla dichiarazione di Yalta*, in «La Nazione del Popolo», 16 febbraio 1945.

35. G. Pieraccini, *L'Italia e il mondo*, ivi, 28 febbraio 1945.

36. Vitale, *Cultura politica e indirizzi programmatici*, p. 282.

37. Pieraccini, *L'Italia e il mondo*.

dava che bisognava non negare la nazione, ma trovare un equilibro tra nazionale e internazionale: il che contestava alla radice l'idea federalista.[38]

Antimilitarismo o patriottismo?

L'eredità della Resistenza era dunque non facile da leggere: internazionalismo federalista o patriottismo internazionalista, antimilitarismo o spirito militare, mondialismo o europeismo? Quello che era certo era che di questa eredità non faceva parte il pacifismo.

Un'insegnante e pedagogista romana, Maria Remiddi, ha raccontato: «Il 25 aprile ero sulla terrazza della casa di Monteverde a stendere i panni, quando tutte le sirene si misero ad ululare: la guerra era finita, ma non finirono le terribili impressioni che essa aveva date; avevo 34 anni e mi dissi che la restante mia vita l'avrei dedicata a lavorare per la pace».[39] Ne sarebbe scaturita l'Associazione madri unite per la pace, ma tutti sappiamo quanto grama sarebbe stata la vita del pacifismo italiano dopo il 1945. Quando Capitini convocò nell'ottobre 1947 il primo convegno nazionale radunò poco più che una setta.[40] Dopo il 25 aprile mancò del resto nella cultura italiana una vera riflessione autocritica su quanto era avvenuto, una riflessione che potesse portare a scelte di questo genere. Moltissimi commenti accentuarono tutti gli aspetti negativi che il fenomeno della guerra aveva portato e portava con sé, ma su che cosa la guerra *fosse stata* mancò ogni riflessione approfondita. Solo qualche rivista isolata si impegnò davvero sul terreno di un bilancio dei suoi insegnamenti.[41] Un vero dibattito non ci fu. E, in assenza di revisioni profonde, ci si mosse sostanzialmente lungo una linea che insisteva sulla "centralità" di una posizione lontana dalle esagerazioni sia del bellicismo che del pacifismo,[42] ricordando semplicemente con Norman Angell che «ai nostri tempi la guerra è davvero "una grande illusione"».[43] Molti si riallacciavano a una tradizione di umanismo internazionale e sostenevano un'organizzazione della pace orientata verso forme di aggrega-

38. G. Sartori, *Orizzonte internazionale*, in «La Nazione del Popolo», 17 marzo 1945.

39. Cit. in Scarantino, *Donne per la pace*, p. 134.

40. Cfr. ivi, pp. 45-48.

41. I. Bertoni, *L'insegnamento della guerra nelle riflessioni di un giovane*, in «Humanitas», 1 (1946), pp. 1261-1263.

42. Per il caso dei cattolici cfr. per esempio f.z., *Perché la guerra?*, in «Studium», marzo 1946, pp. 78-79; F.M. Dominedò, *La guerra e la pace*, ivi, giugno-luglio 1946, pp. 183-185; f.m. [Fausto Montanari], *L'inutile strage*, ivi, ottobre 1946, pp. 285-286.

43. *Una stabile pace*, in «La Nazione del Popolo», 10 maggio 1945.

zione sovranazionale moderata e rispettosa dei diritti delle patrie,[44] ma le culture comunista[45] e socialista[46] rimanevano nettamente critiche nei confronti di ogni eredità dell'umanitarismo e dell'internazionalismo prebellico e contrarie a ogni strategia di legalizzazione internazionale.

Al momento del ritorno della pace, inoltre, le speranze di una possibilità di dare al mondo un definitivo assetto pacifico furono vive, ma furono immediatamente accompagnate da preoccupazioni per la politica dei Grandi, per la sorte riservata all'Italia, per quello che veniva definito come «il risorgere degli egoismi e delle passioni nazionali», specialmente di Francia e Jugoslavia.[47] Di fronte al nuovo statuto delle Nazioni Unite, il giudizio così si divise. Da una parte emersero posizioni perplesse, se non dure, in area cattolica, liberale, azionista.[48] Molto più favorevole fu invece la posizione del Psiup[49] e assolutamente favorevole quella del Pci.[50] E queste posizioni non cambiarono, naturalmente, quando, alla fine del 1945, il quadro si fece ancora più fosco. Anche chi non contestava il diritto dei vincitori a organizzare la pace mondiale uscì da queste esperienze assai preoccupato dello scenario di una «dittatura dei Tre Grandi» e viceversa di una frattura e di una nuova terribile guerra fra di loro.[51] Ma antitetica rimaneva la posizione dei comunisti, che condannavano e denunciavano «con sdegno» quelle che definivano come «le stolte e infami campagne [...] sistematicamente condotte su una parte della stampa italiana [...] per dare l'impressione non solo della inevitabilità, ma dell'imminenza di un conflitto tra le grandi potenze alleate», campagne da considerare a loro avviso sostanzialmente «reazionarie».[52]

44. *Ibidem*.

45. Èrenburg, *Per i fascisti non c'è posto sulla terra*.

46. Vitale, *Cultura politica e indirizzi programmatici*, pp. 284-285.

47. *Una stabile pace*.

48. Cfr. per esempio G. Gonella, *Vecchia e nuova organizzazione internazionale*, in «Studium», luglio-agosto 1945, pp. 201-203; S. Lepri, *Commento a San Francisco*, in «La Nazione del Popolo», 27 giugno 1945; e un intervento di L. Salvatorelli cit. in Vitale, *Cultura politica e indirizzi programmatici*, p. 282.

49. F. Lombardi, *Dalla Società delle Nazioni alle Nazioni Unite*, in «La Nazione del Popolo», 1° luglio 1945.

50. P. Togliatti, *L'Italia dopo la Liberazione. Rapporto al V Congresso del PCI [29 dicembre 1945]*, in Id., *La politica nel pensiero e nell'azione. Scritti e discorsi 1917-1964*, a cura di M. Ciliberto e G. Vacca, Bompiani, Milano 2014, p. 661.

51. *Capodanno 1946*, in «La Nazione del Popolo», 1° gennaio 1946.

52. Togliatti, *L'Italia dopo la Liberazione*, p. 660.

La questione nucleare

È difficile contestare l'affermazione che, dopo Hiroshima, i termini tradizionali di guerra e pace fossero stati profondamente trasformati. Più in prospettiva, però, che nell'immediato. Solo qualche rivista isolata insistette infatti sul rischio di una catastrofe planetaria.[53] Considerata dal punto di vista di qualche fisico che aveva partecipato alla Resistenza, la bomba rappresentava anche la dimostrazione delle potenzialità di una nuova, straordinaria fonte di energia pacifica.[54] Alla domanda sul significato dirompente delle bombe di Hiroshima e Nagasaki posta da una parte della stampa resistenziale («mai come dopo Hiroshima, l'organizzazione della pace mondiale è apparsa non soltanto come un ideale morale, ma come una necessità elementare, visibile, si direbbe, ai ciechi, sensibile ai sordi»),[55] le risposte furono in prevalenza scettiche. Benedetto Croce ricordò: «La guerra non sarà mai abolita, perché è nel seno della realtà, inconcepibile senza la guerra».[56] Togliatti, che dipinse un quadro più catastrofico di quello di Croce, escluse dal novero delle soluzioni le alchimie diplomatiche, come qualsiasi particolare organizzazione internazionale: «la maggioranza degli uomini», ricordò, rimaneva giustamente «scettica circa i piani e le realizzazioni di un'associazione internazionale tra gli Stati», perché «i popoli» sentivano che essa non senza un cambiamento radicale di assetto sociale: dunque, o il socialismo, o la morte.[57]

Conclusioni. La limitazione costituzionale della guerra

Tutto quello che abbiamo esaminato sin qui spiega, a mio avviso, con grande chiarezza le scelte costituenti, il loro significato, i loro limiti. Dalla cultura della guerra si era passati a diverse culture della pace, ognuna con le sue distinte caratteristiche. Il rifiuto della guerra era – e come avrebbe potuto essere altrimenti? – largamente condiviso, ma elementi pacifisti assolutamente assenti. Divise tra internazionalismo federalista o patriottismo internazionalista, tra antimilitarismo o spirito militare, tra mondialismo o europeismo, le forze politiche che avevano fatto la Resistenza dovettero

53. P. Barbieri, *Paragoni*, in «Idea», febbraio 1946, p. 68.

54. M.R. Verde, *Come si è giunti alla bomba atomica. II*, in «La Nazione del Popolo», 25 agosto 1945.

55. *Capodanno 1946*.

56. Cit. in Vitale, *Cultura politica e indirizzi programmatici*, pp. 279-280.

57. [P. Togliatti], *O il socialismo o la* morte, in «Rinascita», 2 (1945), pp. 171-172.

trovare in sede costituente un terreno comune; e lo trovarono nel modello del Preambolo della nuova Costituzione francese approvata pochi mesi prima, che affermava la rinuncia alla guerra di conquista o alla guerra lesiva della «libertà di alcun popolo» (comma 13) e consentiva quelle «limitazioni di sovranità necessarie all'organizzazione e alla difesa della pace» (comma 14). Quello che non venne preso in considerazione nel dibattito costituente fu quanto era stato già previsto dalla nuova Costituzione giapponese, e cioè bandire, oltre la guerra, il mantenimento di forze armate,[58] o quanto sarebbe stato previsto di lì a poco dalla *Grundgesetz* della Repubblica Federale Tedesca, e cioè riconoscere, attraverso l'obiezione di coscienza, il valore di una scelta pacifista su base etica o religiosa. Com'è noto, furono i socialdemocratici, sostenuti anche da qualche socialista, a segnalarsi per una sensibilità in questo senso, ma i loro emendamenti vennero respinti, con l'argomento del democristiano Merlin dell'assenza, a differenza che negli Usa, di una tradizione in questo senso e con quello del comunista Giolitti che definì il servizio militare obbligatorio una «conquista democratica». Un altro comunista, Mario Assennato, aveva già dichiarato, del resto, che la rinunzia alla guerra consacrata nell'articolo 11 della Costituzione non andava «intesa in senso pacifista assoluto».[59]

58. Il testo inglese è consultabile on line al sito dell'Hanover Historical Text Project dell'Harvard University: http//hisrory.hanover.edu(text/1947con.html (ultimo accesso [illegible] gennaio 2017).

59. Cit. in Vitale, *Cultura politica e indirizzi programmatici*, p. 275.

Agostino Giovagnoli

La Chiesa e la guerra

Dalla storiografia antifascista alla storia sociale e religiosa

L'importante ruolo svolto dalla Chiesa negli ultimi anni di guerra – seppure con specifico riferimento a Roma – fu sottolineato già da Federico Chabod nella *Storia dell'Italia contemporanea*, che raccoglie le lezioni da lui tenute alla Sorbona a fine degli anni Quaranta.[1] La storiografia successiva, segnata dal paradigma antifascista, ha invece attribuito un ruolo complessivamente marginale alla Chiesa e ai cattolici non solo nella Resistenza ma anche nei più ampi cambiamenti della società italiana indotti dalla guerra e spesso trascurati da questa storiografia. Tale approccio non è stato in grado di spiegare la grande influenza esercitata dalla Chiesa in Italia dopo il crollo del regime fascista, decisiva anche per quanto riguarda il ruolo della Democrazia cristiana e, più in generale, la storia dell'Italia repubblicana. Indirettamente, l'importanza di questa influenza è stata sottolineata molte volte dalle polemiche rivolte all'"ingerenza" vaticana nella politica italiana, ma senza indagarne le cause storiche.

Attenzione al ruolo della Chiesa durante la guerra è invece emersa negli anni Settanta e Ottanta, negli studi su Chiesa e fascismo a livello nazionale[2]

1. F. Chabod, *Storia dell'Italia contemporanea*, Einaudi, Torino 1961, p. 125.

2. Oltre al classico A.C. Jemolo, *Chiesa e Stato in Italia negli ultimi cento anni*, Einaudi, Torino 1948, e a F. Margiotta Broglio, *Italia e Santa Sede dalla grande guerra alla Conciliazione*, Laterza, Roma-Bari 1966, di particolare importanza è P. Scoppola, *La Chiesa e il fascismo. Documenti e interpretazioni*, Laterza, Roma-Bari 1971. Cfr. anche G. Miccoli, *Problemi di ricerca sull'atteggiamento della Chiesa durante la Resistenza*, in «Italia contemporanea», 125 (1976), pp. 43-60 e Id., *La Chiesa e il fascismo*, ora in Id., *Fra mito della cristianità e secolarizzazione*, Marietti, Casale Monferrato 1985.

e, soprattutto, a livello locale.[3] Nel contesto del rinnovamento storiografico favorito dal Vaticano II e sul terreno di una nuova sensibilità per la storia sociale e religiosa, sono state avviate anche molte ricerche su episcopati e diocesi in Italia nei decenni centrali del XX secolo, come quelle di Giovanni Battista Varnier su Genova,[4] Giorgio Rumi su Milano,[5] Bruna Bocchini Camaiani su Firenze,[6] Bartolo Gariglio e Marangiola Reineri su Torino[7] ecc. Richiamandosi esplicitamente all'intuizione di Chabod, con *Roma "città sacra"?* Andrea Riccardi ha offerto una ricca ricostruzione storica dei rapporti tra Chiesa e società in questa città, tra gli anni Trenta e gli anni Cinquanta del Novecento, mettendo in luce che il distacco definitivo della grande maggioranza dei cattolici dal regime si è realizzato solo dopo lo scoppio della guerra.[8] Insistendo sulla speranza della pace, il clero anticipò una distanza dalla guerra fascista destinata a crescere tra la popolazione italiana fino a diventare maggioritaria nell'inverno 1942-1943. Riccardi ha poi esteso le sue ricerche, promuovendo un convegno sul rapporto tra Chiesa e società nelle principali città italiane durante il pontificato di Pio XII.[9] Al di là degli aspetti specifici riguardanti la Chiesa, questi studi ebbe-

3. Nel 1978 Francesco Traniello parlava di una nuova stagione di studi sui rapporti fra Chiesa e fascismo, incentrati proprio sulla dimensione locale, nella recensione a *La Chiesa del Concordato. Anatomia di una diocesi (1919-1939)*, a cura di F. Margiotta Broglio, il Mulino, Bologna 1977, in «Italia contemporanea», 130 (1978), pp. 119-121. In questo senso si vedano *Cattolici e fascisti in Umbria (1922-1945)*, a cura di A. Monticone, il Mulino, Bologna 1978 e *Chiesa, Azione cattolica e fascismo nell'Italia settentrionale durante il pontificato di Pio XI (1922-1939)*, Atti del V Convegno di storia della Chiesa, Torreglia, 25-27 marzo 1977, a cura di P. Pecorari, Vita e Pensiero, Milano 1979.

4. G.B. Varnier, *Il movimento cattolico a Genova durante il pontificato di Pio XI: primi risultati e prospettive di ricerca*, in *Chiesa, Azione cattolica e fascismo*, pp. 97-110.

5. G. Rumi, *Profilo culturale della diocesi ambrosiana fra le due guerre*, ivi, pp. 321-358.

6. B. Bocchini Camaiani, *Ricostruzione concordataria e processi di secolarizzazione. L'azione pastorale di Elia Dalla Costa*, il Mulino, Bologna 1983.

7. B. Gariglio, *Cattolici democratici e clerico-fascisti. Il mondo cattolico torinese alla prova del fascismo (1922-1927)*, il Mulino, Bologna 1976; M. Reineri, *Cattolici e fascismo a Torino 1925-1943*, Feltrinelli, Milano 1978.

8. A. Riccardi, *Roma "città sacra"? Dalla Conciliazione all'operazione Sturzo*, Vita e Pensiero, Milano 1979, pp. 177 sgg. Si vedano anche A. Riccardi, *L'inverno più lungo 1943-44: Pio XII, gli ebrei e i nazisti a Roma*, Laterza, Roma-Bari 2008; F. Malgeri, *La Chiesa italiana e la guerra (1940-45)*, Studium, Roma 1980 e R. Moro, *I cattolici italiani di fronte alla guerra fascista*, in *La cultura della pace dalla Resistenza al Patto Atlantico*, a cura di M. Pacetti, M. Papini e M. Sarcinelli, Il lavoro editoriale, Bologna 1988, pp. 75-126.

9. *Le Chiese di Pio XII*, a cura di A. Riccardi, Laterza, Roma-Bari 1986.

ro il merito di richiamare l'attenzione sulle molteplici implicazioni sociali degli eventi bellici, insomma sull'importanza per la storia italiana della guerra nel suo complesso e non solo delle vicende strettamente militari e del conflitto politico tra fascisti e antifascisti. In un contesto storiograficamente più disteso cominciarono anche a emergere bilanci più approfonditi del rapporto tra Chiesa, cattolici e Resistenza.[10]

La tendenza "revisionistica"

Questi risultati vennero però messi in secondo piano da una nuova offensiva storiografica, allora definita "revisionistica", che cominciò a emergere nei primi anni Novanta. L'ottica del secolo breve – esaltata dalla caduta del muro di Berlino e dal collasso del sistema sovietico – preparò il terreno al rilancio dell'idea che gli elementi di continuità tra fascismo e post-fascismo fossero stati prevalenti rispetto a quelli di discontinuità, con inevitabile ridimensionamento delle novità rappresentate da antifascismo e Resistenza. Il tema della continuità introdotto negli anni Settanta "da sinistra" e recepito, in particolare, dagli studi di Guido Quazza e Claudio Pavone,[11] venne così riproposto con maggior successo da posizioni "di destra" e dalla storiografia dei primi anni Novanta.[12]

10. Si rinvia in particolare a F. Traniello, *Il mondo cattolico nella Seconda guerra mondiale*, in *L'Italia nella Seconda guerra mondiale e nella Resistenza*, a cura di F. Ferratini Tosi, G. Grassi e M. Legnani, Franco Angeli, Milano 1988, pp. 325-369. Si veda anche F. Malgeri, *La Chiesa di fronte alla Rsi*, in *La Repubblica sociale italiana*, a cura di P.P. Poggio, n. monografico di «Annali della Fondazione Luigi Micheletti», 2 (1986), pp. 313-333; Id., *Chiesa, clero e laicato cattolico tra guerra e Resistenza*, in *Storia dell'Italia religiosa*, a cura di G. De Rosa, T. Gregory e A. Vauchez, Laterza, Roma-Bari 1995, vol. 2, pp. 301-334. Per un quadro d'insieme cfr. A. Santagata, *Antifascismo e Resistenza nella storiografia sul cattolicesimo politico in Italia*, P. Trionfini, *La genesi del cattolicesimo politico* e M. Cau, *La nascita della Dc. Appunti per una ricognizione storiografica*, relazioni tenute al Seminario sulla storiografia del cattolicesimo politico, Fondazione Istituto Gramsci, Roma 27 gennaio 2017.

11. G. Quazza, *Resistenza e storia d'Italia: problemi e ipotesi di ricerca*, Feltrinelli, Milano 1976 e C. Pavone, *La continuità dello Stato. Istituzioni e uomini*, in E. Piscitelli *et al.*, *Italia 1945-48. Le origini della Repubblica*, Giappichelli, Torino 1974, pp. 139-289, poi in C. Pavone, *Alle origini della Repubblica*, Bollati Boringhieri, Torino 1995, pp. 70 sgg.

12. Nel "revisionismo", infatti, la tesi della continuità «viene recuperata [...] nei suoi tratti iniziali più schematici e viene rovesciata in senso opposto: la visione di un paese tutto immerso nella zona grigia porta a isolare la Resistenza come un fatto sostanzialmente marginale. L'8 settembre e non più il 25 aprile diventa l'elemento centrale di tutta la vicenda; il nesso fra Resistenza e Costituzione è spezzato; la Costituzione perde rilievo e diventa tutta e solo una operazione di partiti politici. Tutto l'edificio della repubblica resta privo di

In tale contesto, particolare importanza rivestirono alcuni sviluppi della discussione sul tema, indubbiamente cruciale, del consenso verso il regime, a lungo sottovalutata e rimossa dalla cultura antifascista. È stato un merito rilevante di Renzo De Felice mettere a fuoco il grande consenso di cui ha goduto il fascismo fino a guerra inoltrata, a lungo negato dalla retorica antifascista. Lo storico romano, invece, ha analizzato solo in parte la complessa questione dell'eredità di tale consenso dopo l'8 settembre 1943 e dopo il 25 aprile 1945: si tratta, infatti, di sviluppi che riguardano il post-fascismo e che fuoriescono dal terreno principale della sua ricerca. Ma senza affrontare tale questione in tutti i suoi aspetti è difficile capire le modalità dell'approdo italiano alla democrazia e si rischia di ridimensionare drasticamente non solo le espressioni di antifascismo durante il regime ma anche quelle dopo l'armistizio e persino la complessiva cesura che si consumò tra fascismo e post-fascismo nel periodo 1943-1945 sotto la spinta di grandi eventi internazionali e interni. Nei primi anni Novanta, non a caso, non sono stati messi in discussione solo il ruolo della Resistenza e il contributo italiano alle sorti della guerra, ma anche il più ampio cambiamento storico che portò l'Italia dalla dittatura alla democrazia, aprendo una fase nuova della storia unitaria. Su questa strada, la storia dell'Italia repubblicana finisce per apparire una sostanziale continuazione di quella fascista.

Nell'ottica della continuità, anche la storiografia "revisionista" ha attribuito un ruolo marginale alla Chiesa in Italia tra guerra e dopoguerra. Nel volume del 1990, *Mussolini l'alleato*, Renzo De Felice sottolineò che il «sempre più marcato distacco del paese dal regime» tra la fine del 1942 e l'inizio del 1943 non ebbe immediate conseguenze politiche:[13] a tale distacco corrispose infatti un'assenza di iniziative risolutive da parte sia dell'antifascismo sia della Chiesa. Il 25 luglio, scriveva, fu in sostanza una svolta "di palazzo" tutta interna al fascismo. Ma se è vero che nel 1943 la Chiesa non assunse una specifica iniziativa politica, è anche vero che la chiave dei riflessi politici immediati della crisi del consenso non coglie esaustivamente i mutamenti più profondi e complessi che accompagnarono tale crisi. Secondo De Felice, l'assenza di iniziativa politica tra il 1942 e il 1943, malgrado il rilievo delle «drammatiche esperienze di due anni e più

fondamento». P. Scoppola, *La Repubblica dei partiti*, il Mulino, Bologna 1997, p. 171. Cfr. anche Id., *La democrazia dei cristiani*, il Mulino, Bologna 2005, p. 165.

13. R. De Felice, *Mussolini l'alleato*, vol. II, *Crisi e agonia del regime*, Einaudi, Torino 1990, p. 769.

di guerra, con i sacrifici, le frustrazioni, le illusioni, le paure, le speranze ed il senso di impotenza da essi provocati», non può essere spiegata «solo né con l'andamento negativo della guerra [...] né col carattere totalitario del controllo esercitato dal regime»: va collegata anche e soprattutto alla «debolezza etico-politica degli stessi italiani e quindi [al]la loro impreparazione morale ad affrontare il cimento della guerra».[14] La «debolezza etico-politica» degli italiani costituisce però una chiave interpretativa più antropologica che propriamente storica – rinvia a quel "carattere degli italiani" spesso evocato dalla letteratura non italiana sull'Italia – e trascura altri elementi della storia di quegli anni, compreso il ruolo della Chiesa.

Nel dibattito dei primi anni Novanta emerse con forza crescente anche il tema dell'identità nazionale, a proposito della percezione di una crisi di tale identità nella società italiana di quegli anni. Le sollecitazioni del contesto politico-culturale spinsero gli storici a interrogarsi sulla presenza o meno delle lontane origini di tale crisi già negli anni della seconda guerra mondiale. Nel volume *Una guerra civile*, anch'esso del 1991, un sostenitore della continuità istituzionale e amministrativa tra fascismo e post-fascismo degli anni Settanta, Claudio Pavone, cominciò a usare la categoria della guerra civile, in precedenza utilizzata soprattutto dai neofascisti. Ma negò che questa fosse stata all'origine di un declino irreversibile del senso di identità nazionale (quella "morte della patria", di cui ha parlato in quegli anni Ernesto Galli della Loggia).[15] Pavone, infatti, sottolineò l'importanza dell'8 settembre 1943 quale fondamentale "spartiacque" della vita collettiva[16] e, attraverso la categoria della moralità, lo valorizzò come momento genetico di una nuova coscienza nazionale.[17] Proprio in quello che è stato definito il "giorno della vergogna", ebbe per lui inizio nella società italiana un moto spontaneo per «risorgere a nazione».[18] Di fronte alla dissoluzione delle istituzioni nacque l'esigenza di prendere l'iniziativa per scuotersi di dosso, anzitutto agli occhi dello straniero, la vergognosa identificazione

14. Ivi, pp. 770-771. De Felice si richiamava così all'idea di Rosario Romeo che la seconda guerra mondiale avesse rivelato la debolezza etico-politica degli italiani.

15. Per Galli della Loggia l'8 settembre ha rappresentato una crisi radicale dell'identità nazionale: E. Galli della Loggia, *La morte della patria. La crisi dell'idea di nazione tra Resistenza, antifascismo e Repubblica*, Laterza, Roma-Bari 1996.

16. C. Pavone, *Una guerra civile. Saggio storico sulla moralità nella Resistenza*, Bollati-Boringhieri, Torino 1991, p. 13.

17. Ivi, p. 23.

18. Ivi, p. 170.

fra italiano e fascista. Nell'8 settembre 1943 si possono insomma cogliere le radici di molti percorsi individuali, confluiti poi nella Resistenza, ma in qualche caso anche nella Repubblica sociale italiana, che hanno comunque rappresentato l'inizio della ricerca di un senso nuovo di identità nazionale. Si tratta di un approccio innovativo che affronta la crisi del consenso al fascismo, sottolineando la complessità di processi sociali, morali e culturali attraverso cui gli italiani maturarono nuovi orientamenti e nuove decisioni, trascurando però anch'esso il ruolo della Chiesa e il comportamento dei cattolici.

Nel 1993 gli storici furono sollecitati a tornare sulla svolta dell'8 settembre sia dalla scadenza cinquantennale, sia dagli interrogativi suscitati dalla crisi politica italiana che raggiunse il culmine proprio in quell'anno. Molte osservazioni proposte sia da De Felice che da Pavone vennero riprese allora da Gian Enrico Rusconi nel suo *Se cessiamo di essere una nazione*[19] e lo stesso De Felice[20] rilanciò alcuni temi proposti precedentemente sostenendo che

> se l'Italia rischia [...] di cessare di essere una nazione, la causa prima, ma ancora operante di ciò va cercata nella condizione morale evidenziata dall'8 settembre e nel rifiuto della classe dirigente postfascista di riconoscerlo e, peggio, nel tentativo, di parte di essa di spiegarlo "storicamente".[21]

Sulla stessa linea, in *Una nazione allo sbando*, Elena Aga Rossi ha definito l'8 settembre «la rivelazione dell'inettitudine e della pochezza morale della vecchia classe dirigente».[22] Qui il giudizio appare ancora più severo e la caduta dell'aggettivo fascista getta un'ombra negativa su tutta la classe dirigente italiana dall'Unità in poi, diluendo in un'ottica di lungo periodo le vicende specifiche di quegli anni.[23] Di tutt'altro segno, sempre nel 1993, furono invece le parole di Giovanni Spadolini,[24] secondo cui «la

19. G.E. Rusconi, *Se cessiamo di essere una nazione*, il Mulino, Bologna 1993.

20. R. De Felice, *Prefazione* a E. Aga Rossi, *L'inganno reciproco. L'armistizio fra l'Italia e gli angloamericani del settembre 1943*, Ministero per i Beni culturali, Roma 1993, p. 9.

21. Ivi, p. XIV.

22. E. Aga Rossi, *Una nazione allo sbando. L'armistizio italiano del settembre 1943*, il Mulino, Bologna 1993, p. 7.

23. M. Legnani, *Gli incerti padri dell'8 settembre*, in «Italia contemporanea», 193 (1993), p. 778; consultabile on line al seguente indirizzo: http://www.italia-resistenza.it/wp-content/uploads/ic/RAV0053532_1993_190-193_48.pdf.

24. *Nazione e nazionalità in Italia*, a cura di G. Spadolini, Laterza, Roma-Bari 1994, p. XI.

nazione italiana ri[uscì] a salvarsi dall'esito disastroso della guerra fascista del '40-43» e «saltato a piè pari il periodo fascista, il Risorgimento tornava d'improvviso a imporsi nei simboli, nelle bandiere della Resistenza, nelle insegne della guerra partigiana».[25] Gli storici, insomma, si divisero sulla possibilità di "anticipare" le radici della crisi degli anni Novanta alle origini della Repubblica,[26] spesso però senza spiegare compiutamente le trasformazioni della società italiana nel biennio '43-45 e trascurando il ruolo della Chiesa anche per quanto riguarda il senso di identità nazionale.[27]

Nel 1995, De Felice è tornato ancora sugli anni cruciali del passaggio dal fascismo al post-fascismo nella nota intervista sul «rosso» e il «nero».[28] Qui egli ha sottolineato che l'entrata in guerra fu circondata da un grande consenso, che però si dissolse non appena l'Italia si trovò davanti alla sconfitta. Molto peggio di Caporetto: nel 1917 non ci fu la smobilitazione morale della classe dirigente, mentre «furono in pochi ad affrontare il dramma dell'8 settembre senza calpestare patriottismo e dignità nazionale, etica militare e società civile [...] l'8 settembre ci fu uno sciopero morale». De Felice era sicuro che altri popoli si sarebbero comportati diversamente e in questo senso il disimpegno dall'alleanza con i tedeschi e il cambiamento di fronte costituivano per lui addirittura la dimostrazione della «inferiorità morale ed intellettuale» degli italiani. Era inoltre da escludere che lo sfascio evidenziato dall'8 settembre fosse stato recuperato dalla Resistenza, un evento poco significativo per ciò che riguarda la ripresa del senso nazionale e poco partecipato dalla gran parte della popolazione italiana, indifferente alla lotta «tra rossi e neri». Nell'ottica della guerra civile entrambe le parti venivano messe sullo stesso piano – «la Resistenza e la Rsi furono due aspetti in gran parte uguali e contrari di una stessa realtà»[29] – ed entrambe furono circondate una indifferenza generale largamente prevalente.[30]

25. G. Spadolini, *Prolusione*, ivi, p. 12.

26. *Le interpretazioni della Repubblica*, a cura di A. Giovagnoli, il Mulino, Bologna 1998.

27. Si veda A. Giovagnoli, *La cultura democristiana Tra Chiesa cattolica e identità italiana 1918-1948*, Laterza, Roma-Bari 1991, pp. 215 sgg.

28. R. De Felice, *Rosso e Nero*, Baldini & Castoldi, Milano 1995, pp. 31 sgg.

29. Ivi, p. 16.

30. «Il movimento partigiano ed il fascismo repubblicano [...] nacquero fra la diffidenza generale, fra gente che faceva poca differenza fra il rosso ed il nero, che all'atto pratico non distingueva granché fra tedeschi ed anglo-americani, che soprattutto non riusciva a capire come mai ci fosse ancora qualcuno ostinatamente disposto a combattere», ivi, p. 64.

Per lo storico romano, tra i due contendenti si creò una vasta "zona grigia" che coincideva con gran parte della società italiana, dominata non da una forte tensione etico-civile o politico-ideologica ma dagli atteggiamenti "privati" dall'attendismo e dall'opportunismo:

> *primum* vivere fu l'imperativo interiore della gente. Sparire, rinchiudersi nel proprio guscio, non compromettersi con nessuna delle parti in lotta, sperare in una rapida fine della guerra [...] per tentare di attraversare il dramma in corso col minimo di danni e di sacrifici.[31]

Con queste espressioni De Felice ricorreva nuovamente a categorie di tipo morale o antropologico, utilizzando un'espressione – quella di «zona grigia» – usata da Primo Levi per descrivere la situazione, in realtà molto diversa, di coloro che nell'universo concentrazionario si collocavano tra carnefici e vittime. Egli induceva così una discutibile sovrapposizione tra comportamenti molto differenti: c'è, infatti, una profonda diversità tra la scelta di non schierarsi tra fascisti e comunisti e quella di non scegliere tra carnefici e vittime. Anche la Chiesa veniva inghiottita dalla zona grigia defeliciana. Tra coloro che apparentemente erano rimasti "alla finestra", infatti, c'erano anche i cattolici, tra cui solo una minoranza partecipò alla lotta armata contro il nazifascismo e pochissimi aderirono alla Repubblica sociale italiana.

Chiesa cattolica e tessuto etico-civile

Tale questione fu ripresa da Pietro Scoppola nel suo volume dedicato a *25 aprile. Liberazione*. Scoppola concordava che l'8 settembre 1943 avesse rappresentato «il punto più basso della parabola», la cui responsabilità però non poteva essere attribuita genericamente a tutta la classe dirigente italiana dall'Unità in poi ma specificamente al fascismo.[32] Anche per lui come per Pavone, l'8 settembre fu «il punto di avvio di una ripresa del sentimento nazionale in un rinnovato rapporto con la libertà».[33] E riconosceva che, malgrado i suoi limiti, la Liberazione del 25 aprile avesse rappresentato «un elemento forte di riferimento per la storia del popolo italiano».[34] Ma per quanto riguarda il giudizio sulla Chiesa e i cattolici, secondo Scoppola

31. Ivi, p. 57.
32. P. Scoppola, *25 aprile. Liberazione*, Einaudi, Torino 1995, p. 30.
33. Ivi, p. 39.
34. Ivi, p. 5.

tale ruolo non poteva essere considerato storicamente irrilevante, contrariamente a quanto sostenevano esplicitamente De Felice e implicitamente Pavone.[35] Per ricostruire compiutamente tale ruolo, aggiungeva, non bastava sviluppare qualche nuova ricerca specifica sui cattolici tra il 1943 e il 1945: era soprattutto necessario mettere in discussione una prospettiva storiografica incentrata sullo scontro armato quale unico aspetto saliente della transizione dal fascismo alla democrazia.[36] Egli sottolineava, infatti, l'importanza di

> una dimensione etica che coinvolge combattenti e civili e persino militanti delle opposte sponde quando le scelte sono dettate dalla buona fede e dal senso di un dovere da compiere [...]. Perché in condizioni eccezionali come quelle che il paese ha vissuto non si può amare o odiare, uccidere o essere uccisi, trovare o non trovare solidarietà umana nella fame e nel freddo, dare o non dare questa solidarietà, senza compiere atti di grande spessore, in positivo o in negativo, sul piano morale. Questo aver vissuto insieme [...] un momento di eccezionale rilievo morale è forse l'eredità della resistenza intesa nel suo significato più profondo e comprensivo.[37]

A partire dal 1995, inoltre, l'Istituto Sturzo promosse una serie di ricerche su *Cattolici, Chiesa, Resistenza*, dedicate alle variegate realtà locali italiane negli anni della guerra, troppo spesso rappresentate in modo eccessivamente uniforme.[38] I volumi che ne raccolsero i risultati confermarono la bontà dell'approccio adottato già negli anni Ottanta e mostrarono un'istituzione ecclesiastica profondamente radicata nella società italiana e compenetrata nelle vicende quotidiane della popolazione. Ne emersero

35. Ivi, p. 50.

36. Scoppola si collegò in questo senso al volume di Pavone, *Una guerra civile*. La copia del volume di Pavone ora conservata, insieme alla sua biblioteca personale, presso l'Istituto Sturzo contiene alcuni appunti scritti a mano, in cui è annotato tra l'altro: «un libro [...] (oltre le ideologie?)» e «un libro scritto oggi sensibile al tema del rifiuto metafisico [?] di ogni violenza». Vi si legge anche: «I cattolici. Tre modelli. Forse meno [...] capiti da Pavone: gli manca la categoria del conflitto».

37. Scoppola, *25 aprile*, pp. 52 sgg.

38. *Cattolici, Chiesa, Resistenza*, a cura di G. De Rosa, il Mulino, Bologna 1997; *Cattolici, Chiesa, Resistenza nell'Italia centrale*, a cura di B. Bocchini Camaiani e M.C. Giuntella, il Mulino, Bologna 1997; *Cattolici e Resistenza nell'Italia settentrionale*, a cura di B. Gariglio, il Mulino, Bologna 1997; *La Chiesa nel Sud tra guerra e rinascita democratica*, a cura di R. Violi, il Mulino, Bologna 1997; *Cattolici, Chiesa, Resistenza in Abruzzo*, a cura di F. Mazzonis, il Mulino, Bologna 1997; *Cattolici, Chiesa, Resistenza. I testimoni*, a cura di W.E. Crivellin, il Mulino, Bologna 2000.

le figure di tantissimi sacerdoti proiettati anzitutto in una funzione di protezione delle comunità locali, rispetto a cui scelte più strettamente politiche, per il fascismo o l'antifascismo, ebbero un ruolo subordinato. Anche i vescovi, pur manifestando diverse sensibilità politiche, furono assorbiti primariamente in questo compito, fino a interpretare in molte città italiane la figura del *defensor civitatis*. Dopo gli anni Novanta, questo tipo di studi ha avuto solo limitati sviluppi, seppure in qualche caso interessanti, come quello di Giorgio Vecchio dedicato alla Lombardia.[39] Dal loro insieme, tuttavia, emerge un quadro significativo del ruolo svolto dalla Chiesa negli anni della transizione dal fascismo al post-fascismo. Gli studi di storia sociale e religiosa costituiscono ancora oggi il filone più importante per approfondire il rapporto tra Chiesa e guerra.

Il consenso dal fascismo alla Chiesa

Su questi studi, però, continuano a pesare negativamente gli ostacoli posti da una marginalizzazione del ruolo della Chiesa consolidata nel tempo dalla convergenza di diverse tendenze storiografiche. È dunque necessario prendere in considerazione tali ostacoli, affrontando questioni cruciali come la crisi del consenso al fascismo, strettamente legata all'andamento delle vicende belliche.[40] Com'è noto, la Chiesa ha svolto un ruolo importante nella formazione del consenso al fascismo, in particolare a partire dalla Conciliazione del 1929. Tale consenso ha avuto fin dall'inizio limiti rilevanti, che tuttavia non hanno portato a una rottura definitiva prima della guerra. Molti studi hanno rilevato la reazione negativa di una parte del mondo cattolico, in primo luogo gli ex popolari, e altri hanno evidenziato le peculiarità con cui si modulò il consenso al regime nei gruppi intellettuali di Azione cattolica.[41] Sono noti anche gli attriti riguardanti l'Azione

39. G. Vecchio, *Lombardia 1940-1945. Vescovi, preti e società alla prova della guerra*, Morcelliana, Brescia 2005. Molte conferme in questo senso vengono da una serie di tesi di laurea su diverse località della Lombardia discusse presso l'Università cattolica del Sacro Cuore di Milano tra il 1993 e il 2013.

40. Pur muovendosi soprattutto nell'ambito della storia politico-istituzionale, Simona Colarizi ha tratto dall'esame di un'abbondante documentazione archivistica la convinzione che «è la guerra la chiave di lettura degli avvenimenti» fra il 1943 e il 1945, anche di quelli apparentemente più lontani dalle vicende belliche, S. Colarizi, *La Seconda guerra mondiale e la Repubblica*, Utet, Torino 1984, p. 203.

41. Un riferimento classico in questo senso è costituito da R. Moro, *Afascismo e antifascismo nei movimenti intellettuali di Azione Cattolica dopo il '31*, in «Storia contempo-

cattolica che emersero in modo evidente con le crisi del 1931 e del 1938. Va ricordato pure il progressivo distacco della Santa Sede dall'Italia fascista su questioni di politica internazionale – Pio XI non era favorevole alla guerra in Etiopia, anche se non la condannò pubblicamente – in particolare per quanto riguarda l'alleanza con la Germania. Gli studi hanno illuminato inoltre tensioni e dissidi rilevanti sulla "questione razziale". Tutto ciò non è rimasto chiuso in Vaticano, come ha mostrato in modo persuasivo Valerio De Cesaris, analizzando le posizioni della stampa cattolica sulla questione ebraica, molto più complesse di quanto si pensi abitualmente.[42] A commento dell'affermazione di Pio XI – l'antisemitismo è «un movimento antipatico con il quale noi cristiani non dobbiamo avere niente a che fare» perché «spiritualmente noi siamo semiti» – alcuni vescovi, come il cardinale Idelfonso Schuster, fecero eco alle parole di Pio XI sul tema degli ebrei.[43]

Un altro segno di dissenso verso il fascismo e i suoi alleati fu costituito dal noto atteggiamento del cardinale Elia Dalla Costa in occasione della visita di Hitler in Italia. Nell'insieme, però, l'episcopato italiano recepì in modo solo indiretto e parziale le distanze dal fascismo che maturarono da parte del papa e di alcuni suoi collaboratori. «È un fatto», scrive Lucia Ceci, «che le raccomandazioni espresse da Pio XI non furono pienamente recepite in molti ambienti del mondo cattolico italiano».[44] E, anche a prescindere dalla loro recezione da parte del cattolicesimo italiano, le tensioni tra la Santa Sede e il regime non portarono mai a una rottura definitiva, come ha confermato la documentazione relativa al discorso preparato da Pio XI per il decimo anniversario dei Patti Lateranensi nel 1939. Anche la storiografia successiva, insomma, ha confermato quanto scritto da Andrea Riccardi diversi anni fa e cioè che non si può parlare di un vero e proprio distacco cattolico dal regime prima della guerra.

Con il conflitto, viceversa, tale distacco si fece sempre più netto. Emersero infatti alcuni limiti profondi che hanno sempre segnato il rapporto tra Chiesa e fascismo, anche nei momenti di maggiore entusiasmo

ranea», 6 (1975), pp. 733-799; cfr. anche Id., *La formazione della classe dirigente cattolica (1929-1937)*, il Mulino, Bologna 1979.

42. V. De Cesaris, *Vaticano, fascismo e questione razziale*, Guerini e Associati, Milano 2010.

43. E. Nobili, *La parabola di un'illusione. Il cardinale Schuster dalla guerra d'Etiopia alle leggi razziali*, Ned, Milano 2005.

44. L. Ceci, *L'interesse superiore. Il Vaticano e l'Italia di Mussolini*, Laterza, Roma-Bari 2013, p. 237.

come nel 1929. Nonostante il grande consenso al regime che scaturì dalla Conciliazione, il senso di una fondamentale distinzione tra la natura della Chiesa e la politica fascista rimase sempre presente nella coscienza dei cattolici (e di molti non cattolici). Come hanno messo in luce proprio gli studi di storia sociale e religiosa, non a caso, gli alti e bassi dei rapporti tra la Santa Sede e l'Italia o tra la Chiesa e lo Stato fascista incisero in modo complessivamente limitato su una religiosità alimentata da sacramenti, tradizioni, costumi, manifestazioni popolari e molto altro. È quanto emerge ad esempio dalle ricostruzioni storiche dei fatti del 1931, quando l'istituzione ecclesiastica faticò a imporre la sospensione di manifestazioni religiose per protesta contro il regime in difesa dell'Azione cattolica.[45] Anche durante il fascismo, insomma, la Chiesa non ha smesso di costituire qualcosa di diverso dalla "società politica" e l'atteggiamento dei fedeli nei suoi confronti è stato influenzato solo in parte dagli atteggiamenti dei vertici ecclesiastici verso il regime. La storia della Chiesa, infatti, procede generalmente con i ritmi della *longue durée*, mentre la politica è legata piuttosto alla dimensione *événementielle*.

A questo scarto di fondo si aggiungono altri limiti al rapporto tra Chiesa e fascismo, legati alla convinzione della grande superiorità della missione della Chiesa rispetto agli obiettivi del regime. Dopo la condanna vaticana dell'Action Française, rivelatrice del rischio connesso all'uso strumentale della religione da parte di movimenti politici di destra come il fascismo (e, più tardi, il nazismo), Pio XI impresse una svolta nelle trattative con il governo italiano. Il papa volle legare la stabilità del riconoscimento della sua simbolica sovranità temporale – e quindi la sua indipendenza – non alle scelte politiche contingenti della classe dirigente italiana, ma ai sentimenti di masse educate in Italia alla fede cattolica grazie anche agli strumenti offerti dal Concordato. Di qui lo stretto legame fra Trattato e Concordato espresso dalla famosa frase *simul stabunt, simul cadent*. Indubbiamente, questo disegno tradiva una certa ingenuità, come rilevò subito De Gasperi, in quanto affidava all'uso di strumenti autoritari la formazione di convinzioni profonde che, secondo l'ultimo segretario del Ppi, nella società novecentesca potevano svilupparsi solo all'interno di un confronto libero e pluralista. Malgrado questa sopravvalutazione della possibilità di plasmare

45. R. Violi, *Note per uno studio sulla Chiesa a Napoli durante il regime fascista: l'Azione cattolica negli anni Trenta*, in *Chiesa, Azione cattolica e fascismo nel 1931*, Atti dell'incontro di studio, Roma, 12-13 dicembre 1981, Ave, Roma 1983, pp. 227-261.

dall'alto la coscienza delle masse, tuttavia, il nesso fra Trattato e Concordato mostra che Pio XI riteneva il rapporto tra la Chiesa e gli italiani prioritario rispetto a quello con lo Stato e non delegabile ad altri: ai suoi occhi, il fascismo aveva solo il merito, rilevante ma circoscritto, di favorire il rapporto tra la Chiesa e gli italiani, invece di ostacolarlo come avevano fatto i governi liberali. Sia nella coscienza dei credenti sia nell'ottica della Chiesa, insomma, era chiaro che il cattolicesimo del popolo italiano aveva davanti a sé un lungo futuro, ben al di là della fine del fascismo, per sua natura transeunte come tutti i regimi politici.

Questo atteggiamento di fondo venne sottovalutato da quanti, soprattutto tra le fila della sinistra, erano convinti che la Chiesa avrebbe pagato un duro prezzo con il crollo del fascismo.[46] Non solo, infatti, la Chiesa non si è poi trovata a pagare tale prezzo, ma il suo ruolo si è inaspettatamente rafforzato nel passaggio dal fascismo al post-fascismo, diventando nel tempo la principale interprete di un popolo italiano sempre più proiettato verso la pace. Su questo terreno, si è creata una forte convergenza tra le esigenze di fondo dell'istituzione ecclesiastica e le attese immediate della popolazione italiana, e lo sconvolgimento epocale rappresentato dalla seconda guerra mondiale[47] ha favorito una rara saldatura tra processi della *longue durée* ed

46. Si veda P.G. Zunino, *La questione cattolica nella sinistra italiana*, il Mulino, Bologna 1977.

47. Come ha scritto Di Nolfo «nessuna guerra ha provocato nella storia conseguenze più vaste e più profonde della seconda guerra mondiale», E. Di Nolfo, *Storia delle relazioni internazionali 1918-1992*, Laterza, Roma-Bari 1994, p. 601. Egli specifica: «bisogna pensare in primo luogo all'aspetto umano della crisi» e a conseguenze difficili da misurare con gli strumenti storiografici tradizionali ma molto importanti: «il principale di questi effetti era il numero sconvolgente delle vittime; l'altro sgorgava dalla vista dei luoghi dove la guerra aveva lasciato il suo segno [...] chiunque avesse visto quello spettacolo non avrebbe potuto, non potrebbe e non può togliersi dalla memoria il senso di orrore, di pena, di fatica, di impotenza [...]. Così come nessuno che avesse visto o sentito raccontare di ciò che venne trovato nei campi di sterminio nazisti [...] poteva cancellare dalla mente l'idea che l'uomo occidentale [...] fosse stato capace di scendere negli abissi del male». Anche per Scoppola la seconda guerra mondiale «non ha precedenti nella storia umana, per caratteri ideologici, estensione geografica, numero di vittime, vastità di distruzioni» (Scoppola, *25 aprile*, p. 5). In particolare il disegno nazista ha conferito a essa caratteristiche praticamente uniche. Scoppola accoglie le parole di Dossetti che ha parlato della guerra come di «un grande fatto globale. Questo fatto emergente della storia del XX secolo va considerato [...] in tutte le sue componenti oggettive e al di là di ogni contrapposizione di soggetti, di parti, di schieramenti, come un evento enorme del quale nessun uomo che oggi vive o anche solo che nasca oggi può o potrà attenuare le dimensioni». Commentando queste affermazioni, Scoppola ha

eventi della *histoire événementielle*. Come si è accennato, già dalla metà degli anni Trenta Pio XI e la Santa Sede guardavano con preoccupazione i segnali di una guerra sempre più vicina in Europa. Il suo successore, Pio XII, subentrò poco prima che la guerra avesse inizio e, benché la storiografia abbia molto insistito sulle differenze tra i due papi, non ci fu una radicale discontinuità, specialmente per quanto riguarda la guerra. Ma se le riserve di Pio XI sulla politica internazionale prima del nazismo e poi del fascismo non avevano avuto grande risonanza nelle masse cattoliche in Italia gli appelli di Pio XII alla pace trovarono una conferma eloquente in eventi che coinvolgevano con effetti sempre più negativi la vita di molti. L'obiettivo della pace indicato dal papa cominciò anche a trovare una risonanza sempre più convinta nell'azione dei vescovi e del clero. Come si è detto, si svilupparono una forte compenetrazione tra istituzione ecclesiastica e società italiana e un'azione di protezione del clero a favore delle comunità locali, degli sfollati, dei più deboli, delle donne, dei bambini e via dicendo. Con il procedere della guerra si operò così una progressiva saldatura tra le esperienze quotidiane di tantissimi italiani – impegnati al fronte o rimasti in Italia – sempre più spesso condivise da sacerdoti, laici e vescovi, un messaggio di pace insistentemente espresso dall'istituzione ecclesiastica a tutti i livelli, l'opera multiforme dell'organizzazione cattolica a sostegno della popolazione, il ruolo sempre più importante assunto dalla Chiesa quale punto di riferimento nel crollo delle altre istituzioni, l'assunzione da parte degli Alleati della Santa Sede e della Chiesa quali interlocutori privilegiati sulla situazione italiana.

Dalla pace alla democrazia

Nel corso del conflitto, si operò così gradualmente uno spostamento della fiducia e del consenso dal regime alla Chiesa. Quest'ultima non costituì un'alternativa politica al fascismo. Come si è già ricordato, mancò un'iniziativa politica immediata da parte della Chiesa nella crisi dell'inverno 1942-1943. La Santa Sede inoltre resistette a lungo alle pressioni degli

insistito sulla realtà «degli scenari drammatici della seconda guerra mondiale, della invasione dei paesi neutrali, di popolazioni inermi ridotte in schiavitù, dei vagoni piombati che trasportavano gli ebrei verso i campi di sterminio, di episodi militari che non hanno precedenti nella storia umana per numero di vittime o per dispiego di mezzi come la battaglia di Stalingrado o lo sbarco in Normandia, di bombardamenti che hanno distrutto intere città e da ultimo delle esplosioni atomiche di Hiroshima e di Nagasaki» (ivi, p. 61).

Alleati che le chiedevano indicazioni specifiche sul futuro politico dell'Italia. Ma l'andamento della guerra, i bombardamenti delle città italiane, le distruzioni e la fame, gli eventi del 25 luglio e dell'8 settembre spinsero gli italiani a vedere nella Chiesa l'unico riferimento valido. Il vuoto istituzionale, creato dalla fuga del re e del governo nella zona liberata e dalla lacerazione segnata dalla nascita della Repubblica sociale italiana, accrebbe ulteriormente il prestigio di Pio XII e dell'istituzione ecclesiastica. Non stupisce che il 6 giugno 1944, due giorni dopo la liberazione di Roma, una grande folla si sia spontaneamente raccolta in piazza San Pietro a Roma e che il consenso verso la Chiesa cattolica sia risultato molto elevato alla fine della guerra.[48]

Anche se lo spostamento di consenso dal regime alla Chiesa non ebbe un'immediata valenza politica, preparò però indirettamente nuovi sviluppi anche sul terreno politico. Fu cruciale, in primo luogo, il ruolo da essa svolto nello smarrimento etico che segnò la società italiana negli ultimi anni di guerra. Come si è già detto, un giudizio etico-antropologico pesantemente negativo sul comportamento degli italiani in quella fase preclude la possibilità di comprendere pienamente le vicende di quel periodo, mentre l'approccio di un'attenzione alla moralità degli italiani in quegli anni, indubbiamente più fecondo, diventa pienamente efficace solo se include anche l'universo valoriale cattolico, che la guerra rese sempre più familiare anche a buona parte dei non cattolici. L'aspirazione alla pace su cui principalmente si concentrò la saldatura tra Chiesa cattolica e società italiana, insomma, non può essere equiparata *tout court* all'opportunismo o considerata storicamente irrilevante. Intorno alla Chiesa, ha osservato Scoppola, si venne ricostruendo un comune «patrimonio etico» che avrebbe «contribuito a tenere unito il paese dopo la fine del conflitto armato», costituendo quel «tessuto etico comune» che è stato poi successivamente «definito e per così dire formalizzato nelle affermazioni ideali della Costituzione repubblicana». In particolare, va considerato l'elemento

> che, nonostante contraddizioni e cedimenti opportunistici, unisce i diversi comportamenti della chiesa [e cioè] l'esercizio di una solidarietà che non distingue tra amico e nemico [...] il porsi come elemento di salvaguardia di quei valori fondamentali di rispetto dell'uomo che la guerra civile ha travolto e che sono invece premessa essenziale di una ricostruzione democratica.[49]

48. Riccardi, *Roma "città sacra"?*, pp. 263 sgg.
49. P. Scoppola, *La Costituzione contesa*, Einaudi, Torino 1998, p. 40.

Secondo Scoppola, ciò che può apparire irrilevante dal punto di vista dello scontro armato e delle sorti complessive della guerra, è stato invece fondamentale per il passaggio al periodo successivo e, in particolare, per l'approdo della società italiana alla democrazia.[50]

Oltre a questa influenza di fondo sul terreno della moralità, conseguenze politiche sempre più rilevanti vennero anche da un'inedita iniziativa del papa e della Santa Sede che, per la prima volta nella storia unitaria, cominciarono a farsi carico delle sorti dello Stato italiano. Una spinta indiretta ma forte in questo senso venne dalle attese, di cui si è detto, della società italiana e altre se ne aggiunsero da buona parte della comunità internazionale. L'opzione per la pace, inoltre, tenne fin dall'inizio l'istituzione ecclesiastica complessivamente lontana dalla Repubblica sociale italiana e dai suoi alleati tedeschi, mentre si intensificava il dialogo con gli Alleati. Come ha scritto Ennio Di Nolfo, la Santa Sede cominciò anche a preoccuparsi delle conseguenze di un "vuoto politico" italiano sulla stessa Chiesa.

> Il rapporto dell'età risorgimentale subiva un completo capovolgimento. L'essere all'interno del territorio italiano non significava più [...] *temere l'Italia* [come è accaduto dal 1861 in poi], diventava *temere per l'Italia*. Cioè temere che l'Italia, trascinata da Mussolini in un conflitto globale, non fosse in grado di superare indenne la prova e conseguentemente non fosse in grado di svolgere la funzione alla quale era stata delegata nel 1929, di proteggere la Santa Sede da nemici esterni.[51]

Italo Garzia, inoltre, ha sottolineato il timore che il vuoto fosse riempito da un'iniziativa comunista.[52] Infine, *last but not least*, lo sconvolgimento della guerra convinse sempre di più i vertici dell'istituzione ecclesiastica

50. «In quegli anni si realizza una condizione unica, non esistita prima e non ripetuta dopo, del rapporto della Chiesa con la società italiana: la Chiesa cessa di essere parte ed è ispiratrice di valori di convivenza per tutti» (ivi, p. 36). E ciò ha rappresentato «una premessa essenziale di una ricostruzione democratica fondata per sua natura sul senso forte del rispetto della persona umana a prescindere da idee e da scelte politiche [...] il problema più grave della ricostruzione sarebbe stato proprio quello di una riunificazione del paese al di là della frattura creata dalla guerra civile: di ritrovarsi su valori comuni» (Scoppola, *25 aprile*, p. 51).

51. E. Di Nolfo, *La politica estera del Vaticano e l'Italia dal 1943 al 1948*, in «Storia delle relazioni internazionali», 1 (1988), p. 3.

52. I. Garzia, *Pio XII e l'Italia nella Seconda guerra mondiale*, Morcelliana, Brescia 1988.

della possibilità e della necessità che la Chiesa indicasse le linee portanti di un nuovo ordine mondiale.

Sotto la spinta di motivazioni diverse, insomma, il rapporto tra la Chiesa e l'Italia cominciò a cambiare profondamente. Già con il radiomessaggio pontificio del Natale 1942 Pio XII lanciò un appello alla "crociata sociale", prontamente recepito dai cattolici più attenti. Ne conseguirono iniziative come le riunioni dei docenti dell'Università cattolica a casa Padovani e l'elaborazione del Codice di Camaldoli, che prepararono un retroterra culturale condiviso dalle future élites politiche cattoliche. Le linee portanti del disegno magisteriale per la ricostruzione postbellica, inoltre, assunsero crescente credibilità anche tra i cattolici non "militanti" e tra i non cattolici. Intanto, la diplomazia vaticana cominciò a monitorare attentamente la situazione italiana, pur rifiutandosi inizialmente di trasmettere agli Alleati indicazioni specifiche su chi avrebbero dovuto guidare l'Italia postbellica. Ben presto, la questione del sistema politico nell'Italia del dopoguerra apparve indilazionabile. È noto che la Chiesa ha avuto a lungo un rapporto difficile con la democrazia soprattutto per quanto riguarda non tanto i suoi elementi valoriali e assiologici, quanto quelli più concreti e per certi aspetti più qualificanti: gli aspetti procedurali. Ma proprio durante la guerra si verificò un mutamento importante su questo terreno. All'inizio del 1943, il favore cattolico per la democrazia non era ancora definitivamente acquisito, come attesta anche il dibattito interno al mondo cattolico dopo il radiomessaggio del Natale precedente. Ma nei due anni successivi, Pio XII si convinse che la pace rappresentava un bene supremo cui finalizzare anche le scelte della politica. La capacità dei paesi democratici di fermare la fortissima macchina da guerra nazista mostrava l'importanza del nesso tra democrazia e pace, e il ruolo positivo svolto dai popoli sulla scena pubblica internazionale. Egli si orientò perciò a preferire il sistema politico che permetteva la partecipazione popolare alle decisioni cruciali degli Stati sul terreno della guerra e della pace. In un importante documento vaticano del dicembre 1943, consegnato agli americani e attribuito a Domenico Tardini, fu espressa una valutazione complessivamente positiva sulle diverse componenti del popolo italiano e si auspicò il ritorno a un sistema politico democratico.[53] Un anno dopo, con il radiomessaggio del Natale 1944, il magistero pontificio espresse una preferenza esplicita per

53. *Vaticano e Stati Uniti 1939-1952. Dalle carte di Myron C. Taylor*, a cura di E. Di Nolfo, Franco Angeli, Milano 1978, pp. 279-297.

la democrazia, abbandonando la tradizionale indifferenza della Chiesa cattolica nei confronti dei diversi sistemi politici.

Lo spostamento del consenso dal fascismo alla Chiesa, veicolato dal tema della pace, coincise dunque con un favore sempre più convinto di questa verso la democrazia. La Chiesa trasse dalle reazioni alla tragedia della guerra e dalle attese manifestate da tanti nei suoi confronti una spinta per scegliere definitivamente il sistema politico che più poteva garantire la pace. E tanti italiani trovarono nella Chiesa un riferimento sicuro nel passaggio dal fascismo alla democrazia. Uno sviluppo ulteriore, ma in linea con i passaggi precedenti, fu poi rappresentato dal sostegno ecclesiastico alla Democrazia cristiana. La Dc non è nata come "partito della Chiesa": fondata da De Gasperi e da altri ex popolari, ha avuto fin dall'inizio una leadership laica, ben consapevole delle responsabilità ecclesiastiche nell'avvento del fascismo per averne sperimentato le conseguenze sulla propria pelle. Ma, grazie anche all'opera di Giovanni Battista Montini, a partire dal 1944 Pio XII sostenne con crescente convinzione l'impegno della Chiesa a favore della Democrazia cristiana. Tale svolta avviene dopo una resistenza iniziale alle pressioni degli Alleati che cercano di coinvolgere la Santa Sede nella ricostruzione politica dell'Italia postbellica e dopo che, in un primo tempo, questa era sembrata inclinare per una successione autoritaria a Mussolini o per esponenti liberali del prefascismo. Non fu una decisione scontata. Scegliere per la Dc, infatti, significava scegliere per l'erede del Partito popolare, nei cui confronti permanevano forti diffidenze in Vaticano, e per un partito antifascista, mentre gran parte del mondo cattolico era contrario a una contrapposizione netta verso gli esponenti del passato regime. L'appoggio alla Dc non coincise con l'obiettivo "confessionale" di influenzare la politica italiana postbellica. Appoggiando questo partito infatti, la Chiesa non si garantì solo l'affermazione di una classe dirigente sensibile alle sue esigenze: diede anche un contributo rilevante al nuovo corso della democrazia italiana. Se nel primo dopoguerra, l'opposizione dei vertici ecclesiastici al Partito popolare aveva favorito l'avvento del fascismo, nel secondo dopoguerra l'intervento ecclesiastico nella politica italiana agì in senso opposto.

Barbara Bracco

Giustizia, vendetta e violenza. La resa dei conti a Milano

«Un'ombra gira tra noi»

Un'ombra gira tra noi è il titolo a effetto, e certamente inquietante, dell'articolo che Dino Buzzati dedicò a uno dei fatti di cronaca nera più noti del dopoguerra italiano.[1] Nell'omicidio in via San Gregorio a Milano la sera del 29 novembre 1946 di una donna e dei suoi tre bambini per mano della giovane amante del marito, Caterina Fort, il giornalista e scrittore vedeva qualcosa di più e di diverso della "semplice" tragedia privata della famiglia Ricciardi-Pappalardo. Vi scorgeva la scia lunga e terribile lasciata dalla guerra, la violenza e la brutalizzazione operata sulla società italiana ed europea da quell'esperienza bellica. Com'era già avvenuto durante il processo a Leonarda Cianciulli, conclusosi con la condanna a trent'anni in un manicomio giudiziario nell'estate del 1946, nella cronaca del fatto di sangue si proiettavano e forse si sublimavano le paure del tormentato dopoguerra; la gelosia di un'amante abbandonata – come nel caso Fort – o la sottrazione di beni – nel caso della "saponificatrice" di Correggio che risaliva al biennio 1939-40 – svelavano le angosce più elementari e la lacerazione di tutti i più semplici rapporti umani. Dalla fame alla trasformazione anche tragica dei rapporti familiari, la cronaca nera – che dopo un ventennio di quasi silenzio conobbe una stagione d'oro – riusciva a mettere in scena la metamorfosi della società italiana ed europea.[2] Il

1. D. Buzzati, *Un'ombra gira tra noi*, in «Il Nuovo Corriere della Sera», 3 dicembre 1946.

2. Pochi sono i contributi scientifici sulla storia della cronaca nera in Italia soprattutto del secondo dopoguerra. Interessanti sono le ipotesi interpretative e metodologiche di C. Covelli, *La cronaca nera in Italia negli anni della ricostruzione. La rappresentazione della violenza, lo stereotipo del femminile, l'immagine della nazione*, tesi di dottorato, Università di Milano, a.a. 2008-2009.

"fatto di sangue" svolgeva – e forse svolge tuttora – la doppia funzione: da un lato fissare le figure archetipiche che, come nella tragedia classica, fossero in grado di ristabilire i confini morali della società e, dall'altro, far emergere come un vero indicatore sociale le tensioni profonde del periodo, sublimandole nel lungo percorso delle indagini e soprattutto del processo. D'altra parte i dati ufficiali sulla criminalità confermano il carattere drammatico degli anni di guerra e del biennio 1945-46 rispetto agli anni Trenta e anche a quelli tra il 1940 e il 1944, restituendoci un quadro sociale di diffusa violenza. Nel 1945 ammontano a 1.032.142 le denunce per reati da codice penale – omicidi colposi e volontari, tentati o consumati, percosse, ingiurie e diffamazioni, furti – un numero decisamente superiore all'anno precedente, ma nel 1946 la cifra è ancora in aumento: sono infatti 1.260.870 le segnalazioni all'autorità giudiziaria. Nella lettura dei dati si dovrebbe tenere conto del contesto generale del paese (la capacità delle istituzioni giudiziarie di raccogliere le denunce, le condizioni dei cittadini denuncianti, ecc.), ma rimane il fatto che se nel 1946 diminuivano gli omicidi volontari (comunque superiori agli anni di guerra 1940-44) rispetto al 1945 decisamente più alti erano i numeri relativi agli omicidi colposi, ai furti, alle percosse e alle diffamazioni.[3] Insomma le tante pagine dedicate ai *fait divers*,[4] spesso volontariamente o involontariamente confusi con il resoconto dei grandi processi ai criminali di guerra, come per esempio in «Crimen», una delle riviste più lette all'epoca, riuscivano a rappresentare efficacemente – con tutte le torsioni semantiche prodotte dal racconto giornalistico – l'orizzonte sociale ed emotivo dell'immediato dopoguerra. Che è fatto di enormi difficoltà economiche e sociali ma anche di uno spaesamento culturale e morale prodotto dalla violenza bellica che per cinque anni aveva imperversato in Italia.

Come era già avvenuto nell'altro dopoguerra (quando ai dati decrescenti della criminalità degli anni di guerra erano succeduti aumenti con-

3. http://www.istat.it/it/files/2011/03/sommariostatistichestoriche1861-1965.pdf. Una lettura critica dei dati sulla criminalità nel lungo periodo in R. Canosa, *Storia della criminalità in Italia. 1845-1945*, Einaudi, Torino 1991, pp. 297-355. Fondamentale sulla scia di violenza lasciata dalla guerra M. Dondi, *La lunga epurazione. Giustizia e violenza nel dopoguerra italiano*, Editori Riuniti, Roma 1999.

4. R. Barthes, *Structure du fait divers*, in Id., *Essais critiques*, Seuil, Paris 1964, pp. 188-198 (trad. it. R. Barthes, *Struttura del fatto di cronaca*, in Id., *Saggi critici*, Torino, Einaudi, 2002, pp. 184-194). Fondamentali le considerazioni di M. Ferro, *Présentation*, in «Annales. Économies, Sociétés, Civilisation», 38, 4 (1983), pp. 821-826.

sistenti di reati contro la persona e contro il patrimonio),[5] dopo la seconda guerra mondiale un rapporto ancora più stretto e tragico si era stabilito tra esperienza bellica e criminalità. Un intreccio, quello tra guerra e crimine, che, al di là delle cifre ufficiali, ha il suo segno distintivo nel carattere particolarmente violento o addirittura efferato di alcuni episodi. A notarlo sono le molte relazioni del Ministero dell'Interno che, tra la metà del 1945 e per tutto il 1946, sulla base dei rapporti delle Prefetture, segnalavano il malessere profondo di tutte le province italiane. Pur non riuscendo a distinguere sempre tra il movente economico e quello politico, anche in presenza di una diminuzione dei delitti contro la persona (che nel corso del 1946 sarà segnalato in molte relazioni mensili e comunque non in tutte le province italiane),[6] dai documenti sull'ordine pubblico affiora il carattere particolarmente violento di molti episodi che le pur tragiche condizioni economiche forse non giustificavano del tutto. Come segnalavano i Carabinieri, l'ampia disponibilità di armi non aiutava certo la repressione dei tanti gruppi o bande che subito dopo la fine della guerra si resero protagonisti di rapine, aggressioni e spesso anche omicidi.[7] Come nel caso del Pdf cioè del Partito democratico fascista che, sotto la guida di Domenico Leccisi, il trafugatore della salma di Mussolini, si era reso responsabile a Milano di «rapine, minacce a mano armata e spaccio di falsi valori».[8] Lo «spettro della guerra civile»,[9] profilato proprio in una relazione del Co-

5. Romano Canosa nota, come altri autori, che i fatti criminali durante la Grande guerra erano diminuiti rispetto agli anni dell'anteguerra e del dopoguerra. L'aumento, verosimile, dei crimini femminili e minorili non era riuscito a compensare il calo dei reati commessi dagli uomini impegnati al fronte. Cfr. Canosa, *Storia della criminalità in Italia*, pp. 321-330.

6. Nella relazione ancora del settembre 1946 del Ministero dell'Interno vengono segnalati gli aumenti dei crimini alla persona nelle province di Bologna, Catanzaro, Forlì, Grosseto, Nuoro, Potenza, Ragusa e Siracusa: Relazione del Ministero dell'Interno. Direzione generale di Pubblica Sicurezza, Divisione Affari generali e riservati, settembre 1946, in Archivio centrale dello Stato (ACS), Ministero dell'Interno (MI), Divisione generale (DG), Pubblica Sicurezza (PS), 1944-1946, b. 15.

7. Si veda la Relazione del Ministero dell'Interno, 5 agosto 1945, in Ministero dell'Interno. Direzione generale di Pubblica Sicurezza, Divisione Affari generali e riservati, settembre 1946, in ACS, MI, DG, PS, 1944-1946, b. 15.

8. Relazione mensile del Ministero dell'Interno, luglio 1946, in Ministero dell'Interno, Direzione generale di Pubblica Sicurezza, Divisione Affari generali e riservati, settembre 1946, in ACS, MI, DG, PS, 1944-1946, b. 15.

9. Relazione riservata del Comando generale dell'Arma dei Carabinieri Reali a Ministero dell'Interno, 12 luglio 1945, in Ministero dell'Interno. Direzione generale di Pubblica

mando generale dei Carabinieri, non si era insomma dissolto con la fine della guerra o nei mesi immediatamente successivi quando alcune sentenze delle Corti d'Assise straordinarie (come nel caso di quella di Bologna) avevano mandato assolti noti fascisti della zona.[10] Neanche l'amnistia – si faceva notare nella relazione mensile di luglio del Ministero – aveva «conseguito quella distensione e pacificazione degli animi che costituiva sostanzialmente l'obiettivo prevalente del provvedimento».[11] Al di là delle cifre ufficiali – non sempre affidabili viste le condizioni generali della Pubblica Sicurezza in costante deficit di personale – a rendere plasticamente la brutalizzazione operata dalla guerra sulla società civile concorrevano altre due circostanze – tra le molte di quei mesi – e cioè il rinvenimento soprattutto nel Centro-nord del paese dei resti mortali di soldati tedeschi o spesso anche di uomini legati al passato regime fascista. La scoperta di fosse e, in secondo luogo, il rifiuto spesso esplicito degli abitanti delle zone interessate di contribuire alla sepoltura o al riconoscimento sembravano allungare i tempi dell'elaborazione del lutto di guerra e della sanguinosa stagione della guerra civile.

Per una curiosa nemesi della storia ciò che nei giorni immediatamente successivi alla resa nazifascista si era spesso mostrato (in una misura comunque non comparabile con la pratica nazifascista) per decretare la fine definitiva della guerra e del regime, e cioè il corpo del nemico ucciso, nei mesi successivi venne spesso anche occultato in tutti i modi.[12] Ma a dare forse ancora di più la misura dell'imbarbarimento generalizzato prodotto dall'esperienza bellica era la presenza, che non passò inosservata agli occhi della Pubblica Sicurezza, di molte donne tra i denunciati o sospettati dei reati più violenti tra la metà del 1945 e ancora per tutto

Sicurezza, Divisione Affari generali e riservati, settembre 1946, in ACS, MI, DG, PS, 1944-1946, b. 123.

10. Relazione riservata del Comando generale dell'Arma dei Carabinieri Reali a Ministero dell'Interno, 12 luglio 1945, in Ministero dell'Interno. Direzione generale di Pubblica Sicurezza, Divisione Affari generali e riservati, settembre 1946, in ACS, MI, DG, PS, 1944-1946, b. 123.

11. Relazione mensile del Ministero dell'Interno, luglio 1946, in Ministero dell'Interno. Direzione generale di Pubblica Sicurezza, Divisione Affari generali e riservati, settembre 1946, in ACS, MI, DG, PS, 1944-1946, b. 15. Sul punto M. Salvati, *Amnistia e amnesia nell'Italia del 1946*, in *Storia, verità, giustizia. I crimini del XX secolo*, a cura di M. Flores, Bruno Mondadori, Milano 2001, pp. 141-161.

12. G. Crainz, *La giustizia sommaria in Italia del 1946*, in *Storia, verità, giustizia*, pp. 162-170.

il 1946. Pur inscritta nell'ambito della violenza privata, la "belva di San Gregorio" sembrava essere parte di un fenomeno più ampio e nuovo che aveva visto già durante la guerra e vedeva ancora di più nel dopoguerra le donne esercitare – per i più diversi motivi – una violenza se non pari a quella maschile, di certo inedita.[13]

Corpi e guerra

L'intenso "processo mediatico" a cui "la Rina" fu sottoposta era in fondo la sanzione pubblica della società italiana alla violazione del tabù della violenza esercitata dalle donne in tempo di guerra e in genere il loro protagonismo. Il carattere femminile (e non solo genericamente civile) della guerra trovava una conferma per una curiosa coincidenza nella prossimità topografica del luogo del delitto della "strega" di via San Gregorio con piazzale Loreto. Dove a occupare la scena non c'è solo la figura del duce e di altri gerarchi ma il corpo, per certi aspetti ancora più ingombrante, di Clara Petacci. Come raramente era accaduto, una donna appariva sulla scena del dramma nazionale a simboleggiare la radicalità dello scontro; da resa dei conti della guerra civile, con quel corpo femminile oltraggiato, tanto quanto quello maschile del duce e dei gerarchi, diveniva a parti ormai invertite una vera e propria "festa crudele".[14] Quel corpo semi nudo, forse oggetto di una violenza sessuale poco prima della morte, diveniva oggetto di uno stupro visivo, offerto all'oltraggio di una esposizione pubblica che raramente aveva avuto una donna per principale oggetto. La *degradazione animalesca del nemico* – culturalmente favorita sin dalla propaganda della prima guerra mondiale – aveva investito in

13. Con la eccezione della tesi di Claudia Covelli, i contributi storiografici sul femminile nella cronaca nera sono quasi del tutto assenti (sotto altra luce ricostruisce il caso Murri il bel volume di V.P. Babini, *Il caso Murri. Una storia italiana*, il Mulino, Bologna 2004). Più insistito è invece l'accento posto dai contributi giornalistici sulle donne nei fatti di sangue. Uno dei migliori saggi è quello di C. Fiumi, *L'Italia in nera. La cronaca nera italiana nelle pagine del Corriere della Sera*, Rizzoli, Milano 2006. Al Festival del cinema di Roma nell'ottobre 2016 è stato presentato un documentario dal titolo *Le scandalose. Women in crime*, regia di Gianfranco Giagni (Istituto Luce Cinecittà).

14. S. Luzzatto, *Il corpo del duce. Un cadavere tra immaginazione, storia e memoria*, Einaudi, Torino 1998, p. 23. Sulla centralità del corpo di Mussolini si veda M. Isnenghi, *Il corpo del duce*, in *Gli occhi di Alessandro. Potere sovrano e sacralità del corpo da Alessandro Magno a Ceausescu*, a cura di S. Bertelli e C. Grottanelli, Ponte alle Grazie, Firenze 1990, pp. 170-183.

pieno la società degli anni del secondo conflitto e dell'immediato dopoguerra, militari civili, uomini e donne.[15]

E di quella catarsi violenta Milano rappresentò il principale teatro, come lo era stata del resto anche della nascita del fascismo. Quella del capoluogo lombardo era la piazza che conteneva l'alfa e l'omega dell'esperienza tragica del ventennio. Un inizio e una fine quelli del fascismo a Milano di cui una enorme letteratura storiografica ha esplorato gli aspetti politici e simbolici più importanti e tra questi certamente "l'esposizione della morte del nemico".[16] Da questo punto di vista piazzale Loreto ha rappresentato e rappresenta il simbolo e il culmine della tragedia del ventennio e, in una più ampia prospettiva storica, del processo di brutalizzazione la cui genesi risale probabilmente per lo meno agli anni del primo dopoguerra, quando Milano e la Lombardia, centri urbani e campagne, furono teatro di violenze e di esposizioni pubbliche di corpi. Vi ha fatto cenno anni fa Sergio Luzzatto quando faceva notare i macabri resoconti di Prefettura e Questura del capoluogo lombardo sul ritrovamento di cadaveri linciati o addirittura impalati e lasciati allo sguardo pubblico. Come è noto lo stesso Mussolini aveva dato conto di un episodio avvenuto il 23 giugno 1920 proprio in piazzale Loreto dove il vicebrigadiere dei Carabinieri, Giuseppe Ugolini, dopo uno scontro con cinque manifestanti anarchici, venne linciato dalla folla.[17]

La "tragedia corporale",[18] andata in scena a Milano il 29 aprile 1945, è – come si diceva – il punto culminante e simbolico in particolare del biennio della guerra civile e della pratica, perseguita dai nazifascisti, di

15. Sulla degradazione del nemico ovviamente G. De Luna, *Il corpo del nemico ucciso. Violenza e morte nella guerra contemporanea*, Einaudi, Torino 2006. Sulla violenza nella fase insurrezionale fondamentale è G. Crainz, *L'ombra della guerra. Il 1945*, Donzelli, Roma 2007. Sulle donne nella Repubblica sociale si veda R. Cairoli, *Dalla parte del nemico. Ausiliarie, delatrici e spie nella Repubblica sociale italiana (1943-45)*, Mimesis, Milano-Udine 2013.

16. M. Isnenghi, *L'esposizione della morte*, in *Guerre fratricide. Le guerre civili in età contemporanea*, a cura di G. Ranzato, Bollati Boringhieri, Torino 1994.

17. B. Mussolini, *Coccodrilli*, in «Il Popolo d'Italia», 26 giugno 1920. Sui tumulti di Milano del 22 giugno e sulle indagini dei giorni successivi si veda *Conflitti e tumulti a Milano provocati da anarchici e sindacalisti*, in «Corriere della Sera», 23 giugno 1920 e *Gli uccisori del brigadiere*, ivi, 1° luglio 1920. A Ugolini, insignito della medaglia d'oro al valore, è titolata a Milano una via in zona Greco. Sul rapporto tra i due dopoguerra G. Crainz, *Il dolore e la collera*, in «Meridiana», 22-23 (1995), pp. 249-273.

18. Luzzatto, *Il corpo del duce*, p. 60.

affidare al corpo senza vita di partigiani o anche di "semplici" civili uccisi per rappresaglia il compito di ammonire, spaventare la popolazione.[19] Nelle 73 stragi perpetrate a Milano, tra il settembre 1943 e il 26 aprile 1945, da truppe naziste o dalle varie formazioni fasciste (spesso in drammatica competizione tra loro o con i loro alleati per efferatezza e crudeltà come le tristemente famose Muti e Resega), il trattamento riservato alle 143 vittime propone infatti spesso lo schema terribile della pubblica esposizione dei cadaveri; in cinque episodi 23 corpi vengono lasciati sulla pubblica piazza (quindici di loro sono quelli di piazzale Loreto del 10 agosto 1944).[20] In alcuni casi – come quello proprio più tristemente noto – dei quindici martiri di piazzale Loreto, antefatto fondamentale dell'altra piazzale Loreto, quella del 29 aprile –, il carattere "istruttivo" delle esecuzioni viene sottolineato da cartelli e scritte (il termine "traditori" è quello più usato) che vogliono aggiungere – in una sorta di ridondanza simbolica – alla morte violenta una ulteriore profanazione politica sul corpo delle vittime.[21] A una logica in definitiva non molto diversa da quella dell'esposizione "teatrale" sembrano rispondere i non rari casi di occultamento del cadavere; la scomparsa deve suonare infatti come un segno di monito o di avvertimento a settori della società civile potenzialmente ostili, come nell'episodio di don Achille Bolis, parroco di Calolziocorte sospettato di sostenere la Resistenza, morto nel carcere di San Vittore dopo aver subito sevizie e torture, il cui cadavere venne

19. M. Dondi, *Piazzale Loreto 29 aprile 1945: aspetti di una pubblica esposizione*, in «Rivista di Storia contemporanea», 2 (1990), 2, pp. 219-248; *Piazzale Loreto*, in *I luoghi della memoria. Simboli e miti dell'Italia unita*, a cura di M. Isnenghi, Laterza, Roma-Bari 1996, pp. 487-499.

20. Ricavo i dati sugli episodi di stragi nazifasciste a Milano dal sito http://www.straginazifasciste.it/?page_id=349 che per accuratezza è certamente lo strumento attualmente più importante per avere un quadro complessivo della repressione attuata dal regime di Salò e dalle truppe naziste. Sulla genesi e il progetto dell'atlante si veda http://www.straginazifasciste.it/?page_id=9.

21. Sul rapporto strettissimo tra le stragi nazifasciste e l'esposizione del 29 aprile si veda G. Scirocco, *Caduta e morte del tiranno a piazzale Loreto*, in *Gli Italiani in guerra. Conflitti, identità, memorie dal Risorgimento ai nostri giorni*, vol. IV, t. II, *La seconda guerra mondiale*, Utet, Torino 2009, pp. 617-623 e Id., *Piazzale Loreto, 10 agosto 1944*, in *Culture della memoria e patrimonializzazione della memoria storica*, a cura di C. Fiamingo, Unicopli, Milano 2014, pp. 127-143. Per un quadro più generale su Milano, si rinvia a L. Borgomaneri, *Hitler a Milano. I crimini di Theodor Saevecke capo della Gestapo*, Datanews, Roma 1997.

negato alla vista di chiunque, anche dell'arcivescovo Ildefonso Schuster che ne aveva reclamato la consegna.[22]

Una guerra che non finisce

Gli episodi milanesi costituiscono ovviamente solo una parte del racconto tragico della guerra civile e della tragedia corporale sfociata in piazzale Loreto. Tra il 1° luglio 1943, durante la ritirata tedesca dopo lo sbarco alleato in Sicilia, e la resa finale, si registrarono sul tutto il territorio nazionale 5.522 stragi con 23.247 vittime, uomini e donne uccisi per diversi motivi, dalla rappresaglia al rastrellamento, dallo scopo punitivo al massacro di tipo razziale. E in 426 episodi, 2.676 sono i cadaveri abbandonati o appositamente esposti alla pubblica vista, mentre ammontano a ben 3.359 i casi di occultamento delle vittime in 292 episodi su tutto il territorio nazionale. Pur in un quadro ancora non del tutto preciso e probabilmente sottostimato (anche lo strumento più aggiornato – come il sopracitato atlante delle stragi nazifasciste – non tiene volontariamente conto di episodi più circoscritti), la storiografia ha da tempo fissato nel biennio 1943-1945 il tornante più drammatico della storia italiana. E ovviamente anche l'antefatto essenziale per comprendere la lunga scia di violenze del dopoguerra, quello dei giorni successivi alla caduta di Milano ma anche quello delle settimane, dei mesi o addirittura dell'anno successivo quando in alcune zone del paese – in particolare dell'Emilia Romagna – si registrarono ancora episodi di violente ritorsioni contro persone che a vario titolo e con responsabilità diverse avevano servito nel passato regime. Diecimila sarebbero gli uomini (e qualche volta le donne) giustiziati nelle settimane a ridosso della fine del regime;[23] dalle fucilazioni sommarie a quelle stabilite dalla Corte d'Assise straordinaria di Milano, che spesso ricalcano anche dal punto di vista toponomastico episodi fascisti (oltre piazzale Loreto, emblematico è il caso sempre a Milano di Campo Giuriati, luogo di due

22. Si veda la scheda di Luigi Borgomaneri in http://www.straginazifasciste.it/wp-content/uploads/schede/Milano_CarcereSanVittore_23_02_1944.pdf. Le autorità religiose cittadine ottennero comunque di tenere a Milano le esequie del parroco. Su questo come su altri episodi del biennio 1943-1945 più estesamente Borgomaneri, *Hitler a Milano*. Nel sito http://www.straginazifasciste.it su Milano risulta un solo caso di occultamento, cioè di scomparsa del corpo. Qui per occultamento intendiamo anche la pratica di negare per molti giorni a famigliari o religiosi la vista dei corpi.

23. Tra gli autori che riportano questa cifra cito Crainz, *La giustizia sommaria in Italia*, p. 162. Sul punto si veda dello stesso autore *Il dolore e la collera*, pp. 249-273.

stragi fasciste, dove venne eseguita la sentenza di morte di Guido Buffarini Guidi), soprattutto nelle zone centro-settentrionali del paese, la resa dei conti è rapida e violenta.[24]

Prima ancora che i tribunali italiani o le amministrazioni alleate riuscissero a organizzarsi, la giustizia popolare e i suoi improvvisati tribunali operarono a pieno regime. Dall'immediato dopoguerra in poi sono state variamente conteggiate le esecuzioni sommarie. Troppo esiguo e poco credibile appare il dato fornito dal ministro dell'Interno, Mario Scelba, che nel giugno 1952 arrivò a contare 1.731 morti nella fase insurrezionale, mentre iperbolica sembra la cifra di Giorgio Pisanò che ipotizzò 35.000 vittime della giustizia rivoluzionaria.[25] In questo contesto nazionale segnato dalla violenza e dalla vendetta, punteggiato da episodi di particolare efferatezza, come quello del 1944 del linciaggio di Donato Carretta[26] o della messa a morte nell'aprile 1945 del federale di Torino, Giuseppe Solaro,[27] Milano e la Lombardia non sembrano presentare le cifre più alte della giustizia sommaria. Secondo una valutazione del Ministero dell'Interno del 1946 con i suoi 1.481 morti la Lombardia sarebbe stata la terza regione per numero di giustiziati dopo il Piemonte (2.523) e l'Emilia Romagna (1.958).[28] E tuttavia Milano ha rappresentato e rappresenta il principale palcoscenico della fine del ventennio. La centralità politica data dal fascismo e da Mussolini alla piazza milanese le ha conferito una visibilità politica e culturale unica. E probabilmente solo lì avrebbe potuto maturare lo snodo più importante, l'ultimo e tragico rito di passaggio. Nella "festa

24. Sui processi delle corti straordinarie e sull'epurazione si veda R. Canosa, *Le sanzioni contro il fascismo. Processi ed epurazioni a Milano negli anni 1945-47*, Mazzotta, Milano 1978 e Id., *Storia dell'epurazione in Italia. Le sanzioni contro il fascismo 1943-1948*, Baldini&Castoldi, Milano 1999.

25. Una sintesi sui vari bilanci delle giustizia sommaria è contenuta in G. Oliva, *La resa dei conti. Aprile-maggio 1945: foibe, piazzale Loreto e giustizia partigiana*, A. Mondadori, Milano 1999. Le stime fatte dai neofascisti nell'immediato dopoguerra arrivarono addirittura a 300.000 morti per mano partigiana. Sulle stime di parte neofascista si veda G. Pisanò, *Storia della guerra civile in Italia, 1943-1945*, FPE, Milano 1966.

26. G. Ranzato, *Il linciaggio di Carretta (Roma 1944). Violenza politica e ordinaria violenza*, Il Saggiatore, Milano 1997; *Vita delitti e morte di Pietro Caruso: fotocronaca completa del primo grande processo contro i criminali fascisti*, Edizioni dell'Alfabeto, [s.l.] 1944.

27. Su questo Oliva, *La resa dei conti*, pp. 36-40.

28. Al rapporto del Ministero fa riferimento N.S. Onofri, *Il triangolo rosso. La guerra di Liberazione e la sconfitta del fascismo (143-1947)*, Sapere 2000, Roma 2007.

crudele" di piazzale Loreto si racchiude l'inizio e la fine della parabola fascista. Soprattutto l'ultima, anzi ultimissima, fase della resa dei conti; nel macabro spettacolo dei diciotto corpi appesi al traliccio della stazione di benzina c'era non solo la violenza "giacobina" – evocata dai comunisti – ma anche e soprattutto la tragica elaborazione del trauma fascista. Sull'«Avanti!» del 30 aprile, si legge:

> Ieri in una luminosa giornata di sole si è svolto uno spettacolo orribile. Necessario come tanti orribili supplizi [...] Quale "legalità" avrebbe riparato il torto commesso, l'arbitrio fatto legge, la violenza eretta a norma di vita? Nessuna legge, nessuna legalità che non fosse una "legalità" sorta spontaneamente dal popolo stesso che aveva subito l'affronto. E il popolo è stato costretto a giustiziare il proprio tiranno per liberarsi dall'incubo di un'offesa irreparabile [...] Per gli italiani non v'era altra via d'uscita. Era l'unica catarsi possibile [...] Chi volentieri vedeva nel fascismo soltanto una buffa commedia, forse oggi capirà quale tragedia in realtà sia stato per noi, che l'abbiamo subito, che abbiamo scontato fino in fondo.[29]

29. *Giustizia è fatta*, in «Avanti!», 30 aprile 1945.

Giorgio Vecchio

La Shoah italiana: ritorni, incomprensioni, prime rimozioni

Ritorni

Il ritorno degli ebrei nel 1945 avvenne seguendo le scansioni dettate dagli avvenimenti militari e politici. Prescindendo dal caso particolare di quanti erano stati rinchiusi nel campo calabrese di Ferramonti e avevano dunque guadagnato la libertà e la sicurezza personale prima dell'avvio dell'occupazione germanica, i primi a riemergere furono gli ebrei di Roma, almeno tutti coloro che erano riusciti a sfuggire alla retata del 16 ottobre 1943 e alla caccia successiva.[1] Progressivamente, si aggiunsero quanti avevano trovato riparo nelle regioni dell'Italia centrale, fossero essi originari di quelle terre oppure profughi italiani o stranieri; si dovette invece attendere la Liberazione perché il ritorno alla luce fosse possibile per gli ebrei clandestini in Italia settentrionale o riparati in Svizzera.

Tutti costoro incontrarono enormi difficoltà a riprendere la vita normale: rispetto agli altri cittadini italiani "ariani", essi si ritrovavano privi di strumenti adeguati per rientrare subito in possesso dei propri beni, a cominciare dalla casa. Coloro che vi si erano installati, infatti, potevano dimostrare di non essere degli abusivi, avendo ricevuto l'abitazione direttamente dalle autorità civili. Ma anche quegli ebrei che avevano formalmente salvato il possesso dei propri beni materiali, affidandoli a soci d'affari, amici o vicini di casa, sperimentarono in molti casi una cocente delusione, in quanto gli affidatari avevano talvolta provveduto a imposses-

1. L. Picciotto Fargion, *L'occupazione tedesca e gli ebrei di Roma. Documenti e fatti*, Carucci-Cdec, Roma-Milano 1979; F. Barozzi, *L'uscita degli ebrei di Roma dalla clandestinità*, in *Il ritorno alla vita: vicende e diritti degli ebrei in Italia dopo la seconda guerra mondiale*, a cura di M. Sarfatti, Giuntina, Firenze 1998, p. 31.

sarsi di quei beni, vendendoli oppure rinnegando gli accordi precedentemente intercorsi.[2]

Il ritorno in patria dei superstiti dei Lager tedeschi poté compiersi solo mesi più tardi, per lo più nel corso dei mesi di luglio e agosto, talvolta attraverso una fase transitoria di soggiorno in istituti di cura: Shlomo Venezia, per esempio, dovette rimanere in ospedale a Udine fino al novembre 1946, prima di essere trasferito a Merano, presso l'istituto gestito dall'American Joint Committee.[3] Per riprendere soltanto altri casi noti: Bruno Piazza, ebreo triestino dal destino piuttosto anomalo (in quanto, per sua fortuna, era stato catalogato come prigioniero politico di sangue misto), rientrò nella sua città nel giugno 1945;[4] Luciana Nissim tornò a casa il 20 luglio;[5] Nedo Fiano, liberato a Buchenwald l'11 aprile, arrivò a Firenze in agosto;[6] Liliana Segre dal Lager di Malchow giunse a Milano il 31 agosto 1945;[7] Liana Millu a Genova in settembre;[8] Primo Levi a Torino, il 19 ottobre successivo.[9] Sami Modiano, sradicato dalla sua Rodi, partì a piedi con l'amico Settimio Limentani alla fine d'agosto dalla città polacca di Opole; i due arrivarono in Austria agli inizi di ottobre, potendo poi proseguire verso Roma.[10]

Si trattò dunque di arrivi alla spicciolata, mescolati a quelli di altri deportati o ex prigionieri militari, fatto che contribuì ulteriormente a non far cogliere la drammatica specificità dell'esperienza del popolo ebraico.

2. Cfr. le testimonianze in Archivio storico della Comunità ebraica di Roma, *Roma, 16 ottobre 1943. Anatomia di una deportazione*, a cura di S.H. Antonucci, C. Procaccia, G. Rigano e G. Spizzichino, Guerini e Associati, Milano 2006 (specie quelle di Silvana Ajò, pp. 102-103 e di Speranza Ajò, p. 106); inoltre, per singoli episodi e per un quadro generale, A. Villa, *Dai lager alla terra promessa. La difficile reintegrazione nella «nuova Italia» e l'immigrazione verso il Medio Oriente (1945-1948)*, Guerini e Associati, Milano 2005.

3. S. Venezia, *Sonderkommando Auschwitz*, Rizzoli, Milano 2012, pp. 167-174.

4. B. Piazza, *Perché gli altri dimenticano*, Feltrinelli, Milano 1956, pp. 200-201.

5. L. Nissim Momigliano, *Ricordi della casa dei morti e altri scritti*, a cura di A. Chiappano, Giuntina, Firenze 2008, p. 68.

6. N. Fiano, *Il coraggio di vivere*, Editrice Monti, Saronno 2003, pp. 177-182.

7. E. Zuccalà, *Sopravvissuta ad Auschwitz. Liliana Segre fra le ultime testimoni della Shoah*, Edizioni Paoline, Milano 2005, p. 101.

8. L. Millu, *Dopo il fumo. Sono il n. A 5384 di Auschwitz Birkenau*, Morcelliana, Brescia 1999, pp. 67-73; anche Ead., *Tagebuch. Il diario del ritorno dal Lager*, Giuntina, Firenze 2006, pp. 95-102.

9. P. Levi, *La tregua*, ora anche in Id., *Se questo è un uomo. La tregua*, Einaudi, Torino 1989, p. 324.

10. S. Modiano, *Per questo ho vissuto. La mia vita ad Auschwitz-Birkenau e altri esili*, Rizzoli, Milano 2013, pp. 137-145.

nei campi di sterminio. Come ha giustamente osservato Alessandra Chiappano – rifacendosi a *La tregua*, ma anche all'esperienza di Nissim, Millu e della stessa Segre –, in tutti questi casi era stata necessaria una fase intermedia tra la vita nel Lager di sterminio e il ritorno a casa. Infatti, era occorso affidarsi, senza responsabilità e vivendo alla giornata, alle cure dei liberatori, prima di affrontare le intuibili difficoltà del rientro.[11] Paradossalmente, per di più, la fine dell'incubo del Lager era anche la fine di un rapporto con le uniche persone che potevano comprendere l'enormità di quanto successo, avendo vissuto la stessa esperienza. Paradossalmente: perché venivano meno quelle che erano pur sempre le certezze del Lager – gli orari, il lavoro forzato, le botte e il sempre possibile invio alla camera a gas – per inoltrarsi lungo un percorso sempre sognato e desiderato, ma incerto e nebuloso, sapendo che ben difficilmente si sarebbero ritrovati i propri cari e i propri beni.

In questo complicato percorso verso la rinascita, gli ebrei sopravvissuti non trovarono aiuti particolari, men che meno dallo Stato italiano. A differenza di compagni di sventura come i francesi, gli italiani e le italiane dovettero arrangiarsi da soli, dopo aver già sopportato il disprezzo e l'isolamento nel Lager, provocato sia dalle difficoltà linguistiche sia dall'essere una piccola minoranza rispetto a polacchi, ungheresi, russi e altri, sia ancora dalla cattiva fama che si dovevano portare sulle spalle in quanto cittadini dello Stato di Mussolini. Furono semmai le organizzazioni ebraiche a muoversi, autonomamente, a partire da Roma con il Comitato ricerche deportati ebrei (Crde) e da Milano con il centro di assistenza aperto in via Unione, a Modena o altrove.[12] Nei racconti di tanti rientri emerge poi la totale incomprensione – spinta fino alla fiscalità – da parte di numerosi agenti dell'ordine, bigliettai delle ferrovie o dei mezzi pubblici, impiegati pubblici. Accanto a persone gentili, infatti, era frequente imbattersi in controlli

11. In Nissim Momigliano, *Ricordi della casa dei morti*, p. 83. Shlomo Venezia, evacuato da Auschwitz e arrivato a Ebensee, fu poi ricoverato in ospedale a Udine dal luglio 1945 al novembre 1946. Qui «per lungo tempo nessuno ha saputo che ero ebreo. Nessuno me lo domandava; sapevano appena dell'esistenza dei campi»; solo in seguito fu contattato da un'emissaria della Delasem, che lo fece trasferire all'ospedale di Merano gestito dall'American Joint Committee ebraico (Venezia, *Sonderkommando Auschwitz*, pp. 167-174).

12. Cenni generali in L. Picciotto Fargion, *Appunti sulla liberazione e il rientro dei reduci ebrei*, in Consiglio Regionale del Piemonte-Aned, *Il ritorno dai Lager*, a cura di A. Cavaglion, Franco Angeli, Milano 1993, pp. 129-137; A. Rossi-Doria, *Memoria e storia: il caso della deportazione*, Rubbettino, Soveria Mannelli 1998, pp. 29-33.

rigidi e sprezzanti, frutto anche della precedente propaganda antiebraica.[13] Un capitolo a parte – consistente – riguarda le lentezze della burocrazia e la persistenza di ostacoli e atteggiamenti antisemitici di ogni genere: Andrea Villa ha ricordato, per esempio, i casi della richiesta fatta dall'Egeli nel 1947 alla comunità ebraica di Verona di pagare le spese per il mantenimento del campo di concentramento di Caprino Veronese tra il 1944 e il 1945, oppure la pretesa che la torinese famiglia Lattes pagasse nel 1947 le migliorie al palazzo che era stato confiscato loro nel 1943.[14]

Ciò non toglie che, dei sopravvissuti, pochi scelsero la via della Palestina, poiché la grande maggioranza decise di rimanere nella patria di origine, per quanto ingrata e violenta essa potesse essere stata.[15] Ciò valse anche per coloro che, come Liana Millu, avevano maturato una comprensibile e forte disillusione nei confronti del proprio paese:

> Da un certo lato – scriveva nel suo *Tagebuch* il 2 giugno 1945 – non desidero mica di tornare in Italia. Mi vergogno di lei e la bandiera che un tempo mi riempiva di amore ora mi lascia del tutto indifferente. Beati i francesi che possono portare così grandi le loro bandiere e i greci e i belgi![16]

I racconti e le testimonianze dei sopravvissuti risultano simili rispetto alle modalità del ricordo, dal cosa raccontare ai propri familiari ritrovati (per lo più tacendo molti particolari) alla presenza dei sensi di colpa per essere sopravvissuti, fino al lancinante ricordo dei genitori o dei familiari lasciati ad Auschwitz, secondo reazioni psicologiche comuni a tutti i superstiti europei.[17]

Schematicamente si potrebbero indicare i punti seguenti.

Anzitutto, la sorpresa di chi vedeva tornare i sopravvissuti, anche perché, dopo mesi di recupero delle forze con i sovietici o gli americani, essi apparivano tutt'altro che scheletrici – come quei deportati politici rientrati per primi –, anzi erano gonfi e ingrassati nel fisico: Primo Levi si descrisse

13. Per un quadro generale: cfr. tra l'altro V.E. Giuntella, *Il ritorno dai Lager. Considerazioni introduttive*, in *Il ritorno dai Lager*, pp. 85-118.

14. A. Villa, *Ricominciare da capo. Alcuni aspetti del difficile ritorno alla vita degli ebrei italiani sopravvissuti alla Shoah*, in *Il ritorno alla vita e il problema della testimonianza. Studi e riflessioni sulla Shoah*, a cura di A. Chiappano e F. Minazzi, Giuntina, Firenze 2007, pp. 104-105.

15. Qualche cenno in M. Pezzetti, *Il libro della Shoah italiana. I racconti di chi è sopravvissuto*, Einaudi, Torino 2015, pp. 398 sgg.

16. Millu, *Tagebuch*, p. 34.

17. Pezzetti, *Il libro della Shoah italiana*, pp. 401-435, *passim*.

«gonfio, barbuto e lacero»,[18] mentre Liliana Segre era passata dai 32 kg al momento della liberazione agli oltre 70 a quello dell'arrivo a Milano.[19]

In secondo luogo, era evidente la difficoltà, per non dire l'impossibilità, da parte di parenti e amici, di comprendere quel che si era passato nei campi di sterminio: l'indicibile non poteva essere rivissuto neppure dagli altri ebrei, rimasti in clandestinità in Italia o passati in Svizzera.

Diffusa era la mancanza totale di familiari o parenti, ciò che era causa di solitudine e incertezza anche sull'immediato futuro, con il forzato ricorso a soluzioni precarie, comprese comunità o istituti. Ciò non toglie che si ebbero anche vari casi fortunati di ritrovamento di genitori, fratelli o sorelle.[20]

Rare, ma reali, furono forme festose di accoglienza, come a Roma a piazza Vittoria per Ester Calò e Settimia Spizzichino;[21] felice fu per Goti Bauer la scoperta che a Fiume la vicina Angelina Braida le aveva conservato vari oggetti di famiglia, pur non avendole potuto salvare i mobili.[22] Più frequente, come detto, era la constatazione che la casa e i beni erano stati predati da altri, magari proprio dai vicini e dai conoscenti cui li si era affidati. La casistica è qui amplissima e riguarda in sostanza tutti gli ebrei, sia clandestini in patria sia reduci dai Lager.[23]

Nei sopravvissuti era poi forte la disabitudine alla vita normale: per tutti permaneva un complesso rapporto con il cibo, la perdita di educazione e di norme (come il non saper più stare a tavola, il limitare le regole igieniche, il non saper dormire in un letto normale, le reazioni istintive di fronte a parole tedesche, al suono delle sirene, ai treni...), o ancora l'abitudine a camminare con gli occhi bassi...[24] Assai significativo, rimane il caso

18. Levi, *La tregua*, p. 324.

19. Zuccalà, *Sopravvissuta ad Auschwitz*, p. 104. In attesa del rientro in Italia, anche una deportata politica stava osservando mutamenti sostanziali nel proprio corpo: «ingrassavo a vista d'occhio nonostante mangiassi quasi niente, avevo il viso gonfio e anche gli occhi, che al mattino erano solo due fessure» (L. Beccaria Rolfi, *L'esile filo della memoria: Ravensbrück 1945. Un drammatico ritorno alla libertà*, Einaudi, Torino 1996, p. 74).

20. Pezzetti, *Il libro della Shoah italiana*, p. 361 e *passim*.

21. Ivi, p. 377.

22. In D. Padoan, *Come una rana d'inverno. Conversazioni con tre donne sopravvissute ad Auschwitz*, Bompiani, Milano 2004, pp. 116-117.

23. Cfr. gli esempi riportati da Villa, *Ricominciare da capo*, pp. 101-113.

24. Tra le tante testimonianze dirette su questi aspetti, a puro titolo di esempio cfr. quelle in *La vita offesa: storia e memoria dei lager nazisti nei racconti di duecento sopravvissuti*, a cura di A. Bravo e D. Jalla, Franco Angeli, Milano 1987, pp. 342-343; Levi, *La*

di quei giovani che a Bologna scoppiarono a ridere durante un funerale, schernendo quanti piangevano per un "solo" morto.[25]

Infine, va ricordato che furono complesse anche le reazioni, differenti in base all'età e alle proprie esperienze precedenti, di fronte alla normalità dell'innamoramento e della sessualità. Pesava su questo aspetto il pregiudizio diffuso, nel caso delle ragazze e delle donne, che – se erano riuscite a sopravvivere – ciò era potuto accadere grazie a intuibili compromessi e alla vendita del proprio corpo.[26]

Una voglia di raccontare non capita

Al primo impatto con l'ambiente italiano, forte fu il desiderio di sfogarsi, di raccontare anche nei dettagli quel che era successo. «Avrei voluto parlare a lungo, per dar sfogo a tutte quelle cose che mi dovevano uscire e che poi non mi sono mai più uscite. Ma ho immediatamente capito che non c'era alternativa al silenzio».[27] Tuttavia ciò si rivelò impossibile. Nessuno ebbe la fortuna di essere ascoltato. Goti Bauer ha testimoniato:

> All'inizio ho tentato di raccontare, ma ho smesso subito. Il nostro più grande desiderio, il nostro bisogno, era dire a tutti quello che ci era successo, ma ci siamo subito accorti che le persone non volevano credere e non volevano più sentir parlare di tristezze, perché anche qui avevano sofferto per la guerra, per i bombardamenti, per le privazioni, per i lutti. Basta, adesso non parliamo più di dispiaceri, bisogna andare incontro a una nuova vita fatta di speranza e di propositi, non parliamone più. La gente non voleva ascoltare e soprattutto non poteva credere. Hanno cominciato a credere quando sono arrivate le cronache dei giornalisti e dei militari che andavano ad aprire i campi e vedevano quello che era rimasto. Ma prima sembrava che raccontassimo cose inventate.[28]

Giuliana Tedeschi lo ha confermato:

tregua, p. 325; Zuccalà, *Sopravvissuta ad Auschwitz*, p. 105. Inoltre si leggano i ricordi di G. Bauer, in Padoan, *Come una rana*, p. 117 e di Fiano, *Il coraggio di vivere*, p. 186.

25. Testimonianza di A. Israel, in Pezzetti, *Il libro della Shoah italiana*, p. 389.

26. L. Segre, in Padoan, *Come una rana*, p. 41; E. Mentana, L. Segre, *La memoria rende liberi*, Rizzoli, Milano 2015, pp. 165-166, con il ricordo delle preoccupazioni della nonna sulla verginità.

27. Segre, in Padoan, *Come una rana*, p. 43.

28. Ivi, pp. 121-122. Cfr. anche per esempio la testimonianza di V. Gattegno Cipolato, in Federazione Giovanile Ebraica d'Italia, *Meditate che questo è stato. Testimonianze di reduci dai campi di sterminio*, Giuntina-L'Unità, Firenze-Roma 1996, p. 57; nonché quelle di Lina e Amalia Navarro, ivi, pp. 102-103.

> Dicevano tutti, *ah, per carità, ma cosa credi, noi abbiamo talmente sofferto, non avevamo da mangiare, dovevamo scappare di qua e di là, per fortuna adesso è finita, basta, non vogliamo sapere più nulla.* Nessuno voleva saperne, nessuno ti chiedeva niente. Lo facevano per sopravvivere, perché in realtà anche questa gente – che pure non aveva patito i nostri drammi – aveva sofferto le bombe, la fame, la paura, si era dovuta nascondere in montagna. Erano tutti molto provati e nessuno voleva sapere quello che ci era successo. Sicché a me non veniva nemmeno più il desiderio di raccontare. [...] Per la mia mamma era stato un gran dramma non trovare più i coperchi delle pentole. Aveva dovuto fuggire e, nel trambusto, si erano spaiati i coperchi. Mi faceva troppo ridere, questa storia dei coperchi. Nei suoi racconti era un dramma. Volevo dirle, *ma cosa ti importa*?[29]

Anche Liana Millu conobbe le stesse incomprensioni:

> Così, in ottobre, decisi di accogliere l'invito di mia zia, abitava a Pisa, la città dove sono nata e cresciuta. Ci abbracciammo, poi cominciarono i racconti. E io volevo parlare, avevo bisogno di raccontare, far sapere, e alla zia, qualche volta, venivano gli occhi lucidi. Ma interrompeva sempre, sovrapponeva ai miei ricordi i suoi, che erano quelli di una sfollata e a lei sembravano tremendi, a me sembravano acqua di rose. Cominciavo già a convincermi che la gente non poteva capire. Le rape, per esempio! Era la stagione e la zia era salutista, convinta che depurassero il sangue e ne preparava ogni giorno. Certo, non erano le legnose rape del lager. Ma il nome era quello, l'odore era quello e mi faceva ammutolire.[30]

Questa situazione fu comune pure alle donne deportate per motivi politici e non razziali, come Lidia Beccaria Rolfi, che ha riferito delle conversazioni avute in un campo di raccolta americano, dunque prima ancora del ritorno in Italia. Lì ogni deportato faceva il suo racconto e lì erano giunte anche due sorelle di dodici e tredici anni, reduci da Auschwitz.

> Quando Ida cercò di raccontare di Auschwitz, di sua madre e dei fratellini scomparsi nella camera a gas, la guardarono increduli. Chissà chi aveva inventato quella storia per spaventare le bambine, non era possibile, nei loro campi non c'era la camera a gas, non c'era il crematorio, loro non lo avevano mai visto, nessuno aveva mai raccontato cose simili. [...] Quando, dopo averli ascoltati a lungo, cercavo di inserirmi nei loro discorsi, di prendere la parola, quasi subito venivo interrotta. La loro storia era sempre o come la mia o peggiore: il loro caporeparto era una carogna, i russi ce l'avevano con gli italiani, i polacchi erano

29. In Padoan, *Come una rana*, p. 167 (corsivi nel testo).
30. In *Il ritorno dai Lager*, p. 55.

spie, non avevano i Kapo ma i loro guardiani erano peggiori. Poi venivano le contestazioni: «Figurati se vi mandavano a tirare i carrelli della sabbia».[31]

La sofferenza maggiore fu sperimentata, come accennato, dalle donne, sulle quali gravava il sospetto di vergognosi compromessi e cedimenti sessuali. Ma anche tra i maschi – a parte questo specifico aspetto – la condizione era uguale. Giuseppe Di Porto ha ricordato in seguito, ampliando il ragionamento ai complessi di colpa indotti dai malevoli giudizi altrui:

> Quello che mi ha colpito di più è stata un'altra violenza che abbiamo subito quando siamo ritornati. Abbiamo trovato una certa incredulità da parte dei nostri amici, dei nostri parenti... loro quasi pensavano che noi stavamo esagerando. Mai c'è stata una parola di conforto, sembrava che raccontavamo delle assurdità. Poi l'altra cosa che ci ha fatto molto male è stato sentire dei discorsi molto strani come: «Ma tu come hai fatto a salvarti? Perché mio fratello, mio marito, mia figlia non sono ritornati e tu sì?». C'era il dubbio che uno aveva fatto anche del male... invece di accoglierci a braccia aperte, capire il nostre stato d'animo. Era quasi una colpa che noi eravamo sopravvissuti.[32]

Insomma, in quel 1945 (e anche in seguito) una «barriera di cristallo» si interponeva inevitabilmente tra il superstite e tutti gli altri.[33] Diventa così comprensibile quanto raccontato da Liana Millu, sia nell'immaginare una poesia che esprimeva tutta la sua drammatica solitudine: («Andate, o umani. Più niente voglio avere a che fare con voi»), sia nel decidere di suicidarsi proprio nei giorni del Natale 1945, lei che era donna di grande forza e iniziativa personale. Dal gesto estremo l'avrebbe salvata la pioggia battente, spingendola a tornare di corsa a casa piuttosto che a dirigersi verso la ferrovia per lanciarsi sotto un treno.[34]

31. Beccaria Rolfi, *L'esile filo*, pp. 48-51; cfr. Ead., A.M. Bruzzone, *Le donne di Ravensbrück. Testimonianze di deportate politiche italiane*, Einaudi, Torino 2003, p. 145.

32. In Pezzetti, *Il libro della Shoah italiana*, p. 380. Shlomo Venezia, raccontando gli avvenimenti, verrà indicato come matto (Venezia, *Sonderkommando Auschwitz*, p. 176). Espliciterà i suoi ricordi decenni più tardi e non in famiglia (ivi, pp. 177-178). Sami Modiano arrivò quindicenne a Roma (era di Rodi) con l'amico Settimio Limentani, il cui padre era stato ucciso alle Fosse Ardeatine: si scontreranno per anni con l'incredulità dei familiari (Modiano, *Per questo ho vissuto*, p. 151: «Ne avevo parlato talmente tanto che non mi credevano»; lo stesso successe a Settimio: ivi, p. 153).

33. Fiano, *Il coraggio di vivere*, pp. 177-187.

34. L. Millu, *Guardare in un fondo dove strisciano serpenti*, in *Il ritorno dai Lager*, p. 57. Cfr. anche i ricordi della stessa in *Meditate che questo è stato*, p. 79; nonché in Ead., *Dopo il fumo*, pp. 67-73; Ead., *Tagebuch*, pp. 100-102.

Chi ha fornito le riflessioni più chiare e approfondite su questa delicata condizione è stata probabilmente Liliana Segre:

> Io desideravo soltanto leccarmi le ferite ed essere amata senza condizioni, invece mi sentivo continuamente giudicata [...]. Io dovevo guarire, le mie energie erano tutte impegnate in questo sforzo, e loro non sapevano affatto quale fosse l'approccio giusto da tenere con una strana creatura quale io ero [...]. Ma quelle che a loro apparivano come enormi tragedie non avevano nulla a che vedere con la mia vicenda. Loro non avevano avuto la morte davanti tutto il giorno per più di un anno, non avevano visto quello che avevo visto io. [...] Tutti intorno a me sentivano la necessità di competere, quasi, a chi avesse patito di più, a chi fosse stato privato del maggior numero di beni e di oggetti.[35]

Insomma, sempre per usare le parole di Liliana, «non avevo nessuno che mi amasse così tanto da dire non ti capisco ma ti accetto come sei, ti amo come sei, sono comunque felice che tu sia qui». La Segre arrivava così a una conclusione paradossale: ad Auschwitz si era «tutte prigioniere, tutte oppresse dallo stesso dolore», mentre a Milano non si era «più niente», tanto da chiedersi cosa si poteva avere in comune con le coetanee e i coetanei.[36] Tutte queste difficoltà sono state spesso interpretate come esempio di una rimozione compiuta dagli stessi reduci dai Lager, desiderosi soltanto di chiudersi nel silenzio, e accomunate al noto episodio del rifiuto da parte di Einaudi di pubblicare *Se questo è un uomo* di Primo Levi. In realtà le cose non andarono proprio così.

Il ricorso alla parola scritta

Prima ancora di rientrare a casa, infatti, chi aveva goduto della liberazione dal Lager si era posto il problema di raccontare e testimoniare.[37]

35. In Zuccalà, *Sopravvissuta ad Auschwitz*, pp. 105-107. Cfr. anche la nuova rievocazione in Mentana, Segre, *La memoria rende liberi*: da notare qui l'affermazione per cui con il ritorno a Milano iniziarono tre anni «tragici della mia vita» per Liliana (p. 164).

36. In Padoan, *Come una rana*, p. 42.

37. Per una buona ricostruzione del contesto e di questi primi testi: Consiglio regionale del Piemonte-Aned, *Una misura onesta. Gli scritti di memoria della deportazione dall'Italia 1944-1993*, a cura di A. Bravo e D. Jalla, Franco Angeli, Milano 1994, pp. 55-61. Cfr. inoltre G. Schwarz, *Ritrovare se stessi. Gli ebrei nell'Italia postfascista*, Laterza, Roma-Bari 2004, pp. 111-123. Opportuno anche il riferimento ad A. Baldini, *La memoria italiana della Shoah (1944-2009)*, in *Atlante della letteratura italiana*, a cura di S. Luzzatto e G. Pedullà, vol. III, *Dal Romanticismo a oggi*, a cura di D. Scarpa, Einaudi, Torino 2012, pp. 758-763. Si veda anche A. Rossi-Doria, *Memorie di donne*, in *Storia della Shoah. La crisi dell'Europa, lo stermi-*

Oltre al caso, noto, dello stesso Levi, basta ricordare che Liana Millu iniziò subito a pensare di scrivere un libro di memorie, compito sulla carta facile per lei che era già giornalista dallo spirito libero e indipendente. Lo conferma il suo *Tagebuch* (che, per sua disposizione, fu letto soltanto dopo la sua morte e pubblicato, per decisione di Piero Stefani, nel 2006). Su quel diario nuovo, dalle pagine bianche, con un mozzicone di matita, la Millu aveva appuntato schematicamente gli avvenimenti fino al suo approdo al confine dell'Italia, il 1° settembre. Il 15 giugno aveva scritto: «Mente sveglia, gran voglia di scrivere. Ma cosa? Ricordi! "I racconti di Birkenau"?», aggiungendo poi un ipotetico indice che in parte coincise con quello de *Il fumo di Birkenau*.[38]

Dopo il rientro furono comunque diversi coloro che presero effettivamente la penna per trasmettere la tragica esperienza fatta. Vien quasi da pensare che, di fronte all'impossibilità di comunicare con la parola parlata, questi primi testimoni abbiano pensato – forse anche inconsciamente – di utilizzare lo strumento della parola scritta, mettendo la pagina di carta tra sé e l'interlocutore, come una sorta di schermo e di barriera protettiva, e cercando al tempo stesso di cambiare ascoltatori e di uscire dalla ristretta cerchia di parenti e conoscenti. In tal modo, tra 1945 e 1947 si registrò una piccola, ma significativa proposta editoriale, inizialmente su riviste e giornali, prima di approdare a veri e propri libri.

Il primo a rompere il ghiaccio fu Giacomo Debenedetti, pubblicando sul numero di dicembre 1944 della rivista romana «Mercurio» un suo saggio, *16 ottobre 1943*, destinato a essere riproposto l'anno successivo come volume a sé stante. Inutile specificare che, in questo caso, la testimonianza si riferiva alla persecuzione svoltasi in Italia, dal momento che il suo autore era sfuggito alla deportazione. Situazioni analoghe furono raccontate poco tempo dopo anche da Silvia Lombroso e Luciano Morpurgo.[39]

Per quanto riguarda l'argomento principale, ovvero la deportazione per motivi razziali, la prima testimonianza ebbe una circolazione forzatamente ridotta, visto che si trattava di articoli apparsi sul giornale triestino «La Prora», tra il dicembre 1945 e il gennaio 1946. L'autore era Lazzaro

nio degli ebrei e la memoria del XX secolo, vol. IV, *Eredità, rappresentazioni, identità*, a cura di M. Cattaruzza, M. Flores, S. Levis Sullam e E. Traverso, Utet, Torino 2006, pp. 29-71.

38. Millu, *Tagebuch*, p. 45.

39. S. Lombroso, *Si può stampare. Pagine vissute 1938-1945*, Dalmatia, Roma 1945; L. Morpurgo, *Caccia all'uomo! Vita sofferenze e beffe. Pagine di diario 1938-1944*, Dalmatia, Roma 1946.

Levi, sopravvissuto ad Auschwitz. Ma già in precedenza, rispettivamente nel giugno e nel luglio, era stata completata la stampa di due *instant book*, come sarebbero definiti oggi: il primo era opera del giornalista Carlo Ottani che aveva raccolto una serie di testimonianze in *Un popolo piange. La tragedia degli ebrei italiani* (Spartaco Giovene, Milano); il secondo raccoglieva la testimonianza dell'ebrea russa Sofia Schafranov (Sofia Sara Kaufmann), era stato curato da Alberto Cavaliere, cognato della donna, e portava il titolo *I campi della morte in Germania nel racconto di una sopravvissuta* (Editrice Accademia, Milano).

Il testo di Ottani era condizionato da stereotipi duri a morire (per esempio considerava gli ebrei un popolo eterogeneo e non assimilabile nelle nazioni europee) oltre che da giudizi discutibili, soffermandosi soprattutto su quanto avvenuto in Italia – dal carcere di San Vittore al Lager di Bolzano –, non avendo alcuna fonte di prima mano sui campi situati in Polonia. Per questo conteneva pochi cenni su Auschwitz, tra cui anche autentiche "bufale", come quella del pavimento «tapirulano» delle camere a gas che, scorrendo, faceva precipitare direttamente i cadaveri nei forni crematori.[40] Molto più realistico e informato era il testo curato da Cavaliere, in quanto il racconto in prima persona della cognata Sofia – salvatasi grazie alla sua professione di medico – era preciso e coerente con quanto le successive testimonianze e ricerche storiche avrebbero messo in luce. Da queste pagine i meccanismi del viaggio, della selezione, della vita quotidiana ad Auschwitz emergevano con nitida chiarezza, secondo i ritmi di una prosa coinvolgente ma mai esagerata, quasi cronachistica.

Alla fine del 1945 era stata conclusa anche la stesura diretta – e non mediata da un curatore – dell'esperienza di un altro triestino, Bruno Piazza, *Perché gli altri dimenticano*. La sorte di questo libro, poco noto, fu singolare. Ne fu infatti data notizia al grande pubblico in modo tempestivo, considerato che il quotidiano «La Stampa» gli dedicò due articoli, firmati da Antonio Antonucci, nell'ottobre 1945. Il giornalista aveva intervistato Piazza, proprio mentre le agenzie trasmettevano le notizie sul processo in corso alle "belve" di Bergen Belsen, annunciando che il libro era pronto e che attendeva soltanto un editore. Rispetto ad altri libri pionieristici, Piazza tentava una ricostruzione generale e cronologicamente completa, dall'arresto alla deportazione ad Auschwitz, fino alla liberazione. Già negli

40. C. Ottani, *Un popolo piange. La tragedia degli ebrei italiani*, Spartaco Giovene, Milano 1945, p. 140.

articoli su «La Stampa» gli avvenimenti principali c'erano tutti: la selezione, la rapatura, la presenza degli "zingari", il trattamento delle donne, le camere a gas e i forni, il lazzaretto e il "Canada" e via dicendo. La salvezza di Piazza dipese dal suo essere stato classificato come detenuto politico anziché ebreo, ricevendo il numero 190.712 e restando nelle liste della Gestapo, che addirittura fece togliere il suo nome dalla lista dei selezionati per il gas.[41] Sta di fatto che Piazza non trovò mai un editore. Morì l'anno dopo, nel 1946, a 57 anni di età e il suo scritto fu ripescato soltanto dieci anni più tardi. Pubblicato nel 1956 da Feltrinelli, finì per diventare il primo libro di una nuova stagione della memorialistica, fungendo da apripista alla ripubblicazione de *Il fumo di Birkenau* della Millu (1957) e di *Se questo è un uomo* di Levi (1958).

Quattro donne superstiti videro pubblicati i propri scritti nel corso del 1946: Alba Valech Capozzi, Frida Misul, Luciana Nissim e Giuliana Tedeschi.[42] Va notata questa monopolistica presenza femminile, perché essa risulterà in controtendenza rispetto a quanto avverrà negli anni Cinquanta e Sessanta, allorché sarà nettamente predominante la presenza maschile.[43] Esse furono imitate l'anno dopo da Liana Millu che, come si era proposta, arrivò alla pubblicazione de *Il fumo di Birkenau*. Unica presenza maschile in quel biennio, fu naturalmente Primo Levi.

I racconti di Alba Valech Capozzi e di Liana Millu avevano in comune la caratteristica di rivelare Auschwitz attraverso la rievocazione di episodi, rifuggendo da una ricostruzione organica e cronologica. Nel testo di Alba – scritto subito dopo il ritorno a Milano e datato ottobre 1945 – un'ampia parte era dedicata alla fase della sua cattura a Siena, seguita dal suo rilascio per via del matrimonio con un ariano, al nuovo arresto a Milano e alla per-

41. A. Antonucci, *Il campo della morte*, in «La Stampa», 14 ottobre 1945; Id., *Sala d'aspetto per forno crematorio*, ivi, 18 ottobre 1945. Vari brani ora sono anche in S. Fantini, *Notizie dalla Shoah. La stampa italiana nel 1945*, Pendragon, Bologna 2005, pp. 114-122.

42. A. Valech Capozzi, *A 24029*, Soc. An. Poligrafica, Siena 1946 (disponibile adesso nel sito dell'Aned: http://www.deportati.it/librionline/valech.html); F. Misul, *Fra gli artigli del mostro nazista. La più romanzesca delle realtà, il più realistico dei romanzi*, Stab. Tip. Belforte, Livorno 1946; [Luciana Nissim], *Ricordi della casa dei morti*, in L. Lewinska, *Donne contro il mostro*, Ramella, Torino 1946 (ristampato poi in Nissim Momigliano, *Ricordi della casa dei morti*); G. Tedeschi, *Questo povero corpo*, Editrice Italiana, Milano 1946.

43. Su questo fatto sono state offerte varie interpretazioni. Cfr. però le equilibrate e condivisibili osservazioni di A. Chiappano, *Le deportazioni femminili dall'Italia fra storia e memoria*, a cura di B. Maida e B. Mantelli, Unicopli, Milano 2014, pp. 62-63.

manenza a Fossoli, con molta attenzione nella ricostruzione dei dialoghi e delle paure, delle prospettive e dei ragionamenti sul futuro degli arrestati. La descrizione del Lager di Auschwitz era sufficientemente completa e anche spontanea, immediata, come provato dalle numerose storpiature delle parole tedesche. Ma il finale del libro mescolava tragedia, tristezza e serenità: a fianco del marito, nella casa di Milano, l'autrice poteva contemplare le stelle e affidare a loro il ricordo struggente di tutti i familiari scomparsi per il camino:

> Io non so se siete ancora vivi ed uniti, miei adorati, ma vorrei che voi sentiste la disperazione che mi serra il cuore e vorrei che voi, se non potete più tornare da me, mi aspettiate lassù, vicino a quella minuscola stella, che parla tanto al mio cuore.
> Mi sembrerà, quando morrò, di tornare con voi felice, così come allora, quando vivevo con voi, ignara della malvagità umana e fiduciosa nell'avvenire.
> E se avrò dei figli, vorrei tanto, miei adorati, che la vostra benedizione li accompagni in questa vita di lacrime e di martirio.
> E le stelle continuano a sorridermi, sussurrandomi dolcemente una folle speranza, la speranza di potere, abbracciata a voi, piangere per la gioia del vostro ritorno. Piangere tanto tanto con questi occhi, che bruciano di tante e tante lacrime.
> Dio Grande è buono, miei adorati, e possano le nostre lacrime ed il nostro martirio essere la più ardente preghiera per un mondo di giusti e non un'inutile maledizione per la malvagità dei bruti. Miei adorati.[44]

Al contrario, il racconto di Liana Millu, destinato a divenire celebre e a essere tradotto in numerose lingue, era stato pensato – se possibile, viste le circostanze – come lo scritto di un'osservatrice, persino distaccata e capace di cogliere note addirittura poetiche. Costruito su sei episodi, risultava tanto commovente quanto tragico, con la particolarità che l'autrice andava a cogliere dettagli che spezzavano l'opprimente monocromatismo del Lager: ora i colori dell'autunno, ora i campi di grano fuori del campo, o ancora il ricordo dell'aria frizzante o della nebbiolina mattutina, tutto attenuava il tono della tragedia. Tragedie, anzi, perché i sei episodi vedevano la Millu protagonista non principale. Il ruolo preminente era via via dato alla giovane e bella Lily, mandata alla camera a gas perché la sua Kapo era gelosa del suo fascino; a Maria, lasciata morire con il piccolo appena partorito nel Block dopo aver portato a termine una gravidanza clandestina; all'italiana

44. Valech Capozzi, *A 24029*, p. 52.

Bruna che aveva scelto di morire stringendo le mani al figlio Pinin, da lui divisa solo dal filo spinato con la corrente; a Zinuchka, sacrificatasi per dotare un giovane polacco del necessario per tentare la fuga e unirsi alla Resistenza; alle sorelle olandesi Gustine e Lotti, delle quali la prima aveva rotto i rapporti con la seconda che aveva scelto la via del bordello di Auschwitz I per salvarsi; alla francese Lise, che dopo molte esitazioni – perché intendeva rimanere fedele all'amato marito – aveva accettato la corte a pagamento di un sorvegliante, per mangiare qualcosa in più.

Quanto al breve testo di Frida Misul, esso si caratterizzava per il frequente ricorso alle tinte accese, per esempio nelle invettive contro Mussolini o nell'esaltazione dell'eroismo delle truppe sovietiche (a cui peraltro doveva la propria liberazione a «Terestadt», ovvero Theresienstadt, Terezin). Ciò appariva evidente fin dal titolo del libro e dal suo sottotitolo: *La più romanzesca delle realtà, il più realistico dei romanzi*, alquanto fuorviante rispetto alla verità della testimonianza. Frida, che doveva la sua salvezza al fatto di essere stata trasferita da Auschwitz all'interno della Germania per essere adibita al lavoro forzato in fabbrica, tornò anni dopo sulla sua vicenda con un testo più ampio e rivisto.[45]

Singolare fu anche il destino delle rievocazioni compiute da Luciana Nissim e da Giuliana Tedeschi.

Il nome della prima non comparve neppure sulla copertina del libro in cui apparve. I suoi *Ricordi della casa dei morti* (immediato richiamo alla celebre opera di Dostoevskij), infatti, furono inseriti nel libro di Pelagia Lewinska, *Donne contro il mostro* (Ramella, Torino 1946), portando la data «ottobre 1945-aprile 1946», come rielaborazione di una relazione preparata in quel periodo per l'Unione delle Comunità ebraiche italiane e precisamente per il Comitato ricerche deportati ebrei. La Nissim – poi celebre psicoanalista – aveva goduto di una condizione privilegiata nel campo, essendosi presentata fin dall'inizio come medico, con il risultato di essere impiegata presso il *Revier* di Birkenau, dalla fine di febbraio alla fine di agosto 1944, prima di essere trasferita a Hessisch Lichtenau, non lontano da Kassel, per curare le operaie forzate adibite a una fabbrica di munizioni. Il suo testo, come già notato da Alessandra Chiappano, non era scevro da incongruenze, in quanto mescolava realtà direttamente vissute con altre sicuramente apprese dopo la liberazione, ma manteneva la sua

45. F. Misul, *Deportazione. Il mio diario*, Tip. Benvenuti & Cavaciocchi, Livorno 1980.

forza soprattutto nella denuncia dell'abiezione umana a cui nazisti avevano costretto le proprie vittime:

> Perché la gente che vive in un campo [di concentramento] è come morta dentro: tutto quello che nel mondo ha valore, tutto quanto stimavano essere onesto e degno, in un lager appare ridicolo; qui non si vede nulla di generoso, di nobile, di disinteressato, ma solo malvagità, egoismo, odio. Ciascuno lotta ferocemente, belluinamente, per la sua vita, per questa sua povera assurda disperata vita animale, dovesse sacrificare, per la sua la vita di tutti gli altri. E questa morte morale, quest'irrisione a ogni senso di solidarietà, quest'oblio della dignità umana sono molto più tristi della morte fisica di coloro che non sono più. E l'aver ridotto a larve di se stessi questi che "uomini furono", l'aver ucciso in loro la coscienza della propria umanità, l'aver fiaccato la scintilla divina e distrutto mediante il terrore la loro anima, è la più abbietta delle colpe dei nazisti.[46]

Per questo motivo, a dire di Luciana, l'obiettivo da porsi nel campo non poteva che essere uno solo: «mantenersi onesta». Sarà ciò di cui si compiacerà la Nissim, scrivendo al futuro marito Franco Momigliano il 14 agosto 1945, a liberazione avvenuta, spiegando di aver maturato la consapevolezza che «non si esce da un'esperienza come questa, senza il retaggio di precisi doveri verso se stessi e verso gli altri».[47]

Giuliana Tedeschi, reduce da Auschwitz, scrisse *Questo povero corpo*, che fu pubblicato nel 1946 presso una piccola casa editrice, l'Editrice Italiana, fallita poco dopo, così che il libro passò ignorato. In quanto docente di lettere, Giuliana seppe offrire sprazzi della sua fresca memoria con uno stile curato, talvolta persino con slanci poetici. Nel piccolo libro erano centrali però la riflessione sulla sorte del corpo femminile, fin dall'inizio violato nel suo pudore, e sui rapporti interpersonali creatisi con le altre deportate: la realtà del Lager era presente con tutta la sua crudezza. Soltanto nel 1988, però, con la pubblicazione di *C'è un punto della terra... Una donna nel lager di Birkenau*, versione ampliata del testo del 1946, il nome di Giuliana Tedeschi cominciò a essere conosciuto da un pubblico più vasto e quel suo nuovo libro ricevette la giusta attenzione anche a livello internazionale.[48]

46. Nissim Momigliano, *Ricordi della casa dei morti*, p. 53.

47. Ivi, p. 91.

48. Tedeschi, *Questo povero corpo*, è stato ristampato nella veste grafica originaria dalle Edizioni dell'Orso, Alessandria 2005; Ead., *C'è un punto della terra... Una donna nel lager di Birkenau*, Giuntina, Firenze 1988.

Intanto Primo Levi aveva iniziato a scrivere. Come ben si sa, il suo primo testo fu il *Rapporto sulla organizzazione igienico-sanitaria del campo di concentramento per Ebrei di Monowitz (Auschwitz – Alta Slesia)*, che egli preparò insieme a Leonardo De Benedetti nella primavera del 1945, su richiesta del comando del campo gestito dai russi a Katowice. Quel testo fu poi pubblicato anche in Italia su «Minerva Medica. Gazzetta settimanale per il medico pratico», nel numero del 24 novembre 1946, senza poter avere una circolazione massiccia, tanto da essere ripescato, dopo decenni di oblio, soltanto nel 1991 da Alberto Cavaglion.[49] Da notare che in apertura della relazione – predisposta per il pubblico italiano – Levi manifestava un ottimismo forse eccessivo, affermando che «forse non v'è più alcuno che ignori ancora che cosa siano stati quei luoghi di sterminio e quali nefandezze vi siano state compiute».[50]

In precedenza, però, Levi aveva scritto una relazione a uso della Comunità ebraica torinese, databile – secondo Fabio Levi e Domenico Scarpa – alla fine del 1945. Essa comprendeva soltanto una lista di nomi di deportati partiti da Monowitz-Buna verso Gleiwitz, corredata dalle prime informazioni raccolte sulla loro sorte.[51] A differenza dei testi fin qui citati, questa relazione non era tuttavia destinata al pubblico, così come la successiva breve deposizione resa da Levi per il Comitato ricerche teportati ebrei, nella quale egli forniva pure dati sulle caratteristiche dello Zyklon B. A essa fecero seguito, nel 1947, le dichiarazioni per il processo in corso al comandante di Auschwitz, Höss.[52]

Fu poi nel corso del 1947 che venne dato alle stampe il celeberrimo *Se questo è un uomo*, sul quale non è certo il caso qui di aggiungere considerazioni, se non per toccare di sfuggita l'annoso dibattito sulla mancata pubblicazione presso Einaudi. Come è noto, il libro finì per essere pubblicato dalla piccola casa editrice Francesco De Silva, che stampò tuttavia soltanto 2.500 copie. Il successo e la notorietà del libro si sarebbero fatti attendere fino al 1958, anno in cui esso fu finalmente ripreso da una grande casa editrice come Einaudi. Cavaglion ha addebitato proprio a Nata-

49. Il testo è ora in P. Levi, *Così fu Auschwitz. Testimonianze 1945-1986. Con Leonardo De Benedetti*, a cura di F. Levi e D. Scarpa, Einaudi, Torino 2015, pp. 3-30; per una storia di questo testo, cfr. ivi, pp. 205-208.

50. Ivi, p. 3.

51. Relazione del dott. Primo Levi n. di matricola 174517 reduce da Monowitz-Buna, ivi, pp. 31-35 e, per la storia del documento, ivi, pp. 208-212.

52. Ivi, pp. 37-38 e 212-213; 43-44 e 213-214.

lia Ginzburg l'incomprensione del testo,[53] citando, in contrapposizione, la bella recensione scritta da Arrigo Cajumi per «La Stampa». In effetti sul quotidiano torinese, in prima pagina, comparve una colonna di notevole spessore, nella quale Cajumi rilevava le debolezze del libro di David Rousset (*L'univers concentrationnaire*, tradotto come *Dio è caporale*), apparso in edizione italiana da Longanesi, esaltando invece il valore di *Se questo è un uomo* e de *Il sentiero dei nidi di ragno* di Calvino, per concludere profeticamente: «Il tenue chiarore dell'alba si profila al termine del libro di Calvino: tutto nero e desolato quello del Levi. Non dimenticheremo presto le loro immagini».[54]

Il libro di Levi ebbe anche altri lettori interessati. Nella piccola Bozzolo don Primo Mazzolari scriveva infatti in quel 1947: «*Se possiamo rimanere uomini*. Sui campi di concentramento ho letto Levi (Se questo è un uomo), Wiechert (La selva dei morti), Rousset (Univers concentrationnaire. Jours de notre Mort), Antelme (L'espèce humaine), Cayrol (On vous parle)».[55]

A questo punto alcune considerazioni si impongono. La prima è che tutti questi lavori pubblicati tra 1945 e 1947 lo furono grazie alla disponibilità di piccole case editrici, alcune delle quali destinate presto alla chiusura. Il fatto poteva essere un sintomo delle difficoltà di voler fare i conti con una tragedia tanto grande e quindi suonare come la conferma di un atteggiamento di incomprensione e di rimozione, e allo stesso tempo esso rifletteva pure una difficoltà di ordine più vasto, di tipo economico, dipendente dalle contingenze del dopoguerra. Ricorrere a case editrici di conoscenti, per quanto piccole, poteva dunque rappresentare una via d'uscita rispetto a queste difficoltà materiali. Ma ciò non facilitava certo la diffusione di testi già di per sé di lettura troppo coinvolgente sul piano emotivo.

La seconda è che dopo il 1947 si aprirà un vuoto destinato a durare per anni: dal 1948 al 1952 compresi, nessun testo sulla deportazione – di qualsiasi tipo – fu più pubblicato. Si dovette attendere il 1954 per vedere *Si fa*

53. A. Cavaglion, *Sopra alcuni contestati giudizi intorno alla storia degli ebrei in Italia (1945-1949)*, in *Il ritorno alla vita*, pp. 151-152.

54. A. Cajumi, *Immagini indimenticabili*, in «La Stampa», 26 novembre 1947.

55. P. Mazzolari, *Diario*, vol. V, *25 aprile 1945-31 dicembre 1950*, a cura di G. Vecchio, Edb, Bologna 2015, pp. 143-147. Si tratta precisamente delle seguenti opere: P. Levi, *Se questo è un uomo*, Francesco De Silva, Torino 1947; E. Wiechert, *La selva dei morti: una cronaca*, Mondadori, Verona 1947; D. Rousset, *L'Univers concentrationnaire*, Éditions du Pavois, Paris 1946; R. Antelme, *L'Espèce humaine*, Gallimard, Paris 1947; J. Cayrol, *Je vivrai l'amour des autres*, vol. 1, *On vous parle*, Seuil, Paris 1947.

presto a dire fame, di Piero Caleffi, nello stesso anno nel quale apparve la prima edizione italiana del *Diario* di Anna Frank, e arrivare al 1956 per la comparsa del citato lavoro di Bruno Piazza, *Perché gli altri dimenticano*. Insomma, la vera rimozione della Shoah avvenne non nell'immediatezza degli eventi, bensì nel corso degli anni Cinquanta, fino all'inatteso successo – si può dire – della Mostra sui campi di sterminio, aperta a Torino nell'autunno 1959, in seguito alla quale si aprì il noto dialogo tra Primo Levi e i giovani.[56]

Una terza riflessione nasce dal fatto che, per forza di cose, quanti si erano impegnati a fare memoria erano persone che erano sopravvissute grazie al fatto di essere impiegate in fabbrica – come lo stesso Levi o Liana Millu o Frida Misul – o in reparti "privilegiati", come la dottoressa Luciana Nissim. Esperienze ben più drammatiche, come quella dei componenti del *Sonderkommando* risultavano del tutto ignote, tanto da dover attendere la decisione sofferta di Shlomo Venezia di parlare e raccontare. Ma si era ormai un quarantennio più avanti.

Comprensioni e incomprensioni stampate

La stampa quotidiana italiana dell'immediato dopoguerra, alle prese con i problemi della defascistizzazione e della crisi economica, dedicò un certo spazio al tema della deportazione e alle sofferenze dei deportati, ma con molte approssimazioni, tali da contribuire a sedimentare forme durature di rimozione e di confusione. Il tratto che più colpisce è costituito dalla sovrapposizione delle diverse esperienze della deportazione, in base a motivi facilmente spiegabili. La grande massa dei ritorni fu quella dei militari deportati dopo l'8 settembre e quella dei "politici" e su di essi si riversò l'attenzione generale, con la differenza che i primi apparivano come degli sconfitti e i secondi dei vincitori, nel clima festoso della Resistenza. Cronache giornalistiche, testimonianze, elogi furono riservati a quanti erano scampati a Mauthausen o a Buchenwald, i due campi che divennero subito – nella memoria italiana – i simboli della repressione nazista. I diversi tipi di Lager vennero ricondotti a uno unico: il Lager di sterminio, perdendo immediatamente di vista la specificità di Birkenau, di Treblinka o di Majdanek (per non citare gli sconosciuti Bełzec, Chełmno, Sobibor).

56. Cfr. gli articoli dello scrittore torinese pubblicati su «La Stampa» e ora in Levi, *Così fu Auschwitz*, pp. 59-65; cenni in Villa, *Ricominciare da capo*, pp. 112-113.

È certo comprensibile che le notizie circolanti nell'Italia del 1945 fossero frammentarie e viziate da errori di ogni genere e, tra l'altro, si deve ricordare che i primi articoli comparvero quando dei superstiti di Auschwitz non si aveva ancora alcuna notizia: essi erano ancora nei campi di accoglienza e di cura nel nord della Germania o in Europa orientale. Ma questi fatti produssero la preminenza del deportato politico rispetto a quello per motivi razziali. Nel corso dei decenni, però, questa prospettiva venne a rovesciarsi, man mano che la Resistenza veniva sottoposta a revisioni critiche – più o meno fondate, per la verità spesso strumentali – e che la questione ebraica assumeva rilievo. Oggi, semmai, è la deportazione politica a essere rimossa e ignorata e l'immagine comune del deportato è quella dell'ebreo ad Auschwitz-Birkenau.[57]

Bisogna in primo luogo tentare di cogliere quali furono i caratteri comuni dell'informazione italiana nel corso del 1945, naturalmente tenendo conto delle differenze esistenti fino alla Liberazione, tra i giornali editi nell'Italia liberata e quelli ancora sotto il controllo della Repubblica sociale. Bisogna pure ricordare che in gran parte le notizie che arrivavano dall'estero erano prodotte da agenzie straniere, così che, per esprimere un giudizio sull'informazione o sulla disinformazione in Italia, si dovrebbero esaminare quelle fonti, ovvero appunto le agenzie americane, inglesi o sovietiche, soprattutto nel caso del processo di Lüneburg alle guardie dei campi di Bergen Belsen e di Auschwitz.

Il primo elemento che balza agli occhi è la quasi inesistente attenzione allo specifico della situazione degli ebrei. Quasi sempre si parlava genericamente di "esseri umani", di "persone" vittime nei Lager oppure della loro nazionalità: polacchi, russi, francesi, ecc. Raramente si specificava ai lettori che si trattava di ebrei e che la causa della loro persecuzione era del tutto particolare.

Alcuni esempi possono chiarire l'affermazione. Il 5 giugno 1945 il «Corriere d'Informazione» – che usciva allora al posto del «Corriere della Sera» – titolava: *5 milioni di polacchi periti nel campo di Oswiecim*; lo stesso quotidiano, il 21 agosto, pubblicava un articolo – ampio per le circostanze – su *Lo sterminio di Treblianka* [*sic*], portando per sottotitolo: *I nazisti vi trucidarono 2 milioni e mezzo di esseri umani: da 10 a 12 mila al giorno.* Solo nel testo si spiegava quali erano le comunità coinvolte, partendo dalla loro "colpa": «quella di essere ebrei, in massima parte, o Polacchi». Ciò an-

57. Cenni in Rossi-Doria, *Memoria e storia*, pp. 37 sgg.

che se la descrizione delle modalità delle uccisioni era basata su notizie diffuse dal Comitato nazionale ebraico, a loro volte fondate sulla testimonianza di uno dei pochissimi superstiti. L'informazione era abbastanza completa e descriveva la macchina della morte, con il meccanismo delle procedure dall'arrivo dei treni fino alle camere a gas. Sempre lo stesso quotidiano milanese, il 14 dicembre, stampò un articolo dal titolo enigmatico: *Il metodo "Kugel" per lo sterminio dei prigionieri*, a firma di Enrico Caprile, riferito al processo di Norimberga in corso. Il titolo era fuorviante, riferendosi a un ordine di eliminazione dei prigionieri di guerra catturati dopo un'evasione. Curiosamente né il giornalista Caprile né la storica Fantini si sono accorti che *Kugel* in tedesco significa anche "pallottola". A parte ciò l'articolo conteneva al suo interno un titoletto esplicito, *La strage degli ebrei*, e forniva ampie notizie sul numero degli ebrei mandati nelle camere a gas; i dati erano quelli del giudice americano Dodd, che citava anche la conferenza di Berlino (Wannsee) della primavera [*sic*] 1942 con la presenza di Eichmann, nonché la distruzione dei crematori verso la fine della guerra attuata per non lasciare tracce. Nell'articolo si citavano vari campi, ma mai Auschwitz.[58]

Colpisce anche il fatto che lo stesso nome di Auschwitz comparve molto lentamente nelle cronache, per di più in subordine rispetto agli altri Lager; in vari casi, come in diversi resoconti dell'«Unità», evidentemente dipendenti da fonti sovietiche (tra cui la Tass), questa località era citata con il nome polacco di Oświęcim, aumentando così le confusioni nei lettori. Il giornale comunista, stampato a Roma, aveva dato notizie tempestive sulla liberazione di quel Lager avvenuta il 27 gennaio. Anzitutto il 28, si era data l'informazione sulle dichiarazioni dell'ambasciatore del governo provvisorio polacco a Mosca, secondo il quale rimanevano in vita soltanto 20.000 dei tre milioni di ebrei polacchi.[59] Il 2 febbraio, si spiegò ai lettori, appunto sulla base della Tass, che a Oświęcim era stato liberato un «grandissimo

58. Tuttavia cfr. sempre E. Caprile, *Come venne spianato il ghetto di Varsavia*, in «Corriere d'Informazione», 15 dicembre 1945, dove il riferimento agli "israeliti" è più diretto e presente anche nel sottotitolo. Si parla di «terrificante azione di annientamento della razza ebraica» e si fa riferimento allo sterminio di ebrei di Lituania e Lettonia, sulla base dell'intervento del giudice Walsh. Nell'articolo *Il ghetto di Varsavia*, in «La Stampa», 14 dicembre 1945, si racconta del processo di Norimberga e della requisitoria di Dodds e del maggiore Walsh, per il quale lo sterminio degli ebrei era il più grande delitto della storia. In *Himmler assetato di sangue*, ivi, 15 dicembre 1945 ci si sofferma su Treblinka e si dà la cifra globale di 6 milioni di ebrei uccisi.

59. *Solo 20.000 ebrei sopravvivono in Polonia da oltre tre milioni*, in «l'Unità», 28 gennaio 1945.

campo di concentramento»; vi si diceva che bambini e malati erano stati assassinati con i gas e i loro cadaveri cremati; che anche i lavoratori esauriti per il lavoro nelle miniere erano stati sterminati. Si parlava di molte migliaia di morti, ma senza mai usare la parola "ebrei".[60] Soltanto il 31 marzo una breve noticina dell'«Unità» ritornò sulla notizia dei tre milioni di ebrei polacchi assassinati,[61] mentre il 18 maggio comparve un articolo ampio in prima pagina, che riprendeva la relazione datata 7 maggio 1945 della Commissione straordinaria sovietica. Anche in tal caso la parola "ebrei" semplicemente non esisteva, pur fornendo ampi dettagli sui dati quantitativi delle vittime, sulle camere a gas, l'uso dello Zyklon B, i forni crematori, gli esperimenti sugli esseri viventi, e così via.[62]

Il Lager oggi più famigerato e conosciuto fu dunque citato incidentalmente qua e là nelle cronache sul processo di Belsen, su giornali come l'«Alto Adige»[63] e soprattutto sulla «Stampa», specialmente in un articolo di fonte americana dal titolo *Il più micidiale gas tossico esperimentato ad Auschwitz*.[64] Del resto per tutto il 1945 le testimonianze dirette su Auschwitz furono rarissime. Il caso più importante fu costituito da un articolo in due puntate firmato da Antonio Antonucci de «La Stampa», il quale si era recato a Trieste per intervistare quel Bruno Piazza che si è già ricordato, anticipando l'uscita di un libro che, come sappiamo, apparve un decennio più tardi. Lo stesso Antonucci si segnalò poi per l'anteprima del libro di Gino Valenzano, *L'inferno di Mauthausen*.[65]

Vi furono poi episodi deludenti come quello riguardante la giovanissima Liliana Segre:

> Mi ricordo quando venne ad intervistarmi un giornalista del "Corriere lombardo". Erano i primi giorni dopo il mio ritorno, i primi di settembre 1945. Degli amici avevano telefonato al giornalista avvertendolo che una ragazzina ebrea di 14 anni, deportata ad Auschwitz, era tornata miracolosamente a Milano.
> Io ero stralunata dalle emozioni del ritorno, ma credevo ancora che tutto il mondo intorno a me volesse conoscere la mia storia.
> Cominciai a parlare e subito mi resi conto che il giornalista non credeva al mio racconto. Ne uscì un articolo storpiato nella forma e nella sostanza:

60. *Il campo di concentramento di Oswiecim*, ivi, 2 febbraio 1945.
61. *3.200.000 ebrei polacchi assassinati dai nazisti*, ivi, 31 marzo 1945.
62. *Stragi collettive nel campo di Oswencin* [*sic*], ivi, 18 maggio 1945.
63. Fantini, *Notizie dalla Shoah*, pp. 23-26.
64. In «La Stampa», 12 dicembre 1945.
65. Ivi, 16 dicembre 1945.

quell'esperienza umiliante fu una pietra miliare per il mio silenzio durato poi per decenni.[66]

Ci furono comunque talune eccezioni, non riguardanti direttamente i campi di sterminio, ma utili per far conoscere testimonianze di prima mano sul trattamento riservato agli ebrei: per esempio sul neonato settimanale «Oggi» apparve il racconto di un militare italiano relativo al campo di raccolta istituito presso Leopoli.[67] Il periodico di Edilio Rusconi tornò sull'argomento anche in seguito, pur dando la precedenza alle vicende e alle immagini relative ai nostri militari prigionieri dei tedeschi. Un racconto a puntate attribuito a un nazista fuggiasco e posto sotto il titolo *Ghestapo* fornì ai lettori italiani raccapriccianti racconti sulle torture inflitte agli ebrei, parlando però esplicitamente di Auschwitz e di Treblinka, oltre che di «Belsetz»: in particolare il funzionamento delle camere a gas di Birkenau fu descritto in modo abbastanza preciso.[68] Ai primi del 1946 «Oggi» pubblicò anche la celeberrima fotografia del bambino ebreo polacco con le mani alzate davanti ai militi nazisti.[69]

Ben diverso rimase il caso della deportazione per fini politici, con le diverse testimonianze riportate dallo stesso «Corriere d'Informazione»,[70] che diede spazio a vari racconti diretti, dall'«Avanti!», che poté privilegiare il rapporto con militanti socialisti, e dall'«Unità», con il racconto diretto di personalità deportate come Giuliano Pajetta e Teresa Noce.[71] Tutto ciò, naturalmente, aveva precisi significati. Si tendeva cioè a esaltare l'eroismo dei compagni deportati, citando l'impegno svolto all'interno del Lager da

66. L. Segre, *Prefazione* a Fantini, *Notizie dalla Shoah*, p. 7. L'articolo in questione era *Fu "zebra" 75190 tosata e presa a calci (Una giovanetta ebrea è tornata dalla Germania e racconta)*, in «Il Corriere Lombardo», 5 settembre 1945. Le parole attribuite a Liliana non appaiono distorte, ma ciò che la urtò furono probabilmente il titolo e i brevi commenti del giornalista.

67. O.G. Pagani, *Ebrei a Leopoli. Qui si distruggono gli uomini*, in «Oggi», 11 agosto 1945.

68. Tedesco X, *Ghestapo*, ivi, 19 febbraio e 26 febbraio 1946.

69. P. Tirinnanzi, *Volevano distruggere gli ebrei*, ivi, 15 settembre 1945; la fotografia del bambino è nel numero del 12 febbraio 1946, all'interno dell'articolo di Tedesco X, *Ghestapo*.

70. Fantini, *Notizie dalla Shoah*, pp. 60-72 (il p. Giannantonio non identificato in questi testi è p. Agosti).

71. *Gli spaventosi orrori dei campi di concentramento*, in «l'Unità», edizione piemontese, 29 maggio 1945 (sulla testimonianza di Giuliano Pajetta). Cfr. Fantini, *Notizie dalla Shoah*, pp. 299-326.

Pajetta, mostrandone il coraggio e il nesso diretto con la vittoriosa lotta resistenziale condotta in Italia. Secondo le convinzioni del momento, lo schema non era applicabile ai nostri militari internati dopo l'8 settembre e ancor meno alla comunità ebraica deportata senza un'apparente resistenza e senza un preciso orientamento politico. In quell'immediato dopoguerra, tuttavia, esponenti politici italiani poterono rendersi conto di persona di cosa fossero stati i campi di sterminio. Nel 1946 il governo inviò una delegazione ufficiale al I Congresso degli ex deportati in programma a Varsavia e durante il soggiorno fu organizzata una vista ad Auschwitz, i cui campi erano rimasti come li avevano lasciati i tedeschi. Teresa Noce ricordò in seguito:

> Entrammo nelle baracche. Rividi con i miei compagni i famigerati castelli. Adesso le baracche erano vuote, ma i nostri accompagnatori polacchi ci portarono nei locali dove una volta si adunavano i kapò e gli SS di guardia. Erano pieni di sacchi: li aprirono e ce ne mostrarono il contenuto. Orrore! Alcuni erano colmi di trecce, di ciocche di capelli biondi o bruni o grigi. Altri, in quello e in altri locali simili, erano pieni di scarpette, di vestitini, di calze da bambini. In quelli che erano stati gli uffici dei carnefici, vi erano casse colme di denti d'oro e di vere; negli scaffali, scatole contrassegnate da scritte («Ariani», «Ebrei», «Bambini», «Donne») contenevano pani di una materia grigiastra: era il sapone fatto con il grasso dei deportati.
> [...] Chiedemmo ai compagni polacchi qualche fiore, qualche ramo verde da portare davanti al muro delle esecuzioni e da deporre sulla cenere dei forni crematori. Ma ad Auschwitz non c'erano fiori. Dovemmo accontentarci di alcuni rami di abete. Dove sorgevano i forni crematori era rimasta solo una vasta distesa di ceneri, in cui si affondava fino a mezza gamba.
> I compagni polacchi, con infinita pazienza e pietà, passavano al vaglio quelle ceneri umane per cercare di rintracciare qualche resto da seppellire nel cimitero che essi stavano approntando.[72]

A proposito della stampa dei due principali partiti di sinistra, anche l'«Avanti!» parlò per tempo, da Roma, del campo di Bolzano-Gries e delle responsabilità italiane,[73] ma si concentrò poi come tutti su Buchenwald e Mauthausen e quindi di nuovo privilegiò la deportazione politica; nel quotidiano socialista non mancarono però rievocazioni della razzia nel ghetto di Roma e della scomparsa degli ebrei milanesi.[74] Un esempio è il seguente:

72. T. Noce, *Rivoluzionaria professionale*, La Pietra, Milano 1974, pp. 354-355.
73. Fantini, *Notizie dalla Shoah*, p. 264.
74. Ivi, pp. 267-272.

> Si è parlato molto in questi giorni delle atrocità commesse dai nazisti in molti campi di concentramento. Buchenwald, l'ultimo luogo dove la setta degli adoratori del sangue oggi al crepuscolo ha sacrificato le sue ultime vittime, è diventato il simbolo della sorte di migliaia di innocenti, in questa guerra, nome di una sinistra e orrenda popolarità. Ora anche l'Italia ha i suoi campi di concentramento. I campi prima riservati ai prigionieri di guerra, durante i mesi dell'occupazione sono stati trasformati dalla ferocia dei tedeschi e dalla rabbia fascista insieme congiunte in centri di deportazione per detenuti politici, per gli elementi comunque pericolosi; soprattutto sono stati riempiti da centinaia di italiani perseguitati braccati razziati perché israeliti.[75]

Da notare che in questo brano i nazisti venivano definiti la «setta degli adoratori del sangue», espressione evidentemente ad effetto ma priva di connotati analitici utili. L'osservazione rimanda al linguaggio usato in questi articoli – indistintamente da tutti, senza differenze di orientamento politico – che era colmo di emotività. Il ricorso a una terminologia estrema (aguzzini, belve, iene) copriva l'incapacità di cogliere i nessi esistenti tra il sistema e l'ideologia nazisti e lo sterminio degli ebrei. La conseguenza è che i lettori erano indotti a pensare a un sistema concentrazionario sorto quasi da solo, seppur con la piena responsabilità dei tedeschi. Si favoriva inoltre la crescita di quel senso di rimozione delle responsabilità di altri popoli e in particolare di quello italiano, che avrebbe segnato tutti i decenni successivi. Solo di rado si cercava di stabilire un collegamento tra lo sterminio e il programma originario di Hitler, come fece per esempio a Firenze «La Nazione del Popolo» del 15 dicembre.[76] Proprio il quotidiano fiorentino era stato tra i pochi, ancora nel 1944, dopo la liberazione della città, a porre con forza e chiarezza inusitata la questione dei rapporti tra ideologia, politica e responsabilità italiane, anche se a quella data ben poco si sapeva – nell'opinione pubblica, non nei vertici istituzionali dei vari Stati – di quanto ancora stava avvenendo nei campi nazisti in Polonia. Si legge, infatti, sulle pagine di quel giornale:

> Si è tanto parlato, in tempo fascista, sui giornali, sulle riviste e sui muri, del cosiddetto problema della razza, e quelle parole si sono accompagnate ad azioni così feroci e così profondamente offensive del senso civile degli italiani, che l'improvviso silenzio sull'argomento viene accolto, in generale,

75. *La sorte degli italiani nei campi di concentramento*, in «Avanti!», 4 maggio 1945.

76. Fantini, *Notizie dalla Shoah*, p. 40.

con sollievo. È una vergogna di cui tutti preferiscono dimenticarsi, una volta che i nostri concittadini perseguitati abbiano ritrovato il loro posto nella libera comunità del nostro popolo. Se le leggi e le persecuzioni razziali fossero state un episodio occasionale nella lunga storia dei misfatti fascisti, il silenzio sarebbe giustificato. Se le rovine causate da queste leggi riguardassero soltanto coloro che ne furono colpiti, non avremmo da fare altro che abolirle, cercando di sanare per quanto è possibile, con spirito di fraterna solidarietà, i danni e i lutti dei perseguitati. [...] Ma la politica razziale non fu un episodio occasionale, e le sue presenti rovine hanno travolto non i soli perseguitati, ma la vita intera del nostro Paese. Poiché il razzismo è la base stessa del nazismo, un suo momento necessario, un suo sinonimo; e non potremo dirci veramente liberati dall'ombra funesta del fascismo fino a che non avremo spazzato dalle nostre anime e dai nostri costumi fin l'ultimo ricordo della distinzione razziale. Il problema coinvolge tutta la nostra civiltà, e non deve, oggi, essere taciuto, né ridotto a una semplice questione di giustizia e di rivendicazione.[77]

Date le circostanze si può invece qui sorvolare sulla segnalazione di marchiani errori, che avrebbero poi inficiato tante ricostruzioni e fornito elementi alla strumentale polemica dei negazionisti.

L'atteggiamento della Chiesa

È opportuno ora soffermarsi sulle notizie e i giudizi circolanti all'interno della Chiesa cattolica. Va subito detto che l'«Osservatore Romano» scelse una strada diversa rispetto agli altri quotidiani, affidandosi a brevi notizie e quasi tacendo sullo svolgimento del processo di Norimberga.[78] Le notizie sullo sterminio furono presentate per lo più in maniera indiretta, come il 21 aprile quando si informò che, secondo la Reuter, Churchill aveva intenzione di concordare con il generale Eisenhower un'ispezione «sui luoghi ove si sono svolte le atrocità recentemente denunciate»,[79] oppure il 17-18 dicembre per precisare il comportamento delle forze dell'Armija Kraiowa, in replica ad articoli di stampa inglesi.[80]

Il quotidiano vaticano insistette invece a più riprese sulle benemerenze acquisite da Pio XII e dall'episcopato di vari paesi. Il 30 maggio

77. *Razzismo e idolatria statale*, in «La Nazione del Popolo», 18-19 settembre 1944, ripreso da M. Sarfatti, *Nota introduttiva*, in *Il ritorno alla vita*, pp. 8-9.

78. *S'inizia oggi il processo di Norimberga*, in «L'Osservatore Romano», 21 novembre 1945.

79. *Inchiesta sui campi di concentramento*, ivi, 21 aprile 1945.

80. *Le persecuzioni ebraiche in Polonia*, ivi, 17-18 dicembre 1945.

1945 mise così in prima pagina in bella evidenza i ringraziamenti del rabbino capo Safran al nunzio apostolico Cassata per l'opera svolta a favore degli ebrei romeni;[81] il 22 settembre, con un trafiletto nella seconda pagina dedicata alle notizie romane, informò che era giunto nella capitale il segretario del Congresso ebraico mondiale, Leon Kubowitzki, il quale aveva chiesto udienza al papa per portargli di persona la riconoscenza dell'ebraismo mondiale per l'aiuto che la Chiesa aveva offerto agli ebrei europei perseguitati;[82] il 28 novembre 1945, un'altra noticina in seconda pagina parlò de *L'inaugurazione del convegno dei profughi ebrei*, svoltosi con la partecipazione di rappresentanze straniere per fare il quadro della situazione degli ebrei italiani e studiare forme di reintegrazione («processo di riabilitazione economica e culturale») dei superstiti.[83] Quell'appuntamento risultò importante, in quanto i partecipanti, una settantina di persone, furono effettivamente ricevuti in udienza da Pio XII. Lo scopo era nuovamente quello di ringraziare il papa e la Chiesa e di rendere un diretto omaggio a Pio XII. Questi rispose con un discorso consono allo stile che si era dato e che avrebbe in seguito alimentato le polemiche sul suo comportamento e sui suoi silenzi. Infatti, egli si tenne su un tono alto e generale:

> Gli abissi della discordia, dell'odio e della follia della persecuzione, che per l'influsso di erronee e intolleranti dottrine, in opposizione allo spirito nobilmente umano e veramente cristiano, furono aperti fra i popoli e le stirpi, hanno inghiottito innumerevoli vittime innocenti, anche fra quelle che non avevano avuto alcuna parte attiva negli eventi della guerra.

Ribadito che a quelle dottrine la Chiesa si era sempre mantenuta ostile, mai ammettendole come lecite, Pio XII prese atto dell'omaggio ebraico:

> La vostra venuta intorno a Noi vuol essere un'intima testimonianza di gratitudine da parte di uomini e donne che, in tempi per loro angosciosi, hanno sperimentato come la Chiesa cattolica e i suoi veri seguaci sanno nell'esercizio della carità sollevarsi al di sopra di tutti gli angusti e arbitrari limiti creati dall'egoismo umano e dalle passioni razziste.

Terminò poi riaffermando la decisione della Chiesa di astenersi dalle questioni politiche, con la volontà di proclamare i suoi grandi principi e in-

81. *La Santa Sede in favore degli Ebrei in Romania*, ivi, 22 settembre 1945.
82. *Dichiarazioni del segretario del congresso ebraico*, ivi, 22 settembre 1945.
83. *L'inaugurazione del convegno dei profughi ebrei*, ivi, 28 novembre 1945.

vocò la «protezione dell'Altissimo» su coloro che, come i suoi ascoltatori, avevano provato l'amore derivante dalla fede nel Padre celeste.[84]

Insomma, anche a distanza di mesi dalla conclusione della guerra e senza più il rischio di ritorsioni naziste, Pio XII non pronunciava esplicitamente la parola "ebreo" e non si esprimeva con dirette condanne dei tedeschi. Probabilmente, nella sua mentalità diplomatica, era sufficiente il riferimento alle «stirpi» e alle «vittime innocenti». Del resto, per tutto l'anno 1945, il pontefice si era mosso lungo queste linee. La domenica di Passione (18 marzo 1945) aveva invitato, infatti, a «ripudiare definitivamente la idolatria dei nazionalismi assoluti, gli orgogli di stirpe e di sangue», nel quadro di un'omelia peraltro ricca di richiami a quanti profittavano della guerre e delle difficoltà, nonché al valore della retta coscienza, condizione unica per la riconciliazione tra i popoli.[85] Anche il radiomessaggio per la fine della guerra, il 9 maggio 1945, risultò generico, con l'auspicio di un rapido ritorno a casa di prigionieri e internati, nonché della giustizia e della riconciliazione tra i popoli.[86] Analogamente nel discorso del 2 giugno 1945 ai cardinali che si erano recati da lui per il suo onomastico, si soffermò sulle sofferenze del clero e dei laici cattolici:

> Dalle prigioni, dai campi di concentramento, dagli ergastoli affluiscono ora, accanto ai detenuti politici, anche le falangi di coloro, sia del Clero che del laicato, il cui unico delitto era stato la fedeltà a Cristo e alla fede dei Padri o la coraggiosa osservanza dei doveri sacerdotali. [...]
> Pur non essendo ancora in possesso di completi dati statistici, non possiamo tuttavia astenerCi dal menzionare qui, come esempio, qualcuna almeno delle copiose notizie pervenuteCi da sacerdoti e da laici che, internati nel campo di Dachau, furono fatti degni di patir contumelia per il nome di Gesù.[87]

Il discorso tracciava un quadro complessivo dei rapporti intercorsi tra il Vaticano e la Germania, ma non conteneva alcun cenno sugli ebrei.

Infine suona piuttosto ambivalente quanto dichiarato dal papa il 24 dicembre 1945, vigilia del Natale. Nella circostanza Pio XII si concentrò

84. *Confortatrici ed illuminate parole del Sommo Pontefice in risposta all'omaggio riconoscente di ebrei profughi*, ivi, 30 novembre 1945.

85. *La Parola di Pio XII risuona a monito speranza salvezza nella trepida attesa di una cristiana riconciliazione dei popoli*, ivi, 20-21 marzo 1945.

86. *Radiomessaggio del Sommo Pontefice Pio XII per la fine della guerra in Europa*, ivi, 10 maggio 1945.

87. Il testo dell'allocuzione, ivi, 3 giugno 1945.

sul prossimo Concistoro, sul futuro numero dei cardinali e sui caratteri universali della Chiesa. Quanto alla guerra appena conclusa, i riferimenti rimasero generali, ribadendo alcuni criteri per la ricostruzione dell'ordine internazionale, tra cui il ricorso alla democrazia al posto dei totalitarismi. La parte finale del discorso fu dedicata ai prigionieri di guerra e ai detenuti politici. Parlando delle sofferenze prodotte dalla guerra, il papa disse:

> Non possiamo tacere la Nostra pena, quando, oltre alle sofferenze inevitabilmente portate dalla guerra, abbiamo saputo di quelle quasi volutamente inflitte ai prigionieri e ai deportati; quando, in alcuni casi, abbiamo veduto prolungarsi senza ragione sufficiente la durata della loro cattività; quando il giogo, già per se stesso opprimente della prigionia, è stato aggravato dal peso di faticosi e non debiti lavori, o quando, in facile disprezzo delle norme sancite da convenzioni internazionali e di quelle anche più inviolabili della coscienza cristiana e civile, si è negato con modi disumani il trattamento dovuto anche ai vinti. [...]
> E noi siamo certi d'interpretare l'aspirazione di tutti i benpensanti, se estendiamo questo Nostro voto a quegli uomini, a quelle donne e a quegli adolescenti, detenuti politici, esposti talvolta ad aspre sofferenze, ai quali non può, se mai, rimproverarsi altro che il loro passato atteggiamento politico, ma nessuna attività delittuosa, nessuna violazione della legge.[88]

Inutile sottolineare che queste parole suonavano più come un appello in favore degli sconfitti che non una denuncia degli stermini verificatisi. Del resto il riferimento ai «detenuti politici» non poteva che essere rivolto a fascisti e nazisti rinchiusi in carcere o in campi di raccolta.

Più esplicito fu invece a Milano il cardinale Schuster, che comunque aveva vissuto più direttamente rispetto a Pio XII le tragedie del 1943-1945. Nella sua *Lettera pastorale al clero e al popolo*, datata 1° maggio 1945, egli fece un'apertura per noi sorprendente, perché si soffermò anzitutto sugli atti sacrileghi compiuti nella sua arcidiocesi dai tedeschi, ma poi entrò direttamente nelle questioni più vive, senza la paura di riferirsi agli ebrei. Il testo merita di essere riportato estesamente, per la sua concretezza:

> Sin che saremo in vita, non porremo dimenticare le atrocità che abbiamo veduto svolgersi quasi sotto i nostri occhi, durante questo quinquennio.
> Ad incominciare da quella dozzina di crocifissi decapitati e sfregiati dai militi germanici della S.S. in Melegnano, dobbiamo deplorare poi le varie esecuzioni capitali avvenute in Milano ed in altri luoghi dell'archidiocesi, dietro

88. *Il Discorso Natalizio del Sommo Pontefice Pio XII al Sacro Collegio*, ivi, 24-25 dicembre 1945.

giudizio sommario e capzioso, per supposte colpe politiche che non giustificavano davvero la enormità di quelle condanne, eseguite talora senza accordare alle vittime neppure il conforto degli ultimi sacramenti.
Le atrocità di cui durante questi ultimi anni il carcere di S. Vittore, qui a Milano, è divenuto teatro, superano qualsiasi immaginazione e non possono ritrovare riscontro neppure nella storia dei più sanguinari tiranni dell'antichità pagana!
Già si sa che contro gli ebrei, dapprima è stata data una vera e spietata caccia all'uomo. Non si è perdonato né a condizione, né ad età, né a sesso. Uomini, donne, vegliardi, pargoli lattanti, tolti magari di letto o di cuna, sono stati brutalmente cacciati in carcere, ammonticchiati in locali insufficienti ed infetti, con bastonature ed altri vilipendi. Forniti di scarse vettovaglie, sono stati ammassati in vagoni chiusi e piombati, per essere tradotti in Germania e in Polonia nei tremendi campi di concentramento. Molti non hanno resistito e sono morti per istrada!
La carità cristiana è stata generosa e sollecita anche verso codesti perseguitati figli d'Israele, e per questo appunto parecchi sacerdoti nostri e suore sono stati carcerati! Che dire poi delle torture morali fisiche inflitte alle vittime dei così detti reati politici? [...].[89]

Si percepiva in queste parole la diretta esperienza fatta dal cardinale, anche tramite i tanti sacerdoti incarcerati per la loro opera di soccorso agli ebrei. Come Pio XII, Schuster fu oggetto dei ringraziamenti della Comunità ebraica. Il 2 maggio Raffaele Cantoni, commissario straordinario della Comunità israelitica di Milano, lo fece pubblicamente, dopo averne già parlato alla radio il 30 aprile precedente.[90]

In questo quadro, che naturalmente andrebbe ampliato considerando gli interventi di altri presuli, soprattutto dell'Italia settentrionale, una voce particolare fu quella del quotidiano cattolico bolognese «L'Avvenire d'Italia». A differenza dell'«Osservatore Romano» e anche del democristiano «Il Popolo», questo giornale non mise in secondo piano la tragedia ebraica. Anzi, fu tra i pochi fogli che diede voce ai reduci e ai profughi. Il 21 settembre comparve così sulle sue pagine un articolo, *I superstiti raccontano*, nel quale si pubblicavano notizie dirette sulle sofferenze subite dagli ebrei in tutta Europa, facendo parlare alcuni superstiti ospiti di un campo a Modena e persino riportando un paio di versi di un canto in yiddish. Titolo di

89. A.I. Schuster, *Lettera pastorale al clero e al popolo*, 1° maggio 1945, ora anche in P. Beltrame Quattrocchi, *Al di sopra dei gagliardetti. L'arcivescovo Schuster un asceta benedettino nella Milano dell'era fascista*, Marietti, Casale Monferrato 1985, p. 388.

90. Il testo è anche in A.I. Schuster, *Gli ultimi tempi di un regime*, a cura di A. Majo e G. Rumi, Ned, Milano 1995², p. 174.

merito per il giornalista A.S. Ori era quello di aver raccolto direttamente nel campo i racconti di uomini, donne, bambini, ebrei polacchi, ungheresi, ragazze greche.[91] L'«Avvenire d'Italia» pubblicò vari altri articoli sulla Shoah, cogliendo spunto da situazioni diverse. In tal modo si differenziò notevolmente da altri giornali. Come mai? L'ipotesi più plausibile è che nella sua direzione (nella persona di Raimondo Manzini) e nella sua redazione pesasse ancora forte il ricordo del sacrificio di Odoardo Focherini, amministratore del giornale, salvatore di un numero di ebrei oscillante tra i cinquanta accertati e i cento solitamente ricordati.[92]

Conclusione: l'inizio delle rimozioni

Nel 1945, quando molti deportati sopravvissuti erano ancora per strada, iniziarono vari processi storici destinati a intersecarsi e sovrapporsi per decenni.

In primo luogo, il ricordo della tragedia della comunità ebraica venne mescolato con quello delle sofferenze dell'intera popolazione, perdendo la propria specificità e, anzi, in vari casi e probabilmente anche solo per motivi quantitativi (per l'Italia), passò in secondo piano. In secondo luogo, e già fin dalla liberazione di Roma, nessuno pensò di considerare un reato l'aver violato i diritti e poi le vite degli ebrei; nessuna aggravante fu dunque inserita nei procedimenti giudiziari e non si ebbe alcuna campagna giornalistica volta a identificare i responsabili di quel che era avvenuto. Al contrario si manifestò subito la volontà di sottolineare la "diversità" degli italiani in materia di crimini razziali e di guerra, a causa del loro "innato" buon cuore. Ciò dipendeva pure, e non va dimenticato, dalla necessità di ricostruire un'immagine positiva dell'Italia a livello internazionale, anche in vista dell'avvio delle trattative di pace. In tale visuale internazionale, gli stessi ebrei non avevano interesse a urtarsi con il governo italiano, che chiudeva gli occhi di fronte alle partenze degli ebrei dai porti italiani verso la Palestina.[93]

91. Ampie citazioni in Fantini, *Notizie dalla Shoah*, pp. 210-212. Altre indicazioni sul giornale e i suoi articoli, ivi, pp. 212 sgg.

92. Si rinvia a G. Vecchio, *Un «Giusto fra le Nazioni»: Odoardo Focherini (1907-1944). Dall'Azione cattolica ai Lager nazisti*, Edb, Bologna 2012. Focherini, arrestato e deportato, morì nel Lager di Hersbruck.

93. Schwarz, *Ritrovare se stessi*, pp. 129 sgg., parla di «carta ebraica» giocata dalla diplomazia italiana; Villa, *Dai Lager alla terra promessa*, pp. 191 sgg., documenta la situazione dell'Italia «porta di Sion».

In questa operazione, tuttavia, la nostra attuale sensibilità dice che si andò oltre a questa contingenza e si produssero in tal modo guasti permanenti. Né può essere trascurato il fatto, ricordato da Simon Levis Sullam, che esistette pure una qualche forma di autoassoluzione da parte degli ebrei stessi, di quelli che fino al 1938 avevano sostenuto il regime fascista.[94]

Tutti questi sviluppi nella cultura e nella mentalità diffusa – oltre a calcoli più immediati di carattere politico – come primo risultato consentirono a personalità di rilievo di conservare posti di vertice, e anzi di perfezionare una carriera brillante: tra loro vi furono Carlo Alliney, già capo di gabinetto di Preziosi all'Ispettorato per la razza della Rsi; Gaetano Azzariti, già presidente del tribunale della razza dal 1938 al 1943 e poi presidente della Corte costituzionale; Domenico Pellegrini Giampietro, già ministro della Rsi che si era occupato della confisca dei beni ebraici.[95]

La sottovalutazione e il disinteresse per la sorte subita dagli ebrei ebbero grande importanza per costruire un clima nel quale – come si è già accennato all'inizio – i sopravvissuti dovettero affrontare una complicata corsa a ostacoli per rientrare in possesso dei propri beni, a cominciare dalla casa. Pur evitando di indulgere in schematismi analitici, seguendo l'invito di Ilaria Pavan,[96] va infatti detto che persistenza dei pregiudizi, pigrizie burocratiche e interessi materiali si frapposero per anni alla celebrazione di una "giustizia giusta". Si tratta di un argomento su cui molto è stato scritto, in particolare da Guri Schwarz e Andrea Villa, e su cui è superfluo ritornare qui.[97]

Più in generale si rafforzava la costruzione del cosiddetto "mito del bravo italiano", sul quale, a partire dallo scritto di David Bidussa, hanno poi insistito numerosi studiosi, in particolare Angelo Del Boca.[98] Insieme a questo incipiente mito, duro a morire, restava la persistenza dei pregiudizi

94. S. Levis Sullam, *I carnefici italiani. Scene dal genocidio degli ebrei, 1943-1945*, Feltrinelli, Milano 2015, p. 115.

95. Ivi, p. 113.

96. I. Pavan, *Gli incerti percorsi della reintegrazione. Note sugli atteggiamenti della magistratura repubblicana 1945-1964*, in *Gli ebrei in Italia tra persecuzione fascista e reintegrazione postbellica*, a cura di Ead. e G. Schwarz, Giuntina, Firenze 2001, pp. 85-108.

97. Si tratta dei già citati Schwarz, *Ritrovare se stessi*; Villa, *Dai Lager alla terra promessa*.

98. D. Bidussa, *Il mito del bravo italiano*, Il Saggiatore, Milano 1994; Angelo Del Boca, *Italiani, brava gente?*, Neri Pozza, Vicenza 2005 (notoriamente più interessato alla presenza coloniale dell'Italia).

e delle abitudini acquisite. Meglio di ogni altra parola può servire la testimonianza di un altro illustre ebreo, Amos Luzzatto, riferita al 1946, anno del suo rientro in Italia dalla Palestina allo scopo di studiare medicina:

> Del viaggio ricordo la cattiva accoglienza, a dire il vero, la prima di tante, al confine di Ventimiglia. Un finanziere in grigioverde mi interrogò con indifferenza: cognome e nome? Paternità? Luogo e data di nascita? Religione? Infine, con la massima indifferenza burocratica: *razza*?
> Lo guardai sbalordito. La neonata Repubblica italiana, passata la guerra, dopo l'eliminazione del fascismo, mi chiedeva la mia "razza"? Possibile? Ma il finanziere non si era minimamente scomposto; con lo stesso tono di voce avrebbe potuto chiedermi che numero di scarpe portavo. Decisi di provocarlo e risposi: *bianca*.
> Il finanziere doveva soltanto riempire quella casella. Con totale indifferenza scrisse: bianca.[99]

99. A. Luzzatto, *Conta e racconta. Memorie di un ebreo di sinistra*, Mursia, Milano 2008, p. 83.

Irene Piazzoni

Per una nuova cultura politica: le iniziative editoriali tra 1943 e 1946

La rinascita della saggistica politica

«Di verità, non meno che di libertà e di giustizia ha fame un popolo ridotto al punto in cui oggi è il nostro». Così scriveva nella primavera del 1945 Carlo Dionisotti nel segnalare l'urgenza di rifondare la cultura politica e civile del paese al cospetto di «un vuoto» e di un'immaturità che riguardavano non solo le masse popolari ma anche le élite, e che nel momento della ricostruzione, altrimenti, si sarebbero rivelati in tutta la loro gravità. Per questo auspicava un «piano organico di studi e stampe che valgano ad alimentare speditamente e sostanziosamente, per la loro forma insieme critica e divulgativa, questa fame di verità, di moderna cultura politica».[1] Vent'anni di dittatura, proseguiva, non erano riusciti a spegnere la memoria dell'Italia liberale e socialista, e tuttavia ne avevano ottenuto un travisamento:

> Importa oggi rimettere tutto in una luce più chiara e diffusa. Importa, non perché sia tempo di rievocazione o di esercitazioni storiche, ma perché l'esigenza universalmente sentita d'una rivoluzione, e non d'una restaurazione del passato, impone che di questo passato si riconoscano esattamente i limiti saldi e gli errori.[2]

Era una necessità, questa, ribadita da innumerevoli voci negli anni della transizione dal fascismo alla democrazia. E una necessità che recuperava il filo spezzato di un motivo di matrice gobettiana. Non a caso nel 1945 usciva, stampata dalla romana Capriotti, un'antologia di *Scritti attuali* di Piero Gobetti, aperta proprio da un saggio sulla «nostra cultura politica»

1. C. Dionisotti, *Scritti sul fascismo e sulla Resistenza*, a cura di G. Panizza, Einaudi, Torino 2008, p. 192.
2. Ivi, p. 191.

risalente al 1923.[3] Scarsa coscienza, mancanza di uno stile e di un linguaggio, «incultura» e «confusione» nella classe politica come nel paese: questi in estrema sintesi i rilievi dell'intellettuale torinese, e questa la sua lapidaria conclusione: «manca negli italiani ogni senso più elementare di liberà e di Stato». Così, avvertiva, «la realtà di oggi può compromettere la cultura e la realtà di domani», poiché non è dato elaborare idee politiche in mancanza di libertà: «la cultura politica si può svolgere solo attraverso la lotta politica e la lotta politica nel mondo moderno ha la sua premessa necessaria nella libertà».

Vent'anni dopo, seppure nelle modalità più sanguinose e nelle circostanze più complesse, la rinascita della lotta politica e la ripresa della libera circolazione delle idee tornavano a prospettare l'urgenza segnalata da Gobetti, conferendo un vigoroso impulso al settore della saggistica politica più che ad altri della produzione editoriale. Soggetta a un'intensa fioritura negli anni a cavallo della Grande guerra, per essere confinata nel recinto della militanza e della propaganda fasciste durante la dittatura, essa conobbe nei mesi della guerra civile e nel tornante tra guerra e dopoguerra una stagione di particolare effervescenza.[4] L'obiettivo era intercettare esigenze culturali e civili di diverso tenore che interessavano le frange dell'opinione pubblica più colta e avvertita – una minoranza nell'Italia del tempo, ma una minoranza che avrebbe giocato un ruolo di primo piano nella ricostruzione del paese –, *in primis* il desiderio di aggiornarsi su quanto la censura aveva tenuto fuori dalla porta, di cercare risposte alla tragedia che si era appena consumata, di orientarsi nel convulso presente.

Il fenomeno si nutrì del fecondo fermento che il mondo della cultura visse negli anni della guerra civile e ancor più nell'immediato dopoguerra.

3. P. Gobetti, *Scritti attuali*, a cura di U. Calosso, Capriotti, Roma 1945, da cui sono tratte le successive citazioni, pp. 13-32. Uscito in «La Rivoluzione liberale», 8 e 15 marzo 1923, l'articolo confluì in P. Gobetti, *Dal bolscevismo al fascismo. Note di cultura politica*, Piero Gobetti editore, Torino 1923, di cui si veda l'ultima edizione, pubblicata nelle «Edizioni gobettiane» delle Edizioni di Storia e Letteratura (Roma 2015), arricchita da una Postfazione di Pietro Polito. Il motivo era stato già affrontato da Adolfo Omodeo in un saggio, *Educazione politica*, comparso su «L'Educazione nazionale», 29 febbraio, 15 maggio e 30 maggio 1920, ora in Id., *Libertà e storia. Scritti e discorsi politici*, introduzione di A. Galante Garrone, Einaudi, Torino 1960, pp. 372-380.

4. G. Turi, *Cultura e poteri nell'Italia repubblicana*, in *Storia dell'editoria nell'Italia contemporanea*, a cura di Id., Giunti, Firenze 1997, pp. 383-428; A. Vittoria, N. Tranfaglia, *Storia degli editori italiani. Dall'Unità alla fine degli anni Sessanta*, Laterza, Roma-Bari 2000, pp. 407-458.

In quel frangente, tuttavia, il ritorno alla libertà fece esplodere tendenze e passioni già ben vive, soprattutto nelle generazioni più giovani e in alcuni settori intellettuali, fin dagli anni Trenta e che soprattutto dal crinale del 1938 si erano fatte sempre più impazienti, per poi trovare suggello e alimento nella guerra prima e nella guerra civile, definitivamente, poi. Inquietudini e ripensamenti erano andati incanalandosi, anzitutto, in un bisogno di rileggere il passato. Lo aveva già notato «Primato» – al solito sensibile misuratore degli umori circolanti tra l'intellighenzia – quando in un articolo del febbraio 1941 aveva registrato la fortuna dei «volumi di storia e, anche, di pensiero e di cultura generale» e tra essi una linea che si richiamava all'Ottocento: quasi che la guerra fosse occasione di un «riesame di coscienza», di una «revisione di fatti e idee» volti a cogliere le «analogie insospettate» tra passato e presente.[5]

In questa rinnovata attenzione per le opere di cultura generale e per la storia, segnatamente per la storia del secolo passato, erano confluite ancipiti ragioni, e talora quasi inconsapevoli ispirazioni. La guerra, senza dubbio, aveva sollecitato riflessioni, nel campo della storiografia come in quello della saggistica di pronto uso, sulle tappe della formazione della nazione. In secondo luogo, dopo la stretta data dal 1938 alla produzione editoriale, si era fatto ricorso volentieri ai testi classici perché più sicuri; e alcuni editor – tra cui Vittorini, Ginzburg, Alicata, Muscetta – ne avevano approfittato per far circolare materiali solo apparentemente innocui o comunque per affermare valori universali che guardavano a un orizzonte lontano dalle scelte di campo e dall'armamentario ideologico e propagandistico del presente.[6] D'altra parte, alcuni motivi offerti dai classici o alcuni percorsi interpretativi emersi in quegli anni nella ricerca storiografica non erano affatto tutti leggibili come indici di un antifascismo *in nuce*, eppure avrebbero contribuito anch'essi a quel "precipitato chimico" determinato dalla guerra, offrendo prospettive nuove a quei motivi e a quelle ricerche.

Il problema della continuità tra fascismo e dopoguerra si presenta dunque estremamente sfaccettato anche sul terreno culturale, perché se qui non

5. *Attualità della storia*, in «Primato», 1 febbraio 1941, articolo già messo in rilievo da L. Mangoni, *Pensare i libri. La casa editrice Einaudi dagli anni Trenta agli anni Sessanta*, Bollati Boringhieri, Torino 1999, p. 82.

6. I. Piazzoni, *Valentino Bompiani. Un editore italiano tra fascismo e dopoguerra*, Led Edizioni, Milano 2007, pp. 218-228; Ead., *Negli anni del Regime: orientamenti di fondo e nuovi orizzonti*, in *Giulio Einaudi nell'editoria di cultura del Novecento italiano*, a cura di P. Soddu, Leo S. Olschki, Firenze 2015, pp. 48-67.

c'è modo di tracciare una soluzione di continuità coincidente con la Liberazione, questo vale anche viceversa. Alcuni filoni di ricerca e di interesse, innanzitutto, erano rimasti ben vivi negli anni della dittatura, benché periferici o carsici, o eterodiretti dall'establishment culturale del regime; ma è anche possibile individuare un'evoluzione dei bisogni culturali e ideologici in seno al fascismo, e in taluni casi i primi segnali di uno smarcamento dal fascismo, che talora procedevano di pari passo con lo smarcamento dai padri, Croce e Gentile, in un processo in cui elementi culturali ed elementi politici erano annodati più o meno strettamente. A ciò si aggiunsero, anche nella fase della clandestinità, gli apporti provenienti dagli ambienti antifascisti e, dopo il luglio del 1943, quello degli esuli.

Non va infine sottovalutato un fattore di cui si leggono alcuni sintomi negli anni della guerra: il venir meno, in quella difficile congiuntura, e nonostante l'inasprimento delle norme censorie sulla produzione libraria e sulle nuove iniziative editoriali,[7] di un controllo ferreo sulla pubblicazione e sulla circolazione dei libri. Scriveva Leo Valiani, giunto a Palermo nel settembre del 1943:

> Il fascismo è mai esistito in Italia? Si direbbe di no, a giudicare dalle vetrine delle librerie palermitane. Non si vedono che libri a carattere liberale e democratico: opere di Croce, di De Ruggiero, di Salvatorelli, di Omodeo, di Calogero, traduzioni di opere straniere notoriamente di sinistra. E non sono vecchi libri tirati fuori dai sotterranei, né pubblicazioni posteriori al 25 luglio. No, sono libri del periodo fascista. La censura di guerra evidentemente non ha funzionato nel campo librario. Che non sia questa una delle ragioni del crollo vertiginoso della dittatura, nel momento in cui gli Alleati misero piede in Sicilia?[8]

Così nei mesi successivi all'8 settembre, a partire dai centri liberati dagli angloamericani, prima nelle città del Sud, poi più robustamente a

7. Nell'aprile del 1943 il Consiglio dei ministri approvò uno schema di legge che sottoponeva alla preventiva autorizzazione del Minculpop la costituzione di nuove imprese editoriali, provvedimento «determinato dalla costituzione di numerose nuove attività editoriali sorte in Italia senza un serio programma di lavoro e senza che il commercio librario ne sentisse il bisogno» (*La costituzione di nuove imprese editoriali*, in «Giornale della Libreria», 10 aprile 1943).

8. L. Valiani, *Tutte le strade conducono a Roma*, La Nuova Italia, Firenze 1947 (traggo la citazione dall'ultima ed. il Mulino, Bologna 1995, p. 55); passo citato anche da E Savino, *La diaspora azionista. Dalla Resistenza alla nascita del Partito radicale*, Franco Angeli, Milano 2010, p. 47.

Roma e Firenze, e infine, all'indomani del 25 aprile, anche nel Nord del paese, agli spazi che si aprivano nelle numerose riviste neonate si affiancarono le opportunità offerte dall'editoria libraria, chiamata a raccogliere contributi di più ampio respiro o di più compiuta elaborazione ma pur sempre rivolti al dibattito del momento. Più che le grandi case editrici, una pletora di minuscole e in molti casi effimere sigle editoriali fu protagonista in questa fase, tra 1943 e 1946. La maggior parte di esse era animata da un forte afflato politico e civile, o era legata ai terminali dei partiti appena usciti dalla clandestinità, o si rifaceva idealmente ad alcune grandi correnti ideologiche.

In quella fertile stagione della produzione editoriale si inaugurarono numerose collane in cui si mescolavano la memorialistica, l'analisi dell'attualità, testi di orientamento, saggistica varia. Ma quelle nate per rispondere al bisogno di "cultura politica" spiccano per numero e qualità delle proposte. Non che iniziative in tal senso fossero mancate negli anni del regime, quando, nel quadro di un forte interesse per le scienze politiche, erano state accese numerose collezioni di classici – «Classici del pensiero politico» di Cappelli, diretta da Gentile con il patrocinio dell'Istituto nazionale fascista di cultura, «Scrittori politici italiani» avviata da Zanichelli nel 1941 sotto la supervisione di Guido Mancini, «Classici del liberalismo e del socialismo» di Sansoni diretta da Bottai, Spirito e Volpicelli – senza contare il *Dizionario di politica* uscito nel 1940. Ma è chiaro che l'intento di base in quel caso era offrire una lettura "fascista" del patrimonio del pensiero politico, rivolta per lo più a una stretta cerchia di "addetti ai lavori" della cultura. I «Classici del pensiero politico», per esempio, proponevano saggi, tra l'altro, di Burke, Tocqueville, Cuoco, in una prospettiva tuttavia ben tracciata dallo stesso Gentile: la collana rispondeva a un bisogno universale «in un tempo di revisione come il nostro, in cui tanti articoli di fede delle vecchie generazioni tramontano, e tutti sentono di essere spettatori di una nuova coscienza politica». Tanto più era necessario conoscere il nemico, vale a dire il liberalismo, per combatterlo:[9] non a caso la collana era stata letteralmente liquidata da Croce come un elenco di testi «che si direbbe concordato con un uffizio di polizia e di censura, che davano il per-

9. L'intervento di G. Gentile è in «Educazione fascista», 8 (1930), pp. 367-368, citato anche da R. Pertici, *Giorgio Candeloro storico delle dottrine politiche (1931-1949)*, in *La storiografia nell'Italia contemporanea*, Atti del Convegno in onore di Giorgio Candeloro, Pisa, 9-10 novembre 1989, a cura di C. Cassina, Giardini, Pisa 1991, p. 88.

messo solo alle traduzioni dello Haller e di altrettanti pensatori politici».[10] Le collane che nate dopo il 25 luglio, invece, sono tutte sotto il segno di un rovesciamento di questa angolatura e, fatto non secondario, destinate non ai piani alti della cultura e alle stanze del potere – accademici, funzionari, gerarchi e specialisti – ma a un pubblico più vasto – un pubblico generalista, interessato ai grandi temi della vita politica – e ai lettori giovani.

Le iniziative sono numerose e di grande interesse: dalla prima nata in ordine di tempo, nel gennaio 1943, sotto la sigla Collezioni del Palladio, appannaggio di un gruppo di intellettuali vicentini legati al Partito d'Azione, tra i quali Mario Dal Pra, in cui esce a mo' di manifesto il *Compendio del cap. 2 di La libertà* di John Stuart Mill, a quelle nate tra 1944 e 1945 – «Pensiero politico italiano» di Sestante, «Politica» di Capriotti, «Collana di cultura politica» di Atlantica, «Piccola biblioteca politica» di Ambrosiana, «Classici della politica» di Bompiani, senza contare titoli capitali sparsi nelle collane Einaudi – cui collaborarono studiosi del calibro di Giorgio Candeloro, Flavio Lopez de Oñate, Giacomo Perticone, Armando Saitta, Giorgio Falco, Guglielmo Pepe e tanti altri filosofi, storici, giuristi, impegnati nel discorso civile e politico del momento. E una menzione merita anche la «Collana degli utopisti» di Colombo, diretta da uno scrittore, Alberto Savinio, e da un critico letterario, Enrico Falqui, una raccolta di testi nata per servire da «incoraggiamento ideale» in un'epoca fondante in cui «continua l'incertezza di quello che dovrà essere l'assetto politico e sociale del domani»,[11] da *La nuova Atlantide* di Bacone agli scritti sulla pace di Saint-Pierre, Rousseau e Kant, da *L'Utopia* di More a *La città del sole* di Campanella.

La "città del Sole" di Norberto Bobbio

Il riferimento a Campanella mi consente di approdare alla collana più compatta e paradigmatica. Il caso stesso di Campanella peraltro dà bene conto delle linee di continuità, degli snodi e degli articolati apporti che interessarono in quel frangente il campo della saggistica politica. Al suo studio, rinvigorito dal trecentesimo della morte nel 1939, si erano dedicati Paolo Treves, Nino Valeri, Rodolfo De Mattei e, su impulso del loro maestro Gioele Solari, Luigi Firpo e Norberto Bobbio, quest'ultimo curatore

10. B. Croce, *Rivista bibliografica*, in «La Critica», 29 (1931), pp. 67-68.
11. A. Savinio, *Prefazione* a T. Moro, *L'Utopia*, Colombo editore, Roma 1945, p. 25

di un'edizione della *Città del Sole* nel 1941 per Einaudi, auspice Leone Ginzburg. Ma a sottolineare, da una certa prospettiva, la particolare attualità dell'utopia campanelliana era giunta intanto la voce degli antifascisti in Francia, su «Giustizia e Libertà»: quella di Franco Venturi, per il quale all'Italia spagnola fra Cinquecento e Seicento, «una società screpolata e decadente» che pare «la realtà di oggi», Campanella contrappone «l'intero mondo vivente»;[12] e quella di Aldo Garosci, che ragionando sul legame tra il mito comunistico di Campanella, «razionalista e rivoluzionario», e i successivi miti comunistici «scientifici» gli riconosceva un posto non tra i precursori del socialismo, ma «nel cuore degli uomini che, per volere davvero la libertà e l'eguaglianza, hanno bisogno di motivi più profondi e primordiali che la previsione dello sviluppo capitalistico».[13]

L'approccio di Bobbio era stato differente: non per nulla la sua sostanziale stroncatura di Campanella – «un illuminista mancato, un razionalista ma senza equilibrio, talora violento e poi improvvisamente freddo e calcolatore»[14] – aveva suscitato la reazione di Solari e di Firpo.[15] Eppure è proprio nel nome di Campanella che egli – allora esponente del Partito d'Azione e fin dal 1939 impegnato «nell'antifascismo attivo»[16] – scelse di esordire come direttore di una collana, «Città del Sole», affidatagli nell'aprile 1944 dalla casa editrice torinese Chiantore, erede della Loe-

12. Gianfranchi [F. Venturi], *Uomo e natura*, in «Giustizia e Libertà», 30 giugno 1939, ora in Id., *La lotta per la libertà. Scritti politici*, Einaudi, Torino 1996, pp. 147-151.

13. Magrini [A. Garosci], *Ragione e eguaglianza solare*, in «Giustizia e Libertà», 30 giugno 1939, in una pagina interamente dedicata a Campanella dal titolo *Terzo centenario di Campanella cospiratore, filosofo, rivoluzionario*.

14. N. Bobbio, *Postfazione*, in T. Campanella, *La città del Sole*, a cura di L. Firpo, Laterza, Roma-Bari 1997, p. 107.

15. G. Solari, *Di una nuova edizione critica della "Città del Sole" e del comunismo di Campanella*, in «Rivista di Filosofia», XXXII (1941), pp. 180-197; A.E. Baldini, *Gli studi campanelliani di Luigi Firpo*, in *Laboratorio Campanella. Biografie contesti iniziative in corso*, a cura di G. Ernst e C. Fiorani, L'Erma di Bretschneider, Roma 2007, pp. 3-14, e *La vita degli studi. Carteggio Gioele Solari-Norberto Bobbio. 1931-1952*, a cura di A. d'Orsi, Franco Angeli, Milano 2000, *passim*.

16. N. Bobbio, *Autobiografia*, a cura di A. Papuzzi, Laterza, Roma-Bari 1997, p. 41. Su questa fase dell'attività politica e della riflessione teorica di Bobbio si vedano, oltre al capitolo *Resistenza* nella sua stessa autobiografia (ivi, pp. 41-78), almeno *Norberto Bobbio: gli anni padovani. Celebrazioni del centenario della nascita*, a cura di B. Pastore e G. Zaccaria, Pisa University Press, Pisa 2011, e A. Ventura, *Bobbio e la Resistenza nel Veneto*, ivi, pp. 17-38, ora anche in Id., *Intellettuali. Cultura e politica tra fascismo e antifascismo*, Donzelli editore, Roma 2017, pp. 193-210.

scher, acquisita e diretta dal 1942 da Giuseppe Pavia, antifascista, rampollo di una ricca famiglia di banchieri ebrei. Il programma sottolineava quelli che Bobbio definiva i caratteri di originalità di «Città del Sole», in realtà ravvisabili in tutte le collane affini del tempo: opere brevi, unitarie, occasionali ma dotate di solida struttura dottrinale e che si riferissero, più che a fatti o eventi, a temi o istituzioni, «facendo critiche o propugnando riforme».[17] Il proposito, scriveva, era

> portare alla conoscenza di un pubblico, che se anche non tecnicamente preparato, sia però culturalmente esigente e spiritualmente orientato, quelle opere in cui il pensiero politico non si distenda nella forma più rigorosa e più consueta del trattato scientifico o della precettistica, ma si condensi in un'eloquente invettiva o in una veemente polemica, in un'accorata lamentazione o in una civile protesta, in un coraggioso progetto di riforma o in un'ardita affermazione di idee anticipatrici.

Opere che conservassero «il vivo suggello nel tono appassionato e battagliero che le anima», del momento storico che le aveva provocate – «una guerra perduta o una tirannia subita, una legge violata o una libertà infranta» –, animate dall'intenzione «di persuadere o scuotere animi dubbiosi più che di investigare o illuminare una verità obbiettiva», e capaci di elevarsi, pur nella contingenza dell'occasione, «per suscitare un problema, declamare un ideale, suggerire un principio», così che

> la storia del pensiero politico non solo non possa da esse prescindere per segnare le tappe attraverso cui progredisce l'umano incivilimento, ma in esse trovi quei fermenti o quelle aspirazioni da cui è agitata o spinta la diuturna lotta per una convivenza migliore.[18]

Bastano queste parole per far intendere lo spirito che animava l'operazione, sostenuto da un rigore scientifico che evitava di indulgere agli opportunismi del momento, e proprio per questo risulta ancora più perspicuo e incisivo. Seguiva un elenco di opere, una sorta di pantheon degli scritti politici sulla libertà, la democrazia, l'eguaglianza, la costituzione, gli ordinamenti statuali, il rapporto individuo-Stato, la giustizia sociale. Solo pochi numeri sarebbero effettivamente usciti tra i tanti progettati, i quali sono però ugualmente indicativi non solo del disegno di Bobbio ma anche della

17. Centro studi Piero Gobetti, Archivio Norberto Bobbio, u.a. 527, lettera di Bobbio a Domenico Bulferetti, 19 aprile 1944.
18. Ivi.

ricerca su cui si affannava la cultura del tempo per trovare nella tradizione del pensiero politico punti di riferimento e motivi di riflessione in grado di nutrire la comprensione del presente: il *Discorso sulla servitù volontaria* di Étienne de La Boétie, l'*Areopagitica* di Milton, l'*Epistola sulla tolleranza* di Locke, i *Saggi politici* di Hume, il *Saggio sul dispotismo* di Mirabeau, *Che cos'è il Terzo Stato* e il *Saggio sui privilegi* di Sieyès, *Dello spirito di conquista e di usurpazione* di Constant, *Sul concetto di repubblicanesimo* di Schlegel, i sofismi politici di Bentham, *La libertà* di Mill, *L'individuo contro lo Stato* di Spencer, *Che cos'è la proprietà* di Proudhon, *Sopra la natura delle costituzioni* di Lassalle, *Che cos'è l'uguaglianza* e *Che cos'è la libertà* di Romagnosi, *Quale dei governi liberi meglio convenga alla felicità d'Italia* di Melchiorre Gioia, *Orazione a Bonaparte* e *Della servitù d'Italia* di Foscolo, *La Repubblica di Evandria* di Zuccolo, *Per la pace perpetua* di Kant, i *Saggi politici* di Pietro Verri, il *Nuovo cristianesimo* di Saint-Simon, *La democrazia in America* di Tocqueville, e poi Babeuf, Buonarroti, Luis Blanc e *Della tirannide* di Alfieri. Altri progetti si sarebbero in seguito affacciati, senza esito: per esempio gli scritti nel campo della Riforma richiesti a Cantimori, *I partiti politici e la loro ingerenza nella giustizia e nell'amministrazione* di Minghetti, poi acquisito dalla romana Atlantica, le *Considerations on representative government* di Mill, che sarebbe stato pubblicato da Bompiani, il *Traité sur la tolérance* di Voltaire, che sarebbe uscito nel 1949 nella «Universale del Canguro» della Colip, a cura nientemeno che di Palmiro Togliatti.

Il primo numero, forse in onore del titolo della collana, è *Discorsi ai principi d'Italia e altri scritti ispanici* di Campanella: qui la prefazione di Firpo insisteva sul cuore politico del pensiero di Campanella, vale a dire il suo sogno di conciliazione universale, leggendo in quelle pagine «il primo ritorno – dopo il Machiavelli ed il Guicciardini – sull'orizzonte della dottrina politica italiana di quel senso del reale, nutrito di civile esperienza» che si era smarrito nei trattatisti aulici.[19] Seguiva *Rivendicazione della libertà di pensiero* di Fichte, prima traduzione italiana dell'opera, nell'introduzione alla quale il giovane filosofo torinese Luigi Pareyson, allora impegnato nell'approfondimento dell'esistenzialismo e nella rimeditazione dell'eredità della filosofia romantica, svolgeva una densa disquisizione sul tema della libertà di pensiero e di espressione. Nella collana

19. T. Campanella, *Discorsi ai principi d'Italia ed altri scritti filo-ispanici*, a cura di L. Firpo, Chiantore, Torino 1945, pp. 50-51.

compaiono anche due saggi inediti in Italia di François Guizot, curati da Antonino Repaci, magistrato torinese già compagno di studi di Bobbio, estensore insieme a Duccio Galimberti tra 1942 e 1943 di un «Progetto di costituzione confederale europea e interna» e subito dopo militante nella Resistenza. La sua introduzione ha un taglio critico e interpretativo, soprattutto nel mettere in luce le parti caduche e le aporie della concezione politica di Guizot, in particolare quella «deficienza di prospettiva sociale» che lo portava ad «aborrire tutto ciò che è moltitudine, democrazia, moto di piazza, eguaglianza politica, suffragio universale», individuando la libertà *strictu sensu* «nel sistema di vita politico collegato alla borghesia». E tuttavia, per Repaci, Guizot, animato «da un senso profondo di tutti i valori che dalla libertà scaturiscono in rapporto a ogni aspetto della vita associata», aveva dimostrato, nella sua valutazione della Restaurazione, che «se l'idea liberale non è sufficiente da sola a rispondere a tutte le istanze della società moderna, è tuttavia necessaria ad integrarne la struttura»: per questo le sue riflessioni potevano essere inserite a pieno titolo nel *corpus* del liberalismo francese, che si sarebbe imposto poi come liberalismo europeo nel corso dell'Ottocento.[20]

La collana proseguiva con *Appunti storici sulla rivoluzione d'Italia* di Giuseppe Montanelli, testo pubblicato per la prima volta nel 1851 e ormai introvabile, non a caso incluso anche nel «Pensiero politico italiano» di Sestante: lo accompagnava una corposa prefazione del curatore Alberto Alberti, allievo di Solari, ricca di citazioni dagli studi di Nello Rosselli, Croce, Salvatorelli, che sottolineava l'opportunità del recupero dell'analisi del patriota toscano e la sua «tragica attualità».[21] Secondo Alberti, Montanelli era stato chiaroveggente nell'individuare alcune aporie nella "rivoluzione italiana": la subordinazione del problema della rivoluzione a quello dell'unità, la distinzione di tre principi – unità, indipendenza, libertà – che invece costituivano un tutt'uno, da realizzare simultaneamente, la trasformazione in conquista regia di un movimento nato come rivoluzione di popolo, il fallimento del progetto democratico, il perpetuarsi dei particolarismi, e in definitiva la «facile degenerazione del Risorgimento italiano».[22]

20. A. Repaci, *Introduzione* a F. Guizot, *Giustizia e politica*, Chiantore, Torino 1945, *passim*.

21. A. Alberti, *Introduzione* a G. Montanelli, *Appunti storici sulla rivoluzione d'Italia*, Chiantore, Torino 1945, p. 17.

22. Ivi, p. 20.

E di pari attualità era il programma politico di Montanelli: rivoluzione di popolo e Stato nazionale, costituente democratica, suffragio universale, repubblica, ampia partecipazione al governo di tutte le classi, decentramento amministrativo, attenzione alle questioni sociali, inserimento del moto italiano in quello europeo, coscienza europeista in germe, consapevolezza del ruolo trainante delle nazioni mediatrici in cui la democrazia aveva raggiunto lo stadio più avanzato.

In «Città del Sole», infine, è compresa l'antologia degli scritti sul federalismo di Carlo Cattaneo, *Stati Uniti d'Italia*, aperta da un dotto saggio dello stesso Bobbio. Il pensatore lombardo appariva a Bobbio come «uno dei pilastri più sicuri» di quel ponte «proteso al disopra della palude, alla ricerca di una tradizione», tradizione di cui occorreva ritrovare la forza e il conforto e «senza la quale ogni avanzamento è un passo nel buio, ogni dottrina corre il pericolo di risolversi in un vaneggiamento». In Cattaneo Bobbio ritrovava «una posizione di pensiero che possiamo definire utile al lavoro, che dobbiamo intraprendere, di adeguamento della cultura alla vita, della scienza all'azione, di liberazione dai miti vecchi e nuovi di una cultura corrotta»[23] – parole consonanti a quelle che Elio Vittorini aveva pronunciato, pressoché contemporaneamente, all'indomani della Liberazione, parlando della necessità di colmare lo iato tra «cultura e vita». E come Vittorini imputava tale separazione a quella che chiamava la «dittatura dell'idealismo», convinto che «la cultura italiana si è salvata dal fascismo perché si era già perduta nell'idealismo»,[24] così Bobbio toccava il nervo scoperto del diapason di certa cultura italiana, compresa quella emersa egemone dalle ceneri del positivismo, precisando che quel lavoro da intraprendere «ha bisogno anzitutto di un netto e franco abbandono da parte nostra della mentalità speculativa (si pensi all'ontologismo teologico del Gioberti e al romanticismo misticheggiante del Mazzini) per una nuova e più temprata mentalità positiva».[25] La modernità del pensiero politico di Cattaneo si traduceva nella posizione da lui assunta su tutti i nodi del sistema italiano ed europeo, compreso il federalismo, che – sottolineava Bobbio – «non è soltanto la dottrina dello stato federale, ma è anche la

23. N. Bobbio, *Introduzione* a C. Cattaneo, *Stati Uniti d'Italia*, Chiantore, Torino 1945, pp. 10-11.

24. E. Vittorini, *La dittatura dell'idealismo*, in «l'Unità», ed. dell'Italia settentrionale, 20 maggio 1945, ora in Id., *Letteratura arte società. Articoli e interventi 1938-1965*, a cura di R. Rodondi, Einaudi, Torino 2008, pp. 201-211.

25. Bobbio, *Introduzione* a Cattaneo, *Stati Uniti d'Italia*, p. 11.

"teorica della libertà" che del modello dello stato federale si serve come di schema normativo»: il federalismo diventava così «la più valida garanzia della libertà politica e di quella civile», uno strumento per raggiungere la meta, cioè «la maggiore libertà possibile, civile e politica», «nella direzione di una genuina democrazia», e una «teorica del progresso» perché la libertà proclamata da Cattaneo – sosteneva in conclusione Bobbio – è anche «la nostra libertà», «una libertà che non guarda indietro come quella degli Spartani, né pensa solo a morire come quella di Catone, ma guarda nel futuro impavida e serena, perché si aspetta di vivere e trionfare».[26]

Ripensare la tradizione all'alba della democrazia

Atteggiamento politico liberale, riformistico e nel contempo radicale, Illuminismo, cosmopolitismo, individuazione del nesso tra scienza e politica, repubblicanesimo: sono tutti elementi sottolineati da Bobbio, utili a impostare il tema della ricostruzione etica, culturale, politica. E sono motivi che tornano nei tanti testi pubblicati in quegli anni su e di Cattaneo, protagonista di una grande *revanche*, già chiara negli esiti dell'iniziativa Einaudi – promotore sempre Ginzburg – che aveva affidato a Cesare Spellanzon la curatela di alcuni sui scritti: uscito nel 1942, il libro era andato presto esaurito, tanto che nel 1943 ne era già pronta una seconda edizione, slittata al 1946. Lo stesso Ginzburg scriveva a Spellanzon: «La materia è, a novant'anni di distanza, ancora così incandescente, che mi pare indispensabile far precedere il testo di Cattaneo da un'introduzione, che serva un po' da antidoto, un'introduzione che non sia naturalmente di piaggeria carlarbertina, ma renda equilibratamente ragione dell'occasione e dell'intonazione dell'Archivio triennale».[27]

La rivisitazione del Risorgimento, come è noto, era dettata da una necessità politica: se sul suo nesso col fascismo aveva lavorato un'intera generazione di storici e di intellettuali, ora diventava impellente reciderlo senza esitazioni, così come tornare a illuminare la relazione intima e necessaria, contingente e assoluta tra storia italiana e storia europea; e il Risorgimento era terreno di confronto tra chi lo leggeva come rivoluzione incompiuta e chi ne sosteneva un limpido recupero. Ma a dispetto di questi pur importanti *distinguo*, la discussione sul Risorgimento aveva una

26. Ivi, pp. 84-88.
27. Citata da Mangoni, *Pensare i libri*, p. 39.

matrice condivisa da tutto il mondo della cultura antifascista e già delineata da Venturi in un intervento su «Giustizia e Libertà» del 1935: ed era «la volontà di mettere al centro delle preoccupazioni il problema politico, di sentire quanto questo fosse il centro nervoso della civiltà italiana».[28] È questa volontà che bene emergeva nella scelta di inserire nelle collezioni di scritti politici degli anni della transizione alla democrazia, così come Cattaneo e Montanelli, anche Buonarroti, Gioia, Mazzini, Pisacane, Minghetti, Balbo.

Certo, alcuni di questi nomi erano stati tutt'altro che trascurati negli anni del regime. Pisacane per esempio, lo ha giustamente osservato Eugenio Di Rienzo, è «autore frequentatissimo»[29] da parte di un certo fascismo: questo vale per molti altri elementi circolati negli anni della dittatura, in direzioni, ripeto, non per forza "antifasciste", e che però, al di là delle parabole, dei "viaggi" e delle giravolte politiche dei singoli, negli anni della guerra furono oggetto di sviluppi e declinazioni imprevisti, offrendo materiale, percorsi concettuali, elaborazioni utili al dibattito dell'immediato dopoguerra. Come per Pisacane, è il caso anche di Mazzini, ed è il caso di Buonarroti, su cui era uscito nel 1937, centenario della nascita, un saggio di Pia Onnis Rosa,[30] allieva di Barbagallo, ma di cui anche Venturi, allora in esilio, disegnava un mirabile ritratto insistendo sulla sua vena illuministica, egualitaria, libertaria.[31] Come ha ricordato Galante Garrone, che a sua volta si sarebbe applicato alla figura del patriota toscano, allora Buonarroti era «una figura quasi del tutto ignota sia ai politici, sia agli studiosi

28. Gianfranchi [F. Venturi], *Sul Risorgimento italiano*, in «Giustizia e Libertà», 5 aprile 1935, ora in Id., *La lotta per la libertà. Scritti politici*, Einaudi, Torino 1996, p. 34.

29. E. Di Rienzo, *Delio Cantimori e il "dopoguerra storiografico"*, in *Delio Cantimori e la cultura politica del Novecento*, a cura di Id. e F. Perfetti, Le Lettere, Firenze 2009, p. 119. Si veda anche G. Parlato, *La sinistra fascista. Storia di un progetto mancato*, il Mulino, Bologna 2000, pp. 45-48. Sulla ripresa di Pisacane negli anni del fascismo e sulla lettura di Cantimori si sofferma A. De Francesco, *Una tradizionale, invidiosa inimicizia. Italia e Francia tra guerra d'Etiopia e secondo conflitto mondiale*, in Id., *Mito e storiografia della "Grande rivoluzione". La Rivoluzione francese nella cultura politica italiana del '900*, Guida, Napoli 2006, pp. 262-277.

30. P. Onnis Rosa, *Filippo Buonarroti e i patrioti italiani dal 1794 al 1796*, in «Rivista Storica Italiana», II (1937), pp. 38-65, riproposto con aggiunte e rettifiche in Ead., *Filippo Buonarroti e altri studi*, Edizioni di Storia e Letteratura, Roma 1971, pp. 13-56.

31. Gianfranchi [F. Venturi], *Filippo Buonarroti, primo egualitario italiano*, in «Giustizia e Libertà», 13 agosto 1937, ora in Id., *La lotta per la libertà. Scritti politici*, a cura di L. Casalino, Einaudi, Torino 1996, pp. 80-90.

o curiosi di storia»:[32] da quel momento, come è noto, sarebbe entrato da protagonista sulla scena della storia politica e delle dottrine politiche.

Nel programma di Bobbio – steso nella Torino del 1944 – non rientrano i classici del marxismo ortodosso, ospitati in altre collane nelle città liberate e dopo il 25 aprile, ma rientrano il socialismo utopistico e l'egualitarismo, oltre a molti testi del liberalismo europeo, peraltro diffusamente ripresi, a indicarne l'effettiva urgenza culturale in quella congiuntura. C'è la rilettura dei classici del liberalismo anglosassone, in sintonia con una ripresa del modello liberale inglese, ma anche in direzione di una saldatura tra liberalismo e filosofia positiva. Basti citare il caso di Mill, autore che aveva conosciuto una grande fortuna in Italia nella seconda metà dell'Ottocento[33] e poi un'eclissi nel primo ventennio del Novecento, prima della significativa ripresa gobettiana, quando *On Liberty* era uscito nei «Quaderni della rivoluzione liberale» introdotto da Einaudi. Che Mill potesse costituire un saldo riferimento per gli antifascisti sulle tracce di un nuovo liberalismo lo dimostra la formazione dello stesso Carlo Rosselli, mentore Riccardo Dalla Volta, in una prospettiva di integrazione con la teoria della giustizia sociale, ma la ripresa dell'autore inglese negli anni del passaggio dal fascismo alla Repubblica ha un significato più ampio, prestandosi a una riflessione su temi quali il rapporto tra libertà e uguaglianza, le evoluzioni delle culture politiche, le regole del discorso democratico.

Nel programma di Bobbio c'è anche il pensiero dei liberali francesi dell'Ottocento.[34] Anche qui solo due esempi. C'è Tocqueville, innanzitutto, autore studiato da Omodeo, Candeloro, Pannunzio, concentrati su alcuni nodi che rendevano i suoi scritti particolarmente stimolanti ai loro occhi: da un canto la lettura della Rivoluzione, vista non come rottura ma come continuità, dall'altro la disamina delle democrazie, che solleva stringenti in-

32. A. Galante Garrone, *Da Giustizia e Libertà a* Settecento riformatore, ivi, p. XXXVII.

33. N. Urbinati, *Le civili libertà. Positivismo e liberalismo nell'Italia unita*, Marsilio, Venezia 1990. Ma sulla fortuna di Mill in Italia rimando a T. Casadei, *Un pensiero che torna: itinerari sulla "fortuna" di Mill in Italia*, in *Fra libertà e democrazia. L'eredità di Tocqueville e J.S. Mill*, a cura di D. Bolognesi e S. Matterelli, Franco Angeli, Milano 2008, pp. 159-190. Com'è noto la corrente neoidealista avrebbe dato del liberalismo di Mill una valutazione severa.

34. Anche su questo punto rimando ad A. De Francesco, *Dopo il diluvio. La nuova Italia in cerca di una tradizione politica e storiografica, 1943-1948*, in Id., *Mito e storiografia della "Grande rivoluzione"*, pp. 287-339.

terrogativi sugli equilibri che le reggono affinché non degenerino e sulle relazioni tra i principi di libertà e di uguaglianza e tra individuo e Stato.[35] C'è anche Constant, proposto in diverse edizioni; una riscoperta dettata da quelle che apparivano le analogie tra le sorti dei sogni egemonici di Napoleone e del nazifascismo, ma anche da altri spunti: il liberalsocialista Calogero, per esempio, insisteva sulla conciliazione tra libertà degli antichi e libertà dei moderni, in un'interpretazione che scaturiva dal concetto stesso di libertà che egli coltivava, vale a dire una libertà misurata e definita all'interno delle relazioni sociali,[36] mentre il liberale Alessandro Visconti sottolineava in Constant l'equilibrio tra il principio della sovranità popolare e la libertà individuale, oltre che lo snodo tra Illuminismo e storicismo.[37] A Venturi interessava invece il senso dell'operazione di alchimia politica compiuta da Constant, «di sfondamento radicale di tutto il movimento di liberazione del Settecento», che aveva sottratto dalle macerie della Rivoluzione il principio di libertà, chiudendo con la Rivoluzione senza negarla; la sua attenzione era dunque rivolta al rapporto rivoluzione-riforme, non in termini di contrapposizione ma di dialettica e transito, e alla messa a punto delle teorie in funzione della prassi: il nesso, in definitiva, tra pensiero e azione.[38]

La rivisitazione dei classici del liberalismo, ricordiamolo, si accompagnò a uno sviluppo degli studi sull'Illuminismo, che si presentava come questione cruciale sul piano filosofico, giuridico e politico, come su quello metodologico. Si inseriva a pieno titolo in questa ripresa il testo per eccellenza dell'Illuminismo italiano ed europeo, pietra miliare della storia del diritto moderno: *Dei delitti e delle pene* di Beccaria. Pubblicato per l'ultima volta nel 1929 dall'Istituto editoriale italiano, tra 1944 e 1945 fu riproposto da ben quattro case editrici, e tra queste da Le Monnier, presso

35. A. Omodeo, *Introduzione* a A. de Tocqueville, *Frammenti storici sulla rivoluzione francese*, Ispi, Milano [s.d. ma 1943], pp. 11-13; G. Candeloro, *Introduzione* a A. de Tocqueville, *L'antico regime e la rivoluzione*, Longanesi, Milano 1942; M. Pannunzio, *Le passioni di Tocqueville*, in «XX secolo. Quaderni di Letteratura», 2 (1943), in seguito più volte ristampato (da ultimo in Id., *L'estremista moderato: la letteratura, il cinema, la politica*, a cura di C. De Michelis, Marsilio, Venezia 1993) e ora consultabile nell'Archivio Pannunzio on line, sul quale si legga Savino, *La diaspora azionista*, pp. 162-164.

36. G. Calogero, *Introduzione* a B. Constant, *Lo spirito di conquista seguito da La libertà degli antichi e la libertà dei moderni*, Atlantica, Roma 1945, pp. IX-XXXII.

37. A. Visconti, *Introduzione* a B. Constant, *Lo spirito di conquista*, Ambrosiana, Milano 1945.

38. F. Venturi, *Prefazione* a B. Constant, *Conquista e usurpazione*, Torino, Einaudi 1944, pp. 7-12, per la citazione p. 9.

la quale Pietro Pancrazi dirigeva la «Collezione in ventiquattresimo». In questa raffinata collana, apparentemente dedicata a innocui classici della trattatistica, sono collocati titoli di sommo interesse ai fini del nostro discorso, indicativi del lavoro di "disturbo" e di semina che andavano conducendo gli intellettuali più insofferenti prima della caduta del fascismo, soprattutto in merito al rapporto tra cultura e potere, e in generale tra cittadini e potere. Qui uscì, nel 1943, *Della dissimulazione onesta* di Torquato Accetto, a cura di Goffredo Bellonci, il trattato rispolverato nel 1928 da Croce e pubblicato da Laterza in un'edizione presto esauritasi; qui videro la luce *Del principe e delle lettere* di Alfieri curato da Luigi Russo, i *Quattro opuscoli morali* di Luciano a cura di Ranuccio Bianchi Bandinelli, *Il contr'uno* di Étienne de la Boétie a cura dello stesso Pancrazi, *L'avvocato e il segretario* di Sansovino a cura di Piero Calamandrei, e appunto questo *Dei delitti e delle pene*, alla cui introduzione Calamandrei attendeva negli anni della guerra.[39]

La fortuna degli autori e dei testi menzionati aveva radici nell'esigenza di ritrovare i presupposti e gli ideali della tradizione liberale, democratica e socialista, e di precisare l'interpretazione di linee di pensiero e processi contaminati dalla torsione che il fascismo aveva operato nel suo tentativo di mettersi in rapporto con il passato. Ma, lo si è accennato, i commenti ai testi si innervavano sull'indagine intorno a fattori e concetti ritenuti cruciali perché capaci di incidere sugli interrogativi del presente, di rivelare contraddizioni, anfratti, punti deboli dei sistemi politici agognati, di toccare questioni tanto delicate quanto contingenti. Ecco perché in molti casi non un'opera in sé, ma il problema che poneva si rivelava attuale ed era considerato sotto una luce problematica.

Lo dimostra anche il caso di un'altra fonte di ispirazione della saggistica politica del tempo: l'utopia. Anche qui ci troviamo di fronte a un campo in parte dissodato negli anni precedenti, fino allo studio di Cantimori, uscito nel 1943, che di per sé costituiva una riflessione sul carattere maieutico e operativo dell'utopia.[40] Certo è che ora, dopo il crollo delle istituzioni statali, in una situazione affine a quella che John Rawls nella sua

39. P. Carta, *Piero Calamandrei e Pietro Pancrazi editori di Sansovino e La Boétie*, in *De amicitia. Scritti dedicati a Arturo Colombo*, a cura di G. Angelini e M. Tesoro, Franco Angeli, Milano 2007, pp. 586-600.

40. D. Cantimori, *Utopisti e riformatori italiani. 1794-1847. Ricerche storiche*, Sansoni, Firenze 1943.

Teoria della giustizia chiama «original position», in cui la definizione delle regole, in un'ottica contrattualista, può essere più "giusta" perché i giocatori non conoscono la loro futura collocazione e il loro peso nell'agone politico e sociale,[41] la rifondazione giustificava un ritorno a quelle costruzioni ideali e astratte, paradigmi di società virtuose e di sistemazioni desiderabili. Lo lasciava intendere De Mattei, riferendosi ad esse come a un «integrale e vistoso programma di ricostituenti generali», cui i loro autori credevano, «giacché i disegnatori di comunità esemplari e di reggimenti perfetti si scandalizzerebbero della taccia di utopisti, presumendo essere disperatamente, rabbiosamente, realisti»: «D'altra parte», proseguiva De Mattei in un passo in cui non si distingue l'Europa del Seicento da quella dell'immediato dopoguerra,

> la contingenza pratica, così densa di fermenti, così suscettiva di capovolgimenti, così ricca di improvvisazioni – regimi che crollano, forme inedite che si affermano, minoranze che impongono la loro formula alle maggioranze – possono ben autorizzare qualsiasi arditezza novatrice nel campo del pensiero. E, del resto, a che scopo affondarsi nello studio delle discipline politiche, se non per ricavarne fruttificazioni pel futuro?[42]

Gli scritti degli utopisti offrivano in effetti abbondanti suggestioni. Guardiamo alla *Repubblica di Evandria* di Zuccolo, una penisola come l'Italia, in cui ancora De Mattei leggeva l'aspirazione a una riforma civile che cercasse sempre l'accorta misura e il merito di aver disegnato un'utopia realista eliminando le facili costruzioni intellettuali per perseguire obiettivi attuabili.[43] Guardiamo ai *Viaggi* di Cirano di Bergerac, di cui Enrico Galluppi esaltava il naturalismo scientifico, l'affermazione deduttiva, lo scetticismo e quel criticismo con cui si afferma «l'ormai libero slancio del pensiero laico, che stabilirà in termini rivoluzionari i diritti e i doveri dell'uomo».[44] Guardiamo a *L'Utopia* di More, a quanti spunti fornisce a Savinio per fermarsi sul ruolo universale del cristianesimo, sull'umanesi-

41. J. Rawls, *Una teoria della giustizia*, Feltrinelli, Milano 1982 (ed. or. *A Theory of Justice*, Belknap, Cambridge 1971).

42. R. De Mattei, *Introduzione* a J. Harrington, *Oceana*, Colombo editore, Roma 1947, p. 9.

43. Id., *Prefazione*, in L. Zuccolo, *La Repubblica d'Evandria e altri dialoghi politici*, Colombo editore, Roma 1944.

44. E. Galluppi, *Introduzione* a H.S. Cirano di Bergerac, *Storia degli Stati del Sole e della Luna*, Colombo editore, Roma 1947, pp. IX-X.

mo, sul valore della pace che non esclude la necessità della guerra quando si tratta di difendere il proprio territorio, cacciare i nemici che hanno invaso terre di amici, liberare un popolo oppresso dalla tirannia in nome dei diritti dell'umanità: tre circostanze, commentava Savinio, che sembravano un'anticipazione della conferenza di Dumbarton Oaks e «potrebbero costituire il programma della futura Società delle Nazioni».[45] Anche Carlo Curcio, nel commentare i testi di Saint-Pierre, Rousseau e Kant, ragionava sulla questione della "pace perpetua" e individuava in Kant e nella sua soluzione di ordinamento cosmopolitico il nucleo fondante del diritto internazionale: e tuttavia, nonostante i progressi, il problema – notava – si era presentato e si presentava ancora quanto mai acuto; e qui soccorreva Rousseau, che aveva tracciato le condizioni di una pace generale in termini quanto mai attuali: che essa fosse imposta da una potenza dominante, o che sorgesse da una rivoluzione di popoli, o che procedesse da accordi e unioni particolari.[46] Lo stesso Curcio disquisiva sull'utopia di una «felice Europa» di Saint-Simon, «una visione audace, ma logica», forse destinata a rimanere un'utopia o forse, «come tutte le utopie intelligenti», destinata a non esserlo più un giorno.[47]

Certo, se si guarda a questa intensa opera di ricognizione del pensiero politico del passato, non è difficile individuarne le più vistose lacune. Innanzitutto, l'apporto più valido e consistente era venuto da un ventaglio di case editrici identificabili con quella parte delle forze politiche destinate a rivelarsi di lì a poco una minoranza. Poco giunse, e questo non può stupire, dai cattolici, estranei alle matrici di quel fenomeno, e dai comunisti, propensi a serrare le fila con imprese editoriali militanti. Inoltre la fioritura di quel tipo di collane si sarebbe rivelata effimera: più o meno tutte chiusero intorno al 1946. Gli anni a venire avrebbero presentato altre urgenze, favorendo la più longeva fortuna delle collane di "problemi", "testimonianza", "orientamento", e portando alla ribalta i teorici della scienza politica contemporanea. E tuttavia quel lavoro non era stato vano, anzi avrebbe costituito un fertile sedimento per il futuro. E soprattutto, nel mare di pubblicistica tesa a vedere nel fascismo una "malattia morale" e dunque

45. Savinio, *Prefazione* a Moro, *L'Utopia*, p. 17.

46. C. Curcio, *Introduzione* a Saint-Pierre, Rousseau, Kant, *Progetti per la pace perpetua*, Colombo editore, Roma 1946.

47. Dal risvolto della sovraccoperta di C.-H. de Saint-Simon, *Sogno d'una felice Europa*, Colombo editore, Roma 1945.

a spostare su un generico e "liquido" piano etico le ragioni del fascismo e del suo prevalere, l'impegno intellettuale sul tema del pensiero politico si presentava come una sorta di contrappunto e come un'indicazione di metodo. Se nel fallimento della politica risiedeva la ragione del collasso dello Stato liberale, in una nuova centralità della politica si scorgevano le possibilità di costruire quello democratico. Sono certa che questo punto di vista fosse comune tra quanti si cimentarono nella messa in opera delle collane di cultura politica di questi anni. Ragionare sull'ingegneria dei sistemi istituzionali, sulla natura del liberalismo, sul funzionamento delle democrazie, sul tema delle crisi, sul significato delle rivoluzioni mancate, sui nessi tra utopie e riforme e in generale sugli assi continuità-discontinuità significava, oltre che offrire materiale di riflessione per una rilettura del passato e per il dibattito del presente, uscire dai marosi della retorica e dalle tentazioni mitopoietiche, dalle generalizzazioni spirtitualeggianti e dalle avventure concettuali, ma anche dalla assertività e dalle astrattezze delle nuove ortodossie, e ricollocare sul piano della razionalità e del lavoro di ricerca non solo la decrittazione del fenomeno fascista, ma anche l'impostazione dell'Italia democratica.

Marco Cuzzi

La sconfitta dell'altra Europa: il diverso destino dei collaborazionisti

Premessa: per uno studio globale dell'esperienza

Il 24 e 25 ottobre 1991 si tenne a Brescia un convegno internazionale, organizzato dalla Fondazione Micheletti in collaborazione con l'Istituto nazionale per la storia del movimento di Liberazione in Italia e con il Goethe-Institut Mailand, sul tema *Una certa Europa. Il collaborazionismo 1939-1945*. Gli atti dell'assise, pubblicati nel sesto volume degli «Annali» della Fondazione, rappresentano un primo sforzo di analisi comparativa e transnazionale della collaborazione/collaborazionismo europeo pubblicato in Italia.[1] Sotto la supervisione di Luigi Cajani e Brunello Mantelli, il convegno si sviluppava sul tema delle fonti disponibili nei diversi archivi europei, attraverso contributi di storici italiani, tedeschi, belgi, cecoslovacchi, francesi, jugoslavi, norvegesi, olandesi, polacchi e sovietici. All'appello, mancavano i casi albanese, danese, greco e ungherese: come scrissero i curatori, l'assenza nasceva da un lato dall'impossibilità di individuare storici specializzati di quei paesi, ma dall'altro da uno stato della storiografia ancora insufficiente.

Tenutosi a cavallo della caduta del muro di Berlino, il convegno vedeva storici di nazioni che presto si sarebbero dissolte (Jugoslavia, Cecoslovacchia, Unione Sovietica), mentre altre erano in via di formazione (i paesi baltici). L'Europa viveva quegli anni in una miscela di speranze per un post guerra fredda foriero di prospettive democratiche e liberali e di inquietudini generate da un fermento nazionalista che in taluni casi stava proiettandosi

1. *Una certa Europa. Il collaborazionismo con le potenze dell'Asse. Le fonti*, a cura di L. Cajani e B. Mantelli, n. monografico di «Annali della Fondazione Luigi Micheletti», 6 (1992).

verso il passato, in una radicale revisione della storia. I due curatori, nell'Introduzione, riassumevano in questo modo i motivi dell'iniziativa: l'assenza di un approccio comparativo al collaborazionismo, visto non più come oggetto periferico e quasi liquidabile della politica di occupazione dell'Asse, ma come tema principale della ricerca; inoltre la considerazione

> che in Europa stanno riemergendo correnti e forze tanto politiche quanto culturali che si richiamano ad un "eurofascismo" le cui origini stanno proprio nel collaborazionismo e si rifanno abitualmente a personaggi e avvenimenti di quella stagione. Simili tendenze le vediamo manifestarsi ora in notevole misura nei paesi dell'ex blocco comunista, dove si legano all'antisemitismo e a un nazionalismo che oscilla fra lo sciovinismo e connotazioni *völkisch*. [...] Antisemitismo ed eurofascismo ricompaiono anche in Europa occidentale: mentre sul piano culturale persiste, trovando talvolta nuove insospettate complicità, il filone negazionista, sul terreno politico si manifesta un intenso attivismo di gruppi della destra radicale portatori di una koinè che – per i riferimenti culturali e storici di cui si alimenta – può essere a buon diritto definita nazifascista e che affonda le proprie radici ben dentro le tematiche del collaborazionismo, assumendone valori, slogan, idee-forza.[2]

Per i curatori, queste motivazioni, che davano al collaborazionismo una dimensione attuale e politica, dovevano spingere i ricercatori a considerare il fenomeno come parte integrante della storia d'Europa, prima durante e persino dopo la seconda guerra mondiale.

Ne era consapevole Enzo Collotti, autore di un ampio e circostanziato saggio introduttivo agli atti. Collotti partiva da una distinzione tra collaborazione con l'occupante e collaborazionismo, con la prima presente in ogni epoca, e motivata da esigenze di sopravvivenza se non addirittura di tutela degli interessi vitali della nazione invasa, e il secondo in modo indissolubile legato alla natura ideologica della seconda guerra mondiale. Aggiungeva tuttavia che all'interno del collaborazionismo non sussistevano soltanto componenti nazifasciste, ma anche settori conservatori favorevoli alla collaborazione. Da qui, l'autore, ribadendo anch'egli la necessità di una rappresentazione globale dell'esperienza collaborazionista, la collegava a una «riflessione sul percorso storico del fascismo come fenomeno internazionale, soprattutto per quanto riguarda le radici ben anteriori al secondo conflitto mondiale della componente più tipicamente fascista, nazista, filofascista o filonazista della collaborazione». A questa, si doveva aggiungere

2. L. Cajani, B. Mantelli, *Introduzione*, ivi, pp. 1-2.

una più ampia riflessione sulla crisi della democrazia in Europa tra le due guerre mondiali, «chiave interpretativa ineludibile» per comprendere la disponibilità di forze politiche e apparati di Stato a ristrutturare i regimi e l'ordinamento interno dell'Europa nazifascista.[3]

Quindi, mentre la letteratura sul collaborazionismo dei singoli paesi iniziava a prendere forma di studio documentato, oggettivo e specifico, a cominciare dall'ampia storiografia su Vichy inaugurata da Eberhard Jäckel e proseguita con Robert O. Paxton, Stanley Hoffmann, Pascal Ory per giungere a Henry Rousso, si attendeva anche un'analisi comparata e globale.

L'appello tuttavia parve quasi cadere nel vuoto, se ancora nel 1996 Mantelli si trovava costretto a sottolineare l'assenza, almeno in Italia, di un approccio comparativo al collaborazionismo (e al fascismo) come fenomeno europeo: se si escludevano gli atti della Fondazione Micheletti, e la traduzione per i tipi del Mulino del lavoro globale sul fenomeno ad opera di Yves Durand,[4] il resto della pur poderosa letteratura sembrava soprattutto concentrarsi sulle esperienze nazionali.[5] L'esigua letteratura sull'argomento si affiancava dunque alle opere pioneristiche di Lemberg e Littlejohn,[6] con quest'ultima apprezzata da Collotti più nel suggestivo titolo («I traditori patriottici») che nel contenuto.[7]

L'approccio transazionale, ricordava ancora Mantelli, avrebbe rafforzato gli ammirevoli sforzi degli storici del periodo di Vichy sopra citati, ma anche di altri, nel tentativo di dare all'esperienza una dimensione che andasse oltre la tesi di un tradimento della patria, senza troppo soffermarsi sulle recondite caratteristiche politiche, storiche e sociali del fenomeno:

> L'equazione [...] tra il collaborazionista e il traditore della patria, equazione che venne sanzionata anche giuridicamente dalle leggi di epurazione appro-

3. E. Collotti, *Il collaborazionismo con le potenze dell'Asse nell'Europa occupata: temi e problemi della storiografia*, ivi, p. 12.

4. Y. Durand, *Il nuovo ordine europeo. La collaborazione nell'Europa tedesca, 1938-1945*, il Mulino, Bologna 2002.

5. B. Mantelli, *Resistenza e collaborazionismo*, in «L'Impegno», XVI, 2 (1996), www.storia900bivc.it (ultima consultazione aprile 2017).

6. H. Lemberg, *Kollaboration in Europa mit dem Dritten Reich und das Jahr 1941*, in *Das Jahr 1941 in europäischen Politik*, a cura di Karl Bosl, Welsermühl, München-Wien 1972; D. Littlejohn, *The Patriotic Traitors. A History of Collaboration in German Occupied Europe 1940-1945*, Heinemann, London 1972.

7. Collotti, *Il collaborazionismo con le potenze dell'Asse*, p. 37.

vate subito dopo la guerra in parecchi paesi coinvolti, ha rischiato però di appannare la comprensione del fenomeno e delle sue radici endogene, come tali non riconducibili di per sé alla dimensione del "tradimento".[8]

L'esclusione dei collaborazionisti dalla comunità nazionale comportò dunque una perdita di importanti elementi: la cosiddetta zona grigia, campo esteso che se non collaborò, di certo dimostrò una certa disponibilità al compromesso; la profondità della spaccatura sociale che l'occupazione stessa aveva prodotto; il fatto storicamente accertato della responsabilità delle forze conservatrici che appoggiarono gli occupatori dell'Asse con convinzione e tornaconto. Realtà lontane dai minoritari movimenti fascisti prebellici, in taluni casi neppure riconducibili alla destra, ma così affidabili (e più affidabili dei collaboratori ideologici) da diventare sovente i veri *partner* di tedeschi e italiani.[9]

L'analisi e l'appello all'approccio comparato, compiuti da Mantelli e Collotti, hanno avuto un'importante risposta nei lavori ad esempio di Henke, Woller, Preston, Paxton e Payne,[10] oltre che dei nostri Gustavo Corni e Davide Rodogno, inaugurando la fase dell'approccio globale.[11] Alla svolta del secolo, si possono così riassumere alcuni risultati di queste ricerche:

1) il collaborazionismo non fu un fenomeno marginale nel sistema d'occupazione nazifascista dell'Europa (per non parlare del caso, ancora meno noto da noi, della Comunità imperiale giapponese, legata ai processi di decolonizzazione);

2) attraverso il collaborazionismo e il suo studio si può meglio comprendere la crisi politica dell'Europa prebellica e la crisi delle democrazie;

3) il collaborazionismo, nella sua eccezione conservatrice (o reazionaria), ci permette di tracciare l'affresco di un'Europa autoritaria, antidemo-

8. Mantelli, *Resistenza e collaborazionismo*.

9. Durand, *Il nuovo ordine europeo*, p. 225.

10. Tra i diversi studi degli autori citati si segnalano: *Politische Säuberung in Europa. Die Abrechnung mit Faschismus und Kollaboration nach dem Zweiten Weltkrieg*, a cura di K.D. Henke e H. Woller, Deutscher Taschenbuch Verlag, München 1991; P.W. Preston, *National Pasts in Europe and East Asia*, Routledge, London-New York 2010; R.O. Paxton, *Anatomy of Fascism*, Alfred A. Knopf, New York 2004; S.G. Payne, *A History of Fascism 1914-1945*, University of Wisconsin Press, Madison 1995.

11. G. Corni, *Il sogno del "grande spazio". Le politiche d'occupazione nell'Europa nazista*, Laterza, Roma-Bari 2005; D. Rodogno, *Il Nuovo Ordine Mediterraneo. Le politiche di occupazione dell'Italia fascista in Europa (1940-1943)*, Bollati Boringhieri, Torino 2003.

cratica, antimoderna, che avrebbe voluto superare sia gli «immortali principi del 1789» sia i processi di modernizzazione/secolarizzazione innestati tra il XIX e il XX secolo e sviluppatisi dopo la prima guerra mondiale;

4) attraverso uno studio comparato si potrebbe comprendere il rapporto tra velleità nazionaliste dei collaborazionisti e politiche della Germania nazista e dell'Italia fascista. Inoltre, al di là del gioco cinico e calcolato degli occupanti, le istanze localiste di ucraini, baltici, croati, sloveni, slovacchi ecc. sarebbero diventate riferimenti storici del rigurgito nazionalista del dopo 1989;

5) il collaborazionismo trasformò le posizioni "patriottiche" delle origini in una sempre maggiore adesione al Nuovo Ordine europeo, elaborando un concetto di «eurofascismo» con il quale la sua idea di Stato dirigista, integrale, razzista, gerarchizzato e antidemocratico si elevò a una dimensione per l'appunto continentale, sino ad abbracciare l'idea di un'Europa contrapposta sia al bolscevismo sia al capitalismo liberaldemocratico;

6) si ebbe un collaborazionismo economico animato dagli interessi, soprattutto in Francia e nell'Europa settentrionale e scandinava, sul quale la ricerca, inaugurata da Milward[12] e in Italia da Corni, è ancora da sviluppare;

7) da tutte queste considerazioni, non si può concepire il collaborazionismo come una mera imposizione degli occupanti, ma come una consapevole e convinta scelta di tipo nazionalista, antidemocratico, e razzista: non a caso Collotti indica l'antisemitismo come il principale collante di tutte le esperienze.[13]

Si potrebbe aggiungere il tema, che non poteva essere ancora del tutto compreso vent'anni or sono, della riscossa patriottica nell'Est del dopo guerra fredda, che ha comportato una diffusa revisione della storia più recente. Nei paesi baltici, in Polonia, Ungheria, Romania, Ungheria, Repubblica Ceca, Slovacchia ed ex Jugoslavia la liberazione dal nazifascismo aveva coinciso con l'occupazione sovietica, e la successiva assenza di libertà. Soprattutto, la sovranità limitata imposta da Mosca, che ha trasformato in diversi casi il collaborazionismo in esperienza patriottica. In generale, come un fenomeno assai meno condannabile della lunga dominazione comunista: gli spazi che il Museo Casa del terrore di Budapest de-

12. A. Milward, *The New Order and the French Economy*, Clarendon Press, Oxford 1970.

13. Collotti, *Il collaborazionismo con le potenze dell'Asse*, p. 33.

dica al regime nazista delle Croci frecciate sono assai più limitati di quelli dedicati al regime imposto dall'Urss, e solo in parte la giustificazione può essere fatta risalire alla limitatezza temporale del primo e alla proiezione ultradecennale del secondo. Si aggiunga che, se gli elementi più estremi e impresentabili dei vari sistemi *quisling* restano per ora relegati alle celebrazioni di gruppi – non sempre minoritari – della destra radicale, non pochi sono i casi di riabilitazione di alcuni esponenti del collaborazionismo in apparenza meno ideologico, come Tiso o Nedić. Tale fenomeno è presente anche nei paesi dell'Europa occidentale, si pensi per esempio all'uscita apologetica di Le Pen padre (aprile 2015) nei confronti di Pétain. Le crisi economiche del nuovo secolo, con il rigurgito di antieuropeismo (inteso come impegno contro "l'Europa delle Banche", sovente accumunata al solito "complotto giudaico-massonico"), di antisemitismo, di sciovinismo e di populismo sembrano potenziare una memoria nostalgica e inquietante. Anche in questo senso, l'approccio comparato, coinvolgente gli storici dell'Europa centro-orientale, potrebbe aiutare a comprendere non solo il passato, ma anche il presente e il futuro.

Vent'anni dopo il convegno di Brescia, lo scrittore e divulgatore britannico Christopher Hale in seguito a una sua esperienza personale a Riga, dove aveva assistito a una sfilata dei veterani della XV e XVI Waffen-SS-Grenadier-Division, ovvero della legione lettone delle SS, lanciava un nuovo allarme circa il corto circuito che stava avendo luogo nei territori ex sovietici e dell'Europa orientale.[14] Pur con i limiti di un lavoro di ricerca storica presentato come un reportage, Hale ribadiva in sostanza l'assenza di un dibattito sul ruolo dei collaborazionisti europei soprattutto nell'Olocausto, ruolo che appariva sottovalutato e in certi casi (come a Riga) finanche trasformato in uno sforzo patriottico contro il nemico sovietico.

I casi baltici, caratterizzati da teorie quali «il doppio genocidio» (ebraico e baltico) e dall'equiparazione del sistema concentrazionario nazista a quello sovietico-stalinista, ma anche dalla speciosa distinzione tra collaborazionisti e "combattenti per la libertà", con le responsabilità dei primi sovente derubricate, hanno trovato la loro diffusione anche altrove, dall'Ucraina all'Ungheria, per giungere alla ex Jugoslavia dove si registra – non senza l'opposizione di onesti storici – la diffusione di studi (stampati e on line) di riabilitazione di chi aveva partecipato all'occupazione

14. C. Hale, *I carnefici stranieri di Hitler. L'Europa complice delle SS*, Garzanti, Milano 2012, pp. 13 sgg.

Si assiste così negli ultimi anni a una crescita di contro-storie dal netto sapore revisionistico (o negazionista) e nostalgico anche in Occidente, e finanche in Italia, con una particolare attenzione al crudele destino dei "vinti della liberazione". La ricerca della verità è senz'altro ammirevole, e dare al collaborazionismo una dignità storiografica, anche soffermandosi sulle punizioni, sovente non giustificate, che colpirono senza discrimini tutti (o quasi tutti), non dovrebbe far dimenticare dinamiche e soprattutto progetti dei due schieramenti, due «poli asimmetrici», per dirla ancora con Mantelli, con una valenza positiva per la Resistenza e negativa per il collaborazionismo.[15]

Soprattutto si deve tenere conto del fatto che non pochi furono i collaborazionisti che abbandonarono ogni specificità nazionale trasformandosi in combattenti dell'Europa hitleriana sino alla fine. Quasi tutti i *quisling* insieme ai residui dei loro governi tentarono di raggiungere l'ultima Thule nazista nella Germania assediata; circa metà delle Waffen SS mobilitate nella disperata difesa finale del nazionalsocialismo erano originarie di territori posti al di fuori dei confini del Terzo Reich;[16] a Berlino, attorno al *Führerbunker* si contarono francesi, belgi, olandesi, norvegesi, ucraini, russi, baltici, persino spagnoli. Non a caso un autore della destra italiana più radicale, Teodoro Francesconi, parla di una «vera Europa» da ricostituirsi, come allora, attorno a una forte Germania non più criminalizzata.[17] Basterebbe leggere i primi passi dell'introduzione di un volume sui volontari stranieri di Hitler pubblicato da una nota casa editrice dell'estrema destra italiana per cogliere l'aspetto europeo di un fenomeno solo in parte studiato dalla storiografia e molto celebrato dalle fazioni più radicali del continente:

> Il loro status di combattenti SS e di volontari stranieri li condannava a morire piuttosto che arrendersi: nei loro paesi di provenienza, occupati dagli alleati, erano considerati dei traditori; inoltre, cadere prigionieri dei russi significava morte certa. Pochi di loro riuscirono a sfuggire alla galera o alla morte, riparando in paesi amici o neutrali, come la Spagna o i paesi latino-americani. Amaro destino per questi volontari, che credettero fino all'ultimo di combattere per una causa giusta e che dovettero dopo tante privazioni, sacrifici e tanti eroismi, darsi alla macchia, cancellare il loro passato, rinnegati da Dio

15. Mantelli, *Resistenza e collaborazionismo.*
16. *Ibidem.*
17. T. Francesconi, *Prefazione*, in M. Gozzoli, *Popoli al bivio. Movimenti fascisti e resistenza nella Seconda guerra mondiale*, Edizioni dell'Uomo Libero, Milano 1989, p. 12.

e dagli uomini: il loro giuramento di fedeltà a Hitler li aveva condannati alla dannazione terrena.[18]

Una dannazione in realtà parziale, visto il successo che le gesta dei più convinti e volonterosi collaboratori del nazifascismo sta incontrando in molti paesi. Per non parlare dell'ancora più insidioso tentativo di distinguere tra questi, liquidati come sparuti gruppi di fanatici, e i vari esponenti dei regimi *quisling* più "laici", trasformati in eroi della lotta anticomunista.

Pur nella consapevolezza che le celebrazioni del settantesimo della vittoria debbano concentrare la loro attenzione sugli aspetti delle varie Resistenze, tema già di per sé non semplice visti alcuni casi (come ad esempio quello jugoslavo o quello greco) di guerra inter-resistenziale sovente lambita da episodi di aperta collaborazione con il nemico, tentare di dare al collaborazionismo il ruolo non certo secondario che ricoprì permetterebbe di completare il quadro generale, ma anche di introdurre una tematica che necessita in futuro di un'analisi comparata e davvero europea. Strappandone la paternità agli epigoni di un lontano passato.

Rinviando quindi in altra sede un'analisi più approfondita dell'esperienza,[19] qui si tenterà di affrontare il tema del destino che questa "altra Europa" incontrò dopo il crollo del Terzo Reich e dei suoi alleati.

Un'opzione: l'impossibile trattativa

Riferendosi al caso francese, dal quale è partito per la sua ricerca comparativa, Yves Durand evoca quella che definisce una «stupefacente mancanza di senso della realtà» da parte dei collaborazionisti: la *trattativa*.[20] Nell'agosto 1944, mentre Parigi insorgeva, e gli alleati stavano sopraggiungendo dalla Normandia, Laval tentò di trasformare il regime di Vichy in un governo parlamentare, cercando di restituire legittimità a un'Assemblea nazionale decaduta nel 1940, attraverso la figura dell'ex presidente della Camera che aveva votato i pieni poteri a Pétain, il radicale Édouard Herriot. Era un tentativo di dare legittimità a Vichy, per trasformarla in un «ponte» nei confronti della Francia libera di de Gaulle. L'impresa naufra-

18. M. Afiero, *I volontari stranieri di Hitler. Storia dei combattenti stranieri arruolati nelle forze armate tedesche*, Ritter, Milano 2001, p. 10.

19. Si segnala il recente numero della rivista dell'Istituto regionale per la storia del movimento di Liberazione nel Friuli Venezia Giulia «Qualestoria», 2 (2015), dal titolo *Collaborazionismi, guerre civili e resistenze*, a cura di D. D'Amelio e P. Karlsen.

20. Durand, *Il nuovo ordine europeo*, p. 213.

gò, anche per intervento dei tedeschi, che avrebbero deportato Herriot in Germania.

Un tentativo ancora più clamoroso fu l'invio da parte di Pétain di una delegazione per trattare con de Gaulle un passaggio dei poteri. L'iniziativa era stata anticipata da un messaggio in cui l'anziano maresciallo sembrava accorgersi fuori tempo massimo della guerra civile che egli stesso aveva contribuito a innestare nel tessuto nazionale: «I francesi non dovranno combattere l'uno contro l'altro, il loro sangue è troppo prezioso per il futuro della Francia e l'odio potrà soltanto compromettere l'unità del paese».[21] Anche in questo caso, si trattò di un fallimento. Persino Joseph Darnand, comandante della spietata e fanatica Milice Française, pare che avesse ipotizzato un abboccamento, in questo caso davvero impossibile, con i gollisti.[22]

Casi analoghi si sarebbero verificati anche altrove, come in Serbia, dove Milan Nedić, il locale *quisling*, inaugurò un'alleanza con il settore più screditato della Resistenza, quello di Mihailović, assai compromesso con gli occupanti, nella speranza di avere un viatico verso il governo in esilio a Londra (che ormai riconosceva Tito quale unico resistente). Il tema della trattativa fu anche presente nell'Italia della Repubblica sociale, sia con la celebre «Operazione ponte» tentata dall'effimero Raggruppamento socialista nazionale repubblicano di Edmondo Cione, sorta di partito autonomo saloino benedetto da Mussolini e sponsorizzato da Nicola Bombacci, che avrebbe tentato di aprire sin dal dicembre 1944 una trattativa con alcune forze della Resistenza (soprattutto socialiste e repubblicane),[23] sia con i celebri colloqui all'arcivescovado di Milano dell'ultimo Mussolini.[24] Anche qui, due sostanziali fallimenti. La stessa ipotesi di un "Ridotto alpino" in Valtellina, dove raggruppare le forze militari di Salò in attesa dell'arrivo anglo-americano, rientra in questa ultima, disperata volontà di aprire una sorta di vertenza.

Tuttavia, va tenuto conto che se ben poco ci si poteva attendere da colloqui condotti dai personaggi simbolo del collaborazionismo (Laval, Pétain, Nedić, Mussolini) o marginali e improponibili (Cione, Darnand,

21. J. Jackson *France: The Dark Years (1940-1944)*, Oxford University Press, New York 2001, p. 544.

22. B.M. Gordon, *The Morphology of the Collaborator: The French Case*, in «Journal of European Studies» XXIII, 1 (1993), p. 8.

23. E. Cione, *Storia della Repubblica Sociale Italiana*, Latinità, Roma 1951, p. 305.

24. A.I. Schuster, *Gli ultimi tempi di un regime*, La Via, Milano 1946, pp. 167-169.

l'ormai abbandonato Mihailović), vi sarebbe ancora molto da studiare circa questi abboccamenti silenziosi. Nei giorni concitati della resa, le incertezze sul futuro, e soprattutto sul ruolo che forze per il momento alleate nella Resistenza (nazionaliste o comuniste) potessero avere dopo la vittoria, spinsero alcuni esponenti anglo-americani e sovietici a intavolare trattative con i collaborazionisti; queste, pur non dando i risultati che ci si attendeva, furono la base per futuri sviluppi nella guerra fredda.

Ma tutto ciò sarebbe rimasto nell'ombra di riunioni segrete, d'incontri in riservati uffici o in sperduti casolari, e forse in qualche secretato rapporto delle varie *intelligence* collaborazioniste, resistenziali, alleate o tedesche. In via ufficiale, non si registrarono vertenze concluse in senso positivo per chi collaborò, né "passaggi di consegne" concordati tra i regimi fantoccio e i comitati di liberazione. Era giunta l'ora del *redde rationem* dell'esperienza *quisling*.

L'ineluttabile destino: le punizioni

Il secondo destino fu quello delle *punizioni*, quel «supplemento d'odio connesso alla guerra civile» secondo la felice espressione di Claudio Pavone.[25] A esse sarebbe seguito il percorso della giustizia ripristinata. Bisogna infatti distinguere tra una fase extralegale e una fase legale della punizione dei collaborazionisti.

Il 13 luglio 1940, l'emittente londinese di de Gaulle aveva garantito che «La Francia Libera punirà i responsabili del suo disastro e i fautori del suo servaggio».[26] In quel momento il riferimento era soprattutto alle autorità di polizia di Parigi, Lione, Marsiglia, Montpellier e Nizza, città in cui si stavano registrando esplicite collaborazioni con l'occupante tedesco. Il 22 giugno 1941 Churchill, nel corso di una trasmissione radiofonica, promise che, a guerra vinta, i collaborazionisti sarebbero stati portati davanti ai tribunali alleati, posizione in seguito ribadita anche da Roosevelt.[27] Negli anni seguenti, mentre i vecchi partitini e movimenti fascisti o «fascistoidi» stavano dando sia a Vichy sia nella zona d'occupazione un attivo contributo alla propaganda collaborazionista e alla repressione, e soprattutto dopo la nascita del So-

25. C. Pavone, *Una guerra civile. Saggio storico sulla moralità nella Resistenza*, Bollati Boringhieri, Torino 1991.

26. H.R. Lottman, *The Purge: The Purification of French Collaborators after World War II*, William Morrow and Co., New York 1986, p. 28.

27. T. Bower, *The Pledge Betrayed*, Doubleday & C., New York 1982, pp. 21 e 25.

(Service d'Ordre Légionnaire), periodici gollisti come «Libération» o fogli clandestini come «Bir-Hakeim» iniziarono a pubblicare liste di proscrizione contenenti i nomi di chi avrebbe ben presto subito una giusta punizione.[28]

Il 12 gennaio 1942 i rappresentanti di nove governi in esilio a Londra (Belgio, Cecoslovacchia, Francia, Grecia, Jugoslavia, Lussemburgo, Norvegia, Olanda e Polonia) firmarono la «Dichiarazione di Palazzo St. James» dove si definiva per la prima volta il concetto di crimine di guerra e lo si attribuiva, oltre ai tedeschi e ai loro alleati dell'Asse, anche ai collaborazionisti. Tra i primi obiettivi del dopoguerra vi sarebbe stata per i firmatari «la condanna, da effettuarsi tramite regolari processi di giustizia, di coloro che si sono resi colpevoli e responsabili di tali crimini, senza distinzione tra mandanti, esecutori o collaboratori».[29]

Il tema della punizione legale dei collaborazionisti sarebbe stato ribadito anche nel corso della conferenza dei ministri degli Esteri alleati tenutasi a Mosca il 1° novembre 1943, dove ogni paese si impegnò a stilare una lista dei propri *quisling*.[30]

Nell'aprile 1944, mentre gli Alleati stavano concludendo le fasi preparatorie del D-Day, lo scrittore e umorista antifascista francese Pierre Dac lanciò l'ultima minaccia ai *collabos*: «Voi siete noti, catalogati, etichettati». Poco prima dello sbarco in Normandia, le forze della Resistenza unificate pianificarono criteri e strutture delle punizioni e dei processi. Si giunse persino a far recapitare presso le abitazioni degli esponenti della Milice e dei loro famigliari dei piccoli modellini di bare, a titolo di ammonimento circa il destino che li avrebbe aspettati al momento della liberazione.[31] Analoghe minacce si ebbero in altri paesi: i governi in esilio belga e norvegese, ad esempio, tracciarono estesi programmi di punizione per i loro rispettivi collaborazionisti; la Resistenza cecoslovacca, in nome «dell'onore della patria», avrebbe chiesto una giusta condanna per lo slovacco Tiso e i suoi seguaci.[32] Una lista di collaborazionisti jugoslavi, nei quali apparivano anche Mihailović e i suoi cetnici, venne redatta dal nuovo governo Šubašić-Tito. Di fatto, tutti i movimenti della Resistenza redassero analoghe liste

28. Lottman, *The Purge*, p. 29. Il giornalista, corrispondente europeo del «New York Times», definiva queste liste il *Who's Who* del collaborazionismo francese (*ibidem*).

29. M. Cattaruzza, I. Deak, *Il Processo di Norimberga tra storia e giustizia*, Utet, Torino 2006, p. 73.

30. Ivi, p. 74.

31. Jackson, *France: The Dark Years*, pp. 533-534.

32. Lottman, *The Purge*, p. 15.

in ogni paese occupato, mentre gli Alleati e i sovietici stavano avanzando verso le capitali.

Anche in Italia si ebbe una legislazione che, oltre a colpire il passato regime, si occupò del collaborazionismo di Salò: il decreto luogotenenziale del 22 aprile 1945 introduceva le Corti straordinarie d'Assise composte da un presidente e quattro giudici popolari:

> Il decreto stabiliva [...] una presunzione di responsabilità, secondo la quale si consideravano colpevoli di collaborazionismo coloro che avessero rivestito cariche di rilievo nella Repubblica sociale: ministri, sottosegretari di Stato, cariche direttive del partito fascista repubblicano; presidenti e membri dei tribunali speciali, capi provincia, segretari di partito. Commissari federali e cariche equivalenti; direttori di giornali politici, ufficiali superiori in formazioni di camicie nere con funzioni politico-militari.[33]

Il passaggio successivo fu la *punizione*, applicata tanto in Occidente quanto a Est da parte delle forze della Resistenza e in diversi casi dalla stessa popolazione civile. Ha scritto Keith Lowe, nel suo affresco dell'Europa postbellica:

> Per quanto fortemente le popolazioni d'Europa odiassero all'indomani della guerra i tedeschi, odiavano ancora di più i concittadini che avevano collaborato con loro. I tedeschi almeno avevano la scusa che erano parte di una cultura estranea, una potenza straniera: i collaborazionisti, invece, erano traditori dei propri paesi, e questo, nel clima intensamente patriottico che permeò l'Europa alla fine della guerra, era un peccato imperdonabile.[34]

Nei giorni del vuoto di potere, con il dissolvimento delle precedenti autorità e l'imminente ma non ancora compiuto insediamento delle nuove si verificò un combinato di processi popolari, *jacqueries* e anche linciaggi. Complessa è la ricostruzione delle vicende che riguardano i paesi liberati dall'Armata rossa. Gli esponenti più in vista dei movimenti collaborazionisti più convinti e fanatici, come ad esempio le Croci frecciate ungheresi, le Guardie di ferro rumene o gli ustascia croati, vennero uccisi in modo sommario. In Ungheria i militi del partito di Szálasi furono costretti a riesumare le tombe delle loro vittime ebree, mentre la gente li lapidava e li prendeva

33. A. Alberico, *Il collaborazionismo fascista e i processi alla corte straordinaria d'assise: Genova 1945-1947*, Coedit, Genova 2007, p. 19.

34. K. Lowe, *Il continente selvaggio. L'Europa alla fine della Seconda guerra mondiale*, Laterza, Roma-Bari 2013, p. 160.

a bastonate.[35] Il caso più noto è quello jugoslavo, con i forse 60.000 collaborazionisti sloveni, croati, serbi, montenegrini, macedoni e kosovari che furono trucidati dalle truppe titine nel massacro di Bleiburg;[36] ai quali si dovrebbero aggiungere almeno 8-9.000, eliminati nei massacri di Kočevski rog, nella Slovenia meridionale.[37] Si verificarono numerosi casi di violenza estesa oltre i confini del collaborazionismo esplicito, colpendo esponenti cosiddetti "borghesi", talvolta membri attivi della Resistenza, e appartenenti ai gruppi etnici ricollegabili alle potenze dell'Asse, soprattutto tedeschi e italiani (il caso delle foibe triestine, ad esempio). Il tema, complesso e controverso, è ancora oggetto di studio soprattutto in termini numerici e qualitativi dei nuovi gruppi-vittima, e attende in parte uno studio oggettivo attraverso gli archivi delle nazioni dell'ex blocco orientale.[38]

Più chiare sono le vicende inerenti ai paesi occidentali. In Francia il Conseil national de Libération (Cnl) emanò nel marzo 1944 l'ordine ai comitati dipartimentali (Cdl) di eseguire «la punizione dei traditori e l'espulsione dal servizio civile e dalle professioni di tutti coloro che si erano compromessi con il nemico o che avevano cooperato con la politica collaborazionista».[39] Si introduceva quindi il termine *épuration*, da applicarsi in ogni distretto liberato, ma il termine comprendeva ogni forma di giustizia, dalla cattura alla fucilazione (*épuration sauvage*).[40] I Cdl erano autorizzati ad arrestare i noti e i sospetti traditori: in particolare i miliziani, i propagandisti e i giudici delle corti marziali di Vichy e tutti coloro che avevano condotto azioni «particolarmente scandalose».[41] Numerose furono le esecuzioni pubbliche, d'altronde richieste dallo stesso Cnl che in un proclama da Radio Londra dell'11 luglio 1944 dichiarava: «è giunta l'ora di sterminare gli assassini della Milice, sui quali il nemico fa conto per impedire che la Francia possa liberarsi».[42]

35. Ivi, p. 161.

36. M. Mazower, *Dark Continent: Europe's Twentieth Century*, Alfred A. Knopf, New York 1999, p. 235. Il dato è comunque controverso.

37. Lowe, *Il continente selvaggio*, p. 282.

38. Sulla sorte dei collaborazionisti russi alla fine della guerra si veda tra gli altri il romanzo storico, datato e partigiano ma pur sempre illuminante: L.V. Ginzburg, *L'abisso*, Mursia, Milano 1982.

39. Lottman, *The Purge*, p. 38.

40. Lowe, *Il continente selvaggio*, 160.

41. Lottman, *The Purge*, p. 77.

42. Ivi, p. 29.

Si trattava quindi di una scelta strategica, e cioè liquidare una forza che nel giugno 1943 ammontava a 35.000 aderenti, dei quali almeno 15.000 armati e attivi (la *Franc Garde*).[43] Era stata la Milice di Darnand, concreto esempio di collaborazionismo militare responsabile di agghiaccianti vessazioni e di estese repressioni del movimento resistenziale, ad accrescere la sete di vendetta e l'introduzione del principio della giustizia sommaria. «L'esecuzione sommaria», avrebbe dichiarato il critico letterario Jean-Jacques Mayoux, membro della Resistenza, «diventa il più sacro dei diritti, l'unica possibile forma di giustizia».[44] Il giornalista statunitense Lottman, testimone diretto di quei giorni, avrebbe riportato in seguito un commento di un noto collaborazionista arrestato, il fascista prebellico Pierre Taittinger, già presidente del Consiglio municipale parigino durante l'occupazione, e detenuto in un magazzino trasformato in provvisoria prigione: «Fuori dal nostro rifugio rappresentato dalla prigione i tumulti erano intensi. Si udivano colpi di pistola nelle strade, e dal nostro magazzino udivamo grida di orrore, interrotte da scariche di fucileria e sventagliate di mitragliatori».[45]

Come è ovvio, la testimonianza è da citare con cautela, tenendo conto del convinto filofascismo e delle gravi responsabilità politiche dell'esponente collaborazionista. Tuttavia può essere emblematico del clima parigino dei giorni compresi tra l'insurrezione e l'arrivo della colonna Leclerc e degli Alleati. Lowe parla di torture e violenze sui collaborazionisti prigionieri nelle improvvisate prigioni francesi. Il 29 ottobre 1944 il periodico resistenziale «La Terre Vivaroise» interveniva con un monito: «Stiamo ripetendo alcune delle procedure più mostruose applicate dalla Gestapo; pare che il nazismo abbia intossicato un gran numero di individui tanto da far credere loro che la violenza sia sempre legittima».[46]

Come sempre in questi casi risulta assai difficile definire un numero esatto delle vittime della prima fase. Il ministro della Giustizia francese, François de Menthon, stimava circa 1.000 esecuzioni sommarie nei giorni della liberazione e altre 1.000 uccisioni nelle settimane subito successive (settembre-ottobre 1944), per ordine delle corti marziali, di speciali tribu-

43. P.-P. Lambert, G. Le Marec, *Vichy 1940-1944. Organisations et mouvements*, Grancher, Paris 2009, p. 131.

44. Lottman, *The Purge*, p. 33.

45. Ivi, p. 79.

46. Lowe, *Il continente selvaggio*, p. 161.

nali e dei tribunali della Resistenza.[47] Altri ricercatori parlano di 13-14.000 morti, cifra forse più realistica,[48] fino a giungere ai 15.000.[49] Si registrarono numerosi casi di punizioni esemplari di quelle che venivano definite le «collaboratrici orizzontali» (*collaborateurs horizontaux*), ovvero donne che per vari motivi o per semplice esercizio della prostituzione, avevano avuto rapporti sessuali con tedeschi e collaborazionisti: la rapatura pubblica della «Belle qui couchait avec le roi de Prusse», come avrebbe recitato una canzone di Brassens, fu una sorta di rituale organizzato in numerose città francesi.[50] Secondo una ricerca condotta da un giornalista britannico, le donne sottoposte a questo trattamento furono in Francia circa 20.000,[51] e l'esempio sarebbe stato seguito in molte altre nazioni, compresa l'Italia.[52]

Anche in Belgio si ebbe una fase punitiva, con l'aggiunta della situazione bellica ancora in atto dopo la parziale liberazione, dovuta alla controffensiva tedesca sulle Ardenne del dicembre 1944 e gennaio 1945. Numerosi collaborazionisti valloni e soprattutto fiamminghi fuggirono dalle zone liberate cercando protezione dietro le linee tedesche, aggravando in tal modo la loro già precaria posizione. Meno violenti, anche per il rapido insediamento delle autorità legali, furono i casi olandese, danese e norvegese. Tuttavia, anche in queste realtà si registrarono episodi di violenze e di giustizia sommaria.[53]

In Italia le violenze tra il giugno 1945 e il gennaio 1946 contro i fascisti (sia aderenti alla Repubblica sociale sia da questa marginalizzati ma con antichi trascorsi squadristi o nel regime) furono – secondo i calcoli di

47. Lottman, *The Purge*, p. 74.

48. M. Dank, *The French against the French: Collaboration and Resistance*, J.B. Lippincourt Co., Philadelphia 1974, p. 276.

49. Mazower, *Dark Continent*, p. 231.

50. Anche in Italia si impiegò una canzone dedicata alla pratica della rapatura: «E voi fanciulle belle che coi fascisti andate / le vostre chiome belle presto saran tagliate» (Lowe, *Il continente selvaggio*, p. 187).

51. A. Beevor, *An Ugly Carnival*, in «The Guardian», 4 giugno 2009.

52. Al tema si dovrebbe aggiungere la questione dei «figli del collaborazionismo», ovvero i bambini nati dai rapporti tra donne dei paesi occupati e tedeschi: tra uno e due milioni, secondo Lowe che aggiunge: «Si può dire tranquillamente che questi bambini non furono propriamente benvenuti nelle comunità in cui erano nati» (Lowe, *Il continente selvaggio*, pp. 189 sgg.). A questo proposito si segnala l'utile e ben documentato M. Ponzani, *I figli del nemico: le relazioni d'amore in tempo di guerra, 1943-1948*, Laterza, Roma-Bari 2015.

53. Lowe, *Il continente selvaggio*, p. 161.

Guido Crainz – almeno 8.200, a cui si dovrebbero aggiungere circa 1.200 "scomparsi" dei quali non si seppe più nulla.[54] Più ampio è il dato di Hans Woller, che parla di circa 10-12.000 morti tra il 1943 e il 1946 con circa 5-8.000 vittime nel solo 1945.[55] In Grecia, tra l'ottobre e il novembre 1944, l'Eam-Elas passò per le armi, secondo le fonti consultate da Mark Mazower, «alcune migliaia» di «nemici del popolo».[56] In questo numero, plausibile vista la violenza che si era e si sarebbe scatenata nel paese balcanico, si dovrebbero inserire i membri sia del governo *quisling* di Logothetopoulos sia dei Battaglioni di sicurezza di Rallis, strumento militare dei nazisti, ma anche esponenti della Resistenza nazionalista concorrente dei comunisti, l'Edes di Napoleone Zervas: queste formazioni a loro volta furono responsabili di violenze sulla minoranza albanese dell'Epiro, i *çamë*, o sui valacco-romeni del Monte Pindo, rei in passato di essersi in gran parte schierati con l'Asse.

In generale, la reazione popolare contro i collaborazionisti fu diffusa ovunque in Europa, passando attraverso un combinato di vendette, condanne esemplari (e spesso motivate), questioni private con pochi collegamenti con la situazione politica, tentativi di eliminare pericolosi testimoni di un proprio passato collaborazionista che si voleva celare. Era questo il caso ad esempio dei cosiddetti «resistenti di settembre» in Francia, ovvero di chi dopo aver sostenuto a vario titolo Pétain tentava di mimetizzarsi nella Resistenza (fra giugno e ottobre il numero ufficiale dei partigiani francesi passò da 100.000 a 400.000 unità).[57] Tuttavia, era una giustizia, il più delle volte, motivata – sebbene non sempre giustificata – dalle atroci vessazioni subite. Scrive Lottman: «Questa giustizia sembrava naturale a uomini che non erano né sadici né anormali, ma che avevano amici da vendicare e atrocità da punire».[58]

Le incertezze della giustizia legale

Alla fase di giustizia sommaria sarebbe seguita quella della giustizia legale, nel tentativo di rendere virtuoso il giudizio e ristabilire una sorta

54. G. Crainz, *Il dolore e la collera: quella lontana Italia del 1945*, in «Meridiana», 22-23 (1995), p. 265.

55. H. Woller, *I conti con il fascismo*, il Mulino, Bologna 1997, p. 390.

56. Mazower, *Dark Continent*, p. 235.

57. Lowe, *Il continente selvaggio*, p. 184.

58. Lottman, *The Purge*, p. 83.

di pubblica moralità condivisa. In taluni casi, come in quello francese, le nuove autorità furono costrette più volte a ribadire che gli unici uffici preposti ad eseguire gli arresti erano le forze di polizia «qualificate», create attorno agli organismi della Resistenza.[59] A giorni e settimane di distanza dalle liberazioni continuavano a operare «milizie patriottiche», *vigilantes*, pattuglie di improvvisati corpi di polizia irregolari, che compivano atti più di vendetta che di giustizia contro i rei di collaborazionismo o presunti tali.[60] Già nell'agosto 1944, de Gaulle si era visto costretto a intervenire, ordinando che «le autorità improvvisate» fermassero la prassi della giustizia sommaria.[61] In Danimarca il nuovo premier Vilhelm Buhl, pochi giorni dopo la Liberazione del maggio 1945, promise di perseguire per vie penali il collaborazionismo, invitando tuttavia la nazione a mantenere l'ordine e la civiltà con una «condotta tranquilla e rispettabile».[62] In un altro messaggio radio le autorità danesi avrebbero ribadito il concetto:

> è estremamente urgente che la popolazione debba frenarsi dall'applicare la legge con le proprie mani [...]. Le persone minacciate per vari motivi dalla rabbia della popolazione devono subito rivolgersi ai posti di polizia del movimento della Resistenza [...]. Le sentenze arbitrarie e le punizioni non saranno tollerate [...]. Chiunque deve sapere che questo governo si sta preparando per un trattamento severo ma giusto di tutti i criminali di guerra.[63]

Si rese necessario intervenire non solo per arrestare le violenze ma anche per regolarizzare i numerosi arresti compiuti dai resistenti nei giorni successivi alla Liberazione: in Francia, nella sola zona di Parigi, furono circa 4.000 alla metà di settembre 1944, saliti secondo fonti statunitensi a 7.000 entro la fine del mese;[64] in Danimarca, circa 2.000 soltanto nei primi giorni del maggio 1945; in seguito raggiunsero la ragguardevole cifra di 15.000.[65] E il dato proseguiva negli altri paesi vieppiù liberati. In Olanda, a differenza di altri casi, il nuovo governo si organizzò subito, con poteri legali e il monopolio delle autorità di polizia. Qui si ebbero pertanto pochi esempi di *vigilantes* e di rituali di umiliazione pubblica, e si

59. Ivi, p. 78.
60. Lowe, *Il continente selvaggio*, pp. 162-163.
61. Ivi, p. 162.
62. *Clash Mark End of War in Denmark*, in «New York Times», 6 maggio 1945.
63. *Ibidem*.
64. *French Seek Way to Seize Fugitives*, in «New York Times», 17 settembre 1944.
65. *Clash Mark End of War in Denmark*.

minacciò di reprimere eventuali casi di giustizia sommaria.[66] In Belgio si verificò un passaggio dei poteri più lento, anche a causa del fronte mobile. Il nuovo governo Pierlot-Van Acker non sembrava cogliere l'urgenza del problema: in questo caso si assistette a una certa tolleranza, rispetto ad altre situazioni, e dinanzi alla complessità del problema, venne introdotta un'amnistia per le punizioni extralegali compiute esattamente 41 giorni dopo la Liberazione.[67]

A ogni modo, anche in altre nazioni il tema delle amnistie nei confronti dei partigiani che avevano compiuto reati e atti di giustizia sommaria fu all'ordine del giorno dei nuovi governi, e venne visto come uno strumento per spingere questi militanti a rientrare nella vita civile. In Italia l'amnistia sugli "assassini di vendetta" avrebbe riguardato atti compiuti nei primi tre mesi dalla Liberazione (e quindi, fino alla fine di luglio 1945); in Cecoslovacchia si giunse addirittura a estendere l'amnistia fino a cinque mesi e mezzo dalla Liberazione.[68] Non dappertutto le forze partigiane si dimostrarono disponibili al passaggio di poteri: questo accadde senza troppi problemi nel Nord Europa (Belgio, Olanda, Danimarca, Norvegia), mentre in molte regioni della Francia e dell'Italia settentrionale, e soprattutto in Grecia, ataviche e più recenti diffidenze verso le autorità legali, unite a tensioni politiche interne, spinsero le forze della resistenza a rallentare le cessioni di potere.

Già verso la fine del 1944 il Judge Advocate General alleato istituì il Central Report of War and Security Suspects (Crowcass) che iniziò un lungo lavoro di raccolta di dati e informazioni sui vari criminali di guerra, tedeschi e collaborazionisti.[69] Le nuove autorità giudiziarie nell'Europa occidentale condussero un'enorme quantità di inchieste: in Francia furono creati circa 170.000 fascicoli;[70] in Belgio si giunse a 634.000 casi di collaborazione sui quali si aprirono procedimenti;[71] in Olanda si contarono

66. J. MacDonald, *Dutch Will Punish Traitors Severely*, in «New York Times», 1° ottobre 1944.

67. P. Vermeylen, *The Punishment of Collaborators*, in «Annals of the American Academy of Political and Social Science», 247 (1946), p. 73.

68. Lowe, *Il continente selvaggio*, p. 163.

69. Ch. Simpson, *Blowback. The First Full Account of America's Recruitment of Nazis, and Its Disastrous Effects on Our Domestic and Foreign Policy*, Mark Crispin Miller, New York 1993, pp. 66-79.

70. T. Judt, *Postwar: A History of Europe since 1945*, Penguin, New York 2005, p. 33.

71. Vermeylen, *The Punishment of Collaborators*, p. 76.

almeno 120.000 indagati;[72] in Norvegia le indagini sui collaborazionisti furono circa 90.000. In Austria, la cui posizione risultava complicata vista la sua annessione al Reich sin dal 1938 ma anche un diffuso consenso al regime e un diretto coinvolgimento di suoi cittadini al vertice dell'Europa hitleriana, si procedette soprattutto con ammende che colpirono più di 500.000 individui.[73] Non si conosce il numero degli inquisiti a Est, che si presume assai più elevato, anche per l'allargamento dei casi a ogni sospetto "nemico del popolo". Ad esempio, il Partito comunista ungherese avrebbe protestato per le iniziative dei duemila tribunali del popolo, che in una prima fase si erano occupati quasi soltanto dei membri dell'ex partito delle Croci frecciate, mentre avrebbero dovuto, a detta loro, estendere le inchieste agli appartenenti al governo Horthy e anche a quelle forze antifasciste in odore di anticomunismo.[74] Il caso greco era ancora più complesso: la guerra civile, scoppiata sin dal 1944, rese il paese preda di un *bellum omnium contra omnes*, dove indagini, processi e soprattutto condanne a morte coinvolsero resistenti comunisti e nazionalisti, come anche ex collaborazionisti, di volta in volta ricoprenti i ruoli di indagatori e indagati a seconda delle circostanze.

Affrontare la spinosa questione del collaborazionismo non fu semplice. Le domande alle quali i giudici di tutta Europa dovevano rispondere erano, in sostanza:

– Cosa era stata la collaborazione?
– Quando iniziò e quando finì?
– Di cosa era colpevole la collaborazione?
– Che tipo di pene si dovevano indicare per la collaborazione?
– Come ci si doveva comportare con le migliaia di traditori?

In linea generale, passò la tesi del tradimento della patria, anche se in molti casi avrebbe comportato di fatto la condanna a morte. La difesa dei collaborazionisti giocò soprattutto su due strategie: da un lato, nella speranza di una rottura del fronte antifascista internazionale, ribadire la convinta scelta anticomunista che li aveva portati a schierarsi con il «male minore» (l'occupazione nazifascista) rispetto alla possibile vittoria delle forze comuniste in patria e, quindi, alla paventata estensione del dominio

72. W. Laqueur, *Europe since Hitler: The Rebirth of Europe*, R.R. Donnelley & Sons Co., Harrisonburg 1982, p. 34.
73. Lowe, *Il continente selvaggio*, p. 171.
74. Mazower, *Dark Continent*, p. 235.

sovietico sul paese. Confidando nell'ormai imminente guerra fredda, gli ex collaboratori dell'Asse erano quindi pronti a mettersi a disposizione del nuovo "male minore" rispetto al comunismo, ossia il sistema occidentale ispirato dalla dottrina liberaldemocratica. La seconda linea difensiva, molto adottata in Occidente ma presente anche in alcuni paesi orientali, fu quella che alcuni storici americani definiscono la *Sword and Shield Theory*,[75] ovvero la tesi secondo la quale i vari *quisling* si fossero ritenuti uno «scudo» contro le misure draconiane previste dal sistema di occupazione nazista, in attesa che la «spada» della resistenza nazionalista e filo occidentale potesse compiere il giusto riscatto patriottico accanto agli Alleati. Queste tesi furono presenti nei principali "processi eccellenti", come quelli a Pétain, Quisling, Nedić, Tiso. L'olandese Mussert giunse a giustificare il suo convinto collaborazionismo con la difesa dell'impero coloniale in Indonesia, che a sua detta tentò di salvaguardare dalle bramosie giapponesi attraverso i buoni uffici tedeschi.[76] La *Sword and Shield Theory* non si sarebbe limitata alle aule dei tribunali, e si trasformò ben presto nell'architrave dell'agiografia neofascista, a cominciare dalla memorialistica di Salò.[77]

I collaborazionisti economici si mossero su un terreno simile, affermando che il blocco delle linee produttive (richiesto dalle Resistenze) avrebbe comportato l'impoverimento o la carestia della popolazione e il trasferimento dei lavoratori in Germania: «Collaborando invece con i tedeschi, avevano impedito al loro paese di incorrere in un destino ancora peggiore».[78]

Vi fu chi contestò leggi contro il collaborazionismo applicate con criteri retroattivi; chi domandò come si potesse far coincidere il "trionfo della democrazia" con la proibizione di ricostituire i partiti d'estrema destra. Soprattutto venne evocata la questione della collaborazione d'opportunità e quella di continuità:[79] ovvero di chi – funzionario, impiegato, dipendente pubblico – stava seguendo le istruzioni del suo governo, che a torto o a

75. I. Deak, J.T. Gross, T. Judt, *The Politics of Retribution in Europe: World War II and Its Aftermath*, Princeton University Press, Princeton 2000, p. 111.

76. Dalle memorie di Mussert dal carcere, in D. Eisenberg, *L'internazionale nera. Fascisti e nazisti oggi nel mondo*, Sugar, Milano 1964, p. 281.

77. Si veda P. Pisenti, *Una Repubblica necessaria*, Volpe, Roma 1977.

78. Lowe, *Il continente selvaggio*, p. 173.

79. Su una possibile tipologia del vario collaborazionismo europeo ci si permette di segnalare: M. Cuzzi, *«Traditori patriottici». Le collaborazioni durante la Seconda guerra mondiale*, in «Italia contemporanea», 252-253 (2008), pp. 567-580.

ragione considerava legittimo, individuando nelle autorità *quisling* un mero ente amministrativo de-ideologizzato, erogatore di uno stipendio e di un posto sicuro in tempi difficili. Si poteva paragonare dunque il postino di un villaggio sotto Vichy alle spietate milizie di Darnand? Un guardaboschi della Slavonia a un membro della sanguinaria Legione nera ustascia? Un insegnante elementare di Liegi a un ufficiale delle temibili Waffen SS valloni?

Queste linee difensive non diedero particolari risultati, almeno in sede dibattimentale, e si procedette con celerità con le sentenze. Ampi settori della funzione pubblica furono epurati. Lowe riporta il caso francese, dove nel giro di un anno dalla Liberazione un agente di polizia su otto e un dirigente su cinque erano stati sospesi, perché accusati di collaborazionismo; dati simili si registrarono in Norvegia e Danimarca.[80] Furono soprattutto colpiti *quisling* militari e politici, informatori dei tedeschi, chi lavorava a vario titolo nei media (sia per l'estesa documentazione a loro carico disponibile, sia perché le loro punizioni sarebbero state esemplari).[81]

Tuttavia, sussisteva l'annoso problema di quella collaborazione economica che aveva visto una buona parte delle classi industriali e commerciali coinvolte a vario titolo nel sistema d'occupazione nazista. L'applicazione delle sanzioni previste dai vari codici avrebbe significato, di fatto, la decapitazione dell'intero comparto produttivo di nazioni che smaniavano per uscire dall'emergenza. Il ministro degli Interni belga Vermeylen affermò che la sete di giustizia non doveva impedire la ricostruzione nazionale.[82] Il caso belga è emblematico: in questo paese venne raggiunto un compromesso. Poiché il codice penale (ispirato alla precedente occupazione del 1914-18) parlava di collaborazione anche nel caso di sostegno industriale all'occupante, questo venne modificato ed essa fu limitata alle attività politiche e militari collegate al nemico, o alla fornitura di armi e munizioni, oppure a ogni iniziativa che avesse aiutato le unità collaborazioniste e in generale la repressione tedesca.[83] In Belgio solo il 2% delle 110 indagini per collaborazionismo economico si trasformò in rinvii a giudizio.[84]

Anche la Francia dovette affrontare tematiche simili. Qui si introdusse una nuova pena, la «degradazione nazionale» (*Dégradation nationale*, 26 agosto 1944), che fece perdere i diritti civili e politici agli imputati: elezioni,

80. Lowe, *Il continente selvaggio*, p. 162.
81. Ivi, p. 172.
82. Vermeylen, *The Punishment of Collaborators*, p. 73.
83. Ivi, pp. 75-76.
84. Lowe, *Il continente selvaggio*, p. 174.

insegnamento, servizio militare, esercizi professionali, patrocini legali, impieghi in uffici pubblici e in industrie strategiche.[85] I colpiti furono 49.723, tra donne e uomini,[86] coinvolgendo quella parte del sistema economico inserito direttamente nell'amministrazione militare tedesca. I condannati a varie pene detentive furono oltre 45.000.[87] Negli altri paesi occidentali, vennero di fatto applicati criteri analoghi: in Olanda i condannati a pene per lo più superiori a tre anni furono 96.000;[88] in Belgio si ebbero 48.000 condanne (con 2.340 ergastoli);[89] in Norvegia ci furono 18.000 carcerati e 28.000 persone private dei diritti civili; in Danimarca i condannati ammontarono a 3.600. In Italia le Corti straordinarie d'Assise distribuite in ogni provincia registrarono circa 21.545 rinvii a giudizio, dei quali 5.928 casi si risolsero in varie condanne comminate tra il 1945 e il 1947:[90] secondo Woller, in nessun paese – con la sola eccezione forse della Francia – furono eseguiti tanti processi in così poco tempo.[91] Tuttavia, Dondi confronta le percentuali di sentenze italiane e francesi: in Italia il 27,6% dei rinvii a giudizio si trasformò in condanne; in Francia, i condannati salirono all'84%.[92] Inoltre, ricorda Filippo Focardi, si deve tenere presente che la base giuridico-legislativa sulla quale si delinearono le condanne in Italia fu il codice penale ordinario e non quello militare, dando agli imputati ampie possibilità di cavarsela.[93]

Infine, si ebbero le sentenze capitali. Nonostante quasi tutti i paesi coinvolti nell'occupazione nazista (ad eccezione della Francia, dell'Italia pre-costituzionale e in parte del Belgio) non prevedessero nei loro codici la pena di morte,[94] si ebbero un certo numero di esecuzioni di collaborazionisti colpevoli di reati «particolarmente efferati» (secondo la nota e controversa espressione adottata dal governo italiano) e di conclamato alto tradimento.

85. Dank, *The French against the French*, p. 320.

86. Judt, *Postwar*, p. 46.

87. Lowe, *Il continente selvaggio*, p. 169.

88. Laqueur, *Europe since Hitler*, p. 34.

89. Lowe, *Il continente selvaggio*, p. 169.

90. M. Dondi, *La lunga liberazione. Giustizia e violenza nel dopoguerra italiano*, Editori Riuniti, Roma 1999, p. 48.

91. Woller, *I conti con il fascismo*, p. 419.

92. Dondi, *La lunga liberazione*, p. 48.

93. F. Focardi, *La questione dei processi ai criminali di guerra tedeschi in Italia: fra punizione frenata, insabbiamento di Stato, giustizia tardiva (1943-2005)*, www.storicamente.org (ultimo accesso aprile 2017).

94. L'Olanda l'aveva abolita nel 1854, la Norvegia nel 1905, la Danimarca nel 1930. Il Belgio la prevedeva solo in caso di omicidio e alto tradimento.

Elenchiamo di seguito i dati relativi alle condanne a morte effettivamente eseguite, secondo le fonti giornalistiche e governative. Emergono percentuali più alte nei paesi dove le punizioni extralegali furono ridotte, e percentuali più basse laddove il numero dei giustiziati in modo più o meno sommario nei primi giorni delle liberazioni era stato più significativo:

Norvegia	30 condanne delle quali 25 eseguite (83,3%);[95]
Austria	53 condanne delle quali 30 eseguite (53,6%);[96]
Danimarca	112 condanne delle quali 46 eseguite (41%);[97]
Olanda	138-140 condanne delle quali 36-40 eseguite (28,6%);[98]
Italia	500-550 condanne delle quali 91 eseguite (16,3%);[99]
Francia	6.763 condanne delle quali 767 eseguite (11,3%);[100]
Belgio	4.170 condanne delle quali 230-242 eseguite (5,8%).[101]

Tra i fucilati o gli impiccati eccellenti, vi furono i principali esponenti dei sistemi collaborazionisti, dal francese Laval al norvegese Quisling, dall'olandese Mussert al danese Clausen (morto d'infarto prima della sentenza), fino ad alcuni esponenti della Repubblica sociale italiana: l'Alta Corte di Giustizia avrebbe inflitto ai maggiori responsabili fascisti non giudicati dalle Corti d'Assise 4 condanne a morte, 6 ergastoli, 3 condanne a 30 anni e altre a pene minori, per un totale di 16 processi a 99 imputati.[102] Pétain, l'uomo simbolo insieme a Quisling del collaborazionismo, data la veneranda età, vide la sua pena commutata in ergastolo. Anche a Est si

95. Littlejohn, *The Patriotic Traitors*, p. 48.

96. Lowe, *Il continente selvaggio*, p. 171.

97. Littlejohn, *The Patriotic Traitors*, p. 82.

98. Ivi, p. 111. Da notare che in questo caso un giudice disse al corrispondente del «New York Times» che, a suo parere, avrebbero dovuto essere condannati a morte non meno di 18.000 olandesi collaborazionisti (D. Anderson, *Dutch Traitors Dies for Helping Nazis*, in «New York Times», 17 marzo 1946).

99. Dondi, *La lunga liberazione*, p. 48. Il dato, basato su un rapporto del guardasigilli a De Gasperi del gennaio 1953, è contestato da Woller, per il quale si basa su un numero di condanne a morte (259) troppo basso. A parere dello storico tedesco, le esecuzioni non furono più di 60-80 (Woller, *I conti con il fascismo*, pp. 434-435 e 419).

100. Ph. Burrin, *France under the Germans: Collaboration and Compromise*, The New Press, New York 1996, p. 459. Il dato tuttavia è controverso. Burrin si basa sui documenti ufficiali del governo francese.

101. Littlejohn, *The Patriotic Traitors*, p. 182.

102. Focardi, *La questione dei processi ai criminali di guerra tedeschi in Italia.*

tennero clamorosi processi pubblici contro gli esponenti collaborazionisti, che videro l'esecuzione di leader di primo piano (come lo sloveno Rupnik, l'ungherese Szálasi, lo slovacco Tiso, il serbo Nedić, misteriosamente suicidatosi in carcere a Belgrado nel 1946), durante i quali i nuovi governi in via di formazione cercarono di accomunare le attività collaborazioniste degli imputati con veri o presunti complotti anticomunisti dei governi "borghesi" prebellici, ormai sulla via dell'esilio permanente. Più complesso è il dato delle condanne a morte nelle nazioni controllate dai sovietici, a causa dello stato attuale delle ricerche ma anche dall'allargamento più volte citato del bacino degli imputati. Lowe riporta alcune cifre; in Cecoslovacchia i tribunali pronunciarono 723 condanne a morte, delle quali 686 eseguite subito dopo la sentenza: si trattava della percentuale più alta di esecuzioni rispetto alle condanne; in Bulgaria si ebbero 1.500 sentenze capitali eseguite, anche se in questo caso è da tenere presente la "risistemazione" etnico-sociale applicata dal nuovo regime comunista, che coinvolse numerosi non collaborazionisti se non persino sinceri resistenti.[103]

L'altro problema fu quello della rappacificazione nazionale. In Occidente il clima di guerra fredda ormai dominante, la volontà di evitare un eccessivo coinvolgimento dei vari partiti comunisti e filosovietici nella gestione politica dei paesi, la già citata esigenza di reinserire quella parte produttiva e amministrativa della collaborazione nella vita nazionale in fase di ricostruzione comportarono di fatto che già pochi anni dopo la guerra si giunse ad ampie amnistie (Italia, 1946; Austria, 1948; Belgio, 1950; Olanda, 1957). In Francia nel 1950 le «degradazioni nazionali» erano state condonate nella maggioranza dei 50.000 casi;[104] nel 1954 su 45.000 condannati ne restavano in carcere circa un migliaio.[105] In Italia si ebbero decurtazioni di pena, imposte soprattutto dai partiti moderati, sino all'amnistia proposta dal nuovo sovrano Umberto II nel maggio 1946 e applicata dal guardasigilli Togliatti, con la sola esclusione dal dispositivo, oltre che di «persone rivestite di elevate funzioni di direzione civile, politica o di comando militare», anche di coloro che avevano compiuto «fatti di strage, sevizie particolarmente efferate, omicidio o saccheggio».[106] Si aprì

103. Lowe, *Il continente selvaggio*, pp. 170-171.

104. Ivi, p. 169.

105. Judt, *Postwar*, p. 46.

106. P. Togliatti, *Relazione al decreto presidenziale, 22 giugno 1946, n. 4*, Lex, Roma 1946.

così una questione giuridica di non facile risoluzione, con quell'avverbio («particolarmente») e quell'aggettivo («efferate») che si prestavano a varie e soggettive interpretazioni. Alla fine del 1952 su 5.594 condannati (dei quali 334 erano latitanti), solo 266 restavano in carcere, e avrebbero ben presto goduto di ulteriori concessioni di grazia.[107]

Tuttavia, soprattutto in Francia e in Italia, alla condivisa decisione di promulgare amnistie si aggiunse una certa tendenza assolutoria, soprattutto nei superiori gradi di giudizio che, nel caso italiano in modo particolare, comportarono l'annullamento di buona parte delle sentenze di primo grado, a causa dei trascorsi non sempre cristallini dello stesso personale giudicante:

> Così molti collaborazionisti finiti in tribunale in Italia si trovarono nell'assurda situazione di essere processati da uomini che erano almeno altrettanto colpevoli di loro. Le sentenze, quando non furono prosciolti, furono scandalosamente benevole: i giudici semplicemente non potevano applicare sanzioni contro altri funzionari pubblici senza mettere in discussione anche il loro ruolo.[108]

Ora per benevolenza di giudici compiacenti, ora per esplicita e convinta volontà dei governi, tra la metà e la fine degli anni Cinquanta la questione del collaborazionismo era superata in nome dell'interesse della nazione e della sua unità politica: anzi, essa venne quasi del tutto obliata. Il "mito" della sola colpevolezza tedesca si impose quasi ovunque:

> se dimenticare i misfatti e il collaborazionismo del periodo di guerra permetteva all'Europa di andare avanti e forgiare un futuro migliore, non era meglio così? Ma purtroppo ci sono stati alcuni rilevanti effetti collaterali di questa particolare medicina. I tentativi di riabilitare la destra politica nell'Europa occidentale non sono serviti solo a dare una imbiancatura sul passato: in certi casi hanno permesso agli estremisti di destra di rappresentarsi, assurdamente, come la parte offesa.[109]

Pertanto, negli anni Cinquanta e Sessanta sarebbero fiorite un'ampia memorialistica e una contro-storia collegate a partiti e associazioni nostalgiche, soprattutto in Francia, Belgio, Italia e nella vasta emigrazione dall'Est, concentrata in modo particolare nella Germania federale, che au-

107. Dondi, *La lunga liberazione*, p. 69.
108. Lowe, *Il continente selvaggio*, p. 168.
109. Ivi, p. 176.

mentò a dismisura le vittime delle punizioni del 1945-46 (dai 105.000 morti in Francia ai 300.000 italiani);[110] di contro, i caduti partigiani venivano ridimensionati nel numero, trasformando i carnefici di ieri nelle vere uniche vittime di una guerra fratricida. Dietro concetti quali «memoria condivisa» e «rappacificazione nazionale» si celava e si cela talvolta un inquietante desiderio di rivincita, un tardivo riscatto. Una vendetta per lo meno di ordine politico e morale.

Un destino diverso: la fuga

In ogni caso, all'appello sarebbero mancati numerosi nomi famosi, dal belga Degrelle al croato Pavelić. Si apre così il terzo capitolo del destino dei collaborazionisti, la *fuga*. Anzitutto, i collaborazionisti di tutta Europa potettero utilizzare reti *ad hoc* istituite dai reduci del Terzo Reich. Die Spinne («Il Ragno») venne creata nel 1948 da Wilhelm Höttl, un ex ufficiale del Sicherheitsdienst delle SS che aveva prestato servizio in Ungheria durante l'ultima fase del conflitto, cooperando con le Croci frecciate. L'organizzazione avrebbe operato per lo più in Austria, e si sarebbe occupata del reinserimento nella vita politica degli ex nazisti. Tuttavia, come si vedrà in seguito, Höttl avrebbe ricoperto un ruolo anche nello smistamento dei collaborazionisti in fuga. La Brüderschaft («Fratellanza») nacque invece nel 1949 nella zona di occupazione britannica della Germania attorno a ex ufficiali della divisione SS Großdeutschland e all'ex generale Heinz Guderian: dal 1950, secondo i rapporti dell'*intelligence* statunitense, l'organizzazione iniziò a intessere rapporti con i movimenti neofascisti e con le organizzazioni clandestine di ex collaborazionisti di diversi paesi d'Europa.[111] Infine, vi fu la celebre Odessa (Organisation der Ehemaligen SS-Angehörigen, «Organizzazione degli ex membri delle SS»), creata da Otto Skorzeny, studiata a fondo da Simon Wiesenthal, e nata per organizzare l'evacuazione dei nazisti e dei loro collaboratori. Presente in Italia, Spagna, Svezia, Svizzera ed Egitto, la Odessa avrebbe ricoperto fino almeno al 1961 un ruolo centrale non solo nell'accurata preparazione delle fughe dei collaborazionisti (ad esempio, il belga Degrelle), ma anche nell'organizza-

110. Ivi, p. 177.

111. R. Breitman, N.J.W. Goda, *Hitler's Shadow. Nazi War Criminals, U.S. Intelligence and the Cold War*, National Archives and Records Administration, Washington (DC), 2010, p. 57.

zione di nuovi appuntamenti internazionali neofascisti (come la cosiddetta Internazionale del Malmö del 1951).[112]

In Italia operava in clandestinità Walter Rauff, già comandante delle forze di polizia, delle SS e della Gestapo durante Salò (la sua principale sede era stata il famigerato Hotel Regina di Milano), che dopo una permanenza nel capoluogo lombardo, fino al 1949 secondo alcune fonti,[113] si era trasferito nei pressi di Roma dove, nella fattoria Castel Solaro, sulla collina del Ronchetto, incontrava fuggiaschi di ogni tipo.[114] Inoltre, un ruolo decisivo fu ricoperto da autorità vaticane. Hanno scritto Adriano e Cingolani:

> Dal canto suo, il Vaticano non fece mancare il proprio sostegno ai fuggiaschi nazisti, fascisti, ustascia e agli ex collaborazionisti dei Paesi dell'Asse e dei paesi dell'Est. I vertici della Chiesa cattolica erano convinti che il blocco comunista sarebbe quanto prima entrato in guerra contro il blocco capitalista per impadronirsi del mondo. La salvaguardia della civiltà occidentale e dei valori cristiani e la riconquista dei paesi dell'Est caduti sotto il dominio bolscevico avrebbero richiesto un enorme sforzo bellico. In questa prospettiva, tutti coloro che erano pronti a battersi contro il comunismo costituivano, qualunque fosse il loro passato, un patrimonio che andava preservato ad ogni costo.[115]

La via di fuga poteva contare su luoghi di sosta e di protezione. Questa linea di "stazioni di posta" clandestine era sovente rappresentata da istituti ed edifici di vari ordini religiosi, organizzazioni di solidarietà e di assistenza verso gli emigrati, ora gestiti da singoli prelati (il più delle volte appartenenti alle nazionalità dei "fratelli" in fuga), ora collegati con le più alte autorità vaticane. La via di fuga venne chiamata *Klosterweg* dai tedeschi, *Put Samostana* da croati, *Monastry Road* dagli Alleati e *Strada dei conventi* dagli investigatori italiani.[116] In sostanza buona parte di tali percorsi aveva come prima meta intermedia l'Italia, soprattutto le città di Milano, Venezia, Genova e Roma. Tra i principali organizzatori della via di fuga, monsignor Krunoslav Draganović, un prelato croato già collaboratore dell'arcivescovo di Zagabria Stepinac, e il vescovo austriaco Alois Hu-

112. A. Del Boca, M. Giovana, *I "figli del sole". Mezzo secolo di nazifascismo nel mondo*, Feltrinelli, Milano 1965, pp. 125-128.

113. J. Bogatsvo, *I nazisti dopo il nazismo. Dove sono, cosa fanno oggi gli ex gerarchi nazisti*, De Vecchi, Milano 1972, p. 18.

114. P. Adriano, G. Cingolani, *La via dei conventi. Ante Pavelić e il terrorismo ustascia dal fascismo alla Guerra fredda*, Mursia, Milano 2011, pp. 361-362.

115. Ivi, pp. 350-351.

116. Ivi, p. 362.

dal.[117] Tra i principali centri di raccolta e di transito, vi era a Roma l'Istituto San Girolamo degli Illirici, la Chiesa di San Paolo alla Regola di piazza Farnese, il Collegio Antonianum in via Merulana, il Convento Salvatoriano di via della Conciliazione, quello dei Padri Pallottini in via dei Pettinari e il Collegio Germanico in via della Pace, nei quali transitarono diversi esponenti di primo piano dell'ex Stato collaborazionista di Pavelić.

La questione è senza dubbio complessa. Il concetto di carità, esercitata soprattutto dal clero minore e dai parroci locali, non deve per forza essere associato a correità con la collaborazione, allo stesso modo come la stessa, applicata ai partigiani, non dovrebbe essere definita attività resistenziale; inoltre, si deve compiere una distinzione, forse ovvia ma necessaria, tra il mondo cattolico, in parte esente da responsabilità e semmai attestato su una netta opzione occidentale, e alcune strutture ecclesiastiche tradizionaliste e ultra conservatrici. Inoltre, si tenga conto che il numero delle vittime delle "risistemazioni territoriali" e degli "scambi di popolazione", ovvero degli esuli e degli espulsi dalle zone sotto il controllo sovietico era impressionante: circa 12 milioni di *Volksdeutsche* provenienti da Polonia, Cecoslovacchia, Ungheria, Romania e Jugoslavia, ai quali si aggiungevano 2 milioni di polacchi, 700.000 ucraini, migliaia di ungheresi e slovacchi.[118] All'interno di questa enorme massa, vi erano in gran parte donne e uomini privi di responsabilità, colpevoli soltanto di appartenere ad altre nazionalità, oppure a classi sociali ritenute nemiche dei nuovi Stati socialisti in via di edificazione.

Tuttavia, all'interno di questa biblica migrazione forzata, si registravano numerosi collaborazionisti, responsabili in prima persona del passato sistema d'occupazione. Un ruolo determinante nella gestione di questi flussi fu condotto dalla Pontificia commissione di assistenza (Pca), che gestì una rete di soccorso articolata in Italia in una trentina di campi profughi sparsi lungo tutta la penisola, raccogliendo soprattutto fuoriusciti dalla Jugoslavia, Ungheria, Cecoslovacchia, Romania.[119] Tra le tante comunità, la più cospicua era quella croata (12.000 circa), dentro la quale numerosi erano gli ex ustascia.[120] Anche i serbi, legati all'esperienza cetnica di Mihailović

117. *Ibidem*.

118. P. Audenino, *La casa perduta. La memoria dei profughi nell'Europa del Novecento*, Carocci, Roma 2015, pp. 162 sgg.

119. U. Goñi, *Operazione Odessa. La fuga dei gerarchi nazisti verso l'Argentina di Perón*, Garzanti, Milano 2012, pp. 136-137.

120. Adriano, Cingolani, *La via dei conventi*, p. 365.

e al collaborazionismo di Nedić e Ljotić, erano piuttosto cospicui e facevano riferimento al generale Damjanović e soprattutto all'ex *vojvoda* cetnico Dobroslav Jevdjević, che mantenne rapporti con i servizi segreti italiani.[121] Nel complesso, circa 60.000 jugoslavi erano presenti in Italia.[122]

In una prima fase (1945-1948) molti di questi tentarono di alimentare la Resistenza anticomunista in Jugoslavia, soprattutto prendendo contatti con i nuclei cetnici sopravvissuti a Višegrad, Priština e Mitrovica, con ex collaborazionisti del Partito indipendentista montenegrino, e soprattutto con i gruppi clandestini dei *Križari* («Crociati») di derivazione ustascia e operanti in Croazia e in Bosnia-Erzegovina. Questi gruppi potevano contare soprattutto sull'appoggio del clero locale (ortodosso e cattolico, in taluni casi musulmano); ma nel 1948 si riscontrano collegamenti tra alcuni esponenti del movimento clandestino croato e i servizi del Dipartimento di Stato statunitense, del Foreign Office britannico e della Segreteria di Stato vaticana.[123] Tuttavia, i tentativi insurrezionali fallirono e nell'estate di quell'anno si può considerare conclusa anche questa esperienza.

La presenza in Italia, appoggiata da taluni ambienti ecclesiastici, controllata con discreta benevolenza dalle autorità nazionali e alleate, rappresentò solo una tappa, anche se si ebbero casi di ex collaborazionisti che la trasformarono in meta finale: l'ex esponente francese Marcel Déat, condannato a morte in contumacia, avrebbe utilizzato la «via dei conventi» solo per una breve tratta, riparando in un istituto di suore di Torino, le quali lo accolsero fino alla sua morte avvenuta nel 1955.[124]

La via di fuga, che coinvolse collaborazionisti jugoslavi, belgi, francesi, rumeni, ucraini e baltici, prevedeva una seconda sosta nella Spagna di Franco e infine il Sudamerica. L'Argentina rappresentò in questo senso il principale approdo finale dell'emigrazione collaborazionista. Il governo prima del Grupo de Oficiales Unidos di Pedro Ramírez e poi di Edelmiro Farrell (1943-1946) aveva intessuto proficui rapporti con la Germania nazista. Si trattava di una rete impostata a opera di Juan Carlos Goyeneche, un nazionalista cattolico argentino-uruguagio, figlio dell'ex sindaco di Buenos Aires e legato al futuro dittatore Juan Domingo Perón che da

121. Ivi, p. 382.
122. Ivi, p. 369.
123. Goñi, *Operazione Odessa*, p. 276.
124. *La police italienne confirme la mort de Marcel Déat*, in «Le Monde», 1° aprile 1955.

sempre si era dichiarato ammiratore dei fascismi europei. Goyeneche fu inviato in Europa nella primavera del 1942 dove ebbe incontri con Franco e Himmler, oltre che con alte personalità vaticane. Il tema degli incontri fu la possibilità che l'Argentina si ponesse come mediatrice tra gli schieramenti e al contempo luogo di riparo e protezione per i futuri eventuali sconfitti.[125] La strategia cambiò in modo opportunistico quasi fuori tempo massimo, con la dichiarazione di guerra dell'Argentina alla Germania del 27 marzo 1945.

La fine del conflitto coincise con l'ascesa al potere di Perón (elezioni del 24 febbraio 1946): il nuovo regime iniziò ad accogliere nazisti e loro collaborazionisti in maniera sempre più massiccia.[126] Attraverso la Spagna venne creato un ponte che accolse numerosi esponenti e militanti della collaborazione europea: i francesi potevano contare sull'ex collaborazionista Charles Lesca, fuggito da Parigi durante l'insurrezione di agosto 1944 e rifugiatosi a Madrid e poi in Argentina;[127] un altro francese fu Georges Guilbaud, ex comunista divenuto ufficiale della Milice, anch'egli riparato in Argentina; i belgi facevano affidamento su René Lagrou, Pierre Daye e soprattutto Leon Degrelle; i rumeni sull'ex ambasciatore del governo di Bucarest a Madrid, Radu Ghenea;[128] gli ungheresi sul frate francescano Lajos Dömöter, già cappellano dell'esercito di Horthy, che dalla sua sede di Genova pare avesse avuto un ruolo anche nella fuga di Eichmann.[129] L'italo-croato Gino Monti di Valsassina, fuggito da Milano nell'aprile 1945, lavorò per una triangolazione tra ustascia, nazisti tedeschi e fascisti italiani.[130] Un altro croato di questa sorta di "squadra di salvataggio" organizzata dal dittatore argentino fu Branko Benzon, ex ambasciatore ustascia a Berlino, mentre la Polonia in esilio era rappresentata dal nobile naturalizzato argentino Czeslaw Smolinski. Quanto agli italiani fuggiti dal crollo della Repubblica sociale, questi furono organizzati da Vittorio Mussolini, riparato in Argentina nel 1947.[131]

Dalle centrali spagnole, si creò un asse con Buenos Aires dove migliaia di ex *quisling* giunsero all'approdo finale. Tra essi, il nome più noto fu

125. Goñi, *Operazione Odessa*, pp. 36 sgg.
126. Del Boca, Giovana, *I "figli del sole"*, p. 128.
127. Goñi, *Operazione Odessa*, p. 113.
128. Adriano, Cingolani, *La via dei conventi*, p. 423.
129. Ivi, p. 435.
130. Goñi, *Operazione Odessa*, p. 154.
131. Ivi, p. 234.

quello di Ante Pavelić, che travestito da sacerdote fece un breve soggiorno in Tirolo e a Roma (dove, secondo i documenti dei servizi statunitensi consultati da Uki Goñi, pare fosse stato ospitato nella residenza papale di Castel Gandolfo). Giunto a Genova, protetto dall'extraterritorialità vaticana, raggiunse l'Argentina nell'ottobre 1948, in una cabina di prima classe di una motonave italiana.[132] Anche l'ex premier collaborazionista slovacco, Ferdinand Durkansky, insieme a suo fratello Jan, trovò ampie protezioni in edifici italiani di proprietà vaticana, prima di emigrare in Argentina attraverso le stesse reti.[133] Un ruolo importante lo ricoprì in questo senso l'organismo Pax Romana, un'associazione studentesca cattolica legata alla Pca con collegamenti in numerosi paesi europei, tra i quali la Polonia, l'Ungheria, la Cecoslovacchia e la Jugoslavia. Il 10 aprile 1946 il quotidiano comunista italiano «l'Unità» accusò la Pax Romana di «esportare criminali di guerra per Franco».[134] Il punto di collegamento oltreoceano di questa rete di *ratlines* sarebbe stata la Delegación Argentina de Inmigración en Europa (Daie), poi sostituita con la Società argentina per la ricezione degli europei, creata da Evita Perón. Le logiche della guerra fredda si sovrapponevano su antiche simpatie verso i movimenti collaborazionisti, soprattutto d'ispirazione cattolico-tradizionalista, come quelli croati, slovacchi, ungheresi. Il cardinale francese Eugène Tisserant, segretario della Congregazione orientale ed esperto di questioni sovietiche e del mondo comunista, parlava con chiarezza di un cordone sanitario di nazioni cattoliche che si sarebbe esplicitato nelle attività di un redivivo organismo, l'Intermarium, sorto all'indomani della prima guerra mondiale per arginare il bolscevismo:[135] un progetto che pare vedesse interessato anche lo stesso de Gaulle.[136] Anche l'Intermarium non disdegnò aiuti e sostegni ai *quisling* in fuga, e un ruolo all'interno di questa organizzazione sembra l'avesse la celebre spia doppiogichista britannica Kim Philby.[137]

Il complesso sistema di *ratlines* e le diffuse complicità dell'oltranzismo occidentale e vaticano non avrebbero comunque interrotto la caccia agli ex collaborazionisti da parte di organizzazioni come il Centro Wie-

132. Ivi, pp. 270 sgg.
133. A. Giannuli, *La Guerra dei Mondi. Le internazionali anticomuniste*, Nuova iniziativa editoriale, Roma 2005, vol. I, p. 59.
134. «L'Unità», 19 aprile 1946 (edizione romana).
135. Giannuli, *La Guerra dei Mondi*, pp. 51 sgg.
136. M. Aaron, J. Loftus, *Ratlines*, Newton Compton, Roma 1993, pp. 60-78.
137. Goñi, *Operazione Odessa*, p. 246.

senthal di Vienna,[138] i servizi segreti dell'Est Europa, il Mossad israeliano e, in una apparente contraddizione, anche gli uffici di *intelligence* alleati preposti a catturare i personaggi più compromessi (e quindi, in sostanza inutilizzabili). Tra i collaboratori più in vista, arrestati dopo inseguimenti degni delle più classiche *spy stories*, ci furono personaggi come Dinko Šakić, comandante del campo di sterminio ustascia di Jasenovac (scoperto nel suo rifugio in Argentina, e condannato dal tribunale di Zagabria a venti anni di carcere), il criminale di guerra estone Karl Linnas, che aveva partecipato alla soluzione finale nel suo paese (estradato dagli Stati Uniti e morto in carcere nel 1987 mentre era in attesa della fucilazione); i francesi Paul Touvier, Jean Leaguay e Maurice Papon (giudicati nel 1980); il lituano Herberts Cukurs (ucciso nel 1965 in Uruguay da un commando del Mossad); il croato Ante Pavelić (morto nel 1959 in seguito a un attentato organizzato dall'*intelligence* jugoslava).

L'auspicata alternativa: la nuova militanza e il reinserimento

Il tema della «Via dei conventi» è complesso e assai articolato, ed è stato affrontato in modo diffuso da diversi studi, basati su fonti d'archivio pressoché inedite, come quello dell'argentino Uki Goñi e degli italiani Pino Adriano e Giorgio Cingolani, ai quali si rimanda per maggior informazioni. Già da queste brevi annotazioni, tuttavia, emerge l'ultimo destino del collaborazionismo europeo: il *reimpiego* della militanza, stavolta orientata contro il nuovo nemico sovietico, ma anche – in termini ancora tutti da verificare – il *reinserimento* dei *quisling* nella vita politica e sociale dei singoli paesi, tanto in Occidente quanto nei paesi dell'Europa orientale.

Circa il primo aspetto, l'interesse delle autorità occidentali sarebbe stato soprattutto verso i disertori ex sovietici, concentrati in Austria al termine del conflitto e solo in parte consegnati a Stalin. Il controspionaggio della V Armata americana (430° distaccamento Cic), comandato dal maggiore James V. Milano, che sin da subito si era occupato della caccia agli ex nazisti, iniziò a occuparsi di creare *ratlines* per questi soldati, in buona parte provenienti dal Rok (l'Armata russa di liberazione) del generale Vlasov, tra le cui fila vi erano anche numerosi collaborazionisti di altri paesi dell'Europa orientale. Anche in questo caso, le *ratlines* alleate e le

138. Del Boca, Giovana, *I "figli del sole"*, p. 125. Wiesenthal, intervistato dagli autori, ricordava che definiva la via di fuga dei nazisti e dei loro collaboratori «Linea B.B.», ovvero «Brema-Bari» (ivi, p. 126).

«Vie dei conventi» vaticane avrebbero creato una sinergia, con l'impegno diretto del già citato monsignor Draganović.[139] Tuttavia, va rilevato anche un aspetto concorrenziale tra le iniziative vaticane e quelle statunitensi, con alcuni tentativi di strappare i collaborazionisti dal controllo di Oltretevere per inserirli in un'orbita più vicina a Washington.[140]

I collaborazionisti divennero un utile strumento offensivo, e i settori più oltranzisti del blocco occidentale ne avrebbero sfruttato le conoscenze del territorio, delle lingue, delle popolazioni, oppure le reti d'informazione o soltanto la disponibilità a proseguire la lotta militare anticomunista sotto la guida angloamericana e occidentale, come dimostra il caso italiano di Junio Valerio Borghese e della sua X Mas: il primo di fatto sottratto alla giustizia italiana dal tenente James J. Angleton dell'Oss;[141] la seconda che sin dal settembre 1944 era stata avvicinata da emissari della Regia Marina per mettersi a disposizione del nuovo governo come forza di resistenza nazionale all'imminente avanzata jugoslava sulla Venezia Giulia;[142] una sorta di primo nucleo per la futura struttura di *Stay behind*.[143]

L'impiego delle varie *intelligence* collaborazioniste passò attraverso centrali tedesche ora a disposizione degli Alleati: per esempio la rete del generale Reinhard Gehlen già responsabile dell'Abwehr per l'Europa dell'Est,[144] o quella di Wilhelm Höttl, uno dei creatori di Die Spinne, che misero a disposizione degli angloamericani le vaste liste d'informatori ucraini e baltici (Gehlen) e slovacchi, ungheresi, jugoslavi (Höttl). In certi casi l'utilizzo degli ex *quisling* passò dal livello di *intelligence* a quello più militare. Nei Balcani oltre alle già citate esperienze degli ultimi cetnici e dei *križari* jugoslavi, che ebbero rapporti con uffici del controspionaggio militare americani e inglesi, si potrebbe citare il caso greco, con l'ampio impiego da parte degli inglesi di ex collaborazionisti dei Battaglioni di Sicurezza di Rallis per stroncare la resistenza filosovietica dell'Eam-Elas. L'Organizzazione nazionalista ucraina (Oun) e l'Armata ribelle ucraina

139. Adriano, Cingolani, *La via dei conventi*, p. 446.

140. Giannuli, *La Guerra dei Mondi*, p. 61.

141. J. Greene, A. Massignani, *Il principe nero. Junio Valerio Borghese e la X Mas*, Mondadori, Milano 2008, pp. 202-203.

142. *Le memorie dell'ammiraglio de Courten (1943-1946)*, Ufficio Storico della Marina Militare, Roma 1993, pp. 548-555.

143. G. Cavalleri, *La Gladio del lago: il gruppo «Vega» fra Junio Valerio Borghese, RSI, servizi americani e l'Italia del dopoguerra*, Essezeta-Arterugere, Varese 2006, pp. 86 sgg.

144. Giannuli, *La Guerra dei Mondi*, p. 56.

(Upa) vennero parimenti impiegate dagli americani sino alla metà degli anni Cinquanta per azioni di vero e proprio *maquis* antisovietico, trasformandosi nella più vasta guerriglia contro Mosca presente in tutto l'Est europeo. Allo stesso modo furono allacciati rapporti con i movimenti e le unità militari dei vari nazionalismi baltici, che proseguirono la lotta antisovietica fino al 1954-58 in Lituania, Lettonia ed Estonia, all'interno dei quali, oltre a più genuini resistenti *bipartisan* (come i Fratelli della Foresta lituani, ad esempio),[145] riapparvero non pochi esponenti del collaborazionismo filo nazista. Pare che un dirigente del Kgb sovietico fosse giunto a far risalire le origini della guerra fredda a questo sostegno occidentale ai movimenti nazionalisti nel Baltico e in Ucraina:[146] affermazione esagerata, ma emblematica dell'attenzione con la quale da Mosca si seguivano queste vicende.

Tra il 1945 e il 1947 circa 250.000 ucraini abbandonarono il loro paese per rifugiarsi in Germania, Austria e Italia. Tra questi, numerosi erano i reduci dell'Oun e dell'Upa, seguaci di Stephan Bandera.[147] Costui venne avvicinato sia dalla Cia sia dall'MI6 britannico, che ne utilizzarono le reti informative clandestine in patria e la *leadership* tra gli esuli. La collaborazione tra i *banderisti* e gli occidentali proseguì fino al 1959, con contatti sia con il servizio segreto della Germania occidentale (Bnd, sotto il ferreo controllo dell'ex generale Gehlen), sia con l'italiano Sifar.[148] Il 15 ottobre 1959 un agente del Kgb uccise il leader ucraino in un attentato, decapitando così l'organizzazione, e la Cia utilizzò come suo successore l'altro leader dell'Oun, Mykola Lebed, un feroce antisemita definito dalla stessa *intelligence* statunitense «ben noto sadico e collaborazionista dei tedeschi», i cui servigi di spionaggio e propaganda sarebbero proseguiti fino alla metà degli anni Settanta.[149] Le attività degli ucraini non si limitarono soltanto a una diretta nuova collaborazione con il partner occidentale. Insieme ad altri movimenti anticomunisti presenti nei paesi del costituendo blocco sovietico, i seguaci di Bandera e Lebed avrebbero rilanciato l'Anti-Bolshevik Bloc of Nations sotto gli auspici dei governi occidentali, soprattutto britannico, e tale organizzazione politica e propagandistica non avrebbe

145. Lowe, *Il continente selvaggio*, p. 366.
146. Giannuli, *La Guerra dei Mondi*, p. 57.
147. Breitman, Goda, *Hitler's Shadow*, p. 76.
148. Ivi, p. 83.
149. Ivi, p. 86.

disdegnato il coinvolgimento di esponenti e militanti collaborazionisti bielorussi, baltici, croati, ungheresi, rumeni e albanesi.[150]

Nel complesso, le *intelligence* occidentali avrebbero impiegato su larga scala parte del collaborazionismo dell'Europa orientale, soprattutto dal punto di vista della propaganda, e non pochi sarebbero stati gli ex *quisling* che, soprattutto nella Germania Ovest, sarebbero entrati a far parte di organizzazioni di fuoriusciti dall'Unione Sovietica, Cecoslovacchia, Polonia, Ungheria, Romania, le quali avrebbero raggruppato almeno 200.000 cittadini provenienti da Est, Germania orientale compresa.[151]

Anche in Occidente, non pochi furono i casi di ex collaborazionisti che riuscirono a reintrodursi nella vita politica nazionale, soprattutto nella Francia della Quarta e Quinta repubblica (per esempio, Maurice Papon, ex segretario generale del dipartimento della Gironda sotto Vichy, organizzatore dei treni piombati per gli ebrei e dal 1958 al 1967 prefetto di polizia di Parigi), e in Belgio (si pensi a Robert de Foy, capo della collaborazionista Sûreté d'État e, dal 1945 al 1958, di nuovo a capo dello stesso organismo), cercando di oscurare il loro passato. Altri avrebbero fatto parte dei tentativi di ricostituzione di una sorta di "internazionale" neofascista, rimpolpandone i quadri dirigenti (del Movimento sociale europeo di Malmö, e del Nuovo ordine europeo di Zurigo, entrambi sorti nel 1951).[152] Le amnistie e il clima della guerra fredda tra gli anni Cinquanta e gli anni Sessanta avrebbero visto sorgere in tutta l'Europa occidentale numerosi partiti di estrema destra nei quali non pochi furono gli ex collaborazionisti che avrebbero così trovato una "seconda opportunità" mantenendo, nei fatti e nelle idee, una certa coerenza con le scelte compiute durante la guerra; altri riuscirono a inserirsi persino nelle compagini dei partiti democratici, in operazioni a metà tra il ripudio del passato, il mero opportunismo e l'astuto mimetismo.

Per quello che concerne i fuggiaschi più compromessi, e quindi in apparenza esclusi dal processo di reinserimento, costoro seppero riorganizzarsi in governi in esilio anticomunisti: era il caso del governo ustascia in Argentina, che sotto la guida dell'ex sottosegretario agli Interni Vjekoslav Vrančić organizzò attentati e azioni terroristiche contro la Jugoslavia socialista di Tito.[153] Collaborazionisti e nazionalisti serbi, croati,

150. Giannuli, *La Guerra dei Mondi*, p. 65.
151. G. Gaddi, *Neofascismo in Europa*, La Pietra, Milano 1974, pp. 156 sgg.
152. Ivi, pp. 188 sgg.
153. Goñi, *Operazione Odessa*, p. 264.

rumeni, ungheresi e slovacchi organizzarono centri politico-culturali in numerose località degli Stati Uniti, del Canada e dell'Australia. Sempre in Argentina nel 1948, su iniziativa del francese Lesca e del belga Daye si costituì, sotto gli auspici del governo Perón, un gruppo di espatriati europei (belgi, italiani, romeni, ungheresi, croati, insieme con agenti falangisti inviati da Madrid, come l'ex volontario della Divisione Azul Victor de la Serna) battezzatosi Terza Posizione: il gruppo sarebbe ben presto divenuto centro politico-culturale ma anche coordinamento dell'emigrazione politica nazi-collaborazionista proveniente dal Vecchio Continente. Con un ufficio alla Casa Rosada, messo a disposizione dal generoso Perón, Terza Posizione operò come la prima importante centrale del neofascismo internazionale in America Latina: lo avrebbe dimostrato la celebrazione di Oswald Mosley, in visita a Buenos Aires nel novembre 1950 e prossimo alla creazione dell'Internazionale di Malmö; i festeggiamenti videro tutta la dirigenza del gruppo di Daye in prima fila, accanto all'ex premier jugoslavo Milan Stojadinović e all'ultimo segretario del Partito nazionale fascista Carlo Scorza, editore in Argentina della rivista «Dinámica Social».[154]

Il «riutilizzo» e la «riclassificazione» del collaborazionismo non sarebbero stati tuttavia appannaggio del solo mondo occidentale. Anche nei paesi dell'Europa dell'Est, dopo la fase della giustizia – con le peculiarità dell'allargamento dei bacini d'indagine ben oltre i confini del collaborazionismo, come è stato detto – vi sarebbe stato un reinserimento di locali *quisling* nei nuovi regimi filo sovietici. Allo stato attuale delle informazioni disponibili, non si è in grado di conoscere con esattezza numeri o percentuali di tale flusso. La storiografia dei regimi comunisti prima, e quella post-comunista dopo non ci permettono di definire quasi nulla dell'esperienza collaborazionista dal dopoguerra ai tempi più recenti. Di certo, vi furono estesi fenomeni di mimetizzazione, camuffamento, trasformismo; per non parlare del nuovo impiego dei vecchi collaborazionisti – laddove le loro "qualità" di solerti inquisitori o informatori erano comprovate – nei nuovi regimi. E il riemergere di questi, o dei loro discendenti naturali o politici, una volta che il Muro era crollato. Nella già citata Casa del terrore di Budapest, in una sala è esposto un manichino vestito con una doppia uniforme: da un lato la nera divisa della milizia crocefrecciata, dall'altro l'uniforme kaki della polizia politica del nuovo regime comunista (la spietata Avh): il

154. Ivi, pp. 216 e 236.

manichino ruota su una pedana mobile, in un tentativo forse ingenuo ma efficace di suggerire trasformismi e reimpieghi dopo la guerra.

Lo storico americano Philip J. Cohen ha introdotto un tema suggestivo, che potrebbe risultare un'utile traccia di ricerca futura riguardo le vicende euro-orientali. In uno studio sull'esperienza cetnica, Cohen cita l'amnistia che Tito promulgò il 15 gennaio 1945 a favore dei seguaci di Mihailović e dei soldati regolari dell'esercito collaborazionista croato (escludendo quindi i dirigenti e i militanti nei movimenti fascisti come gli ustascia o i militi di Ljotić, oltre a chi si era macchiato di crimini efferati). Diverse centinaia, forse migliaia di ex combattenti nazionalisti serbi e croati entrarono così a fare parte dell'Esercito popolare jugoslavo. Secondo Cohen, attraverso l'incorporazione di questa compagine nazionalista, l'ideologia grande-serba (e grande-croata) si sarebbe radicata nel nuovo regime, mantenendo una continuità attraverso il nuovo veicolo del comunismo jugoslavo. Una tesi che spiegherebbe l'improvviso ritorno dei miti *serbisti* e *croatisti* nella recente dissoluzione del paese, e l'improvvisa ricomparsa di simboli e icone legate al collaborazionismo della seconda guerra mondiale.[155] Si introduce in tal modo un nuovo campo di ricerca, quello della compenetrazione tra ex *quisling* e nuovi regimi nell'Est del dopo Muro, sul quale – al di là delle strumentalizzazioni e delle forzature politiche – si rende necessario un supplemento d'indagine, nell'ottica dell'approccio globale del quale si è parlato all'inizio. In conclusione, può essere utile citare ancora Keith Lowe:

> Ultranazionalisti di Ungheria, di Croazia, di Ucraina o degli Stati Baltici – uomini che uccisero indiscriminatamente ebrei, comunisti e liberali sia durante sia dopo la guerra – vengono ora riabilitati come eroi nazionali. Questi sono tutt'altro che miti benigni: sono pericolose distorsioni della verità che invece ha bisogno di essere esposta così com'è.[156]

Conclusioni

«*Collaborare*. Un verbo modesto che designa un'attività umile: l'aiuto prestato agli altri per la realizzazione di un progetto». Con queste parole Pierre Sorlin introduce un breve ma fondamentale saggio sull'esperienza

155. P.J. Cohen, *La II Guerra mondiale ed i Cetnici contemporanei*, Radio Balkan, Trieste 1999, p. 30.

156. Lowe, *Il continente selvaggio*, p. 178.

del collaborazionismo.[157] Dietro questa modestia si cela in realtà, e Sorlin lo sottolinea, un complicato mondo solo in parte noto, esteso e inquietante. Un'"altra Europa" che tra il 1939 e il 1945 aveva a più riprese, e con approcci o motivazioni anche molto differenti, sostenuto il Nuovo Ordine dell'Asse. Liquidare l'esperienza significherebbe non rendere un buon servizio alla ricerca storica; sottovalutarne la portata numerica e consensuale, evitando ad esempio di confrontarne l'entità con quella delle varie Resistenze (che in alcuni casi, risultano inferiori nel numero),[158] potrebbe rappresentare un grave errore; non tenere conto a sufficienza del fenomeno carsico che si verificò in seguito alla sconfitta dei vari *quisling*, con le vie di fuga sostenute o per lo meno tollerate dagli Alleati e dal Vaticano, e con il reimpiego di parte di questi epigoni del Nuovo Ordine quali strumenti di guerra fredda tanto ad Ovest quanto a Est, sarebbe addirittura pericoloso.

Il Vecchio Continente, soprattutto i paesi dell'Est ma anche quelli occidentali, vive un rifiorire di antiche pulsioni nazionaliste e sciovinistе dietro le quali si stagliano le ombre dgli sconfitti di ieri, intesi in primo luogo come icone da evocare nel corso di insurrezioni, manifestazioni e proteste di ogni genere. Riprendere l'arma della ricerca per analizzare l'esperienza collaborazionista e la sua sopravvivenza, prima clandestina e poi alla luce del sole, significherebbe in ultima analisi ribadire l'omaggio sentito a chi, settant'anni or sono aveva combattuto per una libertà da riconquistare anche oggi e in futuro.

157. P. Sorlin, *Il collaborazionismo nell'Europa occupata dal nazismo*, in *Pagine di storia della Shoah. Nazifascismo e collaborazionismo in Europa*, a cura di A. Chiappano e F. Minazzi, Kaos Edizioni, Milano 2004, p. 189.

158. Il caso della Slovenia italiana, con nell'estate 1943 un numero di almeno quattro belogardisti filo-italiani appartenenti alla Milizia volontaria anticomunista per ogni partigiano originario dalle medesime zone, è significativo (ci si permette di citare M. Cuzzi, *L'occupazione italiana della Slovenia 1941-1943*, Ussme, Roma 1998). Inoltre, i numeri dei fascicoli aperti in Francia, Belgio, Olanda e negli altri paesi occupati dell'Europa occidentale – decine di migliaia – è altrettanto degna di riflessione.

Filippo Focardi

Memorie contese. Resistenza e seconda guerra mondiale nel dibattito pubblico italiano: un profilo dagli anni Ottanta a oggi*

La critica al "paradigma antifascista": revisionismi in azione nel crocevia degli anni Ottanta

Alla fine della seconda guerra mondiale anche in Italia, come negli altri paesi europei che avevano vissuto l'esperienza dell'occupazione nazista, fu costruita una nuova memoria pubblica nazionale sulla base di due pilastri fondamentali: da un lato attribuendo alla Germania e ai tedeschi la colpa pressoché esclusiva per le sofferenze e i crimini della guerra (con correlata rimozione delle responsabilità italiane nelle imprese dell'Asse), dall'altro esaltando il mito della Resistenza come lotta unitaria condivisa dall'intero popolo contro l'oppressore nazifascista (con relativo offuscamento del suo carattere aggiuntivo di guerra civile).[1] Per volere e iniziativa concordi di tutte le componenti del Comitato di Liberazione nazionale (Cln) che avevano guidato la riscossa contro la Germania e la Repubblica di Salò, l'antifascismo e la Resistenza erano così assurti a fonte di legittimazione del nuovo Stato democratico repubblicano e del sistema politico

* Presento qui una sintesi aggiornata del mio saggio *Il passato conteso. Transizione politica e guerra della memoria in Italia dalla crisi della prima Repubblica a oggi*, pubblicato in *L'Europa e le sue memorie. Politiche e culture del ricordo dopo il 1989*, a cura di F. Focardi e B. Groppo, Viella, Roma 2013, pp. 51-90.

1. Su questo comune, duplice, fondamento delle memorie elaborate nell'immediato dopoguerra sia in Europa occidentale sia in Europa centro-orientale cfr. T. Judt, *The Past is Another Country: Myth and Memory in Postwar Europe*, in *The Politics of Retribution in Europe World War II and Its Aftermath*, a cura di I. Deàk, J.T. Gross e T. Judt, Princeton University Press, Princeton 2000, pp. 295-298.

pluripartitico nati dopo il crollo del fascismo.[2] Negli anni del centrismo, le istanze anticomuniste fomentate dall'avvento della guerra fredda avevano rotto la cornice unitaria traducendosi – soprattutto durante la prima legislatura (1948-1953) – in attacchi alla memoria dell'antifascismo e della Resistenza sferrati non solo sul piano politico e culturale ma anche su quello giudiziario.[3] Pur contestata, tale memoria non era stata però scalzata e aveva finito per essere rilanciata con vigore negli anni Sessanta ad opera delle principali forze sociali e politiche di ispirazione liberaldemocratica, cattolica e marxista, trovando impulso nei governi di centro-sinistra basati sull'alleanza fra Dc e Psi.[4] Anche il decennio 1968-1978, sebbene segnato dall'energica contrapposizione – interna alla stessa sinistra – fra «Resistenza tricolore» e «Resistenza rossa»,[5] si era chiuso apparentemente all'insegna di un rafforzamento dell'egemonia della memoria pubblica antifascista, conseguenza dell'impegno unitario contro il terrorismo di opposta matrice politica promosso dai partiti dell'arco costituzionale in difesa della Repubblica «nata dalla Resistenza», culminato simbolicamente nel 1978 nell'elezione al Quirinale dell'ex partigiano socialista Sandro Pertini, dopo il trauma del rapimento e dell'assassinio di Aldo Moro.[6]

Negli anni Ottanta la tradizionale narrazione antifascista risultò tuttavia scossa in profondità. A ben vedere, sotto la patina delle celebrazioni istituzionali, a incrinarne le fondamenta avevano agito nel decennio precedente molti fattori. Sul piano politico-culturale, vi era stata, come accennato, la critica "interna" mossa alla memoria ufficiale della Resistenza dalle varie espressioni della sinistra rivoluzionaria arrivate a contestare la stessa Costituzione come frutto di un compromesso moderato fra i partiti del Cln. Né vanno trascurati gli effetti prodotti sull'opinione pubblica dal nesso emerso negli "anni di piombo" fra una certa cultura dell'antifascismo militante e il terrorismo di sinistra, il quale – come nel caso delle Brigate rosse

2. F. Focardi, *La guerra della memoria. La Resistenza nel dibattito politico italiano dal 1945 a oggi*, Laterza, Roma-Bari 2005, pp. 3-18.

3. Ivi, pp. 19-32.

4. Ivi, pp. 41-46. Ma si veda anche P. Cooke, *L'eredità della Resistenza. Storia, cultura, politiche dal dopoguerra a* oggi, Viella, Roma 2015 (ed. or. *The Legacy of the Italian Resistance*, Palgrave MacMillan, New York 2011), pp. 123-193.

5. Cfr. L. Ganapini, *Antifascismo tricolore e antifascismo di classe*, in «Problemi del Socialismo», 7 (1986), pp. 98-105; G. Santomassimo, *La memoria pubblica dell'antifascismo*, in Id., *Antifascismo e dintorni*, manifestolibri, Roma 2004, pp. 293-302.

6. Cfr. Focardi, *La guerra della memoria*, pp. 52-55.

– si era richiamato alla Resistenza quale mito rivoluzionario da mettere in pratica nel presente.[7] Andrea Rapini ha parlato di un «crack semantico» fra la «Nuova Resistenza» invocata dalla sinistra extraparlamentare e la «Nuova Resistenza» cui avevano fatto appello i partiti dell'arco costituzionale in nome della lotta al terrorismo.[8]

Conseguenze rilevanti sul piano culturale aveva avuto inoltre la diffusione nel dibattito pubblico, a partire dalla metà degli anni Settanta, della critica portata dallo storico Renzo De Felice al cosiddetto «paradigma antifascista», soprattutto sotto il profilo della contestazione dell'immagine di fondo di un popolo italiano oppresso dal fascismo, ostile e refrattario in blocco al regime di Mussolini, di cui De Felice aveva posto invece in evidenza le istanze modernizzatrici e la capacità di attivazione di un consenso plebiscitario.[9]

Si erano con ciò create numerose crepe nella «narrazione egemonica» antifascista, per altro incrinata negli stessi anni anche nel più vasto contesto europeo.[10] Furono tuttavia i mutamenti del quadro politico a innescare le ripercussioni più forti. Sul piano internazionale, la recrudescenza della guerra fredda, col riaccendersi della *confrontation* fra le grandi potenze e lo scontro sugli euromissili, aveva messo in difficoltà il Partito comunista italiano dopo le aperture al Patto atlantico negli anni della «solidarietà nazionale», rinfocolando l'anticomunismo fra le forze moderate, laiche e cattoliche. Sul piano interno era corrisposta una nuova coalizione di governo con la nascita nel 1981 del pentapartito – basato sull'alleanza fra la Democrazia cristiana e i partiti socialista, socialdemocratico, repubblicano e liberale – destinato a reggere il paese fino all'implosione del sistema nel 1992, confinando di nuovo stabilmente il Pci all'opposizione.

In questa cornice, due fattori in particolare avevano inciso sulla tenuta della memoria pubblica antifascista. Il primo era rappresentato dal manifestarsi della crisi della cosiddetta «Repubblica dei partiti», frutto di un sistema

7. Cfr. A. De Bernardi, *Discorso sull'antifascismo*, a cura di A. Rapini, Bruno Mondadori, Milano 2007, pp. 197-198; Cooke, *L'eredità della Resistenza*, pp. 207-216.

8. Cfr. A. Rapini, *Antifascismo e cittadinanza. Giovani, identità e memorie nell'Italia repubblicana*, Bononia University Press, Bologna 2005, p. 199.

9. Cfr. in particolare R. De Felice, *Mussolini il duce*, vol. I, *Gli anni del consenso, 1929-1936*, Einaudi, Torino 1974; Id., *Intervista sul fascismo*, a cura di M.A. Ledeen, Laterza, Roma-Bari 1975.

10. Cfr. G. Schwarz, *Tra resistenze e collaborazionismi. Considerazioni sul dibattito internazionale a settant'anni dalla Seconda guerra mondiale*, in «Qualestoria», 2 (2015), pp. 194-197.

bloccato, privo di alternative, caratterizzato agli occhi dei cittadini dalla diffusione di un clientelismo e di una corruzione pervasivi.[11] Quei partiti che si erano mobilitati con successo a difesa dello Stato, uniti dal comune retaggio antifascista, divennero oggetto di un discredito crescente. Mentre negli anni Sessanta e Settanta l'antifascismo era stato una matrice politico-culturale che aveva innervato le lotte per l'estensione dei diritti civili e sociali,[12] negli anni Ottanta esso poté apparire a larghi settori della società ridotto alla retorica celebrativa delle commemorazioni ufficiali, scaduto a fonte di legittimazione meramente rituale di un sistema politico logoro incapace di emendarsi.

Il secondo fattore in grado di imprimere una spinta decisiva al revisionismo della memoria fu rappresentato dall'azione svolta dal nuovo segretario socialista, Bettino Craxi, alla testa del partito dal 1976 e primo presidente del Consiglio socialista dal 1983 al 1987. La proposta del Psi di Craxi di una "grande riforma" istituzionale basata sull'introduzione di una Repubblica presidenziale[13] metteva in questione la Carta costituzionale elaborata dai partiti antifascisti e determinava un duro scontro con il Partito comunista, che storicamente aveva legato la propria legittimazione democratica alla difesa della Resistenza e dell'assetto istituzionale da essa generato attraverso la Costituzione. La più generale sfida politico-culturale lanciata dal Partito socialista al Pci per l'egemonia a sinistra finì per rendere ancora più accesi i termini di questa polemica. Da parte socialista non mancavano fondate ragioni per mettere sotto pressione la cultura comunista, il cui processo di rinnovamento risultava ostacolato dalla persistenza, in alcuni settori dell'apparato e della base, di vincoli con la tradizione del marxismo-leninismo e il modello sovietico. E tuttavia ciò finì per produrre effetti dirompenti sulla memoria della Resistenza che entrambi i partiti avevano fortemente contribuito a edificare e alla quale il presidente Pertini (al pari di molti altri militanti socialisti) manifestava appassionato attaccamento.[14] Non solo, infatti, si ruppe definitivamente quel fronte dei partiti eredi del Cln che negli anni Settanta aveva trovato compattezza come ba-

11. Cfr. P. Craveri, *La Repubblica dal 1958 al 1992*, Utet, Torino 1995, pp. 805 sgg.; A. Di Michele, *Storia dell'Italia repubblicana (1948-2008)*, Garzanti, Milano 2008, pp. 280 sgg. Per la definizione di "Repubblica dei partiti" cfr. P. Scoppola, *La Repubblica dei partiti. Profilo storico della democrazia in Italia 1945-1990*, il Mulino, Bologna 1991.

12. Cfr. Rapini, *Antifascismo e cittadinanza.*

13. Cfr. S. Colarizi, M. Gervasoni, *La cruna dell'ago. Craxi, il partito socialista e la crisi della Repubblica*, Laterza, Roma-Bari 2005.

14. Cfr. Cooke, *L'eredità della Resistenza*, pp. 225-233.

luardo della Repubblica minacciata dal terrorismo, ma per la prima volta da parte socialista furono utilizzati – e così fortemente legittimati – temi e argomenti analoghi a quelli da sempre coltivati dalla cosiddetta «memoria grigia» anti-antifascista del paese.[15]

Nel discorso pubblico ebbero larga circolazione spunti polemici nei confronti della memoria della Resistenza, tipici dell'offensiva antiresistenziale della prima guerra fredda, giocati prevalentemente in chiave anticomunista.[16] Al richiamo, di per sé ineccepibile, della necessità di distinguere fra antifascismo e democrazia (il comunismo in quanto antifascista non poteva definirsi per ciò stesso democratico), si accompagnarono reiterate critiche a noti episodi della Resistenza di cui erano stati protagonisti partigiani comunisti, come l'attentato di via Rasella a Roma cui era seguita per ritorsione la strage nazista delle Fosse Ardeatine, come l'uccisione a Firenze del filosofo Giovanni Gentile o l'eliminazione di partigiani di altro colore politico, a partire dal caso di Porzûs.[17] Alla violenza fascista furono contrapposte le stragi delle foibe perpetrate contro gli italiani dai comunisti di Tito[18] e le uccisioni di avversari politici e di classe considerati fascisti compiute per mano comunista dopo la Liberazione, soprattutto nel «triangolo della morte» emiliano.[19] Si

15. Cfr. R. Chiarini, *25 aprile. La competizione politica sulla memoria*, Marsilio, Venezia 2005. Sull'anti-antifascismo cfr. S. Lupo, *Antifascismo, anticomunismo e anti-antifascismo nell'Italia repubblicana*, in *Antifascismo e identità europea*, a cura di A. De Bernardi e P. Ferrari, Carocci, Roma 2004, pp. 365-378.

16. Cfr. Focardi, *La guerra della memoria*, pp. 57-59; N. Gallerano, *Critica e crisi del paradigma antifascista*, in «Problemi del Socialismo», 7 (1986), pp. 106-133.

17. Località del Friuli al confine con l'ex Jugoslavia, dove nel febbraio 1945 unità partigiane comuniste italiane eliminarono il comando della Brigata Osoppo, di matrice cattolica e azionista, che si opponeva ai progetti di annessione del Friuli e della Venezia Giulia coltivati dal movimento di resistenza comunista sloveno. Cfr. f.g. [G. Fogar], *Porzûs*, in *Dizionario della Resistenza*, a cura di E. Collotti, R. Sandri e F. Sessi, vol. II, *Luoghi, formazioni, protagonisti*, Einaudi, Torino 2001, pp. 122-123; *Porzûs. Violenza e Resistenza sul confine orientale*, a cura di T. Piffer, il Mulino, Bologna 2012.

18. Sul tema esiste una ricca bibliografia. Cfr. almeno R. Pupo, R. Spazzali, *Foibe*, Bruno Mondadori, Milano 2003; J. Pirjevec, *Foibe. Una storia d'Italia*, Einaudi, Torino 2009.

19. La questione del «triangolo della morte» eruppe in una serrata polemica nel 1990. Cfr. Cooke, *L'eredità della Resistenza*, pp. 264-269. Sulla resa dei conti armata dopo la fine della guerra cfr. M. Dondi, *La lunga liberazione. Giustizia e violenza nel dopoguerra italiano*, Editori Riuniti, Roma 1999; N.S. Onofri, *Il triangolo rosso. La guerra di Liberazione e la sconfitta del fascismo 1943-1947*, Sapere, Roma 2007 (I ed. 1994); M. Storchi, *Combattere si può vincere bisogna. La scelta della violenza fra Resistenza e dopoguerra (Reggio Emilia 1943-1946)*, Marsilio, Venezia 1998.

trattava di argomenti mai scomparsi dalle pagine della stampa moderata,[20] e nel tempo ossessivamente riproposti da quella neofascista, che adesso trovavano eco nella più vasta opinione pubblica, grazie anche a giornali e riviste socialisti come l'«Avanti!» e «Mondoperaio», che a più riprese incalzarono la cultura comunista, sottolineando l'esigenza di superare la centralità dell'antitesi fascismo/antifascismo in nome dell'antitesi totalitarismo/democrazia.[21]

Tali critiche alla Resistenza si inserivano per di più nel quadro di un'incisiva azione culturale revisionista, tesa a una rilettura edulcorata del fascismo, visto come un regime in fin dei conti bonario e paternalista, capace di promuovere la modernizzazione del paese e di godere a lungo di un ampio consenso popolare.[22] Il revisionismo nei confronti dell'antifascismo e della Resistenza si abbinava così al revisionismo nei confronti della dittatura fascista, di cui erano protagonisti una fitta schiera di storici e giornalisti, da Arrigo Petacco ad Antonio Spinosa, da Roberto Gervaso a Giordano Bruno Guerri, fino al più rappresentativo di tutti, Indro Montanelli. La funzione di questi prolifici scrittori, curatori di mostre, consulenti di programmi televisivi – definiti polemicamente «storici della gente»[23] o «storici da rotocalco e da talk show»[24] – è stata di declinare per il grande pubblico la visione del fascismo di Renzo De Felice, fino a creare un'autentica *vulgata* mediatica.[25] Essa rivalutava presunti "fascisti critici" come il ministro degli Esteri Dino Grandi o il ministro delle Corporazioni e dell'Educazione nazionale Giuseppe Bottai, e poneva al centro della storia del regime la figura di Mussolini, colto soprattutto nella sua dimensione intimistico-familiare. Un Mussolini "arci-italiano", incarnazione dei vizi e delle virtù del suo popolo e come tale capace di forgiare un regime "a immagine e somiglianza" del paese, contraddistinto da una dose massiccia di retorica e teatralità (oltre

20. Cfr. C. Baldassini, *L'ombra di Mussolini. L'Italia moderata e la memoria del fascismo (1945-1960)*, Rubbettino, Soveria Mannelli 2008.

21. Cfr. Focardi, *La guerra della memoria*, pp. 60-61.

22. Cfr. Gallerano, *Critica e crisi del paradigma antifascista*; N. Tranfaglia, *Fascismo e mass media: dall'intervista di De Felice agli sceneggiati televisivi*, in «Passato e Presente», 3 (1983), pp. 135-148.

23. G. De Luna, *La storia sempre "nuova" dei quotidiani*, in *Fascismo e antifascismo Rimozioni, revisioni, negazioni*, a cura di E. Collotti, Laterza, Roma-Bari 2000, p. 459.

24. S. Luzzatto, *La crisi dell'antifascismo*, Einaudi, Torino 2004, p. 75.

25. Cfr. G. Crainz, *I programmi televisivi sul fascismo e la Resistenza*, in *Fascismo e antifascismo*, pp. 465-471.

che di intrighi amorosi), ma a basso tasso di violenza e di repressione. Si sviluppava proprio in questi anni quel processo – destinato ad accelerare nel decennio successivo – che uno dei massimi studiosi del fascismo, Emilio Gentile, ha definito di «defascistizzazione retroattiva» del regime.[26] A questo processo, che svuotava la dittatura dei suoi tratti liberticidi e repressivi, contribuiva l'utilizzazione su larga scala di un modello interpretativo di fondo, anch'esso desunto da De Felice, basato sulla lettura del fascismo italiano sul metro del nazismo tedesco considerato un modello perfetto di "totalitarismo d'acciaio".[27] Nella raffigurazione del ventennio fascista il confronto con il Terzo Reich era utilizzato per marcare le distanze dall'esperienza tedesca e tracciare del fascismo un volto rassicurante e benevolo. Un caso emblematico era rappresentato dalla questione dell'antisemitismo, in cui il paragone con la sanguinaria radicalità di quello tedesco serviva a ridimensionare se non ad annullare le responsabilità – certo molto inferiori – avute in questo campo dal fascismo italiano.[28] Allo stesso modo, la categoria defeliciana del consenso non veniva utilizzata per approfondire l'esame del complesso rapporto intercorso fra società italiana e regime. Assunta senza alcun approfondimento critico come un mero dato di fatto, la presunta adesione di massa del popolo italiano alla dittatura era presentata piuttosto come prova incontrovertibile delle decantate benemerenze del fascismo.[29] La critica del precedente paradigma interpretativo che aveva dipinto il popolo italiano come un popolo di antifascisti si trasformava così in un paradigma di segno opposto, non meno fuorviante e ideologico.

De Felice stesso, pur avendo in alcune occasioni preso le distanze dai suoi solerti volgarizzatori, ha svolto un ruolo di primo piano nel promuovere le istanze revisionistiche intervenendo nel dibattito pubblico in prima

26. E. Gentile, *Fascismo. Storia e interpretazione*, Laterza, Roma-Bari 2002, p. VII.

27. Cfr. F. Focardi, *Il vizio del confronto. L'immagine del fascismo e del nazismo in Italia e la difficoltà di fare i conti con il proprio passato*, in *Italia e Germania 1945-2000. La costruzione dell'Europa*, a cura di G.E. Rusconi e H. Woller, il Mulino, Bologna 2005, pp. 91-121 e G. Santomassimo, *Il ruolo di Renzo De Felice*, in *Fascismo e antifascismo*, pp. 415-429.

28. D. Bidussa, *Il mito del bravo italiano*, Il Saggiatore, Milano 1994; R.S. Gordon, *Scolpitelo nei cuori. L'Olocausto nella cultura italiana (1944-2010)*, Bollati Boringhieri, Torino 2013, pp. 215-227.

29. Cfr. P. Corner, *Fascismo e controllo sociale*, in «Italia contemporanea», 228 (2002), pp. 381-405; Id., *L'opinione popolare nell'Italia fascista degli anni Trenta*, in *Il consenso totalitario. Opinione pubblica e opinione popolare sotto fascismo, nazismo e comunismo*, a cura di Id., Laterza, Roma-Bari 2012, pp. 127-154.

persona.[30] Un passaggio fondamentale fu rappresentato dalla doppia intervista resa a Giuliano Ferrara nel dicembre 1987 e nel gennaio 1988 per il «Corriere della Sera».[31] De Felice si pronunciava a favore della riforma istituzionale promossa dal leader del Partito socialista Bettino Craxi, che aveva appena avuto un incontro sul tema con il nuovo segretario del Msi, Gianfranco Fini. Secondo De Felice, la riforma doveva passare attraverso l'abolizione delle norme costituzionali che vietavano la ricostituzione del Partito fascista. Le istanze di riforma dello Stato si intrecciavano qui con la questione della revisione del giudizio sul ventennio. «Un discorso di innovazione del sistema politico incontra naturalmente il problema del revisionismo storico», affermava infatti De Felice, che esortava a compiere tale revisione senza esitazioni in quanto il fascismo italiano sarebbe stato «al riparo dall'accusa di genocidio», «fuori dal cono d'ombra dell'Olocausto», e addirittura «migliore», sotto molti aspetti, rispetto al fascismo francese e a quello olandese. A giudizio di De Felice, per costruire una moderna liberaldemocrazia in Italia andava superata «l'ideologia ufficiale dell'antifascismo» dietro cui si era fino ad allora trincerato il Partito comunista. Revisionismo istituzionale e revisionismo storiografico venivano così a saldarsi nel giudizio del maggior studioso italiano del fascismo.

La crisi della prima Repubblica e la ricerca di una nuova base di legittimazione. La destra italiana alla «guerra della memoria»

La critica mossa negli anni Ottanta alla cosiddetta "vulgata resistenziale" si trasformava all'inizio del decennio successivo in una pressione crescente sulle istituzioni dello Stato perché promuovessero una nuova memoria pubblica svincolata dalla contrapposizione fascismo/antifascismo.

Anche in questo caso il processo ha trovato la spinta più energica nei radicali mutamenti della situazione politica, caratterizzata sul piano internazionale dall'implosione fra il 1989 e il 1991 dell'Unione Sovietica con la conseguente crisi dell'ideologia comunista, e sul piano interno dallo sfaldamento fra il 1992 e il 1993 della cosiddetta Prima Repubblica, scossa dalle indagini della magistratura sul sistema endemico di corruzione cui seguiva la scomparsa o il drastico ridimensionamento di tutti i partiti

30. Cfr. T. Baris, A. Gagliardi, *Le controversie sul fascismo degli anni Settanta e Ottanta*, in «Studi storici», 1 (2014), pp. 317-333.

31. La prima intervista uscì il 27 dicembre 1987, la seconda l'8 gennaio 1988. I testi in Focardi, *La guerra della memoria*, pp. 252-258.

di matrice antifascista che avevano sottoscritto il patto costituzionale, dalla Dc al Pci.[32] Contestualmente, nasceva in Italia per la prima volta nel dopoguerra una solida destra politica, costituita da nuove formazioni prive di legami con il patrimonio storico della Resistenza e dell'antifascismo, come la Lega Nord di Umberto Bossi e Forza Italia di Silvio Berlusconi.[33] A queste si affiancava il vecchio Movimento sociale italiano, poi trasformatosi in Alleanza nazionale, con le sue persistenti radici neofasciste.

Il passaggio, a seguito della nuova legge elettorale dell'agosto 1993, dal sistema proporzionale a quello maggioritario produceva una ricomposizione bipolare del sistema politico, con un polo egemonizzato da forze estranee all'antifascismo o ad esso antagoniste. Ciò innescava un confronto serrato basato su un uso politico della storia senza precedenti. Uno dei fattori propulsivi principali della «guerra della memoria» divampata nel paese era l'esigenza da parte dello schieramento di centro-destra di legittimare come forza di governo il Msi di Gianfranco Fini dopo la vittoria elettorale del marzo 1994. Il partito di Fini era stato uno dei protagonisti del successo e per la prima volta dal dopoguerra era entrato nell'esecutivo. Tutti i partiti allora raccolti intorno al leader Berlusconi – da Forza Italia alla Lega, dal Centro cristiano democratico (Ccd) allo stesso Msi – convergevano dunque, pur con impegno diverso, su una linea d'azione volta a neutralizzare definitivamente l'antifascismo come fattore discriminante di legittimazione/delegittimazione politica.

Nel dibattito pubblico ciò fu perseguito, come negli anni Cinquanta, attraverso la richiesta di una «pacificazione» o «riconciliazione» fra le vecchie parti contrapposte – fascisti e antifascisti – con l'obiettivo dichiarato di creare una «memoria condivisa».[34] Tradizionale rivendicazione della destra missina, la «pacificazione» era invocata con enfasi retorica vuoi in nome del riconoscimento della «buona fede» e del «patriottismo etico»[35] di quei

32. Cfr. P. Ginsborg, *L'Italia del tempo presente. Famiglia, società civile, Stato 1980-1996*, Einaudi, Torino 1998, pp. 471 sgg.; G. Crainz, *Storia della Repubblica*, Donzelli, Roma 2016, pp. 291-313.

33. Cfr. M. Tarchi, *Le Destre, l'eredità del fascismo e la demonizzazione dell'avversario*, in *L'ossessione del nemico. Memorie divise nella storia della Repubblica*, a cura di A. Ventrone, Donzelli, Roma 2006, pp. 115-135.

34. Cfr. Focardi, *La guerra della memoria*, pp. 61 sgg.

35. Per l'espressione cfr. S. Woolf, *Introduzione. La storiografia e la Repubblica italiana*, in *L'Italia repubblicana vista da fuori (1945-2000)*, a cura di Id., il Mulino, Bologna 2007, p. 45.

giovani italiani – benevolmente chiamati «i ragazzi di Salò» – che dopo l'8 settembre 1943 si erano schierati con Mussolini per la «difesa dell'onore nazionale», vuoi in nome dell'eguale rispetto dovuto alla memoria di tutti i caduti italiani nella seconda guerra mondiale al di là delle bandiere di appartenenza. A segnare un emblematico punto di svolta fu nell'aprile 1994, subito dopo la vittoria elettorale del centro-destra, la messa in onda in prima serata sulla Rai del documentario *Combat Film*. Basato sui filmati di guerra americani, esso sollecitava la *pietas* dello spettatore verso tutte le vittime della guerra, fossero i «martiri della Resistenza» piuttosto che i caduti di Salò, a cominciare dal duce stesso. Le riprese mostravano infatti la salma di Mussolini esposta a piazzale Loreto all'indignazione della folla, insieme a quella di Claretta Petacci.[36]

Occorreva, come fu detto, superare il «valore contrappositivo dell'antifascismo»[37] e le drammatiche divisioni della guerra civile. A questo fine furono mossi negli anni Novanta numerosi appelli al presidente della Repubblica, il democristiano Oscar Luigi Scalfaro, e successivamente (per esempio nel 2003 e 2008) furono presentati – pur senza successo – alcuni disegni di legge volti a equiparare i combattenti della Repubblica sociale di Mussolini agli altri combattenti della seconda guerra mondiale.[38] Ciò significava con ogni evidenza rivendicare una «parificazione» fra fascisti e antifascisti, disconoscendo la radicale diversità delle ragioni e degli ideali per cui le due parti si erano combattute.[39]

Nella politica della memoria promossa dalle destre un ruolo di rilievo ha svolto Gianfranco Fini, promotore della trasformazione del Msi in Alleanza nazionale. L'obiettivo di Fini di creare una moderna destra di governo di ispirazione liberale passava attraverso la volontà di chiudere con il «secolo delle ideologie», consegnando alla storia sia il fascismo che l'antifascismo (secondo le tesi politiche presentate al Congresso di Fiuggi nel gennaio 1995). Come già avevano fatto gli intellettuali socialisti craxiani, anche Fini puntava a sostituire alla contrapposizione fascismo/antifascismo

36. Cfr. S. Monticelli, *National Identity and the Representation of Italy at War. The Case of Combat Film*, in «Modern Italy», 5, 2 (2000), pp. 133-146.

37. Si veda per esempio l'appello lanciato il 25 aprile 1995 su «Il Secolo d'Italia».

38. Cfr. Focardi, *Il passato conteso*, p. 61.

39. Cfr. L. Baldissara, *Auf dem Weg zu einer bipolaren Geschichtsschreibung? Der öffentliche Gebrauch der Resistenza in einer geschichtslosen Gegenwart*, in «Quellen und Forschungen aus Italienischen Archiven und Bibliotheken», 82 (2002), pp. 599-604 e S. Luzzatto, *La crisi dell'antifascismo*, p. 23.

la discriminante totalitarismo/antitotalitarismo. L'operazione mostrava però non pochi margini di ambiguità essendo mossa da chi, ancora nell'aprile 1994, aveva definito Mussolini «il più grande statista del secolo».[40] Come ha osservato Roberto Chiarini, in quella fase il partito di Fini non sembrava aver rescisso i legami col ventennio, rimanendo sospeso «fra vecchio nostalgismo di maniera e nuovo liberalismo di facciata».[41] Il cammino sarebbe stato completato nel decennio successivo da Fini, con la condanna della Repubblica sociale e del fascismo pronunciata nelle vesti di presidente della Camera nel settembre 2008,[42] al prezzo però di una drastica perdita di consenso all'interno della sua area di provenienza politico-culturale.

Bisogna inoltre considerare che, dopo aver introdotto la categoria dell'antitotalitarismo come punto di riferimento ideologico, la destra postfascista – secondo uno schema interpretativo preso da De Felice – dimostrava di considerare totalitari il regime nazista tedesco e i regimi comunisti, a partire da quello sovietico, ma non il fascismo italiano. Per una conclusiva resa dei conti con l'esperienza del regime, alla destra è parso sufficiente condannare soltanto l'aspetto più truce che poteva saldare la dittatura mussoliniana al totalitarismo nazista, ovvero l'antisemitismo e la persecuzione degli ebrei. È su questo specifico terreno, non a caso, che si è svolto a partire dalla fine degli anni Novanta il percorso di definitiva legittimazione democratica di Fini, tenuto per altro a fugare i dubbi nutriti nei suoi confronti dall'opinione pubblica europea e internazionale, rinfocolati dalle sue dichiarazioni su Mussolini del 1994.[43] Il percorso ha avuto più tappe: è cominciato con la visita ad Auschwitz nel 1999 e culminato nel viaggio compiuto nel novembre 2003 in Israele, dove Fini ha condannato le «infami leggi razziali del 1938 volute dal fascismo», giudicato – in quanto corresponsabile della Shoah – un «male assoluto».[44]

L'ammenda di Fini sull'antisemitismo fascista ha comportato una rottura con la parte più nostalgica del partito, a cominciare dalla nipote del duce Alessandra Mussolini. Sul piano del dibattito pubblico ha però

40. A. Statera, *"Il migliore resta Mussolini"*, in «La Stampa», 1° aprile 1994.

41. *La destra allo specchio*, a cura di R. Chiarini e M. Maraffi, Marsilio, Venezia 2001, p. 26.

42. Cfr. A. Trocino, *Fini: noi siamo antifascisti*, in «Corriere della Sera», 14 settembre 2008.

43. Cfr. A. Mattioli, *"Viva Mussolini!". La guerra della memoria nell'Italia di Berlusconi, Bossi e Fini*, Garzanti, Milano 2011, pp. 49-67.

44. Cfr. Focardi, *La guerra della memoria*, pp. 70-71.

funzionato come una sorta di «rito di purificazione» del fascismo,[45] con l'effetto di aprire la strada al dilagare di quell'immagine edulcorata del regime diffusasi nel corso degli anni Ottanta, sconfinata ora in molti casi in palese riabilitazione. Fatti i conti con l'antisemitismo fascista considerato l'unica "macchia" da cancellare, molti esponenti della destra provenienti dal Movimento sociale hanno infatti pensato di avere ormai, per così dire, "mano libera" nel valorizzare i presunti meriti storici del fascismo. Questo atteggiamento ha riguardato anche le altre aree politico-culturali del centro-destra (ma solo in misura marginale l'area cattolica) e ha trovato la sua espressione più emblematica nell'affermazione grottesca e inquietante resa nel 2003 dal presidente del Consiglio, Silvio Berlusconi, secondo cui «il fascismo è stato una dittatura benigna che mandava la gente in vacanza al confino».[46] Dichiarazione cui è seguita nel gennaio 2013 quella altrettanto improvvida secondo cui Mussolini avrebbe avuto indubbie benemerenze sbagliando soltanto nello stringere la nefasta alleanza con il nazismo e nello scatenare la persecuzione antisemita.[47]

L'attacco condotto dalla nuova destra politica contro l'antifascismo in nome dell'esigenza di costruire una memoria condivisa si è innestato sull'animato dibattito sulla Resistenza e la questione dell'identità nazionale italiana promosso all'inizio degli anni Novanta dal politologo Gian Enrico Rusconi[48] e rilanciato alla metà del decennio da storici come Ernesto Galli della Loggia e Renzo De Felice. Mentre Rusconi rileggeva e rivalorizzava l'esperienza della Resistenza quale base di un nuovo «patriottismo costituzionale» contro le spinte centrifughe del leghismo,[49] Galli della Loggia e De Felice – in libri di successo come *La morte della patria*[50] e *Rosso e Nero*[51] – polemizzavano

45. S. Pivato, *Vuoti di memoria. Usi e abusi della storia nella vita pubblica italiana*, Laterza, Roma-Bari 2007, p. 91.

46. Intervista resa il 27 agosto 2003 al giornale inglese «The Spectator». Cfr. P. Franchi, *Cavaliere, ripassi un po' di storia*, in «Corriere della Sera», 13 settembre 2003.

47. Cfr. *Berlusconi: Mussolini fece bene*, in «la Repubblica», 28 gennaio 2013.

48. G.E. Rusconi, *Se cessiamo di essere una nazione*, il Mulino, Bologna 1993

49. Oltre al volume *Se cessiamo di essere una nazione*, si vedano di G.E. Rusconi: *Resistenza e post-fascismo* (il Mulino, Bologna 1995) e *Patria e Repubblica* (il Mulino Bologna 1997).

50. E. Galli della Loggia, *La morte della patria*, Laterza, Roma-Bari 1996.

51. R. De Felice, *Rosso e Nero*, a cura di P. Chessa, Baldini & Castoldi, Milano 1995 Si tratta di un libro intervista che ha anticipato i contenuti dell'ultimo volume della biografia defeliciana su Mussolini, *Mussolini l'alleato*, vol. II, *La guerra civile (1943-1945)* pubblicato da Einaudi, Torino 1997 dopo la scomparsa dell'autore avvenuta nel 1996.

con vigore nei confronti della cosiddetta vulgata resistenziale. Per esempio, entrambi rintracciavano nell'accordo di collaborazione fra i partiti antifascisti del Cln l'origine di uno dei vizi peggiori della politica italiana: la partitocrazia. Ma soprattutto entrambi stigmatizzavano l'8 settembre come momento della «morte della patria» piuttosto che come l'inizio del riscatto del paese secondo la narrazione antifascista. De Felice, infine, riprendendo uno spunto dello storico Romolo Gobbi,[52] avanzava un'interpretazione riduttiva della Resistenza interpretata come guerra civile fra due minoranze armate, fascisti e antifascisti, cui sarebbe rimasta estranea la maggioranza del popolo italiano. Tutte queste tesi hanno trovato ampio spazio sul «Corriere della Sera», il principale quotidiano italiano.

In generale, possiamo affermare che l'offensiva culturale promossa dalle destre ha fornito una definitiva legittimazione alla «memoria anti-antifascista», che proprio negli anni Novanta prorompeva nella sfera pubblica con impressionante forza d'urto.[53] Nei giornali e in televisione avevano pieno corso i temi tradizionali delle campagne contro la Resistenza già virulente negli anni Cinquanta e Ottanta, con rinnovate accuse rivolte al Partito comunista e ai partigiani comunisti per aver manovrato e agito proditoriamente contro altre formazioni della Resistenza; per aver volutamente provocato le stragi naziste allo scopo di coinvolgere nella lotta l'inerme popolazione civile; per aver scatenato nell'immediato dopoguerra una sanguinosa resa dei conti contro il nemico di classe sotto la veste di una caccia al fascista; per essersi resi corresponsabili, almeno moralmente e politicamente, delle stragi di italiani perpetrate dai comunisti jugoslavi. Un altro filone ha preso di mira anche il Partito d'Azione, una delle principali forze della sinistra che aveva animato la Resistenza.[54] Su questa scia si è diffusa una martellante contro-narrazione, che spesso ha riproposto, senza tanti maquillage, elementi della vecchia vulgata neofascista. Sui giornali del centro-destra sono infatti comparsi giudizi sprezzanti sull'8 settembre come «giorno del disonore» e sulla Resistenza come nefasta «guerra fratricida». Né è mancato l'omaggio nostalgico a Mussolini, pronto a sacrifi-

52. Cfr. R. Gobbi, *Il mito della Resistenza*, Rizzoli, Milano 1992, p. 74.

53. Cfr. *La storia negata. Il revisionismo e il suo uso politico*, a cura di A. Del Boca, Neri Pozza, Vicenza 2009; G. Turi, *La cultura delle destre. Alla ricerca dell'egemonia culturale in Italia*, Bollati Boringhieri, Torino 2013.

54. Cfr. C. Novelli, *Il Partito d'azione e gli italiani. Moralità, politica e cittadinanza nella storia repubblicana*, La Nuova Italia, Milano 2000, pp. VII-XXIII.

carsi per il paese accettando la guida della Repubblica sociale per frenare la sete di vendetta dei «camerati» tedeschi traditi.

Questa cultura, intrisa di umori antiresistenziali, ha avuto espressione anche a livello istituzionale. È significativo che Silvio Berlusconi, durante i primi tre mandati di governo (1994-1995, 2001-2006) abbia disertato sistematicamente le celebrazioni del 25 aprile, la festa nazionale in cui si celebra la Liberazione del paese dal nazifascismo. E non stupisce che il premier e altri esponenti del suo partito abbiano espresso una netta preferenza per il 18 aprile 1948, giorno della vittoria elettorale della Dc sul blocco social-comunista, considerata la vera data di nascita della democrazia in Italia, arrivando ad avanzare in più occasioni la proposta di sostituire questo giorno al 25 aprile come festa nazionale.[55] L'ultima di tali infruttuose proposte risale al settembre 2011, pochi mesi prima della caduta dell'ultimo governo Berlusconi.

Tornato stabilmente al potere nel 2001, il centro-destra ha avviato dalle sedi istituzionali delle politiche della memoria sempre più incisive. Significativi sono stati alcuni tentativi di istituire un controllo sui libri di storia per le scuole, accusati di veicolare le interpretazioni «faziose» della storiografia di sinistra.[56] Questi sforzi hanno suscitato proteste e resistenze molto forti e sono stati abbandonati senza dare risultati concreti. Un vasto campo d'intervento si è aperto invece con l'introduzione di una nuova toponomastica, promossa in maniera capillare sul territorio. In nome di un «passato riconciliato», le amministrazioni locali di centro-destra hanno promosso nelle città italiane l'intitolazione di strade, piazze o edifici pubblici a una fitta schiera di personaggi del fascismo[57] e ai cosiddetti «martiri delle foibe» (in questo caso spesso col concorso dei partiti moderati della sinistra). L'ultimo esempio eclatante è rappresentato dal mausoleo dedicato al criminale di guerra Rodolfo Graziani eretto ad Affile, un paesino del Lazio, nel 2012.[58] Un altro strumento particolarmente incisivo per affermare una nuova politica culturale si è rivelato il servizio televisivo nazionale.

55. Cfr. Focardi, *Il passato conteso*, p. 67.

56. L. Baldissara, *Di come espellere la storia dai manuali di storia. Cronache di una polemica autunnale*, in «Il mestiere di storico», II (2001), pp. 62-80; G. Turi, *Una storia italiana*, in «Passato e Presente», 59 (2003), pp. 89-98. Si veda anche la proposta di legge n. 4101 avanzata il 18 febbraio 2011 dall'on. Gabriella Carlucci del Pdl.

57. Cfr. M. Sartori, *Italia, torna il fascismo*, in «l'Unità», 27 ottobre 2001.

58. Cfr. G.A. Stella, *Il Mausoleo della crudeltà*, in «Corriere della Sera», 30 settembre 2012.

attraverso la realizzazione di fiction di argomento storico, la più importante delle quali è stata nel 2005 *Il cuore nel pozzo*, sulle stragi delle foibe.

Il culmine di questi interventi si è avuto con l'introduzione nel calendario civile italiano di due nuove "solennità civili": il Giorno del ricordo in memoria delle vittime delle foibe e degli italiani espulsi dall'Istria e dalla Dalmazia[59] e il Giorno della libertà in ricordo della caduta del muro di Berlino. Il Giorno del ricordo, promosso da An, è stato approvato nel 2004 dal Parlamento con il solo voto contrario di Rifondazione comunista e Comunisti italiani. Esso ha introdotto nella memoria pubblica nazionale il ricordo delle foibe, da sempre uno dei cardini della memoria neofascista. Soprattutto nei primi anni le celebrazioni hanno avuto un carattere apertamente contrappositivo nei confronti della memoria della Resistenza, ma anche nei confronti dei paesi eredi della Jugoslavia, cioè Slovenia e Croazia.[60] Gli eventi drammatici legati al confine orientale meritavano senza dubbio attenzione da parte del paese.[61] Ciò tuttavia è avvenuto senza alcun approfondimento critico. È stata infatti largamente ripresa la tradizionale vulgata neofascista che stigmatizza le foibe come mero frutto dell'odio antitaliano dei comunisti jugoslavi, senza operare una contestualizzazione storica: senza per esempio alcun riferimento né all'oppressione fascista delle minoranze slovena e croata, né all'occupazione italiana della Jugoslavia nel 1941-43 macchiata da gravi crimini di guerra.[62]

La seconda "solennità civile" introdotta dalla destra – il cosiddetto Giorno della libertà – è stata istituita dal Parlamento nell'aprile 2005 su iniziativa di Forza Italia, stavolta con il voto contrario di tutto lo schieramento di centro-sinistra. Finalizzata a illustrare «gli effetti nefasti dei totalitarismi passati e presenti», la celebrazione aveva un chiaro significato anticomunista. Fino adesso essa ha avuto invero scarsa incidenza. È comunque significativo che, in occasione della sua prima ricorrenza nel

59. Il testo della legge istitutiva n. 92 del 30 marzo 2004 in Focardi, *La guerra della memoria*, pp. 310-314.

60. Ricordiamo che dopo l'implosione della Jugoslavia nei primi anni Novanta, molti dirigenti del Msi e poi di An hanno disconosciuto gli accordi di Osimo del 1975 che regolavano i rapporti italo-jugoslavi, rivendicando nei confronti di Slovenia e Croazia i diritti patrimoniali degli italiani espulsi nel dopoguerra e la revisione del confine.

61. Sul tema cfr. R. Pupo, *Il lungo esodo. Istria: le persecuzioni, le foibe, l'esilio*, Rizzoli, Milano 2005.

62. Cfr. C. Di Sante, *Italiani senza onore. I crimini in Jugoslavia e i processi negati (1941-1951)*, Ombre corte, Verona 2005.

2006, Forza Italia abbia diffuso un manifesto che presentava una galleria di «nemici della libertà» dove spiccavano Hitler, Stalin, Fidel Castro, Saddam Hussein e Osāma bin Lāden, ma non Mussolini, il "dittatore di casa".[63]

La risposta delle sinistre fra scontro frontale, compromesso e "passaggi di campo". La mobilitazione antifascista e la «lottizzazione delle memorie»

Gli attacchi alla memoria pubblica della Resistenza condotti dalla destra sono stati a un tempo causa e rivelazione della crisi del cosiddetto «paradigma antifascista», alcuni aspetti del quale erano già stati criticati a fondo da storici di matrice antifascista come Nicola Gallerano:[64] dal presunto unanimismo del Cln alla visione oleografica di una concordia popolare intorno ai partigiani. Certamente con un intento di rifondazione e rilancio, non di screditamento della memoria della Resistenza.

Come reazione alla nuova offensiva delle destre si è manifestata fin dalla metà degli anni Novanta una energica contrapposizione frontale a difesa delle fondamenta antifasciste della democrazia italiana. A livello istituzionale, i presidenti della Repubblica – Scalfaro, Ciampi, Napolitano – hanno posto dei limiti invalicabili alle reiterate richieste di «pacificazione» del centro-destra: sì alla *pietas* verso tutti i caduti, ma distinzione netta fra chi aveva combattuto per la libertà e la democrazia e chi invece per la dittatura.[65]

Il richiamo alla memoria e ai valori della Resistenza ha alimentato poi un vigoroso movimento di protesta "nelle piazze". Le celebrazioni del 25 aprile sono diventate infatti occasione di grandi mobilitazioni popolari, come la manifestazione del 1994 a Milano promossa dal quotidiano «il manifesto» contro il governo Berlusconi appena eletto; come quella del 2002, dopo la seconda vittoria elettorale di Berlusconi, promossa sulla scia delle manifestazioni guidate dalla Cgil in difesa dei diritti dei lavoratori; come infine le numerose manifestazioni in tutta Italia nel 2006 a difesa della Costituzione scompaginata dalle riforme istituzionali introdotte dal governo Berlusconi (bocciate due mesi dopo da un referendum popolare).[66] Ciò ha dimostrato la vitalità di una memoria sociale della Resistenza, una

63. Cfr. O. Pivetta, *Dittatori, Berlusconi salva Mussolini*, in «l'Unità», 8 novembre 2005.

64. Cfr. Gallerano, *Critica e crisi del paradigma antifascista.*

65. Cfr. Focardi, *La guerra della memoria*, pp. 62-64.

66. Ivi, pp. 79-80.

memoria intergenerazionale, promossa anche dal rilancio in chiave moderna del repertorio musicale resistenziale operato con successo da complessi come i Modena City Ramblers.[67] Tutte queste forme di mobilitazione politica e culturale hanno rivelato la persistenza di quell'«antifascismo di garanzia»,[68] già emerso negli anni Sessanta e Settanta contro l'eversione neofascista, ricomparso negli anni Novanta di fronte alla sfida lanciata dalla nuova destra berlusconiana avvertita e descritta da molti settori dell'opposizione come una minaccia alla democrazia.

Un altro momento di mobilitazione dell'opinione pubblica si è avuto alla metà degli anni Novanta in occasione della ripresa dei procedimenti giudiziari contro i criminali di guerra nazisti, con il processo a Roma contro l'ex ufficiale delle SS Priebke, uno dei responsabili della strage delle Fosse Ardeatine, e con gli altri processi successivamente condotti dalla magistratura militare dopo il ritrovamento del cosiddetto «armadio della vergogna», cioè dei fascicoli d'inchiesta sulle stragi nazifasciste insabbiati all'inizio degli anni Sessanta.[69] L'azione giudiziaria si è svolta in concomitanza con un importante sforzo di approfondimento storiografico sulla «guerra ai civili» e le stragi perpetrate in Italia dai tedeschi.[70] Da queste ricerche sui crimini della Wehrmacht è emersa anche la presenza in molte comunità colpite dalle stragi di una «memoria divisa», ovvero la persistenza, a fianco di una memoria antigermanica, di una memoria che attribuisce ai partigiani la responsabilità dello scatenamento della violenza tedesca.[71] Ciò non ha mancato di alimentare sulla stampa istanze anti-antifasciste. Tuttavia la ricaduta principale nel dibattito pubblico di questa stagione di processi e di ricerche storiche è stata di segno opposto. Il ricordo delle stragi nazifasciste, ancora vivo nel paese, ha costituito infatti un efficace fat-

67. Cfr. F. Amodei, *Canzoni sulla Resistenza*, in *Resistenza e autobiografia della nazione. Uso pubblico, rappresentazione, memoria*, a cura di A. Agosti e C. Colombini, Seb27, Torino 2012, pp. 240-244; S. Pivato, *Bella ciao. Canto e politica nella storia d'Italia*, Laterza, Roma-Bari 2005, pp. 318-323.

68. Luzzatto, *La crisi dell'antifascismo*, p. 63.

69. Cfr. M. Franzinelli, *Le stragi nascoste*, A. Mondadori, Milano 2002; F. Giustolisi, *L'armadio della vergogna*, Nutrimenti, Roma 2004; S. Buzzelli, M. De Paolis, A. Speranzoni, *La ricostruzione giudiziale dei crimini nazifascisti in Italia. Questioni preliminari*, Giappichelli, Torino 2012.

70. Per una riflessione su questa stagione di studi cfr. P. Pezzino, *Anatomia di un massacro. Controversia sopra una strage tedesca*, il Mulino, Bologna 2007, pp. 233-279.

71. Come principale opera di riferimento di questo filone cfr. G. Contini, *La memoria divisa*, Rizzoli, Milano 1997.

tore di coagulo della memoria antifascista, diventando poi, nel confronto politico e culturale sull'elaborazione del passato, l'arma principale contro le proposte di "riconciliazione", a partire da quelle considerate improvvide e pericolose lanciate dalle fila stesse del centro-sinistra.

Il ricordo delle stragi tedesche ha riportato l'attenzione sugli italiani come vittime del nazismo. Ciò, indirettamente, ha finito per ostacolare la possibilità di avviare un esame di coscienza sui crimini del fascismo italiano, confermando l'immagine autoassolutoria degli «italiani brava gente» ben radicata nel paese fin dall'immediato dopoguerra.[72] Proprio il comodo alibi del «bravo italiano» è stato però messo in questione, a partire dalla seconda metà degli anni Novanta, da una nuova stagione di studi che ha approfondito alcune delle pagine più scabrose dell'Italia fascista: le violenze coloniali, la persecuzione degli ebrei, i crimini commessi nei territori occupati durante la seconda guerra mondiale.[73] La critica allo stereotipo del "colonialismo dal volto umano" ha trovato in particolare nello storico e giornalista Angelo Del Boca il suo principale protagonista[74] e ha ispirato nel 2006 la proposta di legge avanzata dal Partito dei comunisti italiani di dedicare un giorno al ricordo delle vittime del colonialismo italiano.[75] Di poco successiva è stata un'altra proposta di legge dei Comunisti italiani per dedicare una giornata della memoria a tutte le vittime del fascismo.[76] La *debacle* elettorale della sinistra radicale alle politiche del 2008 ha di fatto bloccato l'iter di queste iniziative.

Gli sforzi profusi in difesa della memoria pubblica antifascista e i tentativi di un suo aggiornamento critico hanno fatto da argine allo smottamento in atto, ma non sono riusciti a invertire il processo di crisi dell'antifascismo, fallendo nella costruzione di una «lettura rigenerante del paradigma resistenziale».[77] La nuova interpretazione storiografica avanzata nel 1991

72. Cfr. F. Focardi, *Il cattivo tedesco e il bravo italiano. La rimozione delle colpe della Seconda guerra mondiale*, Laterza, Roma-Bari 2013.

73. Per una rassegna cfr. F. Focardi, L. Klinkhammer, *Italia potenza occupante: una nuova frontiera storiografica*, in Istituto romano per la storia d'Italia dal fascismo alla Resistenza, *Politiche di occupazione dell'Italia fascista*, «Annale Irsifar», 2008, pp. 21-30.

74. Cfr. A. Del Boca, *Italiani brava gente?*, Neri Pozza, Vicenza 2005.

75. Proposta di legge n. 1845 del 23 ottobre 2006 per l'«Istituzione del giorno della memoria in ricordo delle vittime africane durante l'occupazione coloniale italiana».

76. Proposta di legge n. 1982 del 24.11.2006 per l'«Istituzione della Giornata della memoria delle vittime del fascismo».

77. T. Baris, *Amnesie, conflitti e politiche della memoria*, in *Gli Italiani in guerra. Conflitti, identità, memorie dal Risorgimento ai nostri giorni*, vol. IV, t. 2, *Il ventennio*

da Claudio Pavone, secondo cui la Resistenza aveva avuto una triplice dimensione quale guerra di Liberazione nazionale, guerra civile e guerra di classe,[78] non è stata adeguatamente ripresa e sviluppata a sinistra nel dibattito pubblico. Al contrario, essa è stata assunta a destra in maniera parziale e distorta come definitivo accreditamento da parte della storiografia antifascista del precipuo carattere di guerra civile della Resistenza.

In direzione opposta rispetto alla mobilitazione antiberlusconiana si è avuto il fenomeno di numerosi "passaggi di campo" di politici, intellettuali e giornalisti di area socialista, comunista ma anche della vecchia sinistra extraparlamentare, approdati a destra, specialmente in Forza Italia, dove hanno svolto un ruolo attivo nella battaglia revisionistica sulla memoria: da Giuliano Ferrara a Paolo Guzzanti, da Paolo Liguori a Ferdinando Adornato. Un caso particolare di grande rilievo è rappresentato dal noto giornalista di provenienza culturale antifascista, Giampaolo Pansa. Pansa non ha scelto l'impegno politico a destra, ma è stato comunque con i suoi libri, venduti in centinaia di migliaia di copie, uno dei principali artefici della polemica contro la Resistenza, condotta con piglio sempre più acrimonioso. Il suo volume di maggior successo, *Il sangue dei vinti* (2003), intrecciando fiction narrativa e ricostruzione storico-giornalistica, ha dipinto a tinte fosche l'epurazione violenta perpetrata dopo la fine della guerra dai partigiani contro i fascisti sconfitti. Osannato dai giornali di destra, «il Dan Brown della storia italiana» – come lo ha definito Philip Cooke[79] – ha interpretato la Resistenza come un'inutile e spietata guerra civile, protrattasi dopo il 1945 per volontà del Partito comunista, animato da odio di classe e propositi rivoluzionari.[80]

Accanto ai due poli opposti della ferrea contrapposizione e del "tradimento", si è prodotta a sinistra anche la tendenza a una revisione della memoria antifascista che ha assunto la forma della disponibilità al compromesso. Un orientamento favorevole a un accordo con le destre si è manifestato soprattutto in seno alla corrente maggioritaria dell'ex Partito comunista, trasformatosi prima in Partito democratico della sinistra, poi nei

fascista: la Seconda guerra mondiale, a cura di M. Isnenghi e G. Albanese, Utet, Torino 2008, p. 732.

78. C. Pavone, *Una guerra civile. Saggio storico sulla moralità nella Resistenza*, Bollati Boringhieri, Torino 1991.

79. Cooke, *L'eredità della Resistenza*, p. 318.

80. Questa l'interpretazione di fondo anche dell'ultima opera di G. Pansa dedicata alla Resistenza, *Bella Ciao. Controstoria della Resistenza*, Rizzoli, Milano 2014.

Democratici della sinistra, per confluire infine con i cattolici di Romano Prodi nel Partito democratico. Proprio la classe dirigente che ha guidato la transizione post-comunista ha prestato ascolto, più di altri, all'invito mosso da destra alla costruzione di una «memoria condivisa», vista come terreno d'incontro su cui cementare il nuovo assetto politico bipolare nato dopo il 1993-1994.

Un grande impatto nel dibattito pubblico ha avuto a questo proposito un intervento in parlamento dall'ex magistrato e deputato del Partito democratico Luciano Violante. Nel discorso pronunciato nel maggio 1996 in occasione del suo insediamento alla presidenza della Camera, Violante ha espresso l'auspicio che la memoria della Resistenza potesse diventare finalmente un «valore nazionale» condiviso. A questo fine, egli ha invitato a comprendere le ragioni degli avversari, per «capire, senza revisionismi falsificanti, i motivi per cui migliaia di ragazzi, quando tutto era perduto, si schierarono dalla parte di Salò e non dalla parte dei diritti e della libertà».[81] Ha aperto così un canale di dialogo con la destra per superare le «memorie contrapposte». Questo percorso, segnato nel 1998 da un incontro pubblico a Trieste fra Violante e Fini,[82] è culminato nel 2004 nel voto favorevole dei Ds all'istituzione del Giorno del ricordo, cui ha fatto seguito la decisione presa da molte giunte di centro-sinistra di intitolare vie e piazze «ai martiri delle foibe».

Nel segno di un compromesso sulla memoria può essere letta anche la decisione unanime del Parlamento di istituire nel 2000 la Giornata della memoria in ricordo delle vittime della Shoah, sicuramente la più importante fra le nuove celebrazioni. La legge, che menziona esplicitamente «la persecuzione italiana di cittadini ebrei», ha indubbi meriti e si inserisce in un trend internazionale che ha visto la memoria della Shoah conquistare negli ultimi anni il centro della scena. Risulta nondimeno significativo che nel testo legislativo non figurino mai né la parola «fascismo» né la parola «antifascismo».[83] Inoltre la legge prevede espressamente il ricordo di coloro che – «anche in campi e schieramenti diversi» – hanno aiutato e protetto i perseguitati. Ciò ha favorito sui mass-media un pullulare di figure di «bravi italiani» salvatori di ebrei, fra cui molti "bravi fascisti"

81. Il passaggio del discorso in Focardi, *La guerra della memoria*, pp. 285-286.

82. Cfr. *Democrazia e nazione. Dibattito a Trieste tra Luciano Violante e Gianfranco Fini*, a cura di L. Mattina, Eut, Trieste 1998.

83. Il testo della legge in Focardi, *La guerra della memoria*, pp. 289-290.

come l'indubbiamente coraggioso Giorgio Perlasca[84] o il più discusso Giovanni Palatucci.[85]

Come ha notato Stefano Pivato, la disponibilità a un patteggiamento sul passato dimostrata dalla parte maggioritaria della sinistra si è tradotta in una forma di «lottizzazione della memoria»,[86] basata su una logica di scambio per cui, ad esempio, la produzione di una fiction sulle foibe risulta "compensata" con quella di un documentario sulle Fosse Ardeatine. La spinta a un riconoscimento politico reciproco ha così preso la strada della costruzione dall'alto di un'equivoca «memoria condivisa» che – espungendo gli aspetti più scomodi della storia italiana del Novecento, dai crimini coloniali alle responsabilità nella guerra dell'Asse – ha assunto l'aspetto di una memoria fondata sull'autovittimizzazione nazionale. Si è profilato quello che Giovanni De Luna ha chiamato un «paradigma vittimario» a spiccato contenuto emozionale, alimentato dai racconti a forte impatto televisivo dei testimoni, siano essi superstiti o familiari delle vittime delle foibe, delle stragi naziste o della deportazione razziale.[87]

La "diga" del Quirinale e i dilemmi di una memoria europea

Né l'aspra contesa sul passato fra destra e sinistra, né i tentativi di compromesso intrapresi da post-comunisti e post-fascisti hanno generato una nuova «narrazione egemonica». A tentarne con qualche risultato la costruzione è stata invece la Presidenza della Repubblica. Un ruolo fondamentale è stato svolto dal presidente Carlo Azeglio Ciampi, in carica dal 1999 al 2006. Preoccupato sia per le lacerazioni prodotte dallo scontro fra maggioranza e opposizione sia per le minacce all'unità nazionale portate dalla Lega Nord, Ciampi ha intrapreso un'azione di «pedagogia civile» attraverso una politica della memoria che ha avuto a fondamento il recupero della Resistenza come patrimonio di ideali da tramandare alle giovani generazioni e come capitale storico e morale su cui rifondare il senso di appartenenza nazionale e rafforzare l'unità del paese.[88] In aperta polemica con

84. Cfr. E. Deaglio, *La banalità del bene*, Feltrinelli, Milano 1993.

85. Cfr. M. Coslovich, *Giovanni Palatucci. Una giusta memoria*, Mephite, Atripalda 2008.

86. Pivato, *Vuoti di memoria*, p. 122.

87. Cfr. G. De Luna, *La Repubblica del dolore. Le memorie di un'Italia divisa*, Feltrinelli, Milano 2011, pp. 82 sgg.

88. Focardi, *La guerra della memoria*, pp. 94-107.

quanti, come Galli della Loggia, avevano letto l'8 settembre come «morte della patria», Ciampi ha rilanciato il canone tradizionale della Resistenza quale lotta di liberazione nazionale e «secondo Risorgimento». Riprendendo poi alcuni indirizzi storiografici come ad esempio quello avanzato da Pietro Scoppola,[89] il presidente ha proposto una visione corale e allargata della Resistenza indicando come protagonisti i partigiani e i militari che presero le armi contro il nazifascismo, la gente che fornì loro protezione e supporto, i deportati e le vittime delle stragi commesse dai tedeschi e dagli uomini di Salò. Il carattere patriottico della Resistenza è stato sottolineato soprattutto grazie all'enfatizzazione del ruolo svolto dai militari, sia da coloro che dopo l'armistizio si batterono contro i tedeschi sia da coloro che furono deportati in Germania e si rifiutarono di aderire alla Repubblica sociale, gli Imi. Non a caso Ciampi ha valorizzato Cefalonia come uno dei principali luoghi di memoria della Resistenza italiana, da lui interpretata come «unione di popolo e forze armate». Ciampi ha infine sottolineato con forza il legame fra la Resistenza e la Costituzione assunta come fondamento di un neopatriottismo repubblicano che il presidente ha cercato di alimentare attraverso la riscoperta e il rilancio di simboli quali l'inno e la bandiera nazionali.[90] Il tutto nel quadro più ampio della solidarietà europea nata dalla guerra e della costruzione di una «memoria intera» della nazione che al ricordo della Resistenza univa quello del Risorgimento, della prima guerra mondiale, ma anche delle vittime italiane delle foibe.

Sulla stessa strada si è mosso il successore di Ciampi, l'ex dirigente comunista Giorgio Napolitano. Il presidente Napolitano ha esaltato il Risorgimento (con particolare enfasi in occasione del 150° anniversario dell'Unità d'Italia) e la Resistenza interpretata in chiave prevalentemente nazionalpatriottica, come dimostra la sua scelta di celebrare a Cefalonia la festa della Liberazione all'inizio del mandato. Napolitano non ha mancato di riconoscere i «lati oscuri» della Resistenza, di cui ha ammesso anche il carattere di guerra civile, richiamandosi alla lezione di Claudio Pavone, non tacendone le violenze con particolare riferimento alla virulenta resa dei conti postbellica.[91] Come i suoi predecessori, Scalfaro e Ciampi, Na-

89. P. Scoppola, *25 aprile. Liberazione*, Einaudi, Torino 1995.

90. Cfr. M. Ridolfi, *Feste civili e giorni della memoria. L'Italia della Seconda Repubblica (1994-2011)*, in *Celebrare la Nazione. Grandi anniversari e memorie pubbliche nella società contemporanea*, a cura di M. Baioni, F. Conti e Id., Silvana, Cinisello Balsamo 2012, pp. 424-426.

91. Focardi, *Il passato conteso*, p. 83.

politano ha avuto cura al contempo di tracciare una linea di demarcazione netta fra fascisti e antifascisti. «Le ombre della Resistenza», egli ha detto, «non vanno occultate, ma guai a indulgere a false equiparazioni e banali generalizzazioni».[92] Anche Napolitano ha indicato il fondamento storico dell'identità nazionale nell'asse che corre dal Risorgimento alla Resistenza, ponendone il culmine nella Carta costituzionale e nel processo di integrazione europea. La dimensione europea è apparsa cruciale nella politica di riconciliazione avviata con la Germania sul tema delle stragi naziste.[93] Lo stesso vale per il confine orientale. Dopo l'ingresso della Slovenia e della Croazia nell'Unione Europea, il presidente ha cercato di riformulare la memoria delle foibe trasformandola da memoria a forte contenuto nazionalista a memoria di pace europea basata sul reciproco riconoscimento delle colpe e dei crimini commessi da ambo i lati.[94] Lo stesso percorso culturale è stato intrapreso dalla rete degli Istituti della Resistenza e dall'Anpi.

A fronte del crescente discredito che ha investito i partiti politici, la voce istituzionale del Quirinale è emersa nell'ultimo quindicennio come punto di riferimento per un paese in balia di laceranti dinamiche involutive e sindrome da declino. Questo almeno fino al secondo mandato presidenziale di Napolitano, che ha suscitato una forte contestazione politica nei confronti della Presidenza considerata garante e supporto dei governi di larghe intese guidati prima da Enrico Letta e poi da Matteo Renzi. In ogni caso, l'azione della Presidenza della Repubblica ha contribuito in maniera probabilmente decisiva a sventare gli attacchi più radicali della destra che miravano alla soppressione del 25 aprile e all'equiparazione fra combattenti di Salò e partigiani. La festa della Liberazione è rimasta al suo posto. A tutt'oggi una legittimazione istituzionale non può prescindere dal richiamo alla Resistenza. Lo dimostra la decisione di Berlusconi di celebrare nel 2009 il 25 aprile, pur con lo smaccato tentativo, non riuscito, di trasformare il significato della ricorrenza, da festa della Liberazione a festa

92. Intervento del presidente Napolitano tenuto a Genova il 25 aprile 2008.

93. Si veda per esempio la visita a Sant'Anna di Stazzema insieme al presidente tedesco Joachim Gauck nel marzo 2012.

94. Il primo atto di questo nuovo corso è stato rappresentato dalla visita di Stato a Trieste in compagnia dei presidenti sloveno e croato svolta nel luglio 2010 in occasione del concerto per la pace diretto dal maestro Riccardo Muti. È opportuno ricordare che Napolitano aveva tre anni prima viceversa commemorato il Giorno del ricordo (febbraio 2007) con un intervento dai toni nazionalistici che aveva provocato un incidente diplomatico con la Croazia. Cfr. Focardi, *Il passato conteso*, pp. 76-77, 89.

della Libertà.[95] La Presidenza di Sergio Mattarella, iniziata nel febbraio 2015 con la visita al monumento che ricorda le Fosse Ardeatine, si è del resto già contraddistinta per un forte e rinnovato impegno a favore della memoria della Resistenza.

Se sul piano istituzionale tale memoria ha dunque rivelato una certa vitalità autoperpetuativa, nella cultura e nella società essa ha però mostrato la corda. Soppiantata la centralità dell'eroe partigiano da quella delle vittime innocenti della violenza totalitaria (secondo un paradigma promosso dalla stessa Unione Europea),[96] la Resistenza negli ultimi dieci anni è svanita dalla televisione,[97] ha finito per essere letta nel discorso pubblico come sinonimo di guerra civile, ha perso con la morte di Vittorio Foa nel 2008 la sua più autorevole figura pubblica di riferimento, ha subito la concorrenza agguerrita di altre memorie, fra cui quella tendenzialmente antagonistica delle foibe e soprattutto quella della Shoah. Si può dire che i rapporti fra memoria della Resistenza e memoria della Shoah si siano per certi aspetti ribaltati. Mentre fino a tutti gli anni Settanta la memoria dello sterminio ebraico risultava "incastonata" in posizione subalterna all'interno di quella antifascista, adesso è vero semmai il contrario: la legge che ha istituito la Giornata della memoria menziona i deportati politici e gli internati militari come categorie di vittime da commemorare a fianco dei perseguitati razziali; le Fosse Ardeatine – in cui furono uccisi italiani antifascisti di ogni orientamento politico e italiani di ogni confessione religiosa (fra cui 75 ebrei) – sono sempre più spesso ricordate come un eccidio eminentemente antisemita.[98] Inoltre, indeboliti appaiono i legami fra la memoria della Resistenza e la tradizione dell'antifascismo quale cultura politica all'origine della Repubblica e dello sviluppo democratico del paese. La parola stessa – «antifascismo» – è stata usata con molta parsimonia nei discorsi di Ciampi e Napolitano, come se la sua enunciazione costituisse un ostacolo alla costruzione dell'agognata memoria condivisa.

Le commemorazioni nel 2015 del Settantesimo anniversario della Liberazione hanno mostrato invero qualche segnale in controtendenza, come

95. Ivi, p. 86.

96. Cfr. *L'Europa e le sue memorie*, pp. 7-18.

97. Cfr. V. Roghi, *La Resistenza in Tv*, in *Resistenza e autobiografia della nazione*, pp. 208-218.

98. Cfr. R. Clifford, *The Limits of National Memory: Antifascism, the Holocaust and the Fosse Ardeatine Memorial in 1990s Italy*, in «Forum for Modern Language Studies», 44, 2 (2008), pp. 128-139.

dimostrano i numerosi riferimenti all'antifascismo all'interno dei discorsi e delle interviste del presidente Mattarella[99] o la scelta della Rai di organizzare e mandare in onda in diretta, in prima serata, uno spettacolo sulla Liberazione – *Viva il 25 Aprile!* – presentato da Fabio Fazio, uno dei suoi presentatori di punta.[100] Resta da vedere se questi segnali avranno un seguito e se l'orientamento della memoria pubblica sarà o meno modificato.

Per il momento, il paese che ha tenuto a battesimo il totalitarismo fascista continua a rimandare una resa dei conti collettiva con l'eredità più oscura del suo passato e stenta ad avviare la costruzione di una memoria storica capace di andare oltre il mito autoconsolatorio del «bravo italiano» vittima delle violenze altrui, una memoria in grado di esprimere il percorso accidentato e traumatico della democrazia in Italia di cui la Resistenza ha rappresentato un passaggio fondamentale. È una questione che riguarda non solo l'Italia ma anche l'Europa unita, la cui memoria storica difficilmente potrà reggersi esclusivamente – come si vuole adesso – sul ricordo della Shoah e sulla condanna del totalitarismo nazista e comunista.[101]

99. Si veda il discorso tenuto a Milano il 25 aprile 2015 e l'intervista resa al direttore di «Repubblica», Ezio Mauro (*Mattarella: il 25 aprile patrimonio di tutto il Paese*, in «la Repubblica», 24 aprile 2015).

100. Lo spettacolo, andato in onda su Rai Uno in diretta dalla piazza del Quirinale a Roma, ha avuto 4 milioni di telespettatori (17,26% di share). Per i dati dell'ascolto e un commento negativo cfr. V. Feltri, *Se uno show da sagra rionale diventa un atto di antifascismo*, in «il Giornale», 27 aprile 2015.

101. Per una visione critica delle attuali politiche della memoria dell'Unione Europea cfr. R. Vinyes, *La gestione pubblica del passato europeo: quale memoria?*, in «Passato e Presente», 96 (2015), pp. 41-61.

Indice dei nomi

Gli autori

Barbara Bracco insegna Storia contemporanea presso l'Università di Milano Bicocca. Si occupa di politica estera italiana, storiografia, sistemi propagandistici, rappresentazioni delle identità nazionali e processi di costruzione della memoria collettiva.

Marco Cuzzi insegna Storia contemporanea all'Università degli studi di Milano e si occupa in particolare di storia d'Italia nel Novecento, dei Balcani e del confine orientale, del fascismo e del collaborazionismo europeo. Tra i suoi studi: *L'occupazione italiana della Slovenia (1941-1943)* (USSME, 1998); *L'internazionale delle Camicie nere. I CAUR (1933-1939)* (Mursia, 2006); *Antieuropa: il fascismo universale di Mussolini* (M&B Publishing, 2007).

Alberto De Bernardi è professore ordinario di Storia contemporanea presso l'Università degli studi di Bologna. I temi principali delle sue ricerche riguardano la storia sociale, il fascismo e l'antifascismo, l'Italia repubblicana. È vicepresidente dell'Istituto Nazionale Ferruccio Parri. Rete degli Istituti per la storia della Resistenza e dell'età contemporanea.

Marcello Flores ha insegnato Storia contemporanea e Storia comparata all'Università di Siena, dove ha diretto anche il Master in Human Rights and Genocide Studies, e all'Università di Trieste. È direttore del Comitato scientifico dell'Istituto Nazionale Ferruccio Parri. Rete degli Istituti per la storia della Resistenza e dell'età contemporanea.

Filippo Focardi insegna Storia contemporanea presso il Dipartimento di Scienze politiche, giuridiche e Studi internazionali dell'Università di Padova. Di recente ha pubblicato *Il cattivo tedesco e il bravo italiano. La rimozione delle colpe nella Seconda guerra mondiale* (Laterza, 2016).

Guido Formigoni è professore ordinario di Storia contemporanea presso l'Università Iulm di Milano. Condirettore della rivista «Ricerche di storia politica», si occupa di storia internazionale, oltre che di storia della Dc e del cattolicesimo italiano nel Novecento. Di recente ha pubblicato la biografia *Aldo Moro. Lo statista e il suo dramma* (il Mulino, 2016).

Agostino Giovagnoli è ordinario di Storia contemporanea all'Università Cattolica del Sacro Cuore di Milano. Si è occupato dei rapporti tra Stato e Chiesa, di storia del Risorgimento italiano e dell'Italia repubblicana, di storia della Chiesa nel XIX e XX secolo, di storia delle relazioni internazionali.

Gabriella Gribaudi è ordinario di Storia contemporanea presso il Dipartimento di Scienze sociali dell'Università degli studi di Napoli "Federico II". Fa parte del comitato di redazione di «Quaderni storici». Il suo ultimo volume pubblicato è *Combattenti, sbandati, prigionieri. Esperienze e memorie di reduci della seconda guerra mondiale* (Donzelli, 2016).

Renato Moro è professore ordinario di Storia contemporanea presso il Dipartimento di Scienze politiche dell'Università degli studi Roma Tre. I suoi interessi di ricerca riguardano il rapporto tra ideologie politiche e società di massa, con particolare attenzione all'intreccio tra fenomeni politici (in particolare fascismo, nazionalismo, razzismo, pacifismo) e dimensione religiosa.

Valerio Onida è stato professore di Diritto costituzionale all'Università degli studi di Milano. È stato giudice e presidente della Corte costituzionale e presidente della Scuola superiore della Magistratura. È presidente dell'Istituto Nazionale Ferruccio Parri. Rete degli Istituti per la storia della Resistenza e dell'età contemporanea e della Fondazione per le Scienze religiose «Giovanni XXIII» di Bologna.

Paolo Pezzino è stato ordinario di Storia contemporanea all'Università di Pisa. Negli ultimi anni si è dedicato allo studio dei massacri di civili nella seconda guerra mondiale. È il direttore scientifico dell'*Atlante delle stragi naziste e fasciste in Italia* (http://www.straginazifasciste.it/). Il suo ultimo contributo su questo tema è la cura, con G. Fulvetti, di *Zone di guerra, geografie di sangue. L'Atlante delle stragi naziste e fasciste in Italia* (il Mulino, 2017). Per la Viella cura, con Marco De Paolis, la collana «I processi per crimini di guerra tedeschi in Italia».

Irene Piazzoni è docente di Storia contemporanea all'Università degli studi di Milano. Ha pubblicato volumi e saggi sulla storia della cultura, dell'editoria e del giornalismo, tra cui *Valentino Bompiani. Un editore italiano tra fascismo e dopoguerra* (LED, 2007) e *Storia delle televisioni in Italia* (Carocci, 2014).

Paolo Pombeni è professore emerito di Storia dei sistemi politici europei all'Università di Bologna. È membro della direzione delle riviste «Ricerche di Storia politica», «il Mulino» e dell'*editorial board* del «Journal of Political Ideologies». Di recente ha pubblicato *La questione costituzionale in Italia* (il Mulino, 2016).

Daniela Saresella è ordinario di Storia contemporanea all'Università statale di Milano. Il suo campo di ricerca principale è il mondo cattolico nel XX secolo, in Italia, Stati Uniti e Canada. Ha scritto inoltre diversi studi sugli anni Sessanta e Settanta, nonché sul dibattito politico e teoretico tra intellettuali cattolici e marxisti. Ha recentemente pubblicato *Tra politica e antipolitica. La nuova società civile e il movimento della rete* (Le Monnier, 2016).

Giorgio Vecchio insegna Storia contemporanea all'Università degli studi di Parma. È studioso della storia del movimento cattolico italiano ed europeo, dei movimenti pacifisti, della politica e della società italiana, dei genocidi e della Shoah, oltre che alla storia della bandiera italiana. È presidente del comitato scientifico dell'Istituto Alcide Cervi di Gattatico.

Finito di stampare
nel mese di luglio 2017
dalla Grafica Editrice Romana s.r.l.
Roma